"北大医学"研究生规划教材

公共卫生博士（DrPH）系列教材
总主编　李立明

传染病预防与控制

顾　问　庄　辉　徐建国　杨维中　王军志　冯子健

主　编　崔富强

副主编　刘　玮　卢庆彬

编　委（按姓名汉语拼音排序）

　　　　崔富强（北京大学公共卫生学院）

　　　　方立群（军事科学院军事医学研究院）

　　　　冯录召（北京协和医学院群医学及公共卫生学院）

　　　　黄宁华（北京大学公共卫生学院）

　　　　贾忠伟（北京大学公共卫生学院）

　　　　阚　飙（中国疾病预防控制中心传染病预防控制所）

　　　　刘　玮（军事科学院军事医学研究院）

　　　　卢庆彬（北京大学公共卫生学院）

　　　　罗会明（海南省疾病预防控制中心）

　　　　戚晓鹏（中国疾病预防控制中心）

　　　　饶慧瑛（北京大学人民医院）

　　　　王伟炳（复旦大学公共卫生学院）

　　　　曾　静（北京大学公共卫生学院）

　　　　张丽杰（中国疾病预防控制中心）

　　　　周海健（中国疾病预防控制中心传染病预防控制所）

北京大学医学出版社

CHUANRANBING YUFANG YU KONGZHI

图书在版编目（CIP）数据

传染病预防与控制 / 崔富强主编 . —北京：北京大学医学出版社，2024.6
ISBN 978-7-5659-3148-2

Ⅰ．①传… Ⅱ．①崔… Ⅲ．①传染病防治 Ⅳ．①R183

中国国家版本馆CIP数据核字（2024）第095542号

传染病预防与控制

主　　编：崔富强
出版发行：北京大学医学出版社
地　　址：（100191）北京市海淀区学院路38号　北京大学医学部院内
电　　话：发行部 010-82802230；图书邮购 010-82802495
网　　址：http://www.pumpress.com.cn
E-mail：booksale@bjmu.edu.cn
印　　刷：北京信彩瑞禾印刷厂
经　　销：新华书店
责任编辑：赵　欣　　责任校对：靳新强　　责任印制：李　啸
开　　本：850 mm×1168 mm　1/16　印张：15.5　字数：436千字
版　　次：2024年6月第1版　2024年6月第1次印刷
书　　号：ISBN 978-7-5659-3148-2
定　　价：65.00元

版权所有，违者必究

（凡属质量问题请与本社发行部联系退换）

本书由
　　北京大学医学出版基金资助出版

丛 书 序

三年新冠疫情防控经历再次证明，公共卫生不仅关系公众的健康和健康中国战略目标的实现，更关系着经济社会发展、公共安全和国际政治格局的变化。公共卫生学院是公共卫生专业人才培养基地和科技创新重要发源地，对健全我国公共卫生服务体系和提升公共卫生服务能力至关重要。2020年6月2日，习近平总书记在专家学者座谈会上提出"要建设一批高水平公共卫生学院，着力培养能解决病原学鉴定、疫情形势研判和传播规律研究、现场流行病学调查、实验室检测等实际问题的人才"。因此，需要培养一批能够"一锤定音"和"顶天立地"的应用型公共卫生人才。公共卫生博士专业学位教育就是在这样的背景下应运而生的。北京大学和西安交通大学早在2017年就开始了公共卫生专业博士学位的培养试点工作，进行了积极有益的尝试。教育部、国家卫生健康委员会于2020年启动了高层次应用型公共卫生人才培养创新项目，全国10所公共卫生学院和中国疾病预防控制中心经过公平竞争进入了该项目。我国公共卫生专业博士培养工作也正式进入了实践阶段。

公共卫生教育是职业教育（professional education），是"干中学"（learning by doing）的专业，是应用型很强的专业。所以，公共卫生专业博士学位的培养就成为我国公共卫生学位教育的重要组成部分。公共卫生教育改革发展的关键环节是针对教育需求和教学对象，关注课程设置、教材建设、教学实践和师资队伍建设。而教材建设就是其中重要的环节之一。本次由北京大学主导的公共卫生博士（doctor of public health，DrPH）系列教材建设，一个突出的特点就是明晰了与科学学位博士研究生教育的区分度，重点关注公共卫生的现场环节、实践环节和应用环节。第一批出版了8部教材，包括《中国公共卫生》《传染病预防与控制》《公共卫生实施性研究》《重大慢性病预防与控制》《医学科学研究设计》《卫生健康数据库管理与应用》《卫生政策评估》和《循证公共卫生》。教材由一批年富力强的中青年教师骨干和特邀的经验丰富的疾控专家共同编写，相信能够给如火如荼的公共卫生体系改革和高水平公共卫生学院建设带来一缕春风。

作为第一批"吃螃蟹"的人,难免出现这样那样的问题,但是我们毕竟走出了坚实的第一步。希望我们的教材在教学实践中不断完善,在专业学位博士研究生培养中发挥积极的作用。

是为序。

北京大学公共卫生学院　李立明

2024 年 5 月 20 日

本书序

传染病是威胁人类健康的重要疾病。100多年来，随着科学的发展和技术的进步，对传染病的预防和控制也取得了举世瞩目的成就。继全球消灭天花后，脊髓灰质炎也逐渐趋于灭绝，许多常见传染病和寄生虫病的发病率和死亡率在全球和我国均有不同程度的下降。这些成就都源于对传染病流行特征的识别、对传染病控制的科学决策和良好实践，人类也积累了大量与传染病做斗争的宝贵经验。

尽管人类在防控传染病方面取得了重大成就，但迄今为止，传染病仍是严重危害人类健康和生命的重要疾病，一些传统上已经控制的传染病在部分地区死灰复燃，全球化的加速也让传染病的控制面临新的困难，新发传染病也为卫生体系的应对带来新的挑战，加上人口流动性增强、抗生素耐药的出现、气候变化、自然灾害等的发生，人类面临着应对传染病的新挑战。

我国传染病的预防和控制成效显著，但新出现的问题仍然较多。在当前和今后相当长的时期内，传染病仍将是影响我国的重要公共卫生问题之一。同时，新发传染病的不断出现严重影响我国经济发展、人民生命安全和社会稳定。因此，传染病的预防和控制在21世纪仍然是我国疾病预防控制工作的重点。

掌握传染病的基础知识，把握防控传染病的科学理论，同时能在实践中科学地应用这些技能，是今后高级公共卫生人才需要具备的能力。崔富强教授主编的《传染病预防与控制》教材，由国内众多高级专家担任编委，他们具有较高的学术造诣和资深的工作经验。本教材很好地阐述了传染病相关政策的应用、监测和处置技术、干预与评价策略等核心知识，为我国公共卫生学科的研究生教育提供了良好的教材，是一本理论联系实践的优秀著作。希望读者从这本教材中获益，也期望本教材能为我国研究生教育发挥积极的作用。

庄　辉　徐建国　王军志

2024年4月于北京

前 言

传染病的发生和流行长期影响着人群健康、经济发展和社会稳定。随着人群流动性的增加、生活生产方式的改变，传染病流行模式和特点也不断变化，人们防控传染病也不断面临很多新挑战。掌握传染病的防控技术，做好应对传染病的准备，是减少传染病危害的前提条件。防控传染病的技术，不仅需要理论指导，更需实践经验的积累。

《传染病预防与控制》从理论联系实践的角度出发，不仅系统地介绍传染病防控的关键技术，还用大量案例和实践证据，给学生呈现完整和系统性的传染病防治知识，以提高学生对传染病基本知识和实践技能的深刻理解。本教材涵盖传染病防控理论和实践发展、常见新发和突发传染病、传染病的监测技术、传染病的现场调查、传染病的消毒方法和技术、疫苗接种及效果评价、传染病的相关法律法规与政策、新技术在防控传染病方面的应用，以及不明原因传染病的防控等。

本教材由北京大学公共卫生学院组织来自国内科研单位、高等院校、疾病预防控制机构、临床医院等单位的传染病防控方面的优秀专家共同撰写，他们具有丰富的工作和实践经验。教材编写还得到国内一流资深专家的帮助，他们高屋建瓴地对教材的撰写给予了悉心指导。本教材突出防控传染病的重点内容，体现实用性的特点，凝集了编委们的智慧和宝贵经验。

本教材供实用型公共卫生博士研究生使用，也可作为预防医学、卫生检验、卫生应急管理和卫生政策等相关教学、科研人员参考学习。

编者水平有限，不足之处在所难免，恳请读者给予批评指正，以便再版时予以修正或补充。

主编

2024 年 2 月

目 录

第一章 传染病概述 ………………………… 1
 第一节 传染病学基础 ……………………… 1
  一、传染病的历史 ………………………… 1
  二、传染病的基本概念 …………………… 2
  三、微生物与感染 ………………………… 4
  四、传染病流行病学及进展 ……………… 4
 第二节 传染病防控的理论和实践
     发展 …………………………………13
  一、传染病防控的知识体系 ………………13
  二、传染病防控进展及面临的问题 ………15

第二章 常见新发和突发传染病 …………… 18
 第一节 常见新发和突发传染病概述 ………18
  一、常见的传染病 …………………………18
  二、新发突发传染病 ………………………22
  三、全球重要传染病及对健康的
     影响 …………………………………23
  四、传染病大流行与应对 …………………25
  五、传染病与全球卫生安全 ………………28
 第二节 传染病的防控技术与策略 …………31
  一、防控传染病的基本原理 ………………31
  二、我国防控传染病的策略和经验 ………32

三、不同传播途径的传染病防控
   策略 ……………………………………35
四、典型的传染病防控案例介绍 ………39

第三章 传染病的监测 ……………………… 44
 第一节 传染病的流行病学监测 ……………44
  一、人群行为特征与流行病学监测 ………45
  二、监测数据在科研与评价中的
     应用 …………………………………47
  三、干预措施的监测及卫生经济学
     评价 …………………………………49
  四、传染病流行病学监测的典型案例
     介绍 …………………………………51
 第二节 传染病的实验室监测 ………………52
  一、病原的进化与变异 ……………………53
  二、传染病的实验室诊断 …………………54
  三、实验室网络化和信息化 ………………58
  四、传染病实验室监测的典型案例
     介绍 …………………………………59

第四章 传染病疫情调查处置 ……………… 61
 第一节 现场调查 ……………………………61
  一、现场流行病学调查的目的 ……………61

目 录

二、现场调查的基本原则 ………… 61
三、现场调查的步骤和关键环节 …… 62
第二节 分析和处置 ………………… 66
一、因果关系推断 ………………… 66
二、暴发疫情的控制措施 ………… 69
三、现场处置的风险沟通与管理 …… 73
第三节 案例分析：2014年浙江省一起多校同源诺如病毒急性胃肠炎暴发疫情调查 …………… 78
一、内容提要 ……………………… 78
二、讨论和建议 …………………… 82

第五章 传染病的消毒方法和技术 …… 83
第一节 消毒技术和原理 …………… 83
一、传染病的病原学及临床特点 …… 83
二、消杀技术的应用 ……………… 87
三、特殊环境下消毒技术的应用 …… 90
第二节 个人防护与医院感染控制 …… 93
一、个人防护原则与方法 ………… 93
二、医院感染控制 ………………… 100

第六章 传染病的免疫预防 ………… 107
第一节 疫苗在防控传染病中的应用 ……………………… 107
一、疫苗可预防疾病的疾病负担 … 107
二、免疫预防策略的应用 ………… 112
第二节 疫苗效果的评价 …………… 116
一、疫苗的免疫效果评价 ………… 116
二、真实世界疫苗效果评价 ……… 124

第七章 传染病的相关法律法规与政策 … 129
第一节 传染病的相关法律法规 …… 129
一、全球传染病法律法规发展史 … 129
二、世界卫生组织的传染病指南 … 130
三、美国传染病法规框架 ………… 130
四、欧盟传染病法律框架 ………… 131
五、英国传染病法律框架 ………… 131
六、俄罗斯传染病法律框架 ……… 132
七、中国传染病法律发展史 ……… 132
八、生物安全相关法规内容 ……… 133
第二节 传染病防控政策和其他政策的整合 …………………… 135
一、防控措施的政策融合 ………… 135
二、监测和干预措施的融合 ……… 136

第八章 新技术在防控传染病方面的应用 ………………… 139
第一节 数字健康技术和数学模型在防控传染病中的应用 …… 139
一、大数据的利用 ………………… 140
二、大数据在传染病防控方面的应用 …………………… 149
三、传染病时空模型的建立和应用 …………………… 155
四、讨论 ……………………… 178
五、问题与展望 …………………… 179
第二节 多组学技术在传染病防控中的应用 …………………… 180
一、组学技术概况及发展历程 …… 181
二、多组学技术在传染病中的应用 …………………… 193

第九章 不明原因传染病的防控 …… 200
第一节 不明原因传染病的分类 …… 200
一、不明原因传染病的定义与分类 …………………… 200
二、不明原因聚集性病例 ………… 207
三、不明原因输入性传染病 ……… 207
第二节 不明原因传染病的诊断和检测 …………………… 209
一、不明原因发热传染病与非传染病的鉴别诊断 …………… 209
二、不明原因传染病的一般诊断 … 215

三、不明原因病原体的检测与
　　溯源 …………………… 217
第三节　不明原因传染病的监测
　　　　预警 …………………… 223
　　一、不明原因传染病的监测策略 … 223
　　二、不明原因传染病的预警策略 … 224
第四节　不确定传染病的现场处置和
　　　　应对 …………………… 225

　　一、工作内容 …………………… 225
　　二、工作职责 …………………… 226
　　三、信息收集、分析与反馈 ……… 228
　　四、展望 ………………………… 228

主要参考文献 …………………………… 229

第一章

传染病概述

第一节 传染病学基础

一、传染病的历史

传染病流行病学（epidemiology of infectious disease）是现代流行病学发展的源头和重要组成部分。1854年，John Snow对伦敦霍乱流行进行的具有开创性的流行病学研究，奠定了现代流行病学的基础。一百多年来，随着科学和社会的进步以及流行病学家的艰辛努力，对传染病的预防和控制已取得举世瞩目的成就。1979年，世界卫生组织（World Health Organization，WHO）宣布在全球消灭了天花。1988年，WHO又发出了2000年全球消灭脊髓灰质炎的号召，全球经过几十年的努力，野生脊髓灰质炎病毒病例减少了99.9%，有望成为继天花之后第二个被消灭的人类疾病。许多常见传染病和寄生虫病的发病率和死亡率在各个国家和地区均有不同程度的下降。但非洲在2020年被WHO认定为无脊髓灰质炎区域之后，重新在马拉维和莫桑比克检测出输入性野生脊髓灰质炎病毒，英国、美国和以色列等早已消除脊髓灰质炎的国家也陆续报告检测出疫苗衍生脊髓灰质炎病毒。

尽管人类在防控传染病方面成效显著，迄今为止传染病仍是严重危害人类健康和生命的一类重要疾病。近年来，俄罗斯和乌克兰等多个国家发生过白喉的暴发流行；印度的苏拉特、孟买、加尔各答等大中城市发生过人间鼠疫的暴发流行；1993年WHO宣布"结核病全球告急"，2021年全世界有1060万人患有活动性肺结核，有160万人死于结核病，并在许多国家和地区发生过多种耐药菌株引起的结核病的暴发流行。多重耐药结核分枝杆菌的出现，使结核病再度成为威胁人类健康和生命的一个重要问题。

许多古老的传染病尚未得到有效控制，新发传染病（emerging infectious disease）却又不断出现。近20年来，全球已发现30余种新的传染病，其中包括各种病毒性出血热、严重急性呼吸综合征（severe acute respiratory syndrome，SARS）、埃博拉病毒病、人类感染高致病性禽流感、朊病毒病、中东呼吸综合征（Middle East respiratory syndrome，MERS）、H1N1流感、寨卡病毒病、猪链球菌病等。被称为"20世纪瘟疫"的艾滋病，自1981年在美国首次报告以来，病例已遍及197个国家和地区。全球目前有3900万例艾滋病病毒感染者，其中2980万正在接受抗逆转录病毒治疗，2022年有130万艾滋病病毒新发感染者，63万人死于艾滋病相关疾病。某些非洲国家艾滋病的疾病负担极其严重。

中华人民共和国成立70多年来，我国传染病的预防和控制已取得巨大成就。早在20世纪50年代初就消灭了古典型霍乱，60年代初又消灭了天花和人间鼠疫，麻疹、白喉、百日咳、破伤风等传染病的发病率明显下降，脊髓灰质炎已接近基本消灭目标。我国人口的死因顺位也由以传染病为主转向以心脑血管病、肿瘤和伤害为主。但是，在目前和今后相当长的时期内，传染病仍将是我国重要的公共卫生问题之一。2019年全国（不含香港、澳门特别行政区和台湾地区）报告法定传染病10 244 507例，死亡25 285人，报告发病率达到了7.33‰。在重大传染病中，病毒性肝炎、肺结核、梅毒位居前列，据统计，2019年我国慢性乙肝的慢性感染者有8600万例，2010—2020年，我国法定传染病报告系统每年报告80万~100万病例。而慢性乙肝最大的危害就是疾病会朝肝硬化和肝癌方向发展，我国仍属于肝硬化、肝癌高发地区。WHO数据显示，2020年，中国肝癌新病例占全球的45%，死亡病例占全球的47%。2021年，中国新发结核病患者约78万例，结核病负担位居全球第三位；同时，中国当年新增耐药结核病患者1.68万，依然位列30个耐药结核病高负担国家名单中。2021年报告死亡数居前5位的传染病依次为艾滋病、肺结核、病毒性肝炎、狂犬病和流行性出血热，占乙类传染病报告死亡总数的99.7%。与此同时，新发传染病的不断出现严重冲击了我国经济发展和人民生命安全。近年来，在我国境内的新发传染病疫情包括新冠病毒感染、人感染H7N9禽流感、中东呼吸综合征等，大多为病毒、人兽共患病。新发传染病受人类活动和社会因素影响，传播能力和致病力强，社会影响更大。因此，传染病的预防和控制在21世纪仍然是我国卫生防疫工作的重点。

二、传染病的基本概念

传染病由病原体引起，有传染性和流行性，感染后常有免疫性等特点。有些传染病还有季节性或地方性。传染病的分类尚未统一，可以按病原体分类，也可以按传播途径分类。传染病的传播和流行必须具备三个环节，即传染源（能排出病原体的人或动物）、传播途径（病原体传染他人的途径）及易感人群（对该种传染病无免疫力者）。若能完全切断其中的一个或多个环节，即可防止该种传染病的发生和流行。

1. 传染性 传染性是传染病与其他类别疾病的主要区别，传染病意味着病原体能够通过各种途径传染给他人。传染病患者有传染性的时期称为传染期。病原体从宿主排出体外，通过一定方式到达新的易感染者体内，呈现出一定的传染性。传染强度与病原体种类、数量、毒力、易感人群的免疫状态等有关。新近发生的新冠病毒感染潜伏期一般为3~7天，最长14天，潜伏过程中也存在传染性。

2. 疫源地（epidemic focus） 自然疫源性疾病是指其病原体不依赖人类而存在，可通过吸血节肢动物等媒介感染野生兽类、啮齿类和鸟类等宿主动物，在自然界长期循环形成自然疫源地，人类介入该疫源地生物圈时可感染发病，甚至引发流行的一类重要传染病。

疫源地是指传染源及其排出的病原体向四周播散所能波及的范围，即可能发生新病例或新感染的范围。它包括传染源的停留场所和传染源周围区域以及可能受到感染威胁的人。构成疫源地有两个不可或缺的条件，一是传染源的存在，二是病原体能够继续传播。

疫情发生时，为了采取有效的防疫措施，查清疫源地的范围和存在的时间是很有必要的。疫源地范围大小因病而异，不同传染病的疫源地范围不同，取决于三个因素：①传染源的活动范围；②传播途径的特点；③周围人群的免疫状况。

疫源地范围主要取决于传播途径及条件，还取决于传染源的活动范围和周围人群的免疫状况。如疟疾的疫源地范围为传染源周围以按蚊飞行距离为半径的范围，而麻疹的疫源地则为传染源周围比较小的范围。当传染源活动范围较大、传播距离较远（如空气传播、水传播），且周围易感者比例较高时，疫源地的范围也相应较大。

同种传染病在不同条件下的疫源地范围也不同。如麻疹患者只限于家庭内生活，则疫源地范围只限于其家庭。但如果麻疹患者患病后还去托幼机构，则疫源地的范围就相应扩大。

疫源地消灭必须具备下述条件：①传染源已被移走（住院、死亡、移至他处）或不再排出病原体（治愈）；②通过各种措施消灭了环境中的病原体；③环境发生变化，不适于病原体的存在。

3. 疫区 疫区是指较大范围的疫源地或连成片的若干疫源地，如一个或几个村、居委或街道。疫区的划定在传染病的预防控制中也至关重要，科学精准地划定疫区范围可有效提升传染病的疫情处置效率，降低风险。不建议疫情处置过程中对疫区范围的划定进行无谓的扩大，并开展相应区域的人群大筛查。但需要注意的是，无论是疫点还是疫区的划定都不是一成不变的，它应该随着疫情的发生发展经风险评估后进行及时的动态调整，这种调整可能是扩大，也可能是缩小。

4. 隔离（isolation）和检疫（quarantine） 隔离是指隔离或控制被认为已经暴露、可能暴露或可能感染并处于潜伏期的健康人的行为。检疫策略可用于防止将感染引入没有感染的人群，只有在人群与潜在感染源隔离的情况下才合适。由于群体免疫还没建立，因此检疫措施的失败可能导致疫情大规模暴发。因此，检疫政策应得到疫情控制程序的支持。19世纪，北美广泛采用检疫措施，以防止来自欧洲的船只带来霍乱、天花和斑疹伤寒等传染病。隔离通常被认为是指将有症状的感染者与易感者分开，因为只有在感染者传播感染之前检出感染者，政策才能成功。

5. 基本再生数（basic reproduction number） 人群中感染的基本再生数（R_0）被不同的作者称为基本繁殖、繁殖率、比率、数量，但几乎总是表示为 R_0，发音为 R nought 或 R zero。R_0 取决于传染性有机体的特性以及人群的社会和人口特征。R_0 可以理解为一个人在传染期的平均接触次数。接触被定义为传染性个体将感染传播给易感个体的任何接触。这是设计合理控制程序的关键变量。常见感染性疾病的一些公认的 R_0 值如表 1-1 所示。R_0 值高的感染被认为是高度传染性的，具有高 R_0 的疫苗可预防疾病比具有低 R_0 的疫苗可预防疾病更难消除。例如，一种 $R_0=20$ 且没有环境储存库的人类传染病需要 95% 或更高的人群免疫力才能实现消除，而 $R_0=4$ 的人类传染病只需要大约 75% 的人群免疫力。

表 1-1 新发重大传染病的一些重要参数

疾病	平均潜伏期（天）	传染期（天）	基本再生数（R_0）
COVID-19（武汉原型株）	3～7	2.9	1.4～4.9
SARS	5	12	2～4
MERS	5.5（1.9～14.7）	发热开始到发热结束后 10 天	0～1
甲型流感	0.5～3，最迟 7	5	1～2
麻疹	7～21	出疹前后 4 天	12～18
百日咳	7～10	发病前 1～2 天至病程 6 周内	12～17
脊髓灰质炎	7～14	发病前 3～5 天至病后 3～6 周，个别可长达 3～4 个月	5～7

6. 有效再生数（effective reproduction number） 在大多数真实情况下，并非所有人群都容易感染，有些人由于有感染史或接种疫苗而免疫。感染者的一些接触不会导致新的感染，而是"浪费"在免疫个体身上。有效繁殖数 R_e 为典型感染个体产生的继发病例数，显然，R_e 取决于 R_0 和人群的易感性。对于一个简单的同质模型（假设任何两个个体之间接触的可能性相同），$R_e = R_0 x$，其中 x 表示易感人群的比例。

7. 群体免疫（herd immunity） 上述论点表明，无需对人群中的每个成员进行免疫，就可以消除疫苗可预防的感染。正是这种对易感个体的间接保护的概念被赋予了"群体免疫"一词。Fox 等于 1971 年讨论了字典中对群体免疫的定义，即"表示群体中对传染具有抵抗力的动物百分比高，从而减少了患有疾病的患者与易感个体接触的可能性"。在广泛的评论中，Fine 于 1993 年指出了这个定义的含糊之处——它没有区分完全保护（当人群的免疫力高于阈值并且疾病的传播不能持续时）和部分保护（其中存在一些免疫个体降低易感者的风险）。阈值概念更具吸引力，如果 $R_e < 1$，它会导致群体具有群体免疫力的定义。该定义的等效陈述是，如果典型的原发性感染产生，则群体被认为对感染具有免疫力。这个简洁的定义有利于澄清一个有时模糊的概念：人口要么具有群体免疫力，要么没有。人口高于或低于群体免疫阈值的数量由有效繁殖数 R_e 量化。

尽管已经定义了群体免疫的概念，但仍然需要澄清"典型"感染者的含义。在一个简单的同质模型中，假定人口中的所有个体都具有相同数量的联系人。在舱室模型中，每个感染者都是同质的，而在更复杂的模型中，在接触过程中包含异质性，典型的传染性被定义为所有个体传染性的适当加权平均值。如果 $R < 1$，则具有群体免疫力的人群的定义适用于这些更复杂的模型。决定因素包括有效繁殖数、感染者的接触次数和易感性水平。群体的免疫力不一定取决于个体的免疫力。例如，对于一个 $R_0 < 1$ 的传染病，即使没有人对这种感染具有免疫力，人群也可能具有群体免疫力。

三、微生物与感染

微生物是存在于自然界中的一群体形微小，结构简单，肉眼看不见，必须借助光学或电子显微镜放大数百倍、数千倍甚至数万倍才能观察到的微小生物。微生物在自然界广泛存在，但只有部分微生物可以侵犯人体引起疾病，这些微生物被称为病原微生物或病原体。病原微生物与人类之间进行着长期而复杂的斗争，通过不断繁殖、变异和进化，增强自己的毒力或致病力，人类则通过机体强大的免疫系统消灭、排出入侵的病原微生物。病原体侵入人体后，人体就是病原体的宿主，病原体在宿主中进行生长繁殖、释放毒性物质等引起机体不同程度的病理变化，这一过程称为感染。不过人体或动物不像人工培养细菌的培养基，可以让病原体不受限制地肆意生长繁殖，轻易地导致机体死亡。病原体入侵人体后，在发生感染的同时，能激发人体免疫系统产生一系列免疫应答与之对抗。

病原体（pathogen）是指可造成人或动植物感染疾病的微生物（包括细菌、病毒、立克次体、真菌）、寄生虫或其他媒介（微生物重组体，包括杂交体或突变体），可通过以下机制感染和破坏组织：①通过接触或进入细胞直接引起感染细胞死亡，或改变细胞代谢和增殖能力，并可能导致细胞恶性转化；②通过释放毒素杀伤细胞，释放酶降解组织成分，或损伤血管引起缺血性坏死；③引起机体免疫反应，虽可抵御病原微生物的入侵，但也可诱发变态反应引起组织损伤。

感染和免疫是一对矛盾，其结局如何，根据病原体和宿主两方面力量强弱而定。如果宿主足够强壮，可以根本不形成感染；即使形成了感染，病原体也多半会逐渐消亡，于是患者康复；如果宿主很虚弱而病原体很凶猛，则感染扩散，患者将会死亡。

除了宿主自身的力量，有效的抗生素和其他措施的协同作用也是必不可少的，在多种因素的共同作用下，大多数疾病可以很快治愈。依靠不断发展的科学进步，总是能够不断控制和消灭对人类和动物有害的微生物。

四、传染病流行病学及进展

传染病的流行过程（epidemic process）就是传染病在人群中发生、传播和终止的过程。构成流行过程必须具备三个基本环节，即传染源、传播途径和易感人群，这三个环节是传染病流行的必要条件，缺乏其中任何一个环节，都不可能发生传染病的流行，它们是构成传染病流行过程的生物学基础。但是传染病的流行过程不是单纯的生物学现象，而是始终受到自然因素和社会因素的影响，并且随着自然条件和社会条件的变化，流行过程表现出不同的强度和性质。

（一）生物学基础

1. 传染源（reservoir） 传染源是指体内有病原体生长、繁殖，并能排出病原体的人和动物。具体来说，就是传染病的患者、病原携带者和受感染的动物。这是传染源的经典定义。随着对传染病认识的发展，人们发现有些传染病并没有传统意义上的传染源。如雅戈布综合征，其病原体就是一种称为朊粒的蛋白质颗粒，它没有生命力，不能自我繁殖，但却具有传染性；军团病的病原体是军团菌，它是一种分布广泛的土壤菌，不需要在人和动物体内生长繁殖，但却能使人患病；破伤风梭菌和炭疽芽孢杆菌的芽孢可以在土壤中生存多年，人和动物可以通过土壤而获得感染，在流行病学调查时难以找到具体的传染源。因此，有人提出用传染来源（source of infection）取代传染源的概念。

（1）患者作为传染源：传染病患者是重要的传染源。因为患者体内存在大量病原体，而且某些症状有利于病原体向外扩散。同时，有些传染病如麻疹和水痘无病原携带者，患者是唯一传染源。

传染病的自然史，一般分为潜伏期、临床症状期和恢复期。各期作为传染源的意义不同，主要取决于是否排出病原体及排出的数量和频度。

1）潜伏期（incubation period）：自病原体侵入机体至最早出现临床症状的这段时间，称为潜伏期。潜伏期的长短主要与病原体的种类、数量、毒力、侵入途径和机体的抵抗力有关。每种传染病均有其特异的潜伏期，不同传染病的潜伏期长短不一，可短至数小时，长至数月，甚至数年；同种传染病的潜伏期也可不同，但波动在一定的时间范围内；潜伏期呈对数正态分布。如流行性感冒的潜伏期为数小时至3天，乙型病毒性肝炎的潜伏期为50~180天，狂犬病的潜伏期为12天至5年。某些传染病在潜伏期末即可排出病原体，因而具有传染性，如麻疹以及甲型、乙型、丙型和戊型病毒性肝炎。

潜伏期的流行病学意义和用途：

①潜伏期的长短可影响传染病的流行特征：一般来说，潜伏期短的传染病（如流行性感冒）来势猛，平息快，病例成簇出现，常呈现暴发；潜伏期长的传染病（如甲型病毒性肝炎）流行持续时间可能较长。

②根据潜伏期可判断患者受感染的时间，以追踪传染源，确定传播途径。

③根据潜伏期的长短，确定接触者的留验、检疫或医学观察期限：一般原则是按常见潜伏期增加1~2天，对危害严重的传染病可按最长潜伏期予以留验、检疫或医学观察。

④根据潜伏期可确定接触者免疫接种的时间：如被狂犬严重咬伤或伤口近头部时，必须于72小时内注射抗狂犬病血清；如与麻疹患者有过接触，必须在初次接触后3天内注射麻疹疫苗或丙种球蛋白，才能有效控制感染。

⑤根据潜伏期可以评价某项预防措施的效果：如实施某项预防措施后，经过一个潜伏期病例数下降，可以认为可能与该项预防措施有关。

2）临床症状期：为出现传染病的特异性症状和体征的时期。处于该期的患者都可以排出病原体，是传染性最强的时期。其原因为：①该时期病原体在人体内繁殖最多；②有些症状有利于病原体的排出，如痢疾和霍乱患者的腹泻，流行性感冒和麻疹患者的咳嗽、打喷嚏；③该时期患者常需人护理，增加了护理者的感染机会；④有些传染病在该时期排出病原体的途径增多，如伤寒患者除可通过粪尿排出病原体外，还可自汗液、唾液和乳汁排出病原体，增加了污染外界物品的机会。传染病患者作为传染源意义的大小，除了与其排出病原体的数量有关外，其行为特点尤其重要。如果是轻型或非典型患者，因其症状轻微，可照常在人群中活动，且容易被误诊或延误治疗，并不受隔离，因此，这类患者作为传染源的意义不可忽视；如果是有明显症状的患者，因其常需卧床休息或被隔离，反而限制了其散播病原体的机会。

3) 恢复期（convalescence period）：该时期机体遭受的各种损害逐渐恢复到正常状态，主要临床症状消失，免疫力开始出现，体内病原体被清除，即不再成为传染源，如麻疹、流行性感冒和水痘。但有些传染病在恢复期仍可排出病原体，如乙型病毒性肝炎、痢疾、伤寒和白喉。有些传染病排出病原体的时间很长，甚至可以终生排出病原体，如伤寒就存在终生带菌者。

传染病患者排出病原体的整个时期，称为传染期（communicable period）。传染期的长短因病而异，即使同一种传染病，其传染期也不相同。可通过病原学检查和流行病学调查来判定传染期的长短。传染期是决定传染病患者隔离期限的重要依据。其长短可在一定程度上影响传染病的流行特征。传染期短的传染病，所引起的续发病例常成簇出现，每簇病例之间有一定的时间间隔，间隔期限相当于该病的潜伏期；传染期长的传染病，续发病例则陆续出现，流行持续时间较长。

(2) 病原携带者（carrier）作为传染源：病原携带者是指没有任何临床症状而能排出病原体的人。根据携带病原体的种类，可分别称为带菌者、带毒者和带虫者。

病原携带现象的本质至今尚未阐明，其认识还不统一。有的用进化论的观点解释病原携带现象；有的用免疫耐受性、细胞免疫功能低下等免疫学理论阐述病原携带的发生机制；还有的从伴随症的诱发作用说明携带原因。因此对病原携带者的分类目前尚无一致意见。一般可分为以下三类。

1) 潜伏期病原携带者（incubation period carrier）：指在潜伏期内携带病原体者。如前所述，少数传染病在潜伏期末即可排出病原体，因此，这类携带者实质上正处于传染病的前驱期，将其视为早期患者可能更为恰当。

2) 恢复期病原携带者（convalescence carrier）：指临床症状消失后，仍能在一定时期内排出病原体者。如前所述，部分传染病在恢复期仍可排出病原体，继续作为传染源。一般情况下，恢复期病原携带状态持续时间较短，仅少数人持续时间较长，个别人甚至可终生携带。凡临床症状消失后，3个月内仍有病原体排出者称为暂时性病原携带者，携带时间超过3个月者称为慢性病原携带者（chronic carrier）。病原携带者往往呈现间歇排病原体现象，因此必须多次反复检查，至少连续3次阴性，才可认为已脱离病原携带状态。对这类携带者若管理不善，常可引起传染病的暴发或流行，历史上曾发生过由伤寒慢性带菌者引起的伤寒暴发。

3) 健康病原携带者（healthy carrier）：指整个感染过程均无显性症状，但却排出病原体者。这类携带者只能通过实验室检查来证实。一般认为健康病原携带者排出病原体的数量较少，持续时间较短，因而作为传染源的意义不大。但是，有些传染病如流行性脑脊髓膜炎、脊髓灰质炎、流行性乙型脑炎和乙型病毒性肝炎的健康病原携带者为数较多，则是非常重要的传染源。

病原携带者作为传染源的意义大小，取决于携带者的类型、排出病原体的数量和持续时间、携带者的职业、个人卫生习惯、生活环境、社会活动范围和当地的卫生防疫工作水平等众多因素，其中以携带者的职业和个人卫生习惯最为重要。如一名伤寒带菌者通过日常生活接触，在数年间只引起几例续发病例，而另一名在牛奶厂工作的伤寒带菌者引起的一次奶型伤寒暴发，病例数高达4 850人。因此，在饮食服务行业、托幼机构和自来水厂工作的病原携带者对人群的威胁极大。对这些单位的工作人员定期进行病原携带检查和病后随访，对于防止传染病的流行具有重要意义。

(3) 受感染的动物作为传染源：在自然状态下，可由脊椎动物传给人的传染病称为动物病（zoonosis），又称人兽共患病（anthropozoonosis）。这类传染病约占传染病病种的1/5，目前已证实的有200多种，对人有重要意义的约90种。

1) 人兽共患病的分类

①以动物为主的人兽共患病：病原体主要通过在动物间的传播来延续世代，人间的流行只是动物中流行的波及。一般情况下，人不传人，人犹如流行的死胡同。这类传染病即所谓的自然疫源性疾病（disease of natural focus）。常见的有旋毛虫病、森林脑炎、钩端螺旋体病和狂犬病等。

②以人为主的人兽共患病：病原体主要通过在人群中传播来延续世代，偶尔才传给动物。如人型结核和阿米巴病。

③人畜并重的人兽共患病：人畜作为传染源的作用并重，并可互为传染源。如血吸虫病和流行性乙型脑炎。

④真正的人兽共患病：病原体必须以人和动物分别作为终宿主和中间宿主才能完成其生活史，人和动物缺一不可。如牛肉和猪肉绦虫病以及肺吸虫病。

2）作为传染源的动物及其传播的疾病：家畜、野生哺乳动物、家禽和野禽均可传播传染病，可以作为传染源的动物及其传播的主要传染病见表 1-2。

表 1-2 由各种动物传播的主要传染病

动物传染源	传播的主要传染病
家畜	
牛、羊	炭疽、布鲁菌病、钩端螺旋体病、血吸虫病
马、驴、骡	炭疽、狂犬病、放线菌病、马鼻疽
猪	钩端螺旋体病、流行性乙型脑炎、布鲁菌病、旋毛虫病
狗	狂犬病、黑热病、钩端螺旋体病、蜱传斑疹伤寒、空肠弯曲菌肠炎
猫	狂犬病、弓形体病、空肠弯曲菌肠炎
野生动物	
狼	狂犬病、钩端螺旋体病
啮齿动物	鼠疫、钩端螺旋体病、血吸虫病、皮肤利什曼病、森林脑炎、恙虫病、兔热病、地方性斑疹伤寒、流行性出血热、布鲁菌病、狂犬病
骆驼	中东呼吸综合征
蝙蝠	埃博拉病毒病、严重急性呼吸综合征、中东呼吸综合征、新型冠状病毒感染等
家禽和野禽	流行性乙型脑炎、森林脑炎、鹦鹉热、空肠弯曲菌肠炎

动物作为传染源的流行病学意义，主要取决于人与动物接触的机会和密切程度，以及是否有适宜的传播条件，与传染源动物的种类和密度也有关。不同年龄的动物，其感受性和敏感性不同，因此，动物的年龄构成与其作为传染源意义的大小也有关。幼年动物一般易于感染疾病；而一些携带病原体时间长的疾病，如钩端螺旋体病，成年鼠感染率高，其占比例愈大，发生钩端螺旋体病流行的可能性亦愈大。

值得注意的是，近年来新发现的传染病，其病原体大多数来自家畜和野生动物。欧美一些国家许多居住在大城市的人喜欢到野外或森林中度假，增加了与野生动物接触的机会，致使莱姆病的发病率有逐年增加的趋势。

2. 传播途径（route of transmission） 病原体在长期进化过程中，不但适应了在机体的一定部位发育、繁殖，而且也适应了在外环境中暂时存活，然后再侵入新的宿主，借此延续世代，并维持病原体作为一个物种的存在。病原体更换宿主的这一过程，在流行病学上称为传播机制（mechanism of transmission）。

传播途径是指病原体从传染源排出后，侵入新的易感宿主前，在外环境中所经历的全部过程。一种传染病在不同的时间、地点可以有不同的传播途径，不同的传染病也可以有相同的传播途径。有些传染病仅通过一种途径传播，有些传染病可通过多种途径传播。如乙型病毒性肝炎既可通过血源传播，也可通过母婴、性接触和日常生活接触传播；所有的呼吸道传染病都可经空气飞沫传播，而麻疹仅通过空气飞沫传播。

病原体在传播途径中，必须借助于一定的载体，才能从传染源到达新的宿主，这种病原体所借助的载体称为传播因素。常见的传播因素有食物、水、空气和日常用品等。

(1) 经空气传播（air-borne transmission）：包括飞沫传播、飞沫核传播和尘埃传播三种方式。

1) 飞沫传播（droplet transmission）：呼吸道传染病的病原体存在于呼吸道黏膜表面的黏液中。当患者呼气、咳嗽或打喷嚏时，可经口鼻喷出大量含有病原体的飞沫。大的飞沫迅速落于地面，小的飞沫（直径 15～100 μm）在空气中悬浮不超过 3 秒。飞沫传播是指患者喷出的飞沫直接被易感者吸入而引起感染。该种方式只能近距离传播给周围的密切接触者。在外环境中抵抗力较弱的病原体，如麻疹病毒、脑膜炎双球菌、流行性感冒病毒和百日咳鲍特菌等引起的疾病，常经该方式传播。

2) 飞沫核传播（droplet nucleic transmission）：患者排出的飞沫，在空气中由于蒸发而失去水分后剩余的部分形成飞沫核，其在空气中可悬浮数小时，甚至更长时间，并可经气流传至远处。易感者吸入含病原体的飞沫核而引起感染，称为飞沫核传播。白喉棒状杆菌和结核分枝杆菌等耐干燥的病原体可以通过飞沫核传播。

3) 尘埃传播（dust transmission）：含有病原体的分泌物或较大的飞沫落于地面后，经干燥形成尘埃。由于人的活动，使尘埃重新飞扬悬浮于空气中，被易感者吸入后即可使其感染，这种传播称为尘埃传播。凡外界抵抗力较强的病原体，如结核分枝杆菌和炭疽芽孢杆菌的芽孢，均可通过尘埃传播。

经空气传播的传染病的流行特点：①大多有发病率季节性升高现象，一般多见于冬春季节，但最近出现的一些传染病，其季节性特点趋向于越来越不明显，如新冠病毒感染；②在缺乏有效免疫预防的人群中，发病率可呈现周期性升高，传播广泛，发病率高，常在儿童期发病；③因其传播极易实现，在传染源周围的易感人群中，常可发生续发病例，若为短潜伏期的传染病，在易感人群集中时，易发生暴发；④人口密度和居住条件与该类传染病的流行密切相关。

(2) 经水传播（water-borne transmission）：许多肠道传染病、某些寄生虫病和人兽共患病均可经水传播。其传播包括两种方式，一种是饮用水被污染而引起的传播，如伤寒、霍乱、痢疾、甲型和戊型病毒性肝炎可经此方式传播；另一种是与疫水接触而引起的传播，疫水是指含有特定病原体的水，这些病原体主要是通过皮肤黏膜侵入体内，如血吸虫病和钩端螺旋体病。

我国城市已普遍建立规范化的供水系统，并对水质进行常规的监督监测，因此，由饮水污染所致的传染病水型暴发流行在城市已属罕见。但我国部分农村地区的给水卫生问题尚未完全解决，故经水传播的传染病流行仍时有发生。

水源水被污染的途径很多，包括自来水管道破损导致污水渗入，地面污物被雨水冲刷而流入，粪便、垃圾落入及在水源中洗涤污物等。20 世纪 80 年代初，我国兰州等地发生的轮状病毒腹泻的流行，就是因为患者和带毒者的粪便污染水源造成的。1992 年美国密尔沃基市发生由隐孢子虫引起的腹泻病暴发流行，病例数达 40 万，这次流行是牛粪污染自来水水源所致。

经饮水传播的传染病的流行特点：①病例的地区分布与供水范围一致，患者均有饮用同一水源水的经历，流行规模与被污染水源的供水范围有关；②除哺乳婴儿外，发病无年龄、性别和职业的差别，饮水量与发病间存在剂量-反应关系；③水源持续受到污染时，在其供水范围内，病例终年不断，发病呈统计地方性；④水源受到一次性大量污染时，在其供水范围内，可导致暴发或流行；⑤停止使用被污染水源或对被污染水源采取净化措施后，暴发或流行即告平息；⑥居民的饮水卫生习惯可影响该类传染病的流行。

经疫水传播的传染病的流行特点：

①患者均有接触疫水历史，如在疫区从事生产劳动、游泳、洗澡或抢险救灾时，有较多的机会接触疫水。

②发病具有地方性或季节性特点，多见于水网地区、雨季或收获季节。

③发病多见于接触疫水机会较多的年龄、性别和职业人群，如血吸虫病多见于渔民和农民，洪水后钩端螺旋体病多见于中青年男性。

④大量易感人群进入疫区与疫水接触后，可呈暴发或流行。

⑤对疫水采取措施或加强个人防护后可控制发病。

(3) 经食物传播 (food-borne transmission)：所有肠道传染病、某些寄生虫病（如蛔虫病和旋毛虫病）、个别呼吸道传染病（如白喉和结核病）和人兽共患病（如炭疽）均可经食物传播。

经食物传播存在两种情况：一种是食物本身含有病原体，如感染绦虫的牛和猪的肉，患结核或布鲁菌病的乳牛所产的奶；另一种是食物在不同条件下被污染，食品在生产、加工、运输、贮存及销售的各个环节均可被污染。

经食物传播的传染病的流行特点：①患者均有食用某种污染食物史，不吃者不发病；②多发于夏秋季，一般不形成慢性流行；③食物受到一次性大量污染时，在用餐者中可呈现暴发，患者临床症状往往较重；④停供污染食物后，暴发即告平息；⑤该类传染病常发生于食品卫生和环境卫生状况不良的单位或场所。

(4) 接触传播 (contact transmission)：有直接和间接接触传播两种方式。

1) 直接接触传播 (direct contact transmission)：是指传染源与易感者直接接触而不经任何传播因素所致的传播。如性传播疾病、狂犬病和鼠咬热可经该方式传播。

2) 间接接触传播 (indirect contact transmission)：是指易感者接触被传染源的排泄物或分泌物污染的日常生活用品所造成的传播，因此又称为日常生活接触传播。在该种传播中，手起着重要作用。因为人的手经常和食物、饮水、口鼻接触，又常被带有病原体的排泄物或分泌物所污染，所以手传播传染病的作用很大。肠道传染病和寄生虫病经手传播尤为普遍。毛巾、衣服、被褥、玩具、文具、食具、茶具、脸盆、游泳池水和动物皮毛等在该种传播中均可作为传播因素。经该种方式传播的传染病有肠道传染病、某些寄生虫病（如蛔虫病和蛲虫病）、体表传染病（如沙眼、病毒性结膜炎和疥疮）、人兽共患病（如炭疽）和一些病原体在外界抵抗力强的呼吸道传染病（如白喉和结核）。

间接接触传播的传染病的流行特点：①病例一般呈散发，很少形成流行；②常在家庭内或同住者间传播，表现为家庭续发率高；③个人卫生习惯不良或卫生条件较差时，发病较多；④流行过程缓慢，全年均可发生病例，无明显季节性；⑤加强对传染源的管理，严格消毒制度，注意个人卫生，可减少病例发生。

(5) 经节肢动物传播 (arthropod-borne transmission)：有机械性传播和生物性传播两种方式。

1) 机械性传播 (mechanical transmission)：某些节肢动物，可以是吸血的（如厩螫蝇和虻），也可以是不吸血的（如蝇和蟑螂），只是机械性地携带病原体，病原体在其体内或体表并不发育或繁殖，仅在觅食时通过吸血将病原体注入人或动物体内，或通过接触、反吐或随粪便排出病原体而污染食物或食具，从而使人或动物受到感染。在该种传播中，节肢动物与病原体无生物学的依存关系，仅起到机械性传播作用。

2) 生物性传播 (biological transmission)：是指病原体进入吸血节肢动物体内后，需在其肠腔或体腔内经过发育和（或）繁殖，才能感染易感者。其特点是病原体与吸血节肢动物间存在特异性的、生物学上的依存关系。如疟原虫只能在按蚊体内进行有性生殖；森林脑炎病毒仅能在蜱体内繁殖，并进入其卵巢，经卵传给下一代。病原体在吸血节肢动物体内必须经过一段时间的发育和（或）繁殖才具有传染性，所需的这段时间称为外潜伏期 (exogenic incubation period)。

生物性传播的传染病的流行特点：①有一定地区分布：该类传染病的地区分布局限于有特异性的吸血节肢动物分布的地区内，特异性的吸血节肢动物分布的地区范围可以大于相应传染病分布的地区范围。但是，某些吸血节肢动物（如人虱）的分布没有地区性，由其传播的传染病（如流行性斑疹伤寒和回归热）的分布也没有明显的地区限制。②发病率呈明显的季节性升高：发病率升高的季节性与特异性的吸血节肢动物发育和繁殖的季节性相一致。如我国北方流行性乙型脑炎的流行季节为7-9月，蚊虫密度的高峰在6-8月，两者的高峰曲线相关。③某些传染病的分布有明显的职业特点：其职业性取决于与特异性的吸血节肢动物接触的机会，如森林脑炎多见于伐木工人和其他进入林区工作的人员。④发病存在年龄特点：老疫区病例多集中于儿童，新疫区病例无年龄差别，由非疫区迁入疫区者，因均为易感者，发病亦无年龄差别。⑤一般不人传人。

(6) 经土壤传播（soil-borne transmission）：土壤可因各种原因被污染。如传染源的排泄物或分泌物可以直接或间接方式污染土壤，或对死于传染病的人畜尸体埋葬不当而使土壤受到污染。土壤在传播蛔虫、钩虫、鞭虫等肠道寄生虫病中具有特殊意义和作用。因其寄生虫卵从宿主排出后，需要在土壤中发育一定阶段，才具有感染新的易感者的能力。另外，一些能形成芽孢的病原体（如炭疽芽孢杆菌、破伤风梭菌和产气荚膜梭菌）污染土壤后，可保持传染性达数十年之久。

经土壤传播病原体的意义大小，取决于病原体在土壤中的存活时间、人与土壤接触的机会以及个人卫生习惯。如儿童在泥土中玩耍，易感染蛔虫病和钩虫病，皮肤伤口被土壤污染可感染破伤风和气性坏疽。

(7) 医源性传播（iatrogenic transmission）：是指在医疗和预防工作中，人为地造成某些传染病的传播。可分为两种类型：一种是易感者在接受治疗、检查或预防措施时由于所用的医疗器械被污染或消毒不严而引起的传播；另一种是生物制品和药物受污染或医疗用血中含有病原体而引起的传播。如艾滋病、乙型和丙型病毒性肝炎常可经医源性传播。1989年在罗马尼亚儿童中发生的艾滋病病毒感染的暴发流行，其原因就是输入了被艾滋病病毒污染的血液和使用未消毒注射器引起的；我国最早发现的艾滋病病毒感染者就是使用进口Ⅷ因子的血友病患者；目前，我国医疗用血质量有待提高，因输血而感染艾滋病、乙型和丙型病毒性肝炎者也不少见。

(8) 垂直传播（vertical transmission）：是指母亲通过妊娠和分娩将其携带的病原体传给胎儿。

1) 经胎盘传播：是指受感染的孕妇经胎盘血液将病原体传给胎儿，使胎儿受到感染。可经胎盘传播的传染病有风疹、乙型病毒性肝炎、艾滋病和梅毒等。

2) 上行性传播：是指病原体从孕妇阴道经子宫颈口到达绒毛膜或胎盘引起胎儿感染。如单纯疱疹病毒、巨细胞病毒、葡萄球菌、链球菌、肺炎球菌、大肠埃希菌和白念珠菌，均可经该方式传播。

3) 经分娩传播：分娩时，胎儿从无菌的羊膜腔穿出而暴露于母亲严重污染的产道内，此时胎儿的皮肤、呼吸道和肠道均存在受病原体侵袭的机会，如产妇产道内存在淋球菌、疱疹病毒和结膜炎包涵体，则可导致胎儿发生相应的感染。

在垂直传播中，病原体的供体和受体间存在密切的隶属关系，因此垂直传播是发生在母亲及其胎儿两代之间的传播。与之相对的是水平传播（horizontal transmission），它是指病原体在独立的个体之间的传播。如前述的经空气、水、食物和接触传播均为水平传播。垂直传播和水平传播交叉或交替出现的传播方式，称为Z型传播。

3. 易感人群 有了传染源和适宜的传播途径，没有易感人群的存在，也不可能发生传染病的流行。因此，在人群中对某种传染病存在一定数量的易感者，是能够发生该种传染病流行的基础。人群作为一个整体对某种传染病的易感程度称为人群易感性（herd susceptibility）。人群易感性的高低取决于构成该人群的每个成员的易感状态，可用人群中非免疫人口（易感人口）占全部人口的百分比来表示。

(1) 影响人群易感性升高的主要因素

1) 新生儿增加：出生6个月以上未经人工免疫的婴儿，对许多传染病都是易感的。这是因为其体内的胎传抗体逐渐消失，获得性免疫尚未形成，所以对传染病缺乏特异性免疫力，但是对于个别传染病（如百日咳），6个月以下的婴儿也易感，因其体内缺乏母传抗体。

2) 易感人口迁入：对于某些具有地方性的传染病，久居流行区的居民，因既往患病或隐性感染而获得免疫力；非流行区居民进入后，因其缺乏相应的免疫力，而使流行区的人群易感性相对升高。

3）免疫人口免疫力的自然消退：对大多数传染病来说，无论是患病、隐性感染还是人工免疫后，机体所产生的免疫力都不可能维持终生。随着时间的推移，免疫水平会逐渐降低，再次成为易感人口，使人群易感性升高。

4）免疫人口死亡：个体可通过人工免疫、患病或隐性感染而获得对某些传染病的免疫力。随着免疫人口发生一定比例的死亡，可相对地使人群易感性升高。

5）病原体的变异：病原体发生变异，相当于出现一种新的传染病，人群对其普遍易感，从而使人群易感性升高。

（2）影响人群易感性降低的主要因素

1）计划免疫：有计划地对易感人群进行预防接种，提高其对某些传染病的特异性免疫力，是降低人群易感性的重要措施。

2）传染病流行后免疫人口增加：某些病后免疫力比较巩固的传染病，在流行后由于免疫人口增加，可降低人群易感性。

3）隐性感染后免疫人口增加：机体发生隐性感染后，也可产生免疫力，从而使免疫人口增加，降低人群易感性。但一般认为这种免疫不甚牢固。

人群易感性的高低与传染病的流行有着密切关系。当免疫人口增加时，可显著降低传染病的发病率。这是因为具有免疫力的人除了自身免于发病外，他们分布在传染源周围，可以形成免疫屏障，对易感者起到保护作用，从而阻止传染病的传播。当人群中免疫人口达到一定比例时，不需要整个人群均获得免疫，即可终止传染病的流行。

（二）疫源地和流行过程

1．疫源地（epidemic focus） 传染源排出的病原体向周围传播时所能波及的地区，即可能发生新病例或新感染的范围称为疫源地。每个传染源都可单独构成一个疫源地，但在一个疫源地内也可同时存在一个以上的传染源。通常把范围较小的疫源地或单个传染源构成的疫源地称为疫点，如以病家或病家及其附近几户作为疫点。较大范围的疫源地或若干疫源地连成片时称为疫区，其范围可为一个村或几个村、一个居委会或一条街道。构成疫源地的第一个必要条件是有传染源存在，第二个必要条件是病原体能够继续传播。

为了确定采取防疫措施的范围，必须对疫源地的大小作出判断。疫源地范围的大小取决于三个因素，即传染源的活动范围、传播途径的特点和传染源周围人群的免疫状况。就传染源来说，一个卧床不起的传染病患者和一个可以自由活动的病原携带者，两者所形成的疫源地范围显然是完全不同的。就传播途径来说，麻疹和流行性乙型脑炎的疫源地范围就相差很大。前者仅借飞沫传播，其疫源地就局限在传染源周围的较小范围；后者通过蚊虫传播，其疫源地范围取决于蚊虫的活动半径或飞程。同一种传染病，传播途径不同，疫源地范围也不相同。通过日常生活接触所引起的伤寒疫源地，其范围有限；如为伤寒水型暴发，则疫源地范围可以包括整个供水地区。就传染源周围人群的免疫状况来说，如果传染源周围的接触者均为免疫人口，由于为免疫屏障所隔离，则疫源地范围极小；如果传染源周围的接触者均为易感人口，则疫源地会波及传播途径所及的整个范围。因此，不同传染病的疫源地范围不同，同种传染病在不同条件下疫源地范围也不相同。

疫源地的消灭必须具备下列三个条件：①传染源被移走（隔离、死亡、移至它处）或已消除排病原体状态（治愈）；②通过采取消毒和杀虫措施，传染源散播在外环境中的病原体被彻底消灭，传播途径已被切断；③传染源周围所有的易感接触者，经过该病最长潜伏期未发生新的病例或感染。

具备了上述三个条件时，针对疫源地的各种防疫措施即可结束。

2. 流行过程 任何一个疫源地都是由它以前的疫源地衍生的，同时它又是衍生新的疫源地的基础。一系列相互联系、相继衍生的疫源地构成了传染病的流行过程。疫源地是构成传染病流行过程的具体单位。只有传染源、传播途径和易感人群三个环节相互连接，协同作用，才能产生新的疫源地，流行过程才能得以延续。疫源地一旦被消灭，流行过程即告中止。

流行过程的强度，通常用发病率来测量，以散发、暴发、流行和大流行来表示。

散发：指某种传染病在人群中散在发生。暴发：指某一局部地区或单位，在短期内突然出现众多的同一种疾病的患者。流行：指某一地区或某一单位，在某一时期内，某种传染病的发病率超过了历年同期的发病水平。

大流行（pandemic）：指某种传染病在一个短时期内迅速传播、蔓延，超过了一般的流行强度或超出通常的流行区域。"大流行"原是世界卫生组织对流感的定级之一。世界卫生组织将流感分为6级，其中最高的就是"大流行"，其定义是某种流感病毒在疫情发源地以外的至少一个国家发生了社区层面的暴发，表明病毒正在跨国蔓延。从概念上讲，当时的"大流行"指的是流感病毒的影响范围，而不是疫情的严重程度和致死率。2009年，从美国和墨西哥暴发的甲型H1N1流感被世界卫生组织定性为"大流行"以来，曾引发不少争议，因为这一流感虽然蔓延全球，但致死率较低，与人们印象中的严重传染病不一致。因此，2010年，世界卫生组织网站给出"大流行"的简单定义，即"一种新疾病在全球范围内传播"。如流感大流行就是指新型流感病毒亚型在全球传播，而多数人对此病毒没有免疫力。新型冠状病毒感染成为第一个被称为"大流行"的冠状病毒传染病。然后，世界卫生组织已不再使用上述6级分类评估流感等传染病，而是改为4大阶段。"大流行"并非严格的定义，而是一个模糊的概念，具有操作上的弹性。

（三）影响传染病流行过程的因素

传染病在人群中的流行既是一种生物学现象，又是一种社会现象。流行过程都是在一定的社会因素和自然因素影响下发生与发展的。这两种因素均是通过对传染源、传播途径和易感人群的作用而对流行过程发生影响，其中，社会因素的影响具有更重要的意义。

1. 自然因素对流行过程的影响 自然因素包括气温、降水量、湿度、风速、风向、土壤、地形、地貌和动植物等。这些因素均是通过作用于传染源、传播途径或易感人群而影响流行过程的。

（1）自然因素对传染源的影响：自然疫源地的形成依赖于某种类型的地形和地貌。土质疏松地带（草原、沙漠、耕地、沙土地）适于野鼠做洞繁殖，植物种类丰富时有利于野鼠的生存繁殖，因此，由野鼠传播的鼠疫多限于草原和沙土地带。

地理和气候因素对动物传染源有明显的影响，许多自然疫源性疾病的地方性和季节性均与此有关。

自然因素对以人为传染源的传染病的流行也有影响。疟疾在春季有复发，痢疾在夏季复发增多，从而使其排出病原体的数量增多。夏季衣着单薄，使儿童粪便容易污染周围物品，从而增加了传染源传播肠道传染病的机会。

（2）自然因素对传播途径的影响：地理和气候条件对传播途径的影响更为明显。节肢动物的地理分布、季节消长、活动能力以及病原体在节肢动物体内的发育和繁殖均受自然因素制约。因此，疟疾和流行性乙型脑炎等经吸血节肢动物传播的传染病的流行都有明显的地区性和季节性特点。

夏季气候炎热，有利于苍蝇的发育和繁殖，而且在该季节人们喜食生冷食品，因此容易发生肠道传染病的流行。冬季寒冷，人们多在室内活动，从而增加经空气传播的传染病流行的机会。

降水量也可影响传染病的传播。干旱可使地面积水中的病原体浓集；降水量大时可将地面粪便冲入开放性水源，融雪水也可起到同样作用，从而使水源被污染，容易造成肠道传染病的水型暴发流行。在雨后洪水或积水中抢险救灾、涉水或游戏，可增加人们受钩端螺旋体侵袭的机会，从而使钩端螺旋体病的发病增多。

(3) 自然因素对易感人群的影响：自然因素对人群易感性的影响一般不明显。但是，气候因素对条件致病菌所致感染的影响是明显的，如寒冷季节易患肺炎和上呼吸道感染。

2. 社会因素对流行过程的影响　社会因素包括社会制度、生产活动、生活条件、居住环境、医疗卫生状况、文化水平、卫生习惯、人口移动、社会动荡、风俗习惯和宗教信仰等所有与人类活动有关的因素，其对传染病的流行有着明显的影响。

(1) 社会因素对传染源的影响：中华人民共和国成立后，严格执行国境卫生检疫，防止了检疫传染病传入我国。建立了较为完善的卫生防疫体系，设立了传染病院，有助于传染源的及时隔离和治疗。许多地区定期对饮食行业和自来水厂的从业人员进行病原携带检查，有利于早期发现传染源，及时进行管理，减少了肠道传染病的流行。

(2) 社会因素对传播途径的影响：在流行过程的三个基本环节中，以传播途径受社会因素的影响最为明显。中华人民共和国成立后，在我国城市已逐步建立了规范化的供水系统，并对水质进行常规的监督监测，因此，经水传播的传染病的流行在城市已属罕见。为了控制传染病经食物传播，我国在20世纪80年代颁布了《中华人民共和国食品卫生法》，加强了对食品卫生的监督和管理，有效地减少了传染病经食物传播。在全国范围内普遍开展了以"三管一灭"（管水、管食品、管粪便和灭蝇）为中心的爱国卫生运动，使卫生状况有了明显的改观。实践证明，这些措施是切断传播途径、控制某些传染病的发生或流行的有效措施。

居民的风俗习惯对传染病的发生或流行有着明显的影响。在我国南方的某些地区，居民有生食或半生食某些水产品（如鱼、蟹、毛蚶）的饮食习惯，因此在这些地区存在肺吸虫病和华支睾吸虫病的流行。1988年，上海市发生甲型病毒性肝炎的流行，发病率达8000/10万，这次流行就是因为居民半生食含有甲型肝炎病毒的毛蚶所引起的。

人类的生产活动也可影响传染病的发生或流行。生活在疫区的农民和渔民，下田或下水劳动可感染血吸虫病和钩端螺旋体病；牧民接触病畜可感染布鲁菌病；伐木工人易感染森林脑炎。

中华人民共和国成立前，性病是一种常见的社会病。新中国成立前，我国有性病患者1000多万，上海市性病患病率达10%。1952年，我国政府宣布取消娼妓制度，关闭了妓院。经过10多年的努力，1964年，我国政府宣布：中国基本消灭了性病。20世纪80年代初，由于对外开放，性病又从国外输入，卖淫嫖娼现象重新出现，从而导致性病在我国死灰复燃。

(3) 社会因素对易感人群的影响：社会因素对易感人群的作用，最明显地体现在预防接种上。我国从1950年10月12日起开始实施全民义务种痘，到20世纪60年代初就在全国消灭了天花。同时期开始在全国推广麻疹和脊髓灰质炎等疫苗，很快就控制了这些传染病的流行。

战争、灾荒和贫困不仅使易感人群大量流动，而且也使传染源大量流动，因此，在这样的社会条件下，极易发生传染病的流行。新中国成立前，"大灾之后必有大疫"已成为一种规律，中华人民共和国成立后，我国政府十分重视灾后防疫，每次自然灾害发生后，都动员大量的人力、物力投入灾后防疫，从而打破了这种历史规律，有效地保障了人民的健康和生命。例如，1976年的唐山大地震，1991年安徽和江苏发生的特大洪涝灾害，1998年长江全流域的特大洪涝灾害，由于各级政府的重视和全国人民的努力，在大的自然灾害之后均没有发生传染病的流行。

第二节　传染病防控的理论和实践发展

一、传染病防控的知识体系

成功控制传染病需要了解引起疾病的病原体的特征和行为及其与感染宿主和环境的相互作用，这是显而易见的，然而历史上却充斥着因忽视传播方式、感染的天然宿主和携带者的作用等基本问题而未能控制传染病的案例。例如，在19世纪初，霍乱被认为是一种空气传播的疾病，当时的控制工作是基于防止污染大气（"瘴气"）的补救措施。直到1854年，英国流行病学家John Snow才证明霍乱是一种经水传播的传染病。Snow的发现是基于一个简单的观察：在霍乱流行期间，从一个特定泵获得饮用水的人的发病率最高。他的补救措施——拆除水泵把手从而阻止疫情暴发——彻底改变了霍乱的控制，并预示了一系列旨在提高饮用水安全的公共卫生措施。然而，直到今天，人们仍然对霍乱控制知之甚少。1991年第七次霍乱大流行袭击南美洲时，许多国家的反应是要求所有游客接种疫苗，霍乱疫苗可能会提供一些针对疾病的个体保护，但不能防止病例排出霍乱弧菌。因此，作为一项公共卫生措施，它在控制感染传播方面的价值有限。

免疫接种是医学的一个特定领域，在该领域中可了解疾病传播以及如何进行控制。传染病本身的一些特征决定了疫苗控制它的难易程度，这些特征包括疾病的传染性、潜伏期的长短、自然感染及疫苗诱导免疫的持续时间，以及是否存在亚临床感染和非人类宿主。免疫的一个特别重要的概念是群体免疫，在对疫苗功效和疫苗覆盖率的不同假设下，包含这些影响的数学模型可用于预测替代疫苗策略的结果。此类信息对于设计针对天花、脊髓灰质炎和麻疹等疾病的成功免疫计划以及预测干预措施的有效性至关重要。

传染病传播学说起源于20世纪头十年。随着19世纪细菌理论的发现，科学家们试图了解许多传染病的发病周期。特别是，他们寻求对麻疹等疾病定期反复流行的解释，以及为什么这些流行病在所有易感人群被感染之前达到顶峰并消失。1906年，William Hamer提出了一个模型，在该模型中，他认为病例发生在离散的2周世代中。假定一代人患病例数是上一代病例数和易感者数的常数倍数。基于这个简单的假设，Hamer能够解释麻疹的流行性质：其规律性是由于流行期间易感人群数量减少，随后随着更多孩子出生而逐渐重新积累。然而，他的论点在当时并没有被广泛接受。另一种根据经验得出的理论是基于Farr于1840年对流行病曲线形状的观察，根据这一理论，在流行病的过程中，病原体的传染性随着每一代连续的病例而降低一个常数：流行病的衰退是由于病原体传染性的减弱，而不是由于缺乏易感者。与这场辩论同时发生的是，Ross在1909年提出了一个疟疾传播模型，该模型与Hamer的麻疹理论相似，Ross和Hamer都非常清楚他们的模型是对真实人群异质性的极大简化，但他们捕捉到了观察到的疾病发病率模式背后的基本机制。

正是在这种背景下，Topley和Wilson开始了他们经典的小鼠感染传播系列实验研究，小鼠种群中精心控制的条件非常适合测试相互竞争的理论。在这项研究的开始，Topley在他对伦敦皇家内科医师学院的古尔斯顿讲座中列出了要研究的主要问题。很明显，他受到了布朗利思想的影响，但并没有否定Hamer的理论：虽然有理由相信流行病消退的显著特征是细菌病毒传染性的丧失，但宿主的抵抗力是不可忽视的因素。经过5年的实验，Topley和Wilson得出了结论：免疫问题作为一个人群的属性应该被当作一个单独的问题被研究，与个体宿主的免疫问题密切相关，但在许多方面又有所不同。他们首次公开引用"群体免疫"一词，表明传染病研究的重点正在从单独的传染源的特性转移到考虑人群或种群的特性。他们最具开创性的发现是，将一些易感小鼠添加到细菌或寄生虫处于平衡状态的种群中会导致疾病暴发。1926年，达德利在寄宿学校对白喉发病率进行了类似的人群观察：当足够多的易感新生男孩入学消除了群体免疫力时，疫情再次暴发。20年后美国韦伯斯特的实验证实了这一点。随着实验证据的增多，Hamer的理论逐渐被接受，但没有证据支持布朗利的不同传染性理论。

在此期间，理论有了进一步的发展。1927年，Kermack和McKendrick证明了流行病阈值的存在，即当且仅当易感人群的比例超过给定水平时才会发生流行病。Soper于1929年清楚地说明了Hamer的模型及其等价的连续时间。他表明连续模型在平衡解周围产生阻尼振荡，并推导出小振荡的周期。他还注意到与某些化学反应定律的相似性，因此该模型有时被称为"质量作用"模型。该模型无法产生针对麻疹观察到的无阻尼流行周期，这被视为一个主要缺陷，直到1956年Bartlett证明Hamer-Soper模型的随机公式，从而克服了这个问题。他的数值模拟产生了周期性的流行病，没有达到平衡的趋势。他指出，人口规模影响流行病的模式：较大的城镇有更规律的周期，而感染的"淡出"通常发生在人口较少的模拟中。这导致他推导出一个临界社区规模，超过该规模，流行病就不太可能消失，这个结果与观察结果非常吻合。Bailey 第一次对"流行病的数学理论"进行了全面描述，讨论了上述理论的发展。该文还包括了根据流行病学数据估计参数（例如潜伏期和传染期）的方法。

与此同时，Reed 和 Frost 在美国开发一种了模型，该模型成为研究小人群暴发的基础。这包括一个非线性项，用于降低两个或多个感染者接触同一易感者的影响。1971 年探讨了叠加家庭和其他结构对 Reed-Frost 模型的影响，这是第一个将人口成员之间接触的异质性包括在内的研究。他们的随机模拟使他们强调了一小部分易感个体在维持传播方面可以发挥的重要作用。

MacDonald 于 1957 年在他研究疟疾的背景下将基本再生数（R_0）的概念引入传染病流行病学。自 Dietz 于 1975 年和 Hethcote 于 1983 年首次将 R_0 用于直接传播感染的研究以来，R_0 已成为传染病理论的核心特征。它提供了一种比较疾病和消除疾病难度的简单方法。Dietz 于 1975 年展示了如何在简单的同质模型中根据感染时的平均年龄估算 R_0，1990 年，迪克曼等为异质人群疾病传播模型中 R_0 的定义提供了严格的数学框架。其中包括由 Anderson 和 May 等开发的具有年龄依赖性传播率的模型，这些模型已被用于研究感染的动态发展，并探索不同的疫苗接种计划对感染发展的影响。除了那些有效的感染之外，这些考虑现在也适用于许多其他疫苗可预防疾病，对与传染病控制相关的政策制定的影响也越来越大，包括何时将传统控制措施应用于严重急性呼吸综合征（SARS）和禽流感等新感染。1994 年，Mollison 等回顾了整个建模方法的发展并强调了需要进一步研究的领域，20 世纪 80—90 年代传染病的研究获得了长足的发展，当时注意力集中在人类免疫缺陷病毒（HIV）的流行病学和获得性免疫缺陷综合征（艾滋病），性传播疾病和其他性传播感染（STI）模型通常需要许多人口亚群，这些亚群的活动水平差异很大，而且艾滋病的潜伏期很长，其传染性的变化会带来进一步的并发症。

苏联最早提出传染病流行过程三个环节和两个要素的理论，国内教科书一直沿用，感染过程、传播过程和流行过程本就紧密联系、不可分割，用三个环节和两个要素去阐明传染病流行过程，不仅从理论上，而且在实践中更为适用。

二、传染病防控进展及面临的问题

中华人民共和国成立以来，政府高度重视传染病的防治工作，坚持预防为主、防治结合、专业机构与群众相结合的方针，改善环境卫生条件，显著地降低了传染病的发病和死亡水平，极大地减少了人民群众疾病和残疾的痛苦，大幅度提高了中国人的期望寿命和健康水平，为促进国家经济建设和社会发展做出了巨大贡献。20 世纪上半叶，中国鼠疫、霍乱、血吸虫病、疟疾、黑热病、性病等不断暴发、流行。传染病对人均期望寿命的影响高达 70%。1949 年我国人均期望寿命仅 35 岁，而当时世界人均期望寿命平均水平为 49 岁。新中国成立后，面对来自各种传染病的严重威胁，为减少和消灭疾病，保障人民健康，党和政府在新中国成立初期就把"除害灭病"作为一项重要工作任务。1952 年，毛泽东同志发出"动员起来，讲究卫生，减少疾病，提高健康水平"的号召，爱国卫生运动在全国范围内大规模开展。1949—1977 年，我国全面建立了传染病防治体系。我国已初步建立了 72 小时内鉴定 300 种已知病原和未知病原的筛查技术体系，并多次发挥了重要的支撑作用。

中国疾病预防控制信息系统于 2004 年在全国范围开始启用，我国传染病疫情由 2003 年之前的逐级上报汇总数据，转变为以互联网为基础的网络直报个案信息，共覆盖 39 种传染病。2016 年底，系统覆盖全国 100% 的疾控机构、98% 的县级以上医疗机构和 94% 的乡级卫生院，直报医疗卫生机构 69 000 多家，报告时间由 5 天缩短至 2 小时。2008 年建立起的国家传染病自动预警系统实现了对多种法定报告传染病异常情况的自动探测和预警响应。通过传染病网络直报体系的建立，加强了法定传染病疫情报告与响应，卫生应急核心能力明显改善，提升了我国传染病疫情监测和有效处置能力。

与此同时，2003年非典疫情的冲击暴露出中国公共卫生体系存在较大的缺陷，随后国家全面加强疾病预防控制，提高应对重大传染病等突发公共卫生事件的能力，在法律法规体系、机构设置、人才队伍、经费保障等多个维度都有显著提升。2004年1月，国家传染病与突发公共卫生事件网络直报系统开始运行，标志着中国传染病疫情监测、报告手段和能力发生质的飞跃。随着医改信息化建设的深入，国家免疫规划信息系统、传染病实验室监测信息系统、公共卫生舆情动态监测和预警系统、流行病学调查动态数据采集系统、流动儿童预防接种信息、传染病五大症候群监测的全过程信息管理系统陆续启用，实现了信息数据的共享和交换。2022年2月，中国机构编制网发布了《中共中央办公厅国务院办公厅关于调整国家卫生健康委员会职能配置、内设机构和人员编制的通知》，宣布将国家卫健委下设的医政医管局更名为医政司，卫生应急办公室（突发公共卫生事件应急指挥中心）更名为医疗应急司，撤销疾病预防控制局、综合监督局。同时，《国家疾病预防控制局职能配置、内设机构和人员编制规定》发布。相关文件明确指出，传染病防控和应急处置将成为国家疾控局和各级疾控机构的核心职能。围绕这一核心职能，疾病预防控制机构需要进一步强化监测预警、风险评估、流行病学调查、检验检测、应急处置和监督监管等主要职能，初步建立能有效应对重大传染病及突发公共卫生事件、服务支撑"健康中国"建设、基本满足国家公共安全需要的责权清晰、功能完善、运转高效、协同联动、保障有力的疾病预防控制体系。

针对在新冠疫情防控过程中暴露出的我国疾病预防控制体系存在的薄弱环节，新一轮的体制机制改革应重点推动完善补偿激励机制、医防协同机制、考核评估机制和人才队伍发展机制等，而这些改革发展的重点举措需要各级政府和相关部门给予政策支持。需要大力推动新形势下国家疾病预防控制体系的改革发展，重新思考和优化各级疾病预防控制机构的职能设置，加大改革力度和政策保障，理顺体制机制，加强人力资源和核心能力建设，为有效应对重大传染病和突发公共卫生事件、促进社会经济稳定发展、保障国家长治久安做出疾控系统的重要贡献。

非典之后出现的甲型H1N1流感、鼠疫、禽流感、H7N9和MERS等疫情事件都得到了较为有效的应对和处理，但新冠疫情应对中暴露出公共卫生体系多个维度存在短板，包括国家生物安全风险防控和治理的法律法规体系、农村和社区等基层防控能力、公共卫生服务与医疗服务的协同、重大疫情应急响应机制、重大疫情救治机制、应急物资保障等。

传染病防控人才队伍建设力度不足，主要表现在人力资源紧缺，尤其是严重缺乏具备专业技能的传染病防控人员，无法应对紧急的传染病事件。同时，我国传染病防控人员偏少，专业知识不足，不能应对大规模的新发或突发传染病疫情。我国部分地区的政府对传染病防控缺乏足够的重视，往往只是在传染病暴发以后才被动采取行动。因此，加强政府及相关部门对传染病防控的重视程度，是加强传染病防控体系建设的根本途径。另一方面，公众传染病健康素养总体水平较低，《2016年我国居民健康素养监测报告》显示，居民健康素养总体水平为11.58%，传染病防治健康素养仅为16.38%；城乡之间、地区之间和人群之间的健康素养水平不均衡，健康生活方式与行为素养提升较慢。

随着我国经济的发展和对农村发展的愈加关注，农村传染病预防控制体系也逐渐形成，主要是依托于区县的医疗资源，在疾病防控部门的支持下，建立起从区县到乡镇再到村的三级传染病防控体系，一旦村级体系发现问题，立刻按照疫病严重情况进行上报，再由上级管理单位依据具体情况来进行传染病的控制管理。在平常则定期由各级农村传染病防控单位派遣小组到各村巡诊，并做好传染病的预防工作。而且，农村基层门诊也被纳入农村传染病防控体系中，以发挥最大化的作用。在这些工作的努力下，我国农村传染病防控工作取得了较大的进展，农村大规模传染病的发生率逐年降低，农村整体卫生情况也有所提高。虽然我国在农村传染病防控方面的经费呈现逐渐加大的状态，但是我国农村面积和农村人口仍大于城镇，现有经费的投入远远不足，这就导致我国农村传染病预防控制工作存在一定的资金缺口，同时呈现出不均衡的状态。比如我国东部地区和一些经济发展情况较好的城市周边农村传染病防控工作较为有序，但是偏远地区以及经济情况相对差的农村地区则在医疗资源配置、人员配置等方面都跟不上发展的脚步。农村劳动力大量外出务工，流动人口增多，难免会破坏农村整体环境的平衡性，造成一些传染病的传播。

（王伟炳）

第二章

常见新发和突发传染病

第一节 常见新发和突发传染病概述

一、常见的传染病

病原微生物可存在于空气、水、食物、虫媒介质，或者一些特殊的环境中，通过呼吸道、消化道、血液途径感染人体，从而出现不同的疾病状态。

(一)通过空气传播的疾病(airborne disease)

空气中的微生物受温度、湿度、光照、紫外线等因素的影响，一般情况下生长繁殖很难，因此空气中不存在固定的微生物群系。但当土壤、灰尘、水系、动物、植物和人类活动等携带的病原微生物扩散或转移至空气中，可以尘埃、飞沫、飞沫核的形式进行传播，或者与空气形成气溶胶，这种情况下含有病原微生物的空气就可对人体造成感染。病原微生物与空气形成气溶胶时，其数量多、分布广泛，能数天随风漂浮，将病原微生物播散至很远的地方。空气中常见的微生物主要有细菌、病毒、真菌和其他类微生物。例如患者或携带病原微生物的人在说话、咳嗽、打喷嚏时，将黏液、飞沫喷到空气、尘埃中，再被易感者吸入体内引起疾病，主要见于呼吸道为入侵门户的传染病。空气传播的发生取决于多种条件，其中人口密度、卫生条件、易感者在人群中的比例起决定性作用。经空气传播传染病的流行特征表现为：传播广泛，发病率高；冬春季节高发；少年儿童多见；在未经免疫预防的人群中，发病呈周期性；居住拥挤和人口密度大的地区高发。通过空气传播的常见疾病有肺结核、流行性感冒、百日咳、麻疹、风疹、水痘、流行性腮腺炎、流行性脑脊髓膜炎等。

结核病(tuberculosis，TB)是由结核分枝杆菌引起的慢性传染病，可侵及许多脏器，以肺部结核感染最为常见。肺结核(pulmonary tuberculosis)是发生在肺组织、气管、支气管和胸膜的结核病变。肺结核的临床上主要表现为咳嗽、咳痰≥2周，或痰中带血或咯血，为肺结核可疑症状。肺结核多数起病缓慢，部分患者可无明显症状，仅在胸部影像学检查时发现。随着病变进展，可出现咳嗽、咳痰、痰中带血或咯血等，部分患者可有反复发作的上呼吸道感染症状。结核病的排菌者为其重要的传染源。人体感染结核分枝杆菌后不一定发病，当抵抗力降低或细胞介导的变态反应增高时，才可能引起临床发病。若能及时诊断，并予合理治疗，大多可获临床痊愈。

流行性感冒（influenza，简称流感）是流感病毒引起的急性呼吸道感染，也是一种传染性强、传播速度快的疾病。其主要通过空气中的飞沫、人与人之间的接触或与被污染物品的接触传播。病毒传入人群后，传染性强并可迅速蔓延，传播速度和广度与人口密度有关。典型的临床症状是发热、头痛、肌痛和全身不适起病，体温可达 39～40℃。可有畏寒、寒战，多伴全身肌肉关节酸痛、乏力、食欲减退等全身症状，常有咽喉痛、干咳，可有鼻塞、流涕、胸骨后不适等；颜面潮红，眼结膜充血；部分以呕吐、腹痛、腹泻为特点，常见于感染乙型流感的儿童。一般秋冬季节是其高发期，所引起的并发症和死亡现象非常严重。流感病毒可分为甲（A）、乙（B）、丙（C）三型，甲型病毒经常发生抗原变异，传染性大，传播迅速，极易发生大范围流行。流感具有自限性，但在婴幼儿、老年人和存在心肺基础疾病的患者容易出现肺炎等严重并发症而导致死亡。

百日咳（pertussis）是一种由百日咳鲍特菌引起的急性呼吸道传染病，自从广泛实施百日咳菌苗免疫接种后，本病的发生率已经大为减少。人为百日咳鲍特菌的唯一宿主，其主要侵犯的对象是孩童，有一半的个案是 1 岁以下的婴儿，且此病较常发生在儿童。传染途径主要是由空气传染或飞沫传染，病菌经由患者呼吸道进入易感宿主呼吸道而传染。早期阵发性咳嗽未出现之前疾病具有高度传染性，之后传染力逐渐降低，约 3 周之后，纵使患者仍有持续痉挛性咳嗽或哮喘，亦不具传染性。百日咳的临床特征为咳嗽逐渐加重，呈典型的阵发性、痉挛性咳嗽，咳嗽持续 2 周以上，因咳嗽终末出现深长的鸡啼样吸气性吼声，病程长达 2～3 个月，故有百日咳之称。典型的病例表现有卡他期、痉咳期和恢复期。卡他期开始症状类似感冒，除咳嗽外，可有流涕、喷嚏、低热，也可只有干咳。当其他症状逐渐消失时，咳嗽反而加重，日轻夜重，渐呈痉咳状。痉咳期一般为 2～4 周或更久，阵发性、痉挛性咳嗽为本期特点。恢复期一般 1～2 周，咳嗽发作次数减少，程度减轻，不再出现阵发性痉咳。

（二）通过水介导传播的疾病（waterborne disease）

水是人类生存的重要资源，不仅是构成身体的主要成分，而且还参与许多生理功能。人类的活动离不开水，没有水就无法维持血液循环、呼吸、消化、吸收、分泌、排泄等生理活动，体内新陈代谢也无法进行。因此，水和人类的关系非常紧密，人类需要直接或间接利用外环境的水。同时，病原微生物也通过水媒介传播疾病。介水传染病（waterborne infection disease）是指通过饮用或接触受病原体污染的水而传播的疾病，又称水型传染病。水中的病原微生物一部分是自然水体中本身存在的，其他主要来源于地表土壤、生活污水、厕所、垃圾、动物养殖、空气降水，以及实验室泄漏造成，存在于人类粪便、污水和垃圾中的病原微生物污染水源，人们接触或饮用后导致传染病。常见疾病有霍乱、伤寒、痢疾、甲型肝炎、脊髓灰质炎等。

霍乱（cholera）是由霍乱弧菌所引起的。O1 和 O139 这两种霍乱弧菌的血清型能够引起疾病暴发。大多数的疾病暴发由 O1 型霍乱弧菌引起，而 1992 年首次在孟加拉国确定的 O139 型仅限于东南亚一带。非 O1 非 O139 型霍乱弧菌可引起轻度腹泻，但不会造成疾病流行。最近，在亚洲和非洲的一些地区发现了新的变异菌株。据观察认为，这些菌株可引起更为严重的霍乱疾病，死亡率更高。霍乱弧菌存在于水中，最常见的感染原因是食用被患者粪便污染过的水。临床表现分轻型病例、中重型病例和中毒型病例三种。轻型病例表现为无腹痛腹泻，可伴有呕吐，常无发热和里急后重表现，少数病例可出现低热、腹部隐痛或饱胀感，个别病例有阵发性绞痛。中重型病例腹痛次数频繁或剧烈，粪便性状为水样便，伴有呕吐，迅速出现脱水或严重脱水，循环系统衰竭及肌肉痉挛等休克表现。中毒型病例为较罕见类型，在霍乱流行期间出现无泻吐或泻吐较轻，无脱水或轻度脱水，但有严重中毒型循环衰竭。

伤寒（typhoid）是常见的疾病。1907 年，厨师玛莉·马龙造成伤寒玛莉事件，是医学史上有名的案例。玛莉是位厨师，她所到之处都引发了伤寒的蔓延，尽管她本人并未患病，但却把所携带的病菌传染给了吃她做的食物的人。当最终被证实为传播病菌的人后，她被扣留并终生隔离。

伤寒沙门菌（Salmonella enterica）是肠道沙门菌的一个血清型，为革兰氏阴性杆菌，是伤寒的病因。这种细菌可以经由粪口途径传播，即由人类排泄的粪便，再经由污染的水源或不卫生的人与人接触来传播。伤寒临床上初期起病大多缓慢，不明原因发热是最早出现的症状，常伴有全身不适、乏力、食欲减退、咽痛与咳嗽等。特殊中毒面容表现为淡漠、呆滞，相对缓脉，皮肤出现玫瑰疹，肝脾大。

细菌性痢疾（bacillary dysentery）简称菌痢，亦称为志贺菌病（shigellosis），是志贺菌属（痢疾杆菌）引起的肠道传染病。志贺菌经消化道感染人体后，引起结肠黏膜的炎症和溃疡，并释放毒素入血。临床表现主要有畏寒、发热、腹痛、腹泻、里急后重、黏液脓血便，排便次数多，同时伴有全身毒血症症状。严重者有惊厥、头痛、全身肌肉酸痛，可引发感染性休克和（或）中毒性脑病。急性菌痢主要有全身中毒症状与消化道症状，可分成五型：①急性普通型（典型）：起病急，可有畏寒、发热、乏力、食欲减退、恶心、呕吐、腹痛、腹泻、里急后重症状。②急性轻型（非典型）：症状轻，可仅有腹泻、腹痛。③急性中毒型：出现感染性休克表现，如面色苍白、皮肤花斑、四肢厥冷、发绀、脉细速、血压下降等，可伴有急性呼吸窘迫综合征。常伴有腹痛、腹泻。④急性脑型：出现脑水肿表现，如烦躁不安、惊厥、嗜睡或昏迷、瞳孔改变，呼吸衰竭，可伴有急性呼吸窘迫综合征，有不同程度的腹痛、腹泻。⑤混合型：表现为上述两种及以上的症状。菌痢常年散发，夏秋多见，是我国的常见病、多发病。儿童和青壮年是高发人群。本病有有效的抗菌药治疗，治愈率高。

控制介水传播的疾病主要采取控制污染来源、水体净化、管理水源、做好污水处理等工作进行预防和控制。

（三）通过虫媒传播的疾病

虫媒传染病与鼠传疾病构成了媒介生物性疾病（vector-borne disease）。这类传染病在我国每年传染病总发病病例中占5%～10%，但它的病死人数则占传染病总死亡人数的30%～40%。常见的病媒昆虫有蚊、蝇、蟑螂、臭虫、虱、蚤、蚂蚁等，此外还包括蠓、蚋、虻、白蛉等。不同虫媒传染病的传染源和传播媒介是不尽相同的。新发虫媒传染病是新发传染病的重要组成部分，在全球呈现加剧化形势。当今全球生态系统发生了很大的变化，而环境恶化及交通与物流的便捷，为媒介生物繁殖、传播、扩散提供了便利条件。当前明显的趋势是，一些原有的媒介生物性疾病再度暴发，新的媒介生物性疾病不断扩大。通过埃及伊蚊、白纹伊蚊传播的登革热，自2003年以来明显回升，全球有25亿人受到威胁。通过蜱叮咬传播的新发媒介生物性疾病莱姆病，目前已在世界五大洲70多个国家有病例报告。随着新型的检测手段和技术的应用，一些新发的虫媒传染病逐渐被发现。新发的虫媒传染病涉及的病原体种类繁杂，病原体的宿主种类呈多样性，传播途径各异，感染方式复杂多变，容易造成跨国界、跨洲界甚至全球性传播。人类普遍缺乏对新发传染病的免疫力，早期发现及诊断较为困难，缺乏特异的预防和治疗方法，新发传染病的发生、出现具有不确定性。新出现的病原体中，75%是动物寄生虫病（病毒最先发生于动物身上），例如非典、禽流感、尼派病毒病、西尼罗病毒病、埃博拉病毒病和艾滋病，20世纪暴发的3次全球性流感都是源自鸟类。

虫媒传染病包括病毒性的流行性乙型脑炎、登革热和登革出血热、森林脑炎、黄热病、西尼罗病毒病、流行性出血热、新疆出血热、鄂木斯克出血热、科萨努尔森林病、阿根廷出血热、玻利维亚出血热、拉沙热、马尔堡病毒病、埃波拉出血热、李夫特山谷热、辛德毕斯病毒病、基孔肯雅病、罗斯河病毒病、东方马脑炎、西方马脑炎、委内瑞拉马脑脊髓炎、圣路易脑炎、墨累山谷脑炎、加利福尼亚脑炎、羊跳跃病、波瓦桑脑炎、中欧脑炎等。虫媒性立克次体与埃立克体传染病主要包括恙虫病、鼠源性斑疹伤寒、流行性斑疹伤寒、Q热、斑点热、猫抓热、战壕热、埃立克体病等。虫媒细菌性疾病包括鼠疫、土弗氏菌病。虫媒螺旋体感染性疾病包括莱姆病、蜱传回归热等。虫媒原虫性疾病包括疟疾、黑热病、弓形虫病等。虫媒蠕虫感染性疾病包括丝虫病、眼结合膜吸吮线虫感染、美丽筒线虫病等。

流行性乙型脑炎（epidemic cncephalitis B）简称"乙脑"，又名日本脑炎（Japanese encephalitis, JE），是由乙型脑炎病毒（EBV）导致的以脑实质炎症为主要病理改变的急性中枢神经系统传染病。该病病原体于1934年在日本被发现，1935年由日本学者最早分离，因此命名。传染源主要来自于动物宿主，故为人畜共患的自然疫源性疾病。蚊虫、鸟类、蝙蝠、家畜均可感染。蚊虫可携带病毒过冬，并经卵传代，为重要的储存宿主。由于猪的感染率极高（仔猪在流行季中感染率可接近100%），病毒载量大，病毒血症持续时间长，猪的饲养面广，故为主要传染源。乙型脑炎病毒在猪间传染常早于人间传染1~2个月，故监测猪的感染率有助于预测人群的流行趋势。人感染乙型脑炎病毒后病毒载量少，病毒血症持续时间短，故感染者不是主要传染源。乙脑主要流行区域在东南亚、西太平洋地区。发病时间与蚊虫数量相关，热带地区全年发生，亚热带和温带地区多为7—9月。临床上大多数患者症状较轻或呈无症状的隐性感染，仅少数出现中枢神经系统症状，表现为高热、头痛、喷射性呕吐，发热2~3天后出现不同程度的意识障碍，重症患者出现全身性抽搐、强直性痉挛或瘫痪等中枢神经症状，严重病例出现中枢性呼吸衰竭。

登革热（dengue fever）是一种由登革病毒引起的由蚊媒热带病。患者会在感染后3~14天后发作，症状包括发热、头痛、肌肉和关节痛，还有典型性的麻疹样皮疹。一般会于2~7天痊愈。少部分患者病情可进一步恶化，出现危及生命的登革出血热，患者有出血、血小板减少和血浆蛋白渗出，或者进展为登革休克综合征，此时会出现致命的低血压性休克。登革热自第二次世界大战之后就成了一个严重的全球公卫问题，遍及全球约110个国家。每年有5000万~5.28亿人感染。该病最早的暴发记录为1779年，至20世纪初，人们已经了解此病由病毒引起，且经由蚊传播。除了灭蚊计划之外，目前科学界也致力于研发直接对抗病毒的药物。该病被归类于被忽视热带病之一。登革病毒主要由黑斑蚊传播，特别是埃及斑蚊（A. aegypti）。登革热一般急性起病，突发高热，明显疲乏、厌食、恶心等，常伴有较剧烈的头痛、眼眶痛、全身肌肉痛、骨关节痛等症状，可伴面部、颈部、胸部潮红，结膜充血等。

疟疾（malaria），民间俗称打摆子、冷热病、发疟子，是一种会感染人类及其他动物的全球性寄生虫传染病，其病原疟原虫借由蚊散播，隶属囊泡藻界（统称原生生物的生物类群之一），皆为单细胞生物。疟疾引起的典型症状为周期性寒战、发热、出汗。凶险型多发生在流行期中，多急起，高热寒战，昏迷与抽搐等。流行区婴幼儿突然高热、寒战、昏迷。这些症状通常在蚊叮咬后的10~15天内出现，若患者没有接受治疗，症状缓解后数月内症状可能再次出现。疟疾最常通过受感染的雌性按蚊来传播，疟原虫会在按蚊叮咬时从蚊的唾液传入人类的血液，接着疟原虫会随血液移动至肝，在肝细胞中发育成熟和繁殖。根据世界卫生组织的统计，2015年全球约有2.14亿人新感染疟疾，并造成多达43.8万人死亡，其中有90%的死亡病例位于非洲。2000—2015年间，病例数减少37%，但自2014年的1.98亿例之后开始回升。疟疾的确切诊断必须依靠血液抹片镜检或特定抗原快速筛检，主要是查找疟原虫，通常找到即可确诊。

虫媒传染病的预防和控制的重点与其他传染病有所不同，重要的手段是切断或消除传播途径，并通过多种途径改善与提高人群免疫力，保护易感人群。因此，对媒介昆虫的控制或消除是至关重要的手段，但因虫媒传染病的发生和流行过程受到复杂的社会和自然因素的影响。因此，必须重视因地、因时制宜，进行综合防治，才能取得根本性的效果。

（四）人畜共患感染

许多病原体可以引起人或动物发病，目前已经有200多种动物传染病和寄生虫病可以传染给人类，如SARS、疯牛病等已经给人类造成了灾难性危害，这些人畜共患疾病通过各种途径频频突袭人类。很多社会因素引起各种新感染性疾病，如莱姆病，新发传染病越来越呈现出"人畜共患"的关系。人畜共患传染病是人与动物之间自然传播的疫病，引起发病的病原体包括细菌、病毒、真菌、支原体、衣原体、立克次体、寄生虫等。常见的人畜共患传染病有以下几种。

1. 狂犬病 狂犬病是由狂犬病病毒引发人畜共患的一种接触性传染病，为我国法定乙类传染病，传染源是患病动物和带毒者，通过咬伤、抓伤其他动物或人而使其感染。该病潜伏期通常为1~3个月，临床症状表现为极度的神经兴奋、狂暴、特异性恐风恐水和意识障碍等，继而导致局部或全身麻痹而死亡。发生咬伤时应迅速进行狂犬病疫苗紧急接种。

2. 炭疽 炭疽是由炭疽芽孢杆菌引起人畜共患的一种急性、热性、败血性传染病，传染源是患病动物，可经消化道、皮肤、呼吸道传播，牛、羊、马和猪最容易感染，发病以急性死亡为主，皮下和浆膜下有出血性胶冻样浸润、脾高度肿大、尸体极度腐败等，破损皮肤伤口感染则可能形成炭疽病。

3. 布鲁菌病 布鲁菌病是由布鲁菌引起人畜共患的一种慢性传染病，传染源是病畜及带菌动物，经消化道、呼吸道、生殖系统黏膜及损伤的皮肤等途径传播，羊、牛、鹿和人最易感，主要症状是发热、乏力、流产、关节炎、生殖器官和胎膜发炎等。

4. 高致病性禽流感 高致病性禽流感是由A型流感病毒引起的以禽类为主的烈性传染病，传染源主要为病禽和带毒禽，通过接触受感染的禽及其分泌物和排泄物等媒介传播，经呼吸道、消化道感染，也可经过气源性媒介传播，多种禽类易感。在复制过程中发生基因重配，致使结构发生改变，获得感染人的能力，才可能造成人感染禽流感疾病的发生。潜伏期从几小时到数天，常表现为包括发热、咳嗽、头痛、肌肉酸痛和全身不适等流感样症状，部分重症患者出现胸闷和呼吸困难等症状。可通过病毒分离与鉴定、分子生物学诊断方法进行实验室检查。

二、新发突发传染病

除了上述常见的传染病，新发和突发的传染病也不断出现，如2003年的严重急性呼吸综合征暴发、2012年中东地区的MERS流行、2014年西非的埃博拉出血热疫情，以及2019年的COVID-19大流行，这些新发和突发传染病都给人类健康和全球经济造成巨大冲击。例如，COVID-19大流行引发了全球范围内的健康危机，导致数百万人死亡，造成了巨大的经济损失。

（一）严重急性呼吸综合征

严重急性呼吸综合征（severe acute respiratory syndrome，SARS）在中国大陆惯称为"非典型肺炎"，简称"非典"，是非典型肺炎的一种，致病原是SARS冠状病毒（SARS-CoV）。该病临床表现为发热高于38℃以及一个或多个下列的呼吸道症状，如头晕、呼吸急促、呼吸困难、低氧血症、肺炎、咳嗽等。2002年，该病在广东顺德首发，并扩散至东南亚乃至全球，称为SARS事件。该病是由严重急性呼吸综合征冠状病毒所引起的，传播途径包括由已被感染者所咳出的飞沫传染，而整个传染过程主要通过人与人近距离的接触。平均导致7%~15%的患者死亡。不同年龄层中，24岁和以下人群死亡率为1%，25~44岁死亡率为6%，45~64岁死亡率为15%，65岁及以上的死亡率则为55%。

（二）埃博拉出血热

埃博拉出血热（Ebola hemorrhagic fever，EHF）是由埃博拉病毒引起的严重的急性病毒性传染病，具有高传染性和高致病性。该病毒从野生动物传播给人，并通过人与人之间的传播在人群中传播。1976年在非洲中部苏丹南部和扎伊尔的埃博拉地区发生出血热暴发流行，随后埃博拉病毒被确认。埃博拉疫情主要呈现地方性暴发特点，主要在苏丹、刚果民主共和国、加蓬、塞拉利昂和乌干达等非洲国家流行。造成该病的传染源为感染埃博拉病毒的患者和灵长类动物，其血液及其他体液、呕吐物、分泌物、排泄物等均具有高度的传染性。接触传播是埃博拉出血热最主要的传播途径。

（三）中东呼吸综合征

中东呼吸综合征（Middle East respiratory syndrome，MERS）是一种由中东呼吸综合征冠状病毒（前称"2012年新型冠状病毒"）所引起的新型人畜共患的呼吸系统传染病。患者常见的症状为发热、咳嗽、喉咙痛或胸痛、腹泻或呕吐。疾病在 2012 年中东地区首次暴发，被发现于一位曾去过沙特阿拉伯的卡达病患者身上，他被施以呼吸道疾病的治疗，但疾病最后引起肾衰竭，入院后 11 天死亡。中东呼吸综合征冠状病毒和严重急性呼吸综合征冠状病毒同隶属于冠状病毒家族；前者所导致的人类病死率比后者更高，但传染性较低。MERS 曾于 2012 年在中东引起大型暴发。在 2015 年 5 月，韩国首尔出现首例境外移入病例。由于该国卫生单位对此疾病不熟悉，至同年 6 月，在韩国遭到感染的患者数已经超过百例。特别引起注意的是，依照病史，少数被感染者和患者处于同一病房的时间仅有 5 分钟到数小时，即受到病毒感染，显示出高度传播力，此现象引起 WHO 的关注。

（四）新型冠状病毒病

新型冠状病毒病（coronavirus disease 2019，COVID-19）是由新型冠状病毒引起的一种传染病，传染源主要是新型冠状病毒感染者；主要传播途径为经呼吸道飞沫和密切接触传播，在相对封闭的环境中经气溶胶传播，接触被病毒污染的物品后也可能造成感染；疫苗出现前，人群对 SARS-CoV-2 普遍易感。该疾病常见的症状包括发热、咳嗽、疲劳、呼吸急促、味嗅觉丧失等。SARS-CoV-2 有不断变异的特点，传播能力不断增强，传播速度越来越快，且其具有免疫逃逸能力，甚至能够造成多次感染。WHO 于 2020 年 1 月 30 日宣布 2019 冠状病毒病疫情为国际关注的突发公共卫生事件（PHEIC），同年 3 月 11 日宣布 COVID-19 已经构成全球性大流行，至 2023 年 5 月 5 日解除。

三、全球重要传染病及对健康的影响

传染病一直以来都对人类健康和社会发展造成巨大威胁，深刻影响着人类社会的演变。当今社会人类物质生活水平不断提高，医疗卫生条件明显改善，病原生物学和免疫学等学科的飞速发展催生了抗生素、疫苗等伟大医学成就，显著降低了多种传染病的发病率。然而，全球化的快速进程和人口的急剧增长，使得传染病的传播变得更加错综复杂。新传染病的出现、原有传染病的再发以及病原体对抗菌药物耐药性的不断增强，从天花到传染性非典型肺炎，从艾滋病到埃博拉出血热，人类在与传染病斗争的几个世纪中，取得过消灭传染病的重大成果，也历经了传染病肆虐所带来的沉痛损失。如今，传染病仍是人类面临的一个严峻挑战。

传染病的传播和蔓延不受国界限制。一旦具备传染源、传播途径和人群易感性这三个流行过程发生的基本条件，该疾病即可在人群中进行传播。随着国际旅行和贸易全球化的急剧发展，各地区之间人口频繁流动，造成传染病的不断扩散。部分传染病以其极强的传染性随之蔓延全球，成为重要的公共卫生问题；一些新发传染病因人群对其缺乏免疫力而普遍易感，短时间即可进行快速传播，造成全球恐慌；而少数传染病以其较高的病死率或对机体造成严重损伤，有着极高的疾病负担。传染病仍是全球公共安全卫生问题，给人类健康带来巨大的挑战和威胁。

传染病的流行对人类社会的影响是多方面的，不仅导致个体生命健康伤害，对经济发展、社会稳定、秩序等也具有重大影响。2003 年 SARS 暴发后短短几个月波及 30 个国家，造成 8500 多人感染，估计导致中国 GDP 下降 1%，东南亚地区下降 0.5%。2009—2010 年 H1N1 全球甲型流感流行，归因死亡估计为 15 万~58 万人，对各国造成的经济损失为 GDP 的 0.5%~1.5%。2013 年我国暴发 H7N9 禽流感疫情，尽管未造成社会恐慌和国际影响，但病死率高达 40.1%，导致我国家禽产业损失超过 400 亿人民币。2014 年西非埃博拉病毒病导致塞拉利昂、利比里亚、几内亚死亡 11000 余人，当地农业出口大幅下降，采矿业缩减，跨境贸易关闭等。百年不遇的 COVID-19 大流行，世卫组织报告全球累计死亡约 690 万人。COVID-19 大流行的影响是广泛的，包括就业、个人收入、贸易以及长新冠对个人健康的长期影响。

（一）病毒性传染病

COVID-19 迅速蔓延至全球，从 2019 年 12 月暴发到 2023 年 5 月 5 日 WHO 宣布大流行结束，全球累计有超过690万人因感染COVID-19而死亡。艾滋病（acquired immunodeficiency syndrome, AIDS）全称为获得性免疫缺陷综合征，是由人类免疫缺陷病毒（HIV）引起的一种病死率极高的恶性传染病。HIV侵入人体后，能破坏人体的免疫系统，累及全身多器官系统，引起多系统机会性感染。自1981年在美国发现以来，艾滋病已造成8000多万人感染，夺走超过4000万人的生命。HIV感染者和艾滋病患者是该病的传染源，该病通过性接触、血液及血制品以及母婴传播途径进行传播，人群对其普遍易感。针对艾滋病病毒感染目前尚无治愈方法。埃博拉出血热是一种罕见但严重的人类疾病，通常是致命的。埃博拉病毒病的平均病死率约为50%。在过去的疫情中，病死率从25%到90%不等。病毒性肝炎（hepatitis）是由多种肝炎病毒引起的常见传染病，具有传染性强、传播途径多样、流行范围广、发病率较高等特点。肝炎病毒可以根据其病原学分型分为甲、乙、丙、丁、戊五种类型。其中，甲型和戊型主要表现为急性感染，经粪-口途径传播。而乙型、丙型和丁型多数情况下导致慢性感染，其传播途径主要涉及血液、体液等体内外胃肠道。各型病毒性肝炎临床表现相似，急性期的症状主要包括疲乏、食欲减退、肝大以及肝功能异常，部分病例出现黄疸；慢性感染者可症状轻微甚至无任何临床症状。据估计，全球有3.25亿人患有乙型和（或）丙型肝炎，而乙肝和丙肝病程复杂，迁延成慢性后可发展为肝硬化或肝癌。流行性感冒是由流感病毒引起的呼吸道传染病，主要以发热、头痛、肌痛和全身不适起病。流感病毒抗原性易变，传播迅速，都可引起季节性流行，造成每年300万~500万的严重病例，19万~65万例死亡。人群对流感病毒普遍易感，而孕妇、老年人、婴幼儿和慢性病患者等是流感的高危人群，感染流感后危害更为严重。登革热是由登革病毒引起的急性传染病，主要通过埃及伊蚊或白纹伊蚊叮咬传播，临床特点为突起发热，全身肌肉、骨、关节痛，可伴有食欲减退、恶心、呕吐和皮疹等。登革热流行于全球热带及亚热带地区，尤其是在东南亚、太平洋岛屿和加勒比海等100多个国家和地区，估计每年有1亿~4亿人感染。它的传染源为登革热患者、隐性感染者和登革病毒感染的非人灵长类动物以及带毒的媒介伊蚊。人群对登革病毒普遍易感。

（二）细菌性传染病

全球结核潜伏感染人群接近20亿，其是单一传染源的头号死亡原因，也是全球第13大死因。开放性肺结核患者的排菌是结核传播的主要来源，其悬浮在飞沫核中，经人吸入后即可引起感染。目前对于结核病的防治面临着耐药的问题。19世纪初至今，霍乱已引起7次世界性大流行，造成数以百万计的死亡，给人类带来巨大的灾难。目前，每年仍有上百万霍乱病例出现，十几万人死亡。霍乱患者或带菌者是霍乱的传染源，其通过饮用或食用被霍乱弧菌传染而又未经消毒处理的水或食物和接触霍乱患者、带菌者排泄物污染的手和物品以及食用经蝇污染过的食物等途径传播。人群普遍易感，胃酸缺乏者尤其易感。鼠疫（plague）是一种自然疫源性疾病，历史上，鼠疫出现过三次世界范围内大流行，曾经被称为"黑死病"，致近1.7亿人死亡，造成人类生命健康严重损失。近年来，鼠疫呈散发态势，目前流行最广的3个国家是马达加斯加、刚果民主共和国和秘鲁。鼠疫主要通过病媒生物、接触和飞沫传播。人类对鼠疫普遍易感，没有天然免疫力。伤寒与副伤寒（typhoid fever）主要在亚洲和非洲一些饮水卫生条件较差的国家或地区暴发或流行，是当地面临的主要公共卫生问题之一。每年有近千万伤寒新发病例，数十万人死亡。带菌者或患者是伤寒的唯一传染源，其通过粪-口途径传播，未患过伤寒和未接种过伤寒菌苗的个体为易感人群。

（三）其他病原体传染病

疟疾在全球致死性寄生虫病中居第一位，主要流行于热带和亚热带地区，包括非洲中部、南亚、东南亚及拉丁美洲。世界近一半人口面临疟疾风险，每年新发的疟疾病例数超过2亿，病死60万例左右。疟疾患者和带疟原虫者是该病的传染源，少数病例由输入带有疟原虫的血液或经母婴传播感染。血吸虫病（schistosomiasis）流行于热带和亚热带地区，全球已有70多个国家和地区报告了该病的传播。每年有超过2亿人需要接受血吸虫病治疗。该病为人兽共患病，传染源是血吸虫病患者和保虫宿主，易感者接触受侵染的水则面临感染血吸虫病的危险。

在全球引起死亡的十大死因中，有三个是传染性疾病导致。虽然全球传染病死亡人数逐渐下降，但传染病仍是全球特别是中低收入国家面临的一大挑战，对人群健康造成不同程度的影响。传染病直接危害个体健康，不仅引起感染者发病，还能引起民众心理恐慌。尤其是当新发传染病出现后，由于对其了解有限，对于该病的流行特征、传播规模和危害性等存在未知，巨大的不确定性易使人们放大对传染病的风险感知，容易出现焦虑、紧张和恐惧等应激反应。传染病也给非传染性疾病防治带来挑战，传染病的暴发和蔓延使得非传染性疾病的预防和治疗服务受到严重干扰。自从新冠大流行开始以来，许多国家的医疗卫生服务已部分或完全中断，医疗体系不堪重负。另外，由于病原体的感染加重机体损伤，可能会加重患者的非传染性疾病病情。

人类与传染病不懈斗争的历程，亦是人类社会进步演进的历程。在仍然面临传染病肆虐风险的今天，对传染病进行有效的监测，易感人群及时接种相关疫苗，应对公共卫生事件时加强国际合作，才能更好应对传染病威胁，为全球健康带来更美好的未来。

四、传染病大流行与应对

21世纪经历了一场严重的传染病大流行，新冠肺炎大流行对全球各地的生活和生产造成了毁灭性影响。回顾以往的流行和大流行，引起这些疾病流行的病原体已经并将可能继续构成全球重大威胁，引起大量病例和死亡，加重卫生系统负担，破坏经济稳定。传染病的发生和蔓延是全球性的，这要求各个国家之间必须加强协作，需要建立健全全球卫生秩序，制定强有力的规划，加强卫生系统建设，制定应对传染病大流行的紧急预案，预防和控制传染病的蔓延。这里总结了历史上及近现代的传染病暴发和大流行疫情，并且为未来传染病大流行提出了应对措施，以推进传染病大流行的防范工作，更好地应对新发传染病的威胁。

（一）大流行概述

大流行在流行病学研究中，是用于描述疾病流行强度的指标，定义为某病发病率显著超过该病历年发病率水平，疾病蔓延迅速，涉及地区广，在短时间内跨越省界、国界甚至洲界形成世界性流行。传染病大流行通常用于描述一种疾病在相对广泛的地理范围内迅速传播并影响大量人群的情况。这个词的起源可以追溯到流行病学领域的研究和描述。可以理解为，在全球范围内出现的通过传染途径广泛传播的疾病现象，对人类社会和个体健康造成了巨大的影响。主要的影响包括：

大规模感染和死亡：导致大规模的感染和死亡。病原体的快速传播导致大量人口暴露在疾病风险中，严重危害生命和健康。

公共卫生系统压力：给公共卫生系统带来巨大的压力。医院、卫生机构和医疗资源不足，导致医疗服务紧张和资源分配困难，影响患者治疗和康复，医疗系统超负荷运转，影响疫情控制和救治工作。

社会经济影响：对经济和社会产生广泛的负面影响。旅游业、零售业、餐饮业等行业受到重大冲击，失业率上升，企业面临倒闭的风险。此外，大规模的隔离和限制措施可能导致供应链中断，经济活动减缓。导致人们的生活方式发生变化等。此外，大规模的感染和疾病的严重性可能导致人员减少、经济衰退和社会不稳定。

心理健康问题：对人们的心理健康也造成了负面影响。恐惧、焦虑、孤独和社交隔离等因素可能导致心理健康问题的加重，甚至在一些情况下引发自杀等极端行为。

教育和社交影响：对教育系统和社交活动造成了严重的影响。学校关闭、远程学习、社交限制等举措导致学生失去面对面的学习和社交机会，对他们的发展和社交能力产生负面影响。

全球性问题：往往不受地理边界的限制，可以迅速在不同国家和地区传播。

传染病大流行的危害不仅限于人类的生命和健康，还涉及社会经济、心理健康、教育和社交等多个方面，预防和控制传染病大流行是保护公共卫生和人类福祉的重要任务，全球协作和合作对于应对传染病大流行至关重要。为了预防和控制传染病大流行，国家和国际组织通常采取一系列措施，包括加强疾病监测和报告、加强卫生系统能力、加强个人卫生和防护措施、研发疫苗和药物等。此外，公众也应密切关注卫生部门的建议，并遵循适当的预防措施，以减少感染和传播的风险。

（二）传染病大流行的主要事件

鼠疫在历史上发生过三次大流行，首次大流行发生于6世纪，又称为"查士丁瘟疫"，持续数十年，流行极期每天死亡5 000～10 000人，总死亡数近1亿。第二次大流行发生于14世纪（1346—1665年），持续近300年，近四分之一的欧洲人死亡。第三次大流行发生于19世纪末（1894年），至20世纪30年代达最高峰，波及60多个国家，死亡达千万人以上，远远超过前两次大流行，此次流行的另一个特点是控制比前两次迅速、彻底，因为当时已经发现了鼠疫的病原体——鼠疫杆菌（耶尔森菌），了解了鼠疫的传染源和传播途径，加强了国际检疫措施。随着医疗水平的进步、公共卫生条件的改善和抗生素的使用，鼠疫已经得到有效控制。

西班牙流感由甲型H1N1病毒引发，于1918年7月底暴发，在1918—1919年曾造成全世界约5亿人感染，导致了当时8%～10%的青年人死亡，全球4000万～5000万人死亡，超过了第一次世界大战死亡的人数。这次疫情是人类历史上第二致命的传染病（仅次于鼠疫），使全球人口大幅度减少。发生在1957—1958年的"亚洲流感"，导致大约100万人死亡，由H2N2亚型毒株引起，由人流感病毒与禽流感病毒通过基因重配而来，HA、NA和$PB1$三个基因均源于禽流感病毒，其余的基因节段来自当时人群的人流感病毒；发生在1968—1969年的流感由H3N2亚型毒株引起，造成了100万～300万人死亡，HA、$PB1$基因来自禽流感病毒，其余基因来自当时人群的人流感病毒。

2003年，WHO公布SARS暴发疫情，短期内报告了8098例病例，死亡774例，该流行侵袭了所有大陆，全球应对总费用估计达400亿美元。为了更好地应对新发传染病的出现及威胁，2005年，WHO应急委员会成立。随后又出现了几次PHEIC。包括2009年甲型H1N1流感大流行，WHO宣布流感大流行达到最高流行级别（第六级），该病已经蔓延到了74个国家，报告病例数达28000多例，造成20万～40万人死亡。2012年中东呼吸综合征暴发，自2012年发现MERS-CoV以来，已有27个会员国根据《国际卫生条例（2005）》向世界卫生组织报告中东呼吸综合征病例。2014年西非埃博拉疫情的规模和传播速度前所未有，死亡超过1万例。以及2016年美洲出现寨卡病毒，2015—2016年，南美洲和加勒比海地区46个国家报告了本地寨卡病毒流行，美洲地区寨卡病毒迅速蔓延，除昆虫传播外，还可通过非媒介昆虫传播，且发病数有增加趋势，如经性生活传播。2020年3月11日，世界卫生组织总干事谭德塞博士宣布2019年冠状病毒病（COVID-19）已具有大流行的特征，根据其传播程度及严重程度，以及造成的社会影响，将此次新冠肺炎疫情评估为大流行。人类始终面临着长期的微生物挑战，对全球健康的威胁也越来越大。

（三）应对大流行的措施

19世纪中期，欧洲各国发生的2起重大霍乱流行引起了巨大的伤亡。为了更好地控制传染病暴发造成的世界范围内的影响，1851年在法国巴黎召开了第一次全球公共卫生大会，1902年建立了泛美卫生组织（Pan American Health Organization，PAHO），1907年成立了国际公共卫生办公室，为1948年WHO成立的基础。

根据WHO在《疫情规划》（1999年）中提供的初步指导，2003年世界卫生大会通过了一项决议，呼吁制定国家和全球疫情防备计划，确定了季节性流感免疫覆盖率的第一批目标。2003年严重急性呼吸综合征（非典）造成的全球混乱促使在2005年通过了第一部全面的国际卫生条例，其目的主要是预防和控制传染病的国际传播，提出相应的公共卫生应对措施，降低公共卫生风险，避免对国际交通和贸易造成不必要的干扰。同年，世界卫生组织发布了第一份疫情规划全球指南和清单。2009年甲型H1N1流感的大流行后，认识到疫情的政策需要适应不断变化的疫情情景。世界卫生组织疫情流感防备和应对指导文件此后采取了更灵活的方法，强调可根据需要扩大规模和有针对性的行动的重要性。

传染病大流行属于全球性问题，各国和国际组织需要共同努力来应对，加强国际合作，共同应对传染病大流行。需要建立新的全球卫生秩序，各国间相互协调、信任、协作和投资，需要强有力的政治意愿、领导力和长期承诺，包括共享疫苗和药物研发成果、加强疫苗和药物的生产和分发、共同开展疫苗和药物临床试验等。此外，国际组织可以提供技术援助和资源支持，帮助发展中国家提升卫生系统能力，确保对地方和区域基础设施的投资，同时将卫生产品和卫生商品定位为全球公共产品。

有效应对大流行，需要制定全面的公共卫生计划。不仅需要依靠高科技医疗工具、医疗护理和疫苗接种／免疫接种，还必须广泛实施一定的措施，例如限制人口流动、建议公众保持一定的社交距离、分发口罩、注意公共卫生。因此，建议和实施有效的国内大流行应对系统需要进行大量投资。为帮助各国更好地防范未来大流行，世界卫生组织发起新倡议，指导各国进行大流行规划，制定有针对性的防范计划，根据需要制定和传播关于具体疾病防治的指导文件、防范和抵御新发传染病大流行的全球实施路线图。

加强覆盖所有人（尤其是最脆弱人群）的卫生系统，加强大流行病准备和监测（包括提升疾病监测和报告机制），国际病原体监测网络是全球病原体基因组行为者网络，由世界卫生组织大流行病和流行病情报中心代管，使每个国家都有平等的机会获得持续的基因组测序和分析能力，作为公共卫生监测系统的一部分。需要实施更具包容性和公平性的框架，建立有韧性、包容和公平的卫生系统，将低收入和中等收入国家的需求置于决策的中心，来预防和应对大规模疾病暴发至关重要。新冠疫情在全球范围掀起巨大的冲击波，造成的严重健康、经济和社会后果将在今后多年继续影响很多国家。需要在危机来袭之前做好准备并进行必要的投资，确保充足的医疗资源，提高医疗服务的质量和效率等，这样不仅可以挽救生命，而且从根本上来说也是成本较低的方案。此外，加强卫生系统的国际合作也非常重要，可以通过知识共享、人员培训和技术援助等方式来提高全球卫生系统的能力，通过新冠大流行，已经形成了非洲疫苗交付联盟（African Vaccine Delivery Alliance，AVDA）等更公平和全球可扩展的区域治理模式。

各国需要提前制定应对传染病大流行的应急预案，包括早期检测和诊断、隔离和治疗感染者、加强社区干预和公共卫生措施、优化医疗资源合理配置等。这些预案需要根据具体的病原体和传播情况来制定，并在发生流行之前进行演练和准备。新冠大流行使人们高度关注疾病大规模暴发问题，也凸显出各国对抗击这类疾病缺乏准备。大流行病是影响多个国家并造成重大健康、社会和经济风险的大规模疾病暴发。如新冠病毒感染疫情，一种在全球范围快速传播的病原体可能导致数千万人丧生、扰乱经济。随着生态环境的变化、城市化进程的加快、气候变化、人口增长、移民、老龄化、旅游业的加速进展和公共卫生系统本身的脆弱性，传染病流行将会变得更加频繁、更加复杂、更加难以预防和遏制。因此，对传染病的态度必须从离散暴发期间的危机应对演变为准备、应对和恢复的总和循环。这需要将世界各地的知识和机能结合起来，特别是在面临风险和受影响的社区。同时还需要多学科的整合，不仅包括流行病学，还包括社会科学、研发、外交、后勤和危机管理。

鼓励科学研究和创新，加强科学研究和创新，是应对传染病大流行的关键。各国需要加大投入，支持疫苗和药物的研发，探索新的治疗方法和防控策略。此外，加强科学沟通和知识共享，有助于加快科研成果的转化和应用。世界卫生组织大流行病中心为来自广泛学科的创新者、科学家和专家营造协作环境，使得各国能够利用和分享尖端技术。随着现代分子生物学的快速发展、基因测序技术等现代科学新知识和新技术的不断涌现，为加快识别病毒、药物研发、疫苗制备提供了科研和治疗基础。在2019年新冠病毒感染大流行造成巨大的人员伤亡和经济损失情况下，世界各地政府和企业都加大了创新投资，说明科技创新对于克服大流行病以及确保大流行病后的经济增长和社会稳定至关重要。

推动环境卫生治理，推广个人卫生和防护措施，公众需要加强个人卫生和防护措施，强化公共卫生意识，做好全方位健康防护，形成客观、冷静、理智、科学的心态认识理解新冠病毒感染及其防控策略。除防范病毒在人与人之间的传播外，也要警惕人与物之间的病毒传播，包括勤洗手、正确佩戴口罩、保持社交距离等。此外，公众也需要密切关注卫生部门的建议，并及时寻求医疗帮助，以减少感染和传播的风险。

总之，应对传染病大流行是一个复杂而紧迫的任务，需要全球范围内的合作和努力。只有通过国际合作、加强卫生系统能力、提前制定应对的紧急预案、积极推广个人防护措施等综合措施，才能更好地应对传染病大流行并保护公众的健康。

五、传染病与全球卫生安全

（一）全球卫生安全的定义和重要性

由于全球化的进程加速，传染病的跨境传播越来越常见，影响所流行国家的健康，并能成为引起全球卫生安全的重大事件。全球卫生安全是一个复杂的概念，它涵盖了各种因素和视角。在不同的国际局势、科技发展、国家发展阶段以及国际组织使命等因素的影响下，人们对全球卫生安全的解释存在差异。然而，尽管存在多种解释，但这些解释通常可以归结为两个主要视角：保障视角和防备视角。保障视角将全球卫生安全理解为维护公众健康免受威胁和损害的国际公共卫生普遍受控状态。它强调解决紧迫威胁人类健康或具有灾难性损害力的议题，如大规模传染病疫情，而通常不涉及其他重大公共卫生问题，如近视问题或烟草消费。从世界卫生组织的角度来看，全球公共卫生安全被定义为跨越地理区域和国际边界的一系列主动或被动应对活动，这些活动旨在减少危及人们健康的急性公共卫生事件的危险和影响。防备视角将全球卫生安全理解为针对严重公共卫生安全威胁所必须采取的预防、准备和应急行动。这个视角着眼于提前预防和应对可能对人类健康产生普遍和严重危害的威胁，涵盖了跨越地理区域和国际边界的人群。如美国疾病预防控制中心将全球卫生安全定义为存在着强大和具有韧性的公共卫生系统，这些系统能够在全球范围内预防、检测和应对传染病威胁，无论这些威胁在世界的何处发生。这两个视角的共同点是，它们都致力于防止和应对能够对人类健康产生普遍和严重危害的公共卫生安全威胁。因此，全球卫生安全可以被视为一项国际社会共同努力实现的安全愿景，它汇集了保护公众健康的共识，引导着制定针对现实和潜在的严重公共卫生安全威胁的战略和措施。

全球卫生安全的概念随着时间的推移从仅关注传染病发展为涵盖任何对国际卫生具有严重风险的情况。通过加强卫生系统、国际合作和治理，全球卫生安全有助于保护人类免受突发传染病和其他卫生危机的影响。这不仅需要国际组织、政府机构和民间社会的合作，还需要国际社会的共识和协调来确保全球卫生安全的实现。

（二）全球卫生安全的面临的传染病问题和挑战

1. 新传染病的出现和传播 新发的传染病不断出现，如COVID-19、H1N1流感、SARS、MERS等，全球旅行和贸易的不断增加使得疾病更容易跨越国界传播，增加了疫情蔓延的风险。数十亿乘客乘坐飞机旅行，加速了传染病的国际传播。自21世纪初以来，传染病暴发和流行病有所增加。其中超过70%的易暴发传染病威胁源自动物，而此时全球许多人类与动物的亲近程度更高。这些威胁在过去二十年中以更频繁的疫情暴发的形式呈现，包括当前的COVID-19大流行，这是一个世纪以来最严重的疫情。这些疫情暴发是一个警示，提醒我们每个国家对新兴疾病依然脆弱，同时也强调了全球卫生安全工作在日常生活中的重要作用。

2. 抗微生物药物的耐药性 强大抗生素耐药微生物的出现已成为公共卫生领域的最大威胁

之一。抗生素和其他抗微生物药物的过度使用导致微生物耐药性的增加,使得一些常规治疗失效,感染变得更加难以治疗。耐药性细菌的蔓延成为全球公共卫生的严重威胁,可能导致感染病的死亡率上升。WHO 2014 年的报告《抗生素耐药:全球监测报告》揭示了多种重要细菌的广泛耐药模式,包括大肠埃希菌、肺炎克雷伯菌、金黄色葡萄球菌、肺炎链球菌、非伤寒沙门菌、志贺菌和淋病奈瑟菌。在所有类型的微生物,包括细菌、病毒、真菌和寄生虫中都存在耐药的例子。

3. 食源性疾病和食品安全 食品污染、食源性疾病暴发和化学物质残留成为全球卫生安全的问题。不合格的食品和食品中的有害物质可能对人类健康造成严重威胁,例如,沙门菌和大肠埃希菌等细菌可能通过污染的食品传播,导致食源性疾病暴发。

4. 大规模聚会和突发事件 大规模聚会可能导致传染病迅速传播,同时自然灾害可能引发卫生危机。自然灾害后,人们被转移到难民营中,卫生设施不足可能引发传染病暴发。例如,2010 年的海地地震造成了大规模的卫生危机,震后疾病传播加剧。

5. 气候变化和环境恶化 气候变化导致自然灾害频发,如洪水、地震、干旱等,增加了卫生安全威胁。环境恶化和污染可能导致食品、水源受到污染,增加传染病的传播风险。气候变化的一个特点是热浪和全年季节性温度升高,包括夏季达到极端值,这对健康产生了深远的影响。

6. 全球卫生不平等 贫困地区和弱势群体往往面临更大的卫生威胁,一些国家的卫生系统脆弱,缺乏足够的基础设施、医疗人员和医疗资源,可能难以采取适当的防控措施,导致疾病蔓延更为迅速。

(三)保障全球卫生安全的主要策略

1. WHO 和其相关政策 WHO 在全球卫生安全领域具有不可替代的作用。通过推动《国际卫生条例》(International Health Regulations,IHR)的实施、制定决议和框架、促进合作和协调,以及进行独立审查和评估,WHO 致力于加强全球卫生安全,保护各国免受疫情、灾害和其他公共卫生威胁的影响。WHO 在全球卫生安全方面的首要职能之一是促进和管理 IHR 的实施。IHR 于 2005 年修订,为国际卫生安全奠定了法律基础。根据 IHR,各国必须发展核心公共卫生能力,以便及早检测、报告、评估和应对疫情及其他紧急公共卫生事件。这项法规强调国际间的合作和共同责任原则,确保国家和全球共同应对疫情威胁。世界卫生大会制定了一系列决议和政策框架,涵盖了多个领域,包括卫生紧急响应、食品安全、化学品管理等,突出了国际合作的重要性,推动国家加强核心公共卫生能力的建设,并在全球范围内采取行动,如制定了《大流行性流感准备框架》。2014 年,WHO 通过推动"全球卫生安全议程"(Global Health Security Agenda,GHSA)在国际层面促进合作,以加强全球卫生安全和大流行病的准备和应对能力。GHSA 是一个多边倡议,由 WHO 成员国合作发起。该倡议旨在弥合不同国家之间的全球卫生安全能力差距,加速各国在此领域的发展。WHO 定期监测各国执行 IHR 的能力建设进展,发现大多数国家能力仍较弱。2019 年 WHO 的评估报告显示没有国家完全做好了传染病大流行的准备。COVID-19 疫情进一步暴露出各国公共卫生系统应对疫情的缺陷。因此,WHO 正与会员国讨论新的疫情协定和对 IHR 的修正案。2022 年,在 WHO 支持下,成立了全球疫情基金,用于提高全球应对疫情的能力。WHO 将继续与会员国和伙伴组织开展合作,提高各国公共卫生应急能力,加强国际合作,更好地保护全球免受公共健康威胁。

2. 美国的全球卫生政策和实践 美国是全球卫生安全领域发展最久、最全面的国家,在全球卫生安全领域的支持超过 20 年,政府机构的政策指导可以追溯到 1996 年。不同政府发布了各种政策和战略,强调美国支持全球传染病监测和应对能力的重要性。多个政府陆续发布了全球卫生安全的政策和战略文件。例如,奥巴马政府 2009 年发布的《国家应对生物威胁战略》强调美国支持全球传染病监测和应对能力建设的重要性,特朗普政府 2018 年发布的《国家生物防御战略》同样强调支持他国建立应对传染病的能力,拜登政府 2021 年发布的《应对 COVID-19 和大流行病的国家战略》表示将恢复美国在全球卫生安全领域的领导力量。此外，特朗普政府发布了第一个美国全球卫生安全战略（GHS战略）。不同政府在全球卫生安全方面采取了不同的举措。特朗普政府采取了一些减少全球卫生安全参与的措施，例如解散了国家安全委员会（NSC）全球卫生安全和生物防御指导委员会，以及启动退出WHO的进程。拜登政府上任后，立即采取措施重新调整和增加对全球COVID-19应对的支持。拜登总统签署了行政命令，恢复了NSC全球卫生安全和生物防御指导委员会，并强调全球卫生安全的重要性，同时扭转特朗普政府退出WHO的决定。

在这种不断演变的背景下，美国在全球卫生安全领域发挥着主导作用，推动着GHSA的发展。作为一个多边倡议，GHSA汇聚了70个成员国，其旨在增强各国在防止、检测和应对传染病暴发方面的能力。在实现这一目标的过程中，多个美国政府机构发挥着关键作用，这些机构包括国家安全委员会、美国国际开发署、疾病控制与预防中心、国防部、国务院、卫生与公众服务部以及农业部。这些机构通过合作伙伴关系、资源投入和政策引导，共同努力确保全球卫生安全。美国主要全球卫生安全计划的资金在一段时间内有所波动，但整体趋势是逐年递增。拜登政府在资金支持方面采取了积极措施，提出了更高的资金水平，并致力于加强全球卫生安全的资金支持。尽管美国多年来一直支持全球卫生安全，但全球卫生防疫和大流行的准备仍然薄弱。当前政府努力加强准备工作，这体现在政策的制定、资金的投入以及合作伙伴关系的发展等方面。然而，这方面的工作需要长期的承诺和持续的合作，因为全球卫生安全问题的本质意味着需要跨国界的协调行动。政策和资金的稳定性、全球卫生安全法律的实施、与合作伙伴的合作以及卫生安全与其他项目的整合等问题仍然是需要得到解决或优化的重要议题。因此，在全球卫生安全领域，美国不仅需要不断适应新的威胁和挑战，还需要确保政策的连贯性、资金的可持续性，并与国际伙伴合作，以确保全球卫生安全的整体提升。

（四）保障全球卫生安全的重点

1. 加强全球治理 面对全球卫生安全挑战，强调全球合作和国际协调已成为不可或缺的原则。在解决复杂的全球健康问题时，单一国家的努力不足以应对。各国需要共同努力，分享成功经验，合作制定综合的卫生安全策略，通过卫生资源、知识和技术的共享来提高全球应对卫生威胁的能力。发达国家应持续支持发展中国家开展疾病监测、实验室、应急响应等核心能力建设，并继续开展联合外部评估等工具，帮助各国识别差距。同时，国际社会也应建立快速响应机制，在疫情出现时可迅速向有需要的国家派遣公共卫生援助团队，避免疫情扩散蔓延。

2. 提升预防、监测和响应能力 在未来，全球卫生安全的重点应放在预防、监测和响应能力的提升上。这包括加强公共卫生系统，建立强大的监测体系，及时检测潜在威胁，快速响应和遏制暴发。强化社区参与，确保基层卫生保健体系的有效运作，是有效应对全球卫生风险的关键。

3. 强化跨领域合作 全球卫生安全不仅涉及医疗领域，还需要各个领域的紧密合作。政府部门、国际组织、学术界、私营部门等需要共同参与，制定综合的应对策略。气候变化、军事冲突、健康行为等因素与卫生安全密切相关，强化跨领域的协作将有助于更全面地应对卫生挑战。

4. 健康教育与社会参与 提高公众的健康素养和意识，加强健康教育，是预防和控制全球卫生威胁的关键。社区的参与和合作是建立强大的防线的基础。国际社会应支持各国加强健康教育，帮助人们了解疾病预防措施、健康行为和紧急应对方法。

5. 探索全球卫生安全的合作机制 国际社会需要进一步加强全球卫生制度，通过国际合作机制，建立更清晰、更协调的卫生安全措施。这涉及国际组织、政府、非政府组织和私营部门的紧密合作，以便更好地预防和应对全球卫生威胁，确保各国卫生安全。

第二节 传染病的防控技术与策略

一、防控传染病的基本原理

（一）传染病控制的目的

目前，传染病仍然是危害人类健康的重要因素之一。在发展中国家，每年因传染病死亡的人数仍占总死亡人数的25%左右，传染病控制是保护公众健康及维护社会正常秩序的必要措施。

1. 降低对人群健康的危害 控制传染病的首要目标是防止疫情扩散，减少人群感染。通过快速识别和隔离患者，以及采取适当的预防措施，可以有效减缓疫情传播速度，防止疾病在社区中蔓延，减少感染人数和严重病例的数量。进而可减缓对医疗资源的冲击，确保能为有需要的患者提供适当的治疗。

2. 降低对经济的影响 传染病造成的疾病负担不仅包括对人群健康的危害，还包括对经济的影响，如医疗支出、生产力损失等。通过控制传染病，可以减少因发病而导致的个人和社会经济支出。

3. 维护社会稳定 与其他疾病相比，传染病最大的特点是具有传染性，因此有社会聚集属性。传染病，尤其是危害严重或新发传染病在人群中传播时，会引起社会恐慌，影响正常社会秩序，甚至引起政治动乱。因此，在应对这类传染病时，采取科学有效的控制手段对维持社会稳定、缓解社会恐慌起到至关重要的作用。

（二）传染病控制遵循的原则

1. 科学决策原则 控制策略的制定应基于科学研究和证据，确保采取真正有效的控制措施。通过对病原体的研究，了解其致病特征；对传染病流行过程中的"三环节两因素"进行研究，科学精准防控，利用科学证据，采用合理的防治措施。例如我国的传染病防治法综合考虑病原体的特性、疾病的特征、传播速度和范围、对生命健康的危害、对社会经济的影响，以及人群的免疫水平、卫生健康系统的防控救治能力等，将传染病划定为法定或者非法定传染病，并在法定传染病中分为甲、乙、丙三级。针对不同级别传染病采取不同程度的管理措施，就是科学性原则的体现。

2. 相关机构协同合作 传染病控制并非单一学科或单一部门就可完成的任务，需要多学科的合作，包括医疗、流行病学、社会学等学科的专业知识，以制定全面有效的控制策略。传染病防治涉及政府、医疗机构、科研机构、社会组织、国际组织等各个领域的合作。政府内部不同部门之间需要紧密合作，如卫生部门、应急管理部门、教育部门、工业和信息化部门等，以确保协调一致的应对措施。医疗机构间共享信息、资源和经验，确保有效和平衡的医疗服务。科研机构共享疫情调查、病原体研究、药物和疫苗研发等，以提供科学依据和解决方案。各国之间加强合作，共同应对跨国传播的威胁。

3. 多方责任 在传染病控制过程中应落实多方责任，包括政府、部门、单位、个人均应承担相应的责任。例如我国在新冠病毒感染防治过程中，不同社会主体承担不同的职能。政府承担管理、监测、预警以及疫情信息公布、加强和完善医疗转运及救治方面的服务工作。各行业部门发挥重要的行业管理和指导作用。单位对员工提供疫情防控相关服务工作，如单位内部的健康监测、服务保障、督促疫苗接种等。个人也需要承担相应责任，主动报告异常症状并采取隔离措施，减少传播。

4. 信息公开透明 信息公开透明是传染病控制中至关重要的原则。透明公开的信息可以帮助建立公众对政府和卫生部门的信任，提高合作和遵从程度，减少谣言和虚假信息的传播。通过提供准确、权威的信息，向公众提供关于防护和就医的指导，帮助个人和家庭采取有效的措施，减少感染和传播。有效的信息公开促进各个部门、机构和社会组织之间的合作，加强信息共享和资源协调，提高整体社会应对传染病的能力。

（三）传染病控制策略

主要的控制策略：

1．控制和管理传染源 对患者和可能造成传播的病原携带者做到早发现、早诊断、早隔离和早治疗，防止传染源流动造成的疫情蔓延。对可能携带或感染传染性病原体的动物进行检疫，或及早采取预防接种的措施。对染病动物及时进行处理，防止动物源性传染病的传播和流行。

2．切断传播途径 应根据传染病传播的不同途径，采取相应切断传播的措施，进而减少传染病的播散。例如，针对较为严重的呼吸道传染病可限制人群大规模聚集、停工停课；针对血液传播的传染病可严格筛选供血人员、严格检查血液制品、全面推广一次性注射器的使用；针对肠道传染病可对餐具、饮水、食物、疫源地环境进行消毒；针对虫媒传播的传染病，采取杀虫措施降低虫媒密度，减少病原携带和传播。

3．保护易感人群 在传染病流行前或流行初期，可通过推广疫苗的接种和预防性药物的使用，提高易感人群的免疫水平，降低感染风险或发病后的严重程度，降低传染病的流行强度。在传染病流行时，采取一些有效的个体防护措施，如佩戴口罩、使用防护蚊帐等，预防感染和发病。

具体控制策略还包括：

1．疾病监测 监测是控制传染病的关键策略，有助于了解病原体在人类和动物中的检出情况，及时掌握疫情的分布及动态变化趋势，确定影响因素，早期发现并预警可能的暴发或流行，制定合理的防控措施。

2．减少自然因素与社会因素的影响 减少不良自然因素带来的危害，包括对蚊、蝇、鼠、蚤等多种病媒进行综合治理，合理规划城乡分布，推进改良水井、饮水消毒、建立公厕等，加强公共卫生环境基础设施建设。战乱与冲突、社会经济水平较低、卫生服务不平等、不良风俗习惯等社会因素是促进传染病流行的重要因素。对不良因素应做出有利于人类健康发展的改变，尊重自然、社会发展规律。

3．开展健康教育 应积极开展传染病防治知识的宣传教育，提高人群识别和应对传染病的能力及整体健康素养。使个体从主观意识上，积极实践有利于传染病控制的措施，养成良好的卫生行为习惯。

4．卫生体系和制度建设 应建立健全传染病防控体系，增强监测预警的能力，以及应对突发公共卫生事件的处置水平。积极完善、宣传、贯彻和执行传染病防治的法律法规，使传染病的防控实践有法可依。

5．加强科学研究 传染病的防控是以科学证据为基础的实践。如病原体的特征研究，传染病流行规律研究，检测试剂、疫苗和药物的研发和应用，都离不开科学研究。

6．加强国际交流合作 传染病的流行没有国界，这在新冠病毒疫情防控中得到有力印证。应强化与其他国家及世卫组织和国际社会共同应对传染病疫情的合作机制，公开、透明、及时地发布疫情，加强疫情防控经验及有效措施的分享和交流，加强在药物、疫苗、检测试剂等方面的科技合作，支持帮助需要援助的国家或地区。

二、我国防控传染病的策略和经验

随着人类社会和经济的发展，在过去的100年，全球人口数由10亿增加至近70亿，人均预期寿命由50岁延长至75岁，疾病负担大幅下降，传染病中的天花已消灭，百日咳、脊髓灰质炎和麻疹等疫苗使传染病得到了有效控制。然而，受全球人口密度增加、国际旅行、贸易和人类与野生动物之间的相互作用等人为因素以及气候和农业实践变化等生态因素影响，近几十年来新发传染病频发。据统计，在过去30年，全球发现了大约40种新发传染病，由病毒引起的传染病占到一半，75%为动物源性。2020年WHO提出预警的严重新发传染病有12种，其中包括需警惕可能出现的"X疾病"。2003年SARS疫情以后，我国发现的新病原体及新输入的病原体有16种，其中SARS和COVID-19引起全球流行，H1N1甲型流感、H7N9禽流感病毒和肠道病毒71型等在本土发生较大规模的疫情。

尽管人类与传染病的斗争历史悠久，传染病的防控取得了一定进展和经验积累，但新发传染病的不确定性和复杂性，以及城市化、全球化、气候变化等诸多因素对病原的致病性、传播性及其宿主分布的影响，使得当今传染病防控局面更加复杂化，如何有效应对传染病仍为需要深入研究和解决的重要课题。本部分从传染病防控宏观层面，对传染病防控策略方面进行了综述，为相关领域研究提供依据。

（一）我国控制传染病的目标和原则

我国对传染病的预防控制遵循预防为主、防治结合的原则。从快速发现、控制传染源的角度，传染病的控制原则应遵守"早发现、早报告、早隔离、早治疗"的原则。在实际防控工作中，由于资源的有限性，应结合疾病流行特征、危害程度（疾病负担、严重性、死亡等）、病原宿主情况、传播途径、人群感染免疫状态、防控措施的实施效果、政策法规、政府意愿等因素综合考虑，按照防控重点和优先性的原则，制定疾病的防控规划和目标。

一般传染病的防控策略为疾病控制的核心防控措施，应根据传染病发病、死亡情况及阶段性的控制效果等进行适时调整，并且因地制宜，以实现控制目标。1958年，WHO将天花防控策略设定为提高人群接种率，随着天花病例数下降，1967年，WHO将防控策略转变为加强监测和围堵，1980年，实现了全球天花消灭。2010年，我国开始全面开展疟疾消除工作，根据疟疾疫情报告情况，将全国分为4类县区，不同类别县区采取针对性的控制策略，2020年我国成功消除了疟疾。从传染病发生发展原理角度，传染病防控策略、措施主要围绕管理传染源、切断传播途径、保护易感人群三个方面制定。

1. 管理传染源　传染源包括患者、病原携带者以及受感染的动物（主要为人畜共患病）。患者管理包括病例隔离管理、治疗和阻止传染源从境外输入等措施。我国对霍乱、鼠疫等甲类传染病病例、病原携带者要求进行隔离治疗，对疑似患者，确诊前在指定场所单独隔离治疗；为控制传播，甲类传染病患者、病原携带者、疑似患者的密切接触者，需在指定场所进行医学观察和采取其他必要的预防措施。乙类和丙类传染病，根据病情采取必要的治疗和控制传播措施。鉴于日益增长的国际交流和交通的便利，使得传染病跨国、跨洲传播更加容易实现。目前国际上，黄热病、鼠疫和霍乱病种为国际检疫病种，《中华人民共和国国境卫生检疫法》规定，对入境和出境的人员、交通工具、运输设备以及可能传播检疫传染病的行李、货物、邮包等物品，都应当接受检疫。在新冠疫情期间，多数国家采取了减少航班、核酸检测阴性登机等远端管控措施、对入境人员采取医学观察等措施，防控关口前移，减少和控制传染源的输入。

2. 切断传播途径　根据不同传播途径，对传染病防控采取针对性的防控措施。如经飞沫传播的传染病（流感、COVID-19）通常采取佩戴口罩、手卫生、减少聚集等措施；经水、食物传播的肠道传染病，采取改善供水和卫生设施、保障食品安全等措施；通过性传播、血液传播、母婴传播的HIV、乙肝病毒等，通过安全性行为、提高采血的安全性、母婴阻断方式等减少感染；经媒介传播的传染病如鼠疫、登革热、寨卡病毒病、疟疾等，通过控制鼠、蚊等病媒生物种群，可有效降低媒介生物等传染病的发病率。

3. 保护易感人群　接种疫苗的目的是使人体产生免疫力，在人体和疾病之间建立"屏障"，保护人群不受病原体的感染，达到预防传染病的发病和控制其传播的目的。疫苗接种是预防控制传染病最经济有效的手段，通过预防接种策略，全球范围内消灭了天花，接近消除脊髓灰质炎，麻疹、百日咳等发病大幅度下降。据估计，疫苗接种每年在全球挽救大约400万人的生命。我国

1978年开始实施免疫规划，从"四苗防六病"调整扩大到目前14种疫苗预防15种疾病，非免疫规划疫苗种类也不断增加。通过预防接种，我国维持无脊髓灰质炎超过20年，控制麻疹、乙型肝炎成效卓著，15年无白喉病例报告，流行性脑脊髓膜炎、流行性乙型脑炎和甲型肝炎发病率下降显著。根据疫苗研发路线，疫苗分为减毒活疫苗、灭活疫苗、亚单位疫苗、基因工程疫苗和核酸疫苗。在新冠疫情控制中，DNA、mRNA等核酸疫苗的广泛使用，开启了第三代疫苗的新阶段。随着结构疫苗学的发展、合成RNA疫苗和新佐剂的研发，以及对人类免疫反应的深入了解，使用母体免疫保护新生儿，疟疾、结核病和流感等疾病的下一代疫苗研发等，将有更多的传染病通过预防接种策略得到有效控制。

（二）新发传染病的应对策略

新发传染病是指人群中新出现的感染性疾病，或发病水平迅速上升或流行区域迅速扩大的已知感染性疾病，具有病原、感染来源、传播途径、感染谱的复杂性，以及其发生、发展不确定性和防控受不确定的社会因素影响的特点。除SARS、MERS、SARS-CoV-2等近年首次发现的冠状病毒外，埃博拉病毒病、寨卡病毒病等被忽略的热带重新突发传染病、易发生重组的病原（如流感病毒）感染、细菌耐药株感染等均属于新发传染病。

新发传染病属于突发公共卫生事件的范畴，既包括管理层面的应对策略，也包含疫情控制所采取的策略和措施。2003年SARS疫情后，我国建立了以"一案三制"（制定应急预案，建立健全的机制、法治和体制）为核心的应急管理体系，从管理的角度，对突发公共卫生事件应对采取预防为主、常备不懈，统一领导、分级负责，依法规范、措施果断，依靠科学、加强合作等工作原则。杨维中等学者提出应对预防未知新病原的管理策略为"充分准备、以不变应万变"。因此，预防准备是应对新发传染病的核心策略，尤其是建立监测预警，早发现潜在的新病原，开展风险评估和风险管理，及时采取处置措施。在全球范围，目前仅对全球流感大流行的应对，WHO持续并完善了相关应对准备计划，于2017年发布了《流感大流行风险管理指南》，从全球和国家层面阐述了风险管理的原则和构成，突出风险评估的重要性。我国在2023年8月29日发布了《传染病疫情风险评估管理办法（试行）》，从制度上进一步规范传染病风险评估工作。除监测预警、风险评估外，新发传染病应对能力准备还包括制定应急预案、定期培训演练、病原诊断检测和疫苗研发技术储备、药物等应急物资准备、后勤保障、国际合作沟通等方面。

此外，从新发传染病发生机制上，新病原从动物外溢到人类是新发病原的主要源头，因此，新发传染病的应对策略应从人类与其他生物和多样化的自然生态系统之间的关系角度考虑，即"同一个健康"概念，环境、动植物和人类健康相互联系，不同动物、潜在媒介和植物的健康影响人类健康，人类社会也同样影响它们，尤其对人畜共患病制定完善新发传染病的策略和措施。从长远来看，新发传染病的应对需要全球层面的政治领导和协作，应加强建立各国参与、合作和沟通机制，为降低新发传染病所造成的危害共同努力。

新发传染病发生后，尤其是新出现的病原，在药物和疫苗不可及的阶段，应基于阻断病毒传播的可行性、对疾病严重程度的估计、控制疾病的预期社会和经济效果、公众的接受程度和意愿以及政府的意志力等因素确定遏制疫情的策略，包括围堵策略（阻断病毒传播和扩散）、压制策略（减少或阻止社区传播）以及缓疫策略（降低或延缓流行高峰，以缓解医疗机构需求）。围堵策略的核心措施为积极主动地发现和管理病例，追踪和隔离密切接触者，在可行和适当的情况下实施严格的流行区封锁，限制或控制人口流动，一般在疫情早期采用。压制策略措施与围堵策略类似，但根据疫情情况，周期性地放松或加强，使传播率和流行率保持在较低的水平，从而降低有效再生数。缓疫策略主要措施为重症病例的发现、传染源的隔离管理和有限的密切接触者追踪，不采取交通限制或区域封闭。不同策略使用的情形不同，也具有各自的优缺点。围堵和压制策略短期内对正常生产生活影响较大，但可早期阻止大量感染和死亡；压制策略如过早放松干预措施，可能导致疫情反弹。相比而言，缓疫策略短期对社会经济影响较小，但需要充足的医疗资源。

三、不同传播途径的传染病防控策略

传染病是威胁人类生存与发展的严重公共卫生问题。各类传染病可导致沉重的疾病负担和死亡，严重危及人类健康。根据世界卫生组织数据，传染病仍是全球主要死因，其中呼吸道传染病、艾滋病和肺结核等致死率最高。发展中国家因卫生条件差，传染病造成的危害更为严重。传染病防治工作关系到国家安全和社会稳定，是保障人民健康的重要措施。开展传染病监测、采取有效的防控措施、重视传染病防治研究，对减少传染病危害、促进人类健康与发展具有重要意义。

传染病的传播途径决定了其传播特点和流行规律，是实施有效防控的科学依据。不同传播途径使传染病在传播速度和范围上呈现出显著差异。如呼吸道传播方式，传播速度快、范围广，而性传播和血源传播相对较局限。传播途径亦与宿主易感性等因素相关，如消化道传播与粪-口传播链相关，儿童和老人更易感染。因此，系统研究传染病的传播途径，可为针对重点人群和环节开展防控提供理论支撑。充分认识传播途径的重要性，对指导传染病监测和制定防控策略具有重要意义。

不同传播途径的传染病对人类健康和生存造成多方面危害。呼吸道传染病如流感、肺结核等可引起严重呼吸系统疾病；消化道传染病如痢疾可导致水、电解质紊乱；性传播疾病如梅毒可造成生殖系统感染；血源传染病如艾滋病可导致获得性免疫缺陷综合征。此外，许多传染病还可累及多个系统，如疟疾可累及多系统的器官。传染病流行可引起大规模群体性疾病，增加医疗负担。此外，传染病流行还可导致恐慌和社会经济活动中断。因此，传染病防治是保障公共卫生的重要措施，需要重视不同传播途径传染病的危害，采取针对性的防控措施。本部分介绍呼吸道、消化道、血源性、性传播、皮肤接触和垂直传播等不同途径传染病的代表病种、传播环节和重点防控策略。

（一）呼吸道传播传染病

呼吸道是传染病最重要的传播途径，许多严重危害人类健康的传染病通过呼吸道传播。代表性传染病包括流感、肺结核、细菌性肺炎、病毒性肺炎、麻疹。

呼吸道传播传染病的主要传播途径有飞沫传播和空气传播两种。飞沫传播是指患者在咳嗽、打喷嚏、讲话等过程中产生的带有病原体的飞沫通过空气传播，导致易感人群呼吸道黏膜感染。飞沫直径一般为 5~10 μm，传播距离通常为 1 米左右。许多急性呼吸道传染病如流感、腺病毒肺炎等都是以飞沫传播为主。空气传播指病原体随呼吸空气中的悬浮颗粒（直径 < 5 μm）传播，这些细小的悬浮粒子可漂浮在空气中较长时间并扩散到较远距离，从而导致呼吸道感染。代表性空气传播疾病有肺结核、麻疹等。空气传播疾病传染性强，传播范围广，给疾病监测和预防带来很大挑战。

呼吸道传播传染病的防控策略主要有以下方面。

1. 强化空气传播疾病的监测和控制 一是加强对肺结核等空气传播疾病的痰液检测，发现痰液阳性者需要严格落实隔离治疗措施，避免病原菌通过空气传播。定期开展胸部 X 线片筛查，监测密切接触者，早期发现潜在病例。二是医疗机构需要为空气传播疾病患者配备独立负压病房或隔离区，并采取严格的气流控制措施，减少空气交叉污染的风险。加强对医务人员的呼吸防护，避免职业接触。三是对出现空气传播疾病疫情的区域，需要及时开展流行病学调查，识别传播源和传播链，指导有针对性的控制措施。并对疫区人群开展筛查，最大限度地发现潜在病例并控制传播扩散。四是加强对空气传播疾病的实验室监测能力建设，提高病原学检测水平，为疫情响应提供技术支持。并开展疫苗免疫接种，提高人群免疫水平。

2. 加强对呼吸道飞沫传播的控制 一是普及咳嗽和打喷嚏的保护措施，提倡采用肘弯或面

巾遮挡口鼻，减少飞沫传播风险。二是在患者治疗区域增设物理屏障，并留出至少1米的空间间隔，减少近距离飞沫的直接接触。三是鼓励流感等呼吸道疾病患者佩戴医用口罩，尤其在人群聚集的公共场所佩戴，可以有效阻断飞沫传播。四是加强对医务人员的防护培训，保证在诊疗和护理过程中严格佩戴医用口罩、面罩等个人防护用品，避免职业暴露。五是使用具有良好去除飞沫功能的通风设备及空气净化系统，降低室内飞沫病原体浓度。采用无菌擦拭等方式定期对公共区域进行消毒。六是加强对呼吸道传染病的病原学监测，可采用快速诊断试剂，及时对呼吸道症状患者进行检测。

3. 优化医疗机构的通风条件 为降低医疗机构呼吸道传播风险，需要从以下方面优化通风条件：一是传染病病房需采用独立的通风系统，实现与普通病房或公共区域的物理隔离。采取负压操作，使气流方向从走廊流向病房内，减少病原体向外播散。二是优先选择自然通风，增设窗户，提高换气频率。必要时辅以机械通风系统，保证每小时空气交换次数不少于12次。三是采用高效率空气过滤装置，使用高效空气过滤器（如HEPA过滤器），过滤病房排出的污染空气。四是加强对通风系统的维护保养，定期更换过滤器，保证其去除效率。并严格执行通风系统操作规程，控制并监测气流方向、压力等参数。五是呼吸科、急诊科等高危区域增设负压隔离间，给呼吸道传染病患者提供缓冲和快速隔离，减小病原体在诊疗区域的扩散风险。六是采用紫外线消毒灯定期对空气进行消毒，并开展通风系统微生物监测，评估感染控制效果。

4. 其他防控措施 如推广疫苗（如流感疫苗、百白破疫苗）接种，增强对呼吸道传染病的免疫屏障。重视对呼吸道传染病病原体的检测，如快速病毒学检测、痰液抗酸染色等。强调传染病呼吸道防护，如医务人员戴N95口罩，减少职业性暴露与感染。发现呼吸道传染病病例要立即采取隔离措施，防止进一步传播。建立呼吸道感染疫情的预警监测和快速反应机制，及时发现和控制疫情。

（二）消化道传播传染病

消化道传播传染病种类繁多，代表性疾病包括细菌性痢疾、病毒性肠炎、病毒性肝炎、寄生虫感染、食源性疾病、手足口病。

消化道传播传染病主要通过粪-口途径进行传播。其传播途径为：病原体经患者粪便排出，如果粪便处理不当，病原体会污染食物、水源及环境表面。易感人群如果吞食含病原体的受污染食物、水或接触到污染物体后，手部卫生不当，病原体通过口腔进入人体，造成消化道感染。儿童由于个人卫生习惯尚未完善，手部清洁不佳，更易发生手-口传播。消化道传染病如痢疾、病毒性肝炎等的传播周期可以持续数年，给疾病防控带来巨大挑战。

消化道传播传染病可从以下几个方面实施综合防控。

1. 改善粪便和污水处理 建立规范的粪便收集和运输系统，避免病原菌随意排放和环境污染。污水处理厂需要充分消毒，确保处理达标后再排放。发展卫生厕所，减少粪便对环境的污染。

2. 确保饮用水卫生安全 水源地需要进行监测和保护，净化厂需全面消毒，水质需要定期检测，以清除病原体污染风险。同时监督供水管网系统，避免二次污染的发生。

3. 改善个人卫生习惯 大力宣传手卫生的重要性，培养洗手和正确使用消毒洗手液的习惯，控制病原体通过手部传播。避免用未洗净的手接触食物。

4. 规范餐厨卫生操作 餐厅从业人员需要进行定期健康检查，确保无消化道疾病史，并进行规范化培训。加强对厨房用具、器皿等的消毒。

5. 改善环境卫生 定期对公共场所物表进行消毒，减少传播风险。避免病原菌通过蚊虫等传播。

6. 检验诊断和病例报告 建立敏感的病例监测系统，及时发现和报告疑似病例，指导针对性防控。

7. 疫苗免疫接种 如轮状病毒疫苗等，提高人群抵抗力。

（三）血源性传播传染病

血源性传播是许多重要传染病的主要传播途径，代表性疾病有艾滋病、丙型肝炎、丁型肝炎、疟原虫感染。

血源性传播传染病主要通过输血和血制品传播。使用受污染的血液或血制品直接导致传播，如血友病患者曾经因大量使用受污染的凝血因子制剂而被 HIV 和 HCV 等病原体感染。

医疗过程传播，如医务人员接触患者血液时出现针刺伤、黏膜接触等职业暴露，可导致嗜血螺旋体、丙型肝炎等的感染。未进行完善消毒的医疗器械重复使用也存在传播风险。注射吸毒人群传播，共用污染注射器和针具是血源性病毒如 HIV、HCV 快速传播的重要途径。组织器官移植，未进行有效病原体筛查的移植可传播嗜血螺旋体、丙肝等疾病。其他传播途径，如体外血液处理技术不当也存在污染风险，物理性接触患者血液时可能发生直接接触传播等。

防控血源性传播疾病，可以从以下几个方面实施综合防控。

1．严格供血员管理和筛查 包括嗜血螺旋体、HCV、HIV 等重点病原体筛查，确保血液产品安全。

2．加强血站血液样本核酸检测工作 提高病毒学筛查效率，防止血液产品污染。

3．规范医疗器械的消毒灭菌工作 严格执行并监测医疗器械再利用的各项措施。严格执行标准预防措施，如手卫生、穿戴防护具等，降低医务人员职业暴露风险。发生职业接触后启动事故报告和随访复查制度。

4．在高危人群如吸毒人群、男男性行为人群开展病原筛查工作 如艾滋病、梅毒、丙肝筛查，并对阳性者进行规范化治疗和宣教。

5．开展无害化处置 避免重复使用塑料注射器、针具。对无害化前的污染物进行统一规范的收集、运送、处置。

6．对器官移植进行病原学筛查 严格排除 HIV、丙肝病毒等的污染。

7．建立血液病原携带者管理网络 开展定期随诊，指导其采取预防传播措施。

8．加强健康教育宣传 传授必要的防治知识，提高公众警惕性。

（四）性传播与生殖道传播传染病

性传播与生殖道传播的代表性传染病包括艾滋病、梅毒、淋病、人乳头瘤病毒（HPV）感染等。

性接触传播是指病原体通过阴道性交、肛交或口交，从患者传播给性伴侣，如人类免疫缺陷病毒（HIV）、淋球菌等病原体的传播。其他生殖道接触传播，如生殖器接触也可传播疾病，如软下疳可通过此途径非性交传播。共用被污染器具传播，如共用未消毒的性玩具，可能导致疱疹病毒、人乳头瘤病毒等的传播。

为有效防控性与生殖道传播传染病，通常从以下几个方面进行。

1．开展安全性行为的宣教 提倡使用避孕套，减少多性伴侣，规范性交易行为等，切断性接触传播途径。

2．对高危人群开展病原体筛查 如艾滋病、梅毒、淋病病原体的检测，及时发现并规范化治疗。

3．对存在母婴传播风险的孕产妇进行病原学筛查 如 HIV 和梅毒螺旋体筛查，必要时进行防治性化疗。

4．规范医疗操作流程 严格执行无菌技术，杜绝医源性交叉感染发生。

5．对性传播疾病病例进行及时报告和调查 找出传播源并进行隔离治疗。

6．加强健康教育和宣传 传授安全性行为知识。采用同伴教育的方式进行心理辅导。

7．推广疫苗接种 如人乳头瘤病毒疫苗，提高群体免疫水平。

8．加强疾病监测网络建设 开展病原体流行动态监测。

（五）皮肤接触传播传染病

皮肤接触传播是许多传染病的重要传播途径，主要的代表性疾病包括麻风、流行性角膜结膜炎、带状疱疹、疥疮。

皮肤接触传播传染病的主要传播途径有直接接触传播、间接接触传播、血源性传播和性接触传播。直接接触传播主要是通过直接接触患者的皮肤或暴露在外的皮肤损伤部位，进而接触患者的血液、体液、分泌物而发生传播。如直接接触麻风病患者损伤皮肤可导致疾病传播。间接接触传播是指接触被患者血液、体液等污染的物品、用具、衣物等而发生传染，如使用患者的日用品可传播疥疮等。如使用未进行有效消毒的医疗器械，可能造成病原体的交叉传播。亲密性接触也可传染一些以皮肤为主要传播途径的疾病，如疱疹。

为有效防控皮肤接触传播疾病，可以考虑采取以下防控策略。

1．识别患者并及时进行隔离治疗 避免传染源对他人的接触性传播。如对麻风病例进行集中隔离治疗。

2．对密切接触者进行医学观察和筛查，及早发现次级病例 采取隔离措施阻断进一步的接触传播。

3．加强个人防护 如医护人员进行预防性照护的皮肤接触时，需要佩戴手套、穿隔离衣等个人防护用品。

4．采取无菌技术防止医源性交叉感染发生 对患者使用过的医用物品采取有效的消毒或灭菌。对患者或疑似患者的衣物、床上用品、粪便等进行无害化处理，避免其成为传播媒介。

5．加强健康宣教 提高公众对皮肤接触传播疾病的认知。采取必要的个人防护措施。

6．定期开展免疫接种 如预防天花、麻疹等的疫苗接种项目，增强对疾病的免疫屏障。

7．对环境和公共场所等实施消毒和清洁 切断环境媒介的传播途径。

8．建立病例报告和传染病监测系统 监测传染病流行动向。指导防控策略。

（六）垂直传播传染病

垂直传播的传染病是一种通过非气溶胶途径，在垂直方向上由母体传至后代或与生殖系统相关的传染病。在这类疾病中，病原体通过母体到子代的传播方式起主导作用。例如梅毒、风疹、乙肝、艾滋病等。

先天性梅毒的传播途径是垂直的，即从感染的孕妇通过胎盘向胎儿传播。感染的母体在孕期早期或晚期，以及未经适当治疗时，可以通过血液循环将梅毒螺旋体传递给胎儿。风疹的垂直传播主要发生在孕妇患病期间。风疹病毒通过呼吸道飞沫传播进入人体，感染后进入血液循环，从而在孕妇体内传播。这种传播可能引发先天性风疹综合征，通过胎盘将病毒传递给胎儿，导致多系统受损。乙肝病毒通过孕妇感染乙肝病毒后的血液和体液，如血液、乳汁等传播给胎儿。母体感染乙肝病毒后，病毒可以经胎盘进入胎儿的体内。特别是乙肝 e 抗原（HBeAg）阳性、HBV DNA 滴度较高的孕妇，传播风险更高。孕妇感染 HIV 后，病毒可以通过胎盘、分娩过程中的血液和体液传播给胎儿。

防控策略主要有以下方面。

1．早期诊断与筛查 针对易感人群，特别是孕妇，建立定期的筛查机制，检测传染病相关的标志物或病原体。早期诊断有助于及时采取干预措施，降低传播风险。

2．病例登记与监测 建立完善的传染病病例登记和监测系统，追踪和记录患者的病情及治疗情况，以便及时调整防控策略和干预措施。

3．传播途径干预 针对不同疾病的传播途径，制定相应的干预措施。例如，对于乙肝病毒感染的孕妇，可以通过抗病毒治疗，从而降低母婴传播的风险。

4．母婴干预措施 在医疗机构内，加强产前检测和咨询，确保孕妇接受适当的治疗。对于病情稳定的孕妇，选择适当的分娩方式，减少传播风险。对于部分疾病，如 HIV 感染，推荐进行剖宫产，以降低母婴传播风险。

5．药物治疗与护理 对于已感染的孕妇，根据具体疾病情况，制定药物治疗方案，控制病情，降低病原体的载量。同时，提供细致的医疗护理，确保孕妇健康。

6．母乳喂养管理 对于传染病感染的母亲，根据具体情况评估是否适宜进行母乳喂养。在部分情况下，可能需要采取相应的替代喂养方式，以减少传播风险。

7．教育与宣传 针对孕妇、医疗工作者和公众开展相关的教育与宣传活动，提高对垂直传播传染病的认知水平，增强预防意识。

8．社会支持与卫生政策 政府和卫生部门应制定和推动相关政策，鼓励对孕妇和新生儿的保健服务和治疗，提供相应的医疗和社会支持。

不同传播途径的传染病防控策略具有一些共性特点。通过及时发现感染者，可以迅速隔离患者、采取防控措施，从而减少传播风险。在不同传播途径的传染病防控中，教育与宣传可起到关键作用。提高公众、医务人员和患者的认知水平，有助于采取正确的预防和应对措施。建立健全卫生保健体系，包括医疗机构、人员培训、医疗设备等，可为不同传播途径的传染病防控提供坚实的支撑。同时，不同传播途径的传染病在防控时又各有侧重，对于通过空气中的气溶胶传播的疾病（如结核病、新冠病毒感染），重点在于强化空气消毒、通风换气，控制呼吸道飞沫的扩散。针对通过飞沫传播的疾病（如流感、麻疹），需强调早期隔离病患、提供充足的疫苗接种，以及及时处理密切接触者，以遏制传播。针对通过食物或水源传播的疾病（如霍乱、食物中毒），重点在于加强食品卫生和饮用水处理，确保食品与饮水安全。针对通过直接接触传播的皮肤疾病（如皮肤感染、寄生虫病），需加强个人卫生、隔离患者，推广使用清洁用具。针对通过垂直传播的疾病（如先天性梅毒、艾滋病），强调早期筛查、治疗孕妇，选择适当的分娩方式，以减少新生儿感染风险。

传染病防控策略还需要继续加强信息沟通、资源配置、科学研究等方面的努力，以应对不同传播途径传染病的挑战，并持续提升防控效果。由于部分地区或国家医疗资源不足，导致防控效果参差不齐。资源分配不均衡可能影响疫情的控制和管理。信息不对称可能导致公众对防控策略的误解，甚至对防控措施产生抵触。未来传染病防控工作的方向受到科技发展、全球化、环境变化等多因素影响，应积极利用人工智能、大数据等技术，加强传染病监测、预测和应对能力。智能化的防控系统可以实时追踪传播动态，提前预警，有助于更快速地应对疫情。基因测序技术的不断发展将有助于更深入地了解病原体特点，帮助研发更加精准的疫苗和药物。基因研究可以促进个体化防控策略的实施。传染病防控越来越需要国际合作。加强跨国信息共享、资源调配，有助于更好地应对全球传染病挑战，尤其是跨国界传播的疾病。由于环境变化，一些传染病的传播途径可能会发生变化。因此，未来的防控工作需要更多考虑生态环境因素，制定相应的预防和控制策略。传染病的防控越来越需要跨学科的合作，结合流行病学、医学、环境科学等领域的知识，制定综合性的防控策略。同时，亦需要加强基层卫生人员培训，提升基层卫生设施的能力，以保障防控工作的有效落实。完善卫生安全法律法规，明确相关部门职责和权力，为传染病防控提供法律保障。提高公众健康素养，加强防控意识，有助于更好地配合防控措施，减少传播风险。今后传染病防控工作可能将向着智能化、全球合作、基因研究、综合应对等方向发展，而这需要各国政府、科研机构、医疗界和公众的共同努力才能达成。

四、典型的传染病防控案例介绍

（一）中国早期科学防疫的经典案例：肺鼠疫

鼠疫是由鼠疫耶尔森菌（人类致病最多的细菌之一）引起的传染病，通常存在于小型哺乳动物及其蚤中。这种疾病通过蚤在动物之间传播，又由于鼠疫耶尔森菌是一种人畜共患病细菌，它也可以从动物传播给人类。人类可能会通过被受感染的蚤叮咬、直接接触受感染物质或吸入等途径而受感染。鼠疫在人群中可能是一种非常严重的疾病,特别是其败血症型和肺病型,如果不进行治疗,病死率为30%~100%。尽管鼠疫是历史上造成广泛大流行的主要原因,包括14世纪在欧洲造成超过5000万人死亡的"黑死病",但今天却可以很容易地使用抗生素和标准化的预防措施来防控。必须指出的是,城市暴发和与细菌共生的大鼠及其蚤之间的传播有关:受感染的鼠通过船只运输等交通形式到达一个新的城市,并将感染传播给当地的家鼠及其蚤,进一步形成大规模人类感染的隐患。部分人类由此形成肺鼠疫,然后通过呼吸道飞沫直接传给人群中的其他个体。尽管鼠疫已蔓延至除大洋洲外的所有大陆,但自20世纪90年代以来,大多数人类病例都发生在非洲。

鉴于发生于1910年至1911年4月的中国东北肺鼠疫疫情对当地人民生活和经济的灾难性打击,其被称为20世纪最严重的大流行(表2-1)。尽管它发生在一百年以前,但对许多研究人员来说,这场夺走了6万多人生命的灾难性肺鼠疫仍然值得研究。正是这次肺鼠疫疫情真正激发了现代中国最早的科学防疫工作。

表2-1　1910年至1911年4月肺鼠疫发生的时代背景概况

维度	概况
感染源	20世纪初,在经济利益的驱使下,大量患病土拨鼠被猎杀。猎人吃了受感染的肉而患病,随后疫情沿着铁路迅速蔓延(中国东部铁路的建设使哈尔滨成为鼠疫的可及城市),并进一步影响了东北平原
传播途径	肺病可以通过唾液和空气飞沫在人与人之间传播,不需要小鼠作为传播载体
政治背景	彼时中国刚经历了一场严重的危机:腐败的清政府为了自身利益而向列强宣告投降,成为了民族叛徒,并在内部对人民革命进行了残酷的镇压。列强践踏了中国的土地,瓜分了中国的领土。其中,中国东北部是帝国主义列强竞争激烈的地区,并因此遭遇了较严重的侵略危机
经济背景	东北部的经济相对落后,人口众多,各方面(尤其是医药)资源短缺。瘟疫进一步加剧了与生存和经济相关的恐慌
文化背景	葬礼:中国的传统观点是"人死后应该在土地上拥有坟墓" 社会氛围:人们遭受了流行病和社会变革的双重压力,被悲观氛围笼罩
卫生系统	卫生制度没有得到统一;卫生行政人员的专业素质低下;领导者关注不足;重治疗而非预防

一些学者对本次鼠疫流行的治理手段进行了总结。第一,政府提高了对疫情的重视程度。清政府派遣了伍连德博士前往受疫情影响的地区进行治理,同时果断实施税务减免、药品等奖励和积极应对措施,在控制疫情、恢复经济生产和鼓励人民方面发挥了重要作用。第二,重大疫情下国家疫情治理与国际社会的通力协作都对控制疫情发展态势至关重要。清政府的中央和地方机构就组建卫生和防疫组织达成共识。伍连德博士在组织医生、警察和普通民众开展防疫活动,将学校、剧院、浴室、寺庙和教堂改造成急诊医院,以及组织大型护卫队、培训课程和动员人员方面表现出了巨大的领导力,并进一步成为抗击本次肺鼠疫行动的领导中枢。此外,清政府还与其他国家积极合作,加强疾病预防,如与日本和俄罗斯建立检疫伙伴关系,还直接聘请外国医生在肺鼠疫抗击行动中从事预防工作。第三,建立起系统有效的隔离预防系统。肺鼠疫暴发期间正值中国农历新年,受疫情影响,区域的人口向外流动可能会带来疫情传播的风险。伍连德博士将疑似感染者送往医院,要求将疑似病例置于观察中,并隔离确诊病例,缓解了人口稠密、瘟疫肆虐地区的大流行问题。其中,隔离、戴口罩、分段戒严、尸体焚烧、消毒等措施在2003年中国抗击SARS中仍被沿用。第四,实行严格的检疫制度。被选中的医务人员沿着疫情传播的主要路线(铁路和轮船路线)进行检疫检查,必要时会在车站建立一家临时医院,同时切断感染区的出境交通。这些举措的目的就是防止疫情进一步扩散至其他地区甚至国家。第五,克服或打破传统

观念与习俗中不利于防疫的部分。1911年1月下旬，伍连德博士发现了2000多具未埋葬的尸体。彼时是隆冬，地面结冰，但当春季回温后，这些尸体会构成严重的公共卫生风险。同时，在尸体中流窜的老鼠会加剧疫情的传播。然而，虽然大规模火葬是一种高效的解决方案，但鉴于传统文化认为其是对逝者的不敬，故往往难以推行。为了解决这个问题，伍连德博士邀请当地官员参观墓地，并向他们解释了土葬可能带来的健康危害。同时，他向清政府进行了报告，征求其同意和帮助，并最终接到了允许火化的政府法令。1911年1月31日，中国历史上第一次大规模火葬开始了，之前埋葬的尸体也被挖出来并火化。最终，疫情的死亡率开始下降。第六，鼓励公共媒体对疫情进行积极报道。东北地区的肺鼠疫流行不仅造成大量死亡，还影响了彼时全体居民的生存和经济生活。鉴于当时的国民意识和健康素养很低，大量报纸发布了疫情相关的信息，一方面缓解了民众的心理紧张，另一方面也宣传了疾病预防和控制的知识。

在伍连德博士的带领下，最终平息了这场20世纪在中国的鼠疫大流行，其中发病时间不到4个月。这是预防专家和政府机构之间有史以来第一次有记录的合作，其间许多科学防疫手段仍然在当前沿用，抗击肺鼠疫的成功经验甚至可以为后来的SARS和埃博拉出血热等的流行防控提供宝贵的借鉴思路。

（二）控制乙型肝炎

乙型肝炎是世界上最常见的传染病之一。据估计，全世界有3亿人是慢性乙型肝炎病毒（HBV）携带者。慢性HBV感染的全球流行率差异很大，从高（≥8%，例如非洲、亚洲和西太平洋）到中等（2%～7%，例如南欧和东欧）和低（<2%，例如西欧、北美和澳大利亚）。主要的传播途径根据HBV感染的流行程度而有所不同。在高流行地区，围生期传播是主要传播途径，而在低流行地区，高风险成年人之间的性接触是主要传播途径。

HBV在中国的流行率较高，根据1979年和1992年的血清调查结果，HBV表面抗原（HBsAg）的流行率均接近10%。其中，婴儿慢性乙型肝炎病毒感染率高，表明感染主要发生在幼儿期。HBV慢性感染者占全球慢性HBV感染负担的30%。近几十年来，中国通过综合的科学防控策略，采取"预防为主，防治结合"的控制策略，在1992—2009年期间，中国预防了2400万例慢性HBV感染；在2010—2014年期间，中国又预防了约400万例慢性HBV感染。同时，约500万例的HBV感染并发症死亡也由于病毒传播的有效控制而得以避免。本案例将中国防控乙型肝炎采取的综合策略切分为四个主要方面。

第一，中国的乙肝儿童免疫规划取得了显著成功，得到了世卫组织的认可。中国是最早（于1992年）建立乙肝疫苗接种计划的发展中国家之一，建议其国民在出生后24小时内进行第一次乙肝疫苗接种，并在出生后1个月和6个月分别完成第二次和第三次接种。2002年，在全球疫苗和免疫联盟（GAVI）及中国政府的财政支持下，乙肝疫苗被纳入国家免疫规划，并在2005年前实现对所有新生儿的免费接种。2009年，免疫规划进一步将其受众扩大到15岁以下的儿童，最终6800万儿童成功接种。由于这一政策的有效实施，三剂疫苗覆盖率从1992年的30.0%增加到2015年的99.6%，同期第一剂疫苗的及时接种率从22.2%增加到95.6%。第二，用以预防母婴传播的综合方案也强化了对于乙肝病毒传播的控制。据估计，中国40%～50%的新乙型肝炎病毒感染是由母婴传播造成的。在实施新生儿普遍接种乙肝疫苗的基础上，从2011年开始，中国启动了一个综合预防艾滋病病毒、梅毒螺旋体和乙型肝炎病毒母婴传播（prevention of mother to child transmission，PMTCT）的国家计划。该方案包括在妊娠期间免费提供HBV筛查服务，并为感染HBV的母亲所生的婴儿在出生后12小时内注射乙型肝炎免疫球蛋白。2015年该方案扩展至全国，约14亿元的年拨款被用于覆盖乙肝相关服务，2015年相关服务的覆盖率达到95.6%。第三，所有血站核酸扩增检测（nucleic acid amplification test，NAT）的全面覆盖大大提高了血液安全性，控制了HBV由输血传播造成的感染。NAT可以在一个窗口期内检测到低水平的病毒，自2010年以来被纳入常规捐献者筛查，并在11个省的14个选定血站进行了试点。该方案于2014年在全国范围内推广，中央预算拨款10亿元人民币以资助所有血站落实该方案。第四，在过去几年中实施的有效融资政策，使人们对于乙肝药物方面的可负担性显著提高。2017年2月，世卫组织推荐的两种一线HBV药物恩替卡韦和替诺福韦被列入更新的国家医保报销药品清单（NLRM），并进一步被选入2018年11月发布的"4+7城市集中药物采购文件"。该采购试点计划（带量采购）旨在通过集中联合采购大幅降低仿制药所需的支付费用。两种药物的价格因此大大降低，特别是在文件列出的"4+7城市"，只需大约18元即可完成1个月的恩替卡韦或替诺福韦治疗。到2017年，中国指南推荐的所有用于治疗HBV的抗病毒药物，包括干扰素-α、聚乙二醇化干扰素-α和5种核苷类似物，都已纳入NLRM。

基于上述的综合策略和长期努力，根据中国疾病预防控制中心自20世纪90年代以来进行的全国血清流行病学调查，15岁以下儿童HBV表面抗原（HBsAg）的血清阳性率从1992年的10.5%下降到2014年的0.8%，2014年5岁以下儿童的血清阳性率更是达到0.3%。

（三）边境的疟疾控制

疟疾是一种由寄生虫引起的疾病，通过受感染的雌性按蚊（*Anopheles mosquitoes*）叮咬传播给人类。虽然可能会随着病程发展危及生命，但疟疾是可预防和可治愈的。一般来说，人类疟疾由5种寄生虫导致，其中两种（恶性疟原虫和间日疟原虫）构成了最大的威胁。2020年，近一半的世界人口面临疟疾风险。尽管大多数病例和死亡都发生在撒哈拉以南非洲（该地区疟疾病例和死亡人数分别占全球病例和死亡总数的95%和96%），但与此同时，世卫组织在东南亚、东地中海、西太平洋和美洲地区也报告了大量病例和死亡人数。2021年，全球估计有2.47亿例疟疾病例，疟疾死亡人数可达61.19万人。

对于中国，自2000年以来，恶性疟原虫所致疟疾已从除云南省和海南省外的所有地区消灭。然而，由于与邻国经济与社会人口的不断交流沟通，上述边境省份疟疾疫情不断复发，导致我国消除疟疾的工作进展停滞，甚至倒退。以云南省为例，作为中国重要的边境省份之一，云南省与老挝、缅甸和越南这三个疟疾流行的国家具有漫长的重合边界，13个民族的几代人不断跨越边境。然而，边界只作为一种政治结构存在，人们每天穿越其进行经商、探亲、上学或医疗保健等。尽管边境两侧的生态环境相同，疟疾病媒相似，但调查和研究表明，疟疾传播呈显著梯度，来自邻国的移民的疟疾流行率比云南边境县的居民高5~7倍。边境地区由于其多维脆弱性，是云南消除疟疾的最大挑战：疟疾流行率历来居高；贫困在边境地区更为常见，且与疟疾发病率相关；生活在偏远、交通不便地区的人口；高文盲率和部分群体中不适当的就医行为。自2001年以来，云南90%的疟疾病例是在边境地区发现的，其中大部分是从大湄公河次区域国家传入的。例如，滕冲边境县在2006年报告了>2000例输入性病例。这些多维脆弱特征最终使云南省等边境区域成为制约中国消除疟疾的"最后一公里"，成为我国疟疾疫情核心防控的战略区域。

云南省疟疾控制的历史可以分为四个阶段。第一阶段（20世纪50年代）建立了一个疟疾控制系统，并成立预防小组，动员社区参与疟疾和病媒控制。同时，成立了疟疾控制机构，以进行疟疾控制试验，并探索归纳大面积控制疟疾的经验与方法。云南省疟疾发病率的总体趋势在20世纪50年代有所下降，1953年记录的年发病率达历史最高，为249例/万人。与此同时，云南的开创性防控工作也成功地中断了一些地区的传播，包括基线流行率超过40%的地方。

第二阶段（1960—1979年）旨在控制疟疾发病率，主要通过大规模预防和治疗手段降低了疟疾的死亡率，包括对传染源控制和病媒消除的全面重要干预，同时为疟疾患者提供治疗和抗复发预防服务，并在流行地区的传播季节进行大规模化学预防。进一步提出了"三种全面覆盖策略"，包括治疗的全面覆盖（包括所有确诊和临床病例的病例管理以及全人群的根治性治疗）、间歇性预防性治疗的全面覆盖和室内残留喷洒的全面覆盖，这也可以视作"消除感染源+化学预防+病媒控制"的简化版本。上述前期疟疾控制战略的实施对云南省疟疾防控产生了重大影响：1953—1967年，全省年发病率从每万人中249.4人降至7.3人，是云南消除疟疾70年来的最大减少量。

第三阶段（1980—1999年）实施了综合检测并重点保护关键地区和关键人群免受疟疾侵害。对发热患者进行血液检测，要求县一级检出率不低于5%，村一级检出率超过80%；检测和治疗疟疾患者，消除重点区域疟疾病例；加强流动人口管理，防止传染源的传入和传播；建立病媒监测点。20世纪80年代，疟疾发病率随之下降，恰逢经济改革，并持续到整个20世纪末和21世纪。

第四阶段（2000—2018年）是为了巩固前期疟疾控制的成果，并改善边境地区的监测情况。该阶段根据疟疾情况及不同时期和地区的病媒分布，更加侧重于将流动人口和山区居民列为主要监测目标。引入了"1-3-7"方法作为监测和响应的联合标准操作程序，规定在诊断后1天内报告病例，在3天内进行病例调查，并在7天内集中调查和行动。应用传染病源管理和病媒控制的综合策略，以进一步减少疟疾病例和死亡人数，同时缩小疟疾流行地区，特别是恶性疟原虫所致疟疾流行地区，并加强了疟疾监测和输入病例的治疗处置。2003—2010年期间，病例量大幅下降，尤其是恶性疟原虫和食虫疟疾的病例数量同时减少，表明现行控制措施影响了包括长孵化和短孵化间日疟原虫亚种两个物种的生存环境。当中国于2010年启动国家疟疾消除行动计划时，云南129个县中的39个县报告了729例本土病例（*P. falciparum* 和 *P. vivax*），与十年前的疟疾负担相比，病例要少得多，并最终在2017年报告本土病例清零。

（崔富强）

第三章

传染病的监测

传染病的监测是疾病早期发现、疫情研判、预警和防控最重要的信息基础。19世纪以来，随着疾病分类体系的建立、政府公共卫生职能的明确、国家医疗卫生系统的完善，以急性传染病为主要内容的监测活动在欧美地区陆续建立起来。1955年，在美国疾控中心处理脊髓灰质炎疫苗不良反应事件的过程中，监测发挥了重要作用，该事件被认为是现代监测活动的起点。此后，世界卫生组织在全球消灭天花行动及流感大流行应对准备中，均将监测作为关键环节之一。当今，监测在基本理论、技术、具体方法等诸方面都有了长足发展。就传染病监测而言，除了传统的病例监测外，还拓展了症状/症候群监测、事件监测、影响因素监测、病原特征监测、耐药监测、分子和基因监测等领域，开发了基于互联网等的信息采集工具，引入了地理信息系统、遥感等技术，丰富了数据形式，提高了数据质量，基于监测数据的预警逐渐开展起来。

我国于20世纪50年代初开始建立国家传染病报告制度。传染病监测信息收集、传送方式由邮寄纸质表/卡发送电子邮件，最终升级为网络直报个案资料。法定传染病报告系统是我国最基本的传染病监测系统，收集最基本的疾病信息。自20世纪70年代起，为满足某一种疾病的防控需求，我国陆续建立了流感、流行性出血热、艾滋病、肺结核等单病监测系统，在重点地区、重点人群中开展症状、病原、血清学、影响因素、行为等监测，弥补法定传染病报告信息的不足。新型冠状病毒感染大流行再次表明了传染病监测的重要性和必要性。本章按照传染病监测所涉及的学科类别，分为流行病学监测和实验室监测两节内容。

第一节 传染病的流行病学监测

传染病的发生和发展与人群和其他宿主的行为特征、病原特征、相关影响因素密切相关，并需要采取不同方法对疾病特征和干预措施的流行病学效果和社会效益开展监测和评价。本节将分别从人群行为特征与流行病学监测、监测数据在科研与评价中的应用、干预措施的监测及效果评价方面进行介绍，并给出传染病流行病学监测的典型案例。

一、人群行为特征与流行病学监测

（一）传染病监测的定义

公共卫生监测（public health surveillance）是指长期、连续、系统地收集人群中有关公共卫生问题的资料，经过科学分析和解释后获得重要的公共卫生信息，并及时反馈给需要这些信息的行政、业务机构和相关人员，用以指导制定、调整完善和评价公共卫生干预措施与策略的过程。

流行病学监测（epidemiological surveillance）是公共卫生监测的重要组成部分。监测内容根据不同国家或地区的主要公共卫生问题或监测目的不同而异，整体可分为传染病监测、慢性病监测、危险因素监测等。目前我国传染病监测（infectious disease surveillance）主要包括法定报告传染病监测、突发公共卫生事件监测、各种专病监测、传染病自动预警等。

（二）监测的目的与意义

传染病监测通过收集人口特征资料与传染病的疾病信息、医疗卫生数据、环境监测数据、动物宿主和媒介相关数据等多方面资料，旨在描述并掌握特定时间、地区内传染病及相关事件或公共卫生问题的分布特征和变化趋势，为制定相应预防控制措施、评价措施实施效果、调整有关政策和措施提供证据。

作为疾病预防控制工作中的重要一环，对传染病进行动态监测和数据分析，有助于及时发现传染病及相关事件分布中的异常情况，并在突发疫情的事前预防、事中处置和事后恢复各阶段有效地控制危害范围、缩短持续时间，为决策部门和决策者制定政策、规划或措施提供有力的技术支撑。

（三）传染病监测数据的来源

1. 基于人群的监测 是指以全人群或特定人群为基础开展监测工作，观察疾病形势的动态变化。此类监测可以是覆盖整个目标人群的常规报告监测，也可以是具有良好代表性的监测点或哨点监测，能获得比较准确、可靠、及时的资料，后者耗费更低、效率更高。死因监测、一些行为危险因素的监测属于基于人群的监测。

2. 基于医疗机构的监测 是指以医疗机构为现场、以就诊患者为对象开展监测工作，主要是对医疗机构诊断的疾病或症候群、医疗机构内感染、病原体耐药以及出生缺陷等进行监测。法定报告传染病监测、药物不良反应的被动监测均属于此类监测。医院感染监测主要是为了分析医院感染在一定人群（主要是住院患者）中的发生、分布及其影响因素，并将监测结果报送和反馈给有关部门和科室，为医院感染的预防、控制和管理提供科学依据。

3. 基于实验室的监测 是指利用实验室方法对病原体特征或其他致病因素开展监测。该系统发挥效能的关键在于实验结果能按常规报告、流通和反馈。我国的流感病原学监测系统是一个较完整的以实验室为基础的专病监测系统，不但开展常规的流感病毒的分子生物学检测、病毒分离鉴定、基因特征和耐药性分析等工作，而且有信息的报告、流通和反馈机制。

4. 基于事件的监测（event-based surveillance） 是指系统地对存在潜在公共卫生风险的事件信息进行快速捕获。突发公共卫生事件报告系统是一种基于事件的监测系统。该类监测还包括舆情监测，即收集来自媒体及网络检索、新闻分析、国内外通报、公众投诉与举报、健康咨询等方面所报道的事件信息。此外，通过互联网技术收集公众的言论和观点信息（如对某一热点事件、突发事件、重大事件的言论和观点）也是监测某个事件发生发展趋势的重要渠道。

（四）传染病监测的分类

传染病监测有多种分类方式，此节选取部分重点监测展开介绍。为解决不同的卫生问题，达到特定的卫生目标，常需要有选择地开展各种内容的传染病监测，从不同的角度获取并充分利用各种监测信息。

1. 按照数据收集的方式划分

（1）被动监测（passive surveillance）：是指下级单位常规向上级机构报告监测数据和资料，而上级单位被动接收。常规法定传染病报告、突发公共卫生事件报告、药品不良反应监测报告等多属于被动监测范畴。被动监测的缺陷在于不能监测到未就诊人群，发生某种异常疾病时可能错误分类，且上级单位获取信息存在滞后性。

（2）主动监测（active surveillance）：是指根据疾病防控等公共卫生问题的特殊需要，由上级单位主动调查收集资料，或者要求下级单位尽力去收集某方面的资料。我国非免疫规划疫苗的免疫接种率调查、传染病漏报调查、对某些重点疾病或某些人群行为因素的监测等多属于主动监测范畴。

2. 按照监测覆盖范围划分 分为全人群监测、重点人群监测、哨点监测（sentinel surveillance）。以哨点监测为例，它是指为清楚了解某些疾病在不同地区、不同人群的分布以及相应的影响因素，根据被监测疾病的流行特点，选择若干有代表性的地区和（或）人群，按统一的监测方案连续地开展监测，如艾滋病哨点监测、流感样病例监测等。

3. 按照监测内容划分

（1）针对特定疾病的监测：传染病监测的重点任务是及早发现传染病或传染源，并及时采取有效的防治措施，防止传染病的传入、传出及发生和流行。根据《国际卫生条例（2005）》，WHO规定天花、由野毒株引起的脊髓灰质炎、新亚型病毒引起的人类流感和严重急性呼吸综合征这4种疾病在任何情况下都必须通报。依据《中华人民共和国传染病防治法》，我国法定报告传染病分甲、乙、丙三类，目前共40种。在资源有限的情况下，优先监测的传染病通常具备以下特征：一旦出现则极易传播并造成大范围流行；临床结局差、病死率高；国际关注的传染病，如脊髓灰质炎、疟疾、流感等；已有有效的预防控制措施，可以预防其流行；受长期性的国际项目支持、旨在消除或消灭的传染病。

（2）症状监测（syndromic surveillance）：又称为综合征监测或症候群监测，是指通过长期、连续、系统地收集特定临床症候群或与疾病相关现象的发生频率，从而对某类疾病的发生或流行早期探查、预警和做出快速反应的监测方法。症状监测适用于新发传染病，或病因未明、临床上尚无明确诊断方法的疾病。常用的症状监测有发热呼吸道症候群监测、腹泻症候群监测、流感样症状监测等。症状监测不依赖特定的诊断，是强调非特异症状为基础的监测，所监测的内容不仅有临床症状，还包括许多与疾病相关的现象，主要有：医院门、急诊诊室就诊患者的就医情况；药店各类药品销售情况；医疗相关用品（如医用口罩、消毒液、卫生纸巾）销售情况；学校缺课率、单位缺勤率；动物患病或死亡情况；生物媒介变化情况。

（3）行为及行为危险因素监测：是指对人群中与公共卫生事件的发生发展有着密切关系，对人体健康产生危害作用的各种卫生习惯和生活、行为方式的变化进行动态观察与分析。该监测是针对公共卫生事件原因的监测。在没有确定与特定疾病存在因果关联时，一般的行为只是一些非特异性的行为或现象，对这些行为的监测，往往是为了探寻病因线索。而针对明确的行为危险因素（如吸烟）的监测，能对相关疾病或公共卫生事件的发生进行一定程度的估计。1984年，美国疾病预防控制中心建立的行为危险因素监测系统（behavioral risk factor surveillance system, BRFSS）通过电话进行健康调查，以州为单位按月开展连续性电话调查，主要收集成年人中与疾病发生、发展或死亡有关的行为危险因素资料，为卫生管理部门制定、评价政策及干预措施提供参考依据。我国于1996年建立了中国行为危险因素监测系统，每个月连续性地开展入户调查，收集16～69岁人群与疾病发生、发展或死亡有关的行为危险因素资料。

（4）死因监测：是通过持续、系统地收集人群死亡资料，并进行综合分析，研究死亡水平、死亡原因及变化趋势和规律的一项基础性工作。通过动态统计居民死亡资料，系统分析居民死亡率、死亡原因及其变动规律，可反映国家和地区人群健康状况和社会经济水平。一直以来，我国高度重视死因监测工作，不断完善死因监测体系，建立了人口死亡信息登记管理系统。截至2021年底，全国建立了605个死因监测点，这些监测数据对正确指导疾病控制规划、合理配置卫生资源、保护人民健康、促进社会经济可持续发展具有重要意义。

(5) 其他影响因素监测：包括环境监测（针对大气、水、土壤、生活居住环境、劳动生产环境等）、食品卫生监测、学校卫生监测等，这些也是传染病监测的重要部分。

（五）新时代下监测技术的优化

新冠感染疫情应对中，我国传染病监测系统发挥了重要作用，但也暴露出来一些短板和不足。新时代对公共卫生监测提出新的优化要求：要完善传染病疫情和突发公共卫生事件监测系统，改进不明原因疾病和异常健康事件监测机制，提高评估监测敏感性和准确性，建立智慧化预警多点触发机制，健全多渠道监测预警机制，提高实时分析、集中研判的能力。

多渠道监测是指卫生健康、海关、交通、市场、农业、林业、气象、环保、教育等多部门，在多元数据共享机制基础上建立多主体、多层级的与传染病相关的监测预警系统，实现不同行业及不同层级都有责任、有能力去识别公共卫生事件暴发可能增加的风险或已增加的"苗头"并发出预警，从而起到暴发事件早期预警相互补充、相互印证的作用。健全多渠道监测需要从以下三个方面着手。

一是打通部门、机构间与公共卫生相关数据的壁垒，实现多元数据共享。包括来自社会、媒体的疑似传染病事件信息，学校缺课数据，工作场所缺勤数据，药店药物销售数据，疾病流行相关影响因素数据（生物媒介、气象、人群免疫水平、人口流动、社交距离等），各类实验室检测的病原体数据，医疗机构诊断的传染病相关症候群和病例数据，海关出入境检疫数据等。

二是依靠法律和科技、遵循伦理建立数据共享的工作机制和平台。利用大数据、人工智能等现代技术手段，实现相关数据跨系统、跨部门自动化抓取，把人为影响因素降到最低，最大限度地减少漏报、迟报和瞒报。来自网络、自媒体报道的疑似传染病事件或健康事件，应该作为主动监测收集的重要信息来源。即使这些信息来自非官方渠道，有时甚至可能不真实或是谣言，但值得进一步核实、甄别，找到有价值的信息。

三是在传染病发生、发展的多个环节，尤其是危险因素相关的节点上，建立监测平台。从感染到确诊传染病，一般可能经历危险因素暴露、感染病原体、出现主观感觉症状、信息咨询、自行购药、缺勤缺课、就诊、检验、确诊等多个阶段。以蚊媒传染病登革热为例，白纹伊蚊、埃及伊蚊是登革热的传播媒介，而蚊媒的密度与其所在环境的气温、降雨量等气象因素有关。如果建立基于气象、蚊媒等因素的登革热监测预警平台，登革热的预警就能提前到本地流行季节到来之前的节点或在出现本地聚集性疫情早期阶段，及早发出预警信号，及时采取蚊媒控制措施，将蚊媒密度控制在较低水平，达到预防或快速控制暴发的目的。

二、监测数据在科研与评价中的应用

传染病监测系统的长期运转形成了大量监测数据，监测数据的应用程度直接关系到传染病防控政策和干预措施制定的质量，是实现传染病科学管理、科研创新的重要依据。根据监测目的，世界银行将公共卫生监测应用于以下方面：确认重点疾病和健康问题并进行干预，预防疾病，减少发病率和死亡率；评价卫生事件对公共卫生的影响或判断和估计它的趋势；论证公共卫生干预项目的资源和需求，并合理地分配资源；监测预防和控制方法及干预措施的有效性；辨析高风险人群和地理区域，以便进行干预和指导分析研究；建立假说，设计并开展病因、疾病传播和疫情进展的危险因素的分析性研究。

（一）常规监测数据的应用

1. 探索传染病流行特征　将离散的传染病监测数据进行整合与规范化地分析整理，建立疾病时间分布、地区分布、人群分布的相关关系，探索传染病的流行特征，有利于加深对疾病的了解。公共卫生大数据提供了传染病从产生、发展到治愈的全过程监测，通过大量监测数据分析，有利于筛选传播源、传播途径、易感人群等关键信息，为有效控制疫情提供决策支持。

2. 追踪感染来源 根据传染病监测数据确定目标患者群，通过流行病学调查获取病例的流行病学数据和时空轨迹数据，通过基因测序、病原体分离、抗体检测等实验室检测方法，获取实验室证据，结合流行病学数据和实验室证据构建传播关系链，将感染者、密切接触者之间的接触关系、传播链条、传播网络构建起来，帮助找出相应传染病的感染源头。

3. 研判传染病流行趋势 传染病在人群流行过程中，随着时间的推移可能发生变异，导致传染病的传染力、致病力、毒力等特征发生变化，实时的传染病监测可以得到大量有关数据。通过对传染病监测实时数据的准确分析，能够探索传染病的发展趋势，利用数学模型对监测数据进行深入分析和研判，能够早期获知传染病的发病趋势。如果没有监测系统的支撑，将无法早期了解传染病发病的流行特征和发病趋势研判，极有可能失去传染病防控的最佳时机，无法实现尽早发现传染病的目的。需要注意的是，数学模型通常适宜具有一定规律性暴发流行时空节点与趋势的判断估计，不适宜暴发流行起始期以及确诊病例过少与各型病例信息不足的估计；采用同一数学模型估计不同时间、区域暴发流行也会出现偏差。

4. 评估防治措施效果 传染病监测作为一项持续性、长期性、系统性的工作，监测数据类型一致，数据具有一定的可比性，可满足横向可比及向纵深细化。通过对大量传染病监测数据的综合挖掘和深入分析，以及传染病历年监测数据的变化趋势，对实施的传染病干预措施进行效果评估。通过防控前后数据结果的比对，能够及时调整疾病的防控政策和干预措施，减少政府无效防控资金的投入。

5. 为专科疾病研究提供支持 在传染病监测系统基础上，搭建专科疾病数据库，能够帮助专科疾病的科研设计、数据收集、既往成果查询、跨协作等科研流程的实现，使专科疾病相关的监测数据得到快速收集和高效利用。通过传染病监测数据库，大大节约了开展专科疾病科研的人力成本，缩短了科研数据的获得周期，可以帮助科研工作者快速开展科研工作。

6. 助力疫苗和药物研发 通过对数据监测系统、病例的电子病历、电子健康档案等产生的监测数据进行智能筛选，挑选出所需的实验室检测数据或病情好转的病例资料，为疫苗和药物研发部门提供迅速而有用的参考。例如，每年流感疫苗组分是 WHO 根据全球流感监测网络的监测数据，预测本季可能流行的毒株并进行推荐。

（二）传染病监测大数据的应用

随着公共卫生信息化建设的不断发展、信息化需求的不断增长、应用覆盖面的扩大，国家疾病预防控制信息系统已存储大量个案信息，且每年在快速增加，随之而来的公共卫生大数据应用是目前面临的主要问题，大数据的计算和应用正在成为一个国家重要的社会资源。公共卫生大数据主要体现在体量巨大、数据繁杂、敏感信息少且实效性高等方面。围绕传染病监测大数据分析应用需求，基于大数据分析相关技术，通过总体架构设计，开展传染病监测数据分析应用研究，挖掘传染病监测大数据的深层价值，服务于传染病风险识别和预警、预防控制效果、传染病监测系统运维管理以及相关系统和业务的调整，充分发挥数据价值。

1. 分析疾病时空聚集性 不少研究利用时空扫描统计分析方法、时空重排扫描等基本原理、空间准确性评价指标，为传染病的时空聚集性分析提供了方法学和应用依据，为开展具有针对性的防控措施提供了科学依据。

2. 用于疫情风险识别和预警 健康医疗大数据是我国重要的基础性战略资源，疾病危险因素的识别、预警与评估是公共卫生领域监测数据分析的研究热点。以传染病实时监测的信息为依据，以历史传染病疫情大数据为基础，形成科学、敏感的数据分析方法和模型，建立传染病暴发和疫情预警体系，早期识别异常信号，发出预警信息。

3. 结合人工智能实现快速精准分析 人工智能算法能够通过大数据分析和建模等方式，提高监测预警的精度和速度,帮助决策者更好地应对突发疫情。如某些特定时期,医学文献、社交媒体、搜索引擎、新闻报道等都会充斥着关于潜在疫情信息和流行趋势的海量数据,即使是训练有素的专业人员也难以迅速做出判断,因此对新出现的病原体做出预警非常困难。人工智能能够快速准确地解析、过滤、分类和聚合文本,并利用以往建立的基线,建立模型,估计未来的疾病发展和传播趋势。

需要注意的是,传染病监测系统的建立与不断发展虽然给传染病防治工作带来更多信息量与便捷性,但应当明确数据所有权的归属问题;数据在传输和应用过程中难免会遇到信息泄露等问题,完善信息安全法律体系至关重要。

三、干预措施的监测及卫生经济学评价

当传染病发生或流行时,需制定防控策略和措施来防止疫情蔓延,以消除或减少对公众健康的危害。

(一)干预措施

1. 预防接种　在传染病流行之前,通过预防接种提高机体免疫力,降低人群易感性,从而有效地预防相应传染病。公共卫生实践证明,预防接种是预防、控制、消灭传染病最经济、安全和有效的措施。通过接种疫苗,人类成功消灭了一种古老而可怕的传染病——天花,野生脊髓灰质炎病毒所致的麻痹病例、白喉等传染病的发病变得较为罕见,麻疹、新生儿破伤风等疾病的发病率也因接种疫苗而显著下降。

2. 药物预防　对某些有特效防治药物的传染病,在传染病流行时对易感人群采取药物预防可作为一种应急预防措施。如疟疾流行时给易感者服用抗疟药。

3. 公共卫生和社会措施(public health and social measure,PHSM)　是指除使用疫苗或药物外,可用于减缓传染病在人群中传播的所有措施或行动。如病例的发现与隔离、保持社交距离、限制人口流动、环境卫生措施和个人卫生措施等。在疾病流行和大流行的早期阶段,因为提供特定疫苗需要时间,而且大多数地点没有大量的特效防治药物库存,PHSM往往是最容易获得的干预措施。因此,PHSM在减缓和控制传染病在社区环境的传播中发挥着重要作用。

(二)干预措施相关的监测

1. 疫苗接种率监测　接种率是由实际接种人数和应接种人数两个数据计算得到的。各个接种点所能提供的往往是实际接种人数,而应接种人数则要通过与统计、公安、计划生育、妇幼保健等有关部门合作才能获得比较精确的数字。

(1)接种率报告:是各级接种单位和报告单位,按照规定的报告程序和要求,连续、系统地将接种情况按统一的报表格式,逐级汇总和上报的过程,属于被动监测。报告接种率能否反映实际的接种水平,与报告质量密切相关。接种率计算公式为:

$$接种率 = \frac{实际(合格)接种人数}{应接种人数} \times 100\%$$

在实际工作中,常常需要计算全程接种率。所谓全程接种率,是指应接种的人群中完成全程接种的实际频率。计算公式为:

$$全程接种率 = \frac{全程接种人数}{应接种人数} \times 100\%$$

若以接种人次数估算全程接种人数,对于全程需要接种2剂及以上的疫苗(如百白破疫苗、脊髓灰质炎疫苗、人乳头瘤病毒疫苗等),会高估人群接种率。

(2) 接种率调查：接种率调查有利于弥补接种率报告的不足，发现问题，促进工作。进行接种率调查的方法有很多，实际工作中常用的为以下两种方法。

1）标准组群抽样方法（standard cluster sampling）：也称按容量比例概率抽样方法（probability proportional to size，PPS），是WHO推荐的经典的接种率调查方法。PPS实质上是两阶段整群抽样方法，基本原理是：在第一阶段中，由人数为N的研究总体中抽得人数为N_i的某初级单位的概率为N_i/N，N_i越大，该初级单位被抽到的概率也越大；再由人数为N_i的初级单位中抽取n_0人时，则每个人被抽到的概率为n_0/N_i，根据概率的乘法定理，则每个调查对象从该地被抽取的概率为：

$$P=(N_i/N) \times (n_0/N_i) = n_0/N = 常数$$

当PPS抽样的设计为两阶段以上即多阶段抽样时，每个调查对象被抽取的概率为：

$$P=(N_i/N) \times (m_i/N_i) \times \cdots\cdots (n_0/m_i) = n_0/N = 常数$$

式中，N_i为初级单位人数，m_i为二级单位人数，n_0为最后一级单位所抽取的人数。

无论是两阶段还是更多阶段的抽样研究，每个观察单位从总体中被抽到的概率均是相等的，从而保证了该抽样方法的随机性（即等概率）与合理性。

2）批质量保证抽样方法（lot quality assurance sampling，LQAS）：最初是工业产品质量监督控制的一种方法。在LQAS中，所谓"批"是指在抽样研究中已定义的组群单位，例如1个初级卫生保健单位、1个乡和1个社区等。实现确定每批需要抽样的人数（n）以及最大允许不合格的人数（d）或上限比例（$P_0=d/n$），P_0为预期不合格率的上限，低于此值为合格。例如，有一种LQAS方案是随机抽取10个样本（儿童），如果有2个以上未接种，则这个批量被认为不合格；相反，若只有1个或2个未接种，则这个批量被认为合格。由此可见，LQAS法主要对接种率起监督保证作用，而不是用来精确估计批量的质量和接种率的高低。

2. 公共卫生和社会措施监测 随着信息化技术的飞速发展、互联网和信息技术的不断升级，数据的处理、储存、分析和挖掘方法发生了革命性的改变，真实世界每天都有"海量数据"产生，大数据的出现为传统的干预监测提供了新的发展方向。病例的发现与隔离、保持社交距离、限制人口流动、环境卫生措施和个人卫生措施等非药物干预措施的监测数据可以来自于其他各个领域，如基于航空和铁路客运网络大数据、人口流动等的监测数据。

（三）干预措施的效果和卫生经济学评价

干预措施的效果是指实施干预措施而产生的有利的或有益的结果，如因某种干预措施而避免的感染、发病、就诊、住院、死亡等指标。效果评价指标的选择视干预措施的目的而定，基本原则是：既有定性指标，又有尽可能客观的定量指标；测量的方法有较高的真实性（效度）和可靠性（信度）；要易于观察和测量，且易为受试者所接受。

1. 疫苗的流行病学效果评价 可采用随机双盲对照的现场试验结果，用疫苗保护率和效果指数来评价疫苗的流行病学效果。

$$疫苗保护率 = \frac{对照组发病率 - 接种组发病率}{对照组发病率} \times 100\%$$

$$疫苗效果指数 = \frac{对照组发病率}{接种组发病率} \times 100\%$$

2. 疫苗的卫生经济学评价 经济学评价的目的是识别并制定出一套明确的标准，以决定如何通过不同途径分配稀缺资源。疫苗的卫生经济学评价常用方法包括最小成本分析（cost-minimization analysis，CMA）、成本-效果分析（cost-effectiveness analysis，CEA）、成本-效用分析（cost-utility analysis，CUA）和成本-效益分析（cost-benefit analysis，CBA）

（1）最小成本分析：成本的计算是将投入预防接种的人力、物力、财力转化为货币单位加以计算。最小成本分析是通过比较两种或两种以上产出相同的卫生方案的成本，从而做出最优选择。

（2）成本-效果分析：成本的计算与 CMA 相同。效果分析则制定具体指标，在计划免疫中常用的中间指标有如全程免疫儿童数、儿童有效免疫数等；终末指标如减少发病数、致残数、死亡数、延长生命数等。成本-效果分析是运用经济学评价方法，对不同卫生方案的成本和效果进行比较，从而从备选方案中选出最优方案。与最小成本分析方法相比，成本-效果分析时要从成本和效果两个方面对备选方案进行分析和评价。只比较效果、不考虑成本是没有意义的。

（3）成本-效用分析：成本的计算与 CMA 相同。效用指标通常为质量调整生命年（quality adjusted life year，QALY）和伤残调整生命年（disability-adjusted life year，DALY）等。成本-效用分析是通过比较不同卫生方案的成本和效用来选择最优方案。与其他方法不同的是，成本-效用分析是以效用作为产出指标。成本-效用分析也被认为是一种特殊的成本-效果分析。

（4）成本-效益分析：成本的计算与 CMA 相同。效益指的是以货币化计量的疫苗接种以后所获得的有利或有益的结果。成本-效益分析是通过比较不同备选方案之间全部预期收益和全部预期成本的限制来评价不同的方案。

四、传染病流行病学监测的典型案例介绍

传染病监测作为疾病早期发现、早期控制的重要手段，提高传染病监测质量成为疫情防控成败的重要因素。流感作为一种古老的病毒性急性呼吸道传染病，表现为每年的季节性流行和周期性间断发生大流行，据世界卫生组织估计，季节性流感的流行每年在全球导致 300 万～500 万的重症病例和 29 万～65 万例呼吸系统疾病相关死亡。流感疫苗是防控流感、降低疾病负担的有效方式，但由于流感病毒具有高度突变性，每年需要更新疫苗株才能起到较好的保护作用，因此在 1947 年就有科学家建议对流感的变异进行监测，以便挑选最合适的流感疫苗株。

（一）世界卫生组织领导下的全球流感监测网络

1952 年，世界卫生组织开始建立全球流感监测网络（Global Influenza Surveillance Network，GISN），在 25 个欧洲和北美国家的 21 个合作实验室开展监测，2011 年 5 月，在第 64 届世界卫生大会上通过会议决议后将该网络更名为全球流感监测与应对网络（Global Influenza Surveillance and Response System，GISRS），包括四类互补的机构和实验室：国家流感中心（National Influenza Centres，NICs）、世界卫生组织合作中心（WHO Collaborating Centres，WHO CCs）、世界卫生组织 H5 参比实验室（WHO H5 Reference Laboratories）和世界卫生组织必要的管制实验室（WHO Essential Regulatory Laboratories，ERLs）。截至 2023 年 1 月 31 日，已有 127 个国家（地区）的 153 个国家流感中心、5 个世界卫生组织合作中心、12 个世界卫生组织全球甲型流感（H5）参比实验室。GISRS 的主要职责是基于成员的监测数据为每年的流感疫苗生产推荐疫苗株，为备战流感大流行推荐具有潜在风险的疫苗原型株，更新流感检测和监测试剂，通过流感耐药性监测为临床抗病毒治疗提供科学依据；同时开展持续的流感流行和大流行风险评估。GISRS 也是全球防控流感和应对流感大流行的重要技术力量和信息交流平台，是较为完善的传染病监测和应对技术体系。

（二）中国流感监测网络的成立与发展

在世界卫生组织开始建立全球流感监测网络之际，我国内地研究学者也系统开展了流感病毒研究工作，并在 1954 年成立第一个流感实验室。1957 年 2 月，由 H2N2 亚型流感病毒引起的全球流感大流行（亚洲流感），促使我国政府成立了中国国家流感中心（Chinese National Influenza

Center，CNIC）。CNIC 成立后致力于流感监测和研究工作，但早期流感监测进展较为缓慢，直到 2000 年通过 WHO 和美国疾病预防控制中心的合作项目，在全国建立了 8 家网络实验室和 31 家流感监测哨点医院，建立了中国流感监测网络的雏形。经历 2003 年"非典"疫情后，在原国家卫生部的统一领导下，2004 年我国才开始系统建立中国流感监测网络，2005 年中国流感监测网络扩大到覆盖 31 个省（自治区、直辖市）的 63 家网络实验室和 197 家哨点医院，2008 年底增加至 84 家网络实验室。2009 年流感大流行发生后，中国流感监测网络进一步扩大到所有的地市级和部分县级，共有 411 家流感网络实验室和 556 家哨点医院，后因行政区划调整，归为 408 家网络实验室和 554 家哨点医院。流感监测网络实验室位于各级疾病预防控制中心，哨点医院包括综合性医院和儿童医院，每个哨点医院除了每周报告流感活动情况，还每周采集标本送往对应的网络实验室，实时开展流感病毒变异监测。作为全球最大的流感监测网络，中国流感监测网络已经成为我国和全球流感监测和防控的重要技术力量。

为提高监测网络能力，保证监测数据的质量，2008 年以来，原卫生部先后发布了《全国流感监测方案》（2010 年版和 2017 年版）、《全国流感监测质量评估方案》等。CNIC 同时制定了《全国流感监测技术指南》《流感样病例暴发疫情处置指南》《职业暴露人群血清学和环境高致病性禽流感监测方案》等技术文件，并开展了各种技术培训，为全国网络实验室统一提供病毒鉴定试剂，每年组织对中国流感监测网络开展系统质量量化评估，对网络实验室开展病毒核酸检测盲样考核，每周在 CNIC 网站公布流感监测周报，周报内容从流感样病例报告、病原学监测、暴发疫情、人感染动物源性流感疫情、动物禽流感疫情其他国家/地区流感监测情况 5 个方面进行报道。

（三）新型冠状病毒感染疫情下中国流感监测网络的进一步扩展

2022 年 12 月以来，我国面临新型冠状病毒感染疫情新形势，为监测新型冠状病毒的活动水平、疫情流行态势和疾病严重程度，评估流感疫情和新型冠状病毒感染疫情叠加流行风险，在国家卫生健康委员会、国家疾病预防控制局的统一安排部署下，国家级流感监测网络开始承担新型冠状病毒监测工作，即对 554 家国家级流感监测哨点医院的门急诊流感样病例和住院严重急性呼吸道感染病例开展新型冠状病毒感染监测。按照《全国流感监测方案》（2017 年版）的要求，常规报告流感样病例，采集、运送流感样病例标本，流感样病例数据上报中国流感监测信息系统。另外，每日在监测科室门急诊就诊的流感样病例中，收集新型冠状病毒核酸或抗原检测的病例数和阳性病例数，上报至中国疾病预防控制中心进行汇总分析。在国家级哨点医院的呼吸内科、儿内科、感染性疾病科病房、ICU 每日收集分年龄组新收入院病例总数和住院严重急性呼吸道感染病例数；统计住院严重急性呼吸道感染病例中新型冠状病毒核酸或抗原检测人数、检测阳性人数以及新型冠状病毒检测阳性的住院严重急性呼吸道感染病例中收治 ICU 病例数和死亡数，上报至中国疾病预防控制中心进行汇总分析。

中国流感监测网络的发展运用不仅在监测我国流感流行趋势、疫苗株的选择、流感疾病负担等方面发挥了重要作用，提高了我国流感防控能力，也为其他呼吸道传染病的监测预警提供了典型示范。随着病原体检测技术可及性的提高，未来可利用流感监测网络在开展流感样病例监测的同时开展呼吸道多病原监测，发挥多病同防的价值，全面提高医疗机构和公共卫生系统应对传染病的监测预警能力。

第二节　传染病的实验室监测

实验室监测是以传染病病原体为核心监测目标的传染病监测形式。病原体是传染病发生最直接的因素，所以针对病原体的检测和研究是传染病监测中不可缺少的内容。有效的实验室监测既可早期发现和预警疫情，又可识别传染病发生、发展的病原学危险因素。针对临床就诊患者的病原检测和监测有助于"早期预警"，控制疫情；针对非临床标本（如动物、食品、环境、健康人群等）的病原检测和监测有助于"关口前移"，预防疫情。当前的细菌性传染病病原学监测预警应用主要包括：通过临床感染病例的病原检测，尽早发现和确诊传染病；通过病原菌特征鉴定，甄别能引起传染病暴发的克隆；通过基因组学分析发现聚集病原、识别关联病例和（或）潜在暴发、传播变异及流行规律；通过细菌耐药性和耐药元件监测，及时发现病原菌克隆和耐药性跨种属传播扩散；基于传染病症候群的病原谱监测揭示流行规律，预测传染病高发期；通过非临床样本的病原检测及特征分析，发现传染病发生的环境病原学危险因素。

一、病原的进化与变异

著名生物学家、现代综合进化论创立者之一杜布赞斯基（Theodosius Dobzhansky）在1973年提出："生物学上的一切只有在进化的光照下才有意义"（Nothing in biology makes sense except in the light of evolution）。这句名言充分说明了进化在生物学研究中的重要性。进化是研究生物遗传变异、物种形成以及种群多样性演变的核心理论。进化生物学经历了近200年的发展历史。1859年，达尔文（Charles Robert Darwin）的著作《物种起源》出版，提出可遗传变异、生存竞争、自然选择和生殖隔离等进化论重要思想，建立了进化论基础理论框架，把人类从神创论中解放出来。1865年，孟德尔（Gregor Johann Mendel）的植物杂交实验结果公布，阐释了遗传因子分离定律和自由组合定律，形成达尔文进化论的遗传学基础。20世纪初，美国遗传学家摩尔根通过果蝇实验，发现基因的遗传连锁现象，在生物性状与基因、染色体之间建立起关联，进一步完善了孟德尔遗传定律。同期，英国统计学家费舍尔（Ronald Fisher）、英国遗传学家霍尔丹（John Burdon Sanderson Haldane）和美国生物学家赖特（Sewall Wright）使用统计学方法，通过研究自然选择对进化过程中种群等位基因频率变化的影响，把孟德尔遗传定律和达尔文进化思想结合起来，创立了在基因水平上研究种群适应、物种形成以及种群结构动态变化的群体遗传学理论。在小赫胥黎（Julian Huxley）、迈尔（Ernst Walter Mayr）、杜布赞斯基等学者的努力下，进一步整合群体遗传学理论、实验室研究结果和自然进化现象，形成现代综合进化论（modern evolutionary synthesis，也称现代达尔文主义）。从此，达尔文进化思想与孟德尔遗传定律得到充分融合，成为现代生物学研究大厦的基石。

作为底层理论和研究工具，进化生物学被用来揭示生物在漫长演进过程中如何适应环境、繁衍生息、形成不同种群，以及不同种群、不同个体、不同基因之间相互作用的机制，为生物的起源、分类、表型等研究提供支持。在病原微生物学研究领域，进化论可以帮助解析病原的起源和种群演化历史，从而为传染性疾病的源头确认和传播扩散提供线索；也可以用于解读宿主入侵、耐药表型、疫苗抗性等病原重要特性的产生和变化过程，为药物和疫苗设计提供理论依据。因此，进化论贯穿病原研究的整个过程，也是传染病预防控制领域不可或缺的一部分。

1. 变异是进化的基础推动力　基因组变异使不同个体之间产生表型差异，从而提供进化过程所依赖的多样性，因此，变异是进化的基础推动力。根据变异在基因组序列中的不同表现形式，可将其归为单核苷酸多态性、小片段插入和缺失、结构变异三种类型。

（1）单核苷酸多态性（single nucleotide polymorphism，SNP）：指单碱基替换事件，即点突变。由于SNP具有遗传稳定性强、分布广泛和分辨率高等特点，成为病原微生物分型鉴定中最常用的遗传标记，并在疫情溯源、推测物种演化时间以及研究演化规律中发挥了重要作用。

（2）小片段插入和缺失（small insertion and deletion，Indel）：指基因组序列发生的长度在50 bp以内的核苷酸插入和缺失事件。与SNP相比，Indel通过移码突变更易影响基因功能和表型改变，从而改变微生物的适应度。已有多项研究证明Indel变异导致的基因失活是物种形成和宿主适应过程中的关键事件。

（3）结构变异（structure variation）：包括拷贝数变异、基因组重排（包括倒位和易位等）以及基因获得缺失等。相较于SNP和Indel，结构变异影响的序列范围较大，会引起基因组大小、基因位置和基因拷贝数的变化，从而形成新的表型特征。

除自发变异外，影响病原微生物进化的一个重要特征是遗传物质的水平转移。尽管细菌、病毒等病原微生物以克隆形式进行繁殖，其遗传物质主要是垂直复制转移到下一代；但基因片段也可以通过重组（recombination）或重配（reassortment）的方式，实现不同个体之间的遗传物质水平转移。同源重组指同源序列的替换；非同源重组指质粒、原噬菌体等异源序列与基因组的整合；重配是指分节段病毒不同节段的交换和重新装配。基因水平转移可以使微生物迅速获得对其生存有利的遗传片段，产生耐药、抗原转换等表型，对新种群的形成和扩散起到关键的推动作用。

基因组中不同变异位点并非总是独立发挥其功能，多个变异位点可以发生非叠加性相互作用，即上位相互作用（epistasis），从而发展出复杂表型。这些位点之间存在非物理连锁失衡，其所在的功能单位在进化过程中表现出共适应现象。如在肺炎链球菌和淋病奈瑟菌中，均鉴定到存在与耐药表型相关的复杂上位相互作用网络。在选择压力下，存在共适应和连锁失衡的变异位点数目可能随时间增加，最终可能导致种群分化和新物种产生。

2．进化和变异研究是传染病监测的有力工具 传染病疫情暴发时，病原体在不同宿主间扩散；病原的复制、突变和进化与疾病传播发生在同一时空框架，其进化变异与疾病流行过程息息相关。变异能够引起病原的适应度发生变化，如耐药或免疫逃避能力增加等，从而改变疾病原有的流行模式。同时，疫苗接种、物理防护等会造成易感人群数目的涨落等，影响病原变异在种群中的固定速率。对疫情相关病原进行采样和进化分析，可以还原其宿主间传播历程、评估病原毒力、耐药等重要特性变化，并为揭示病原扩散的进化推动力提供线索。

基因组测序技术在21世纪初开始高速发展，多种新一代高通量测序技术登上历史舞台，使得获取全基因组序列的人力和成本直线下降。基因组测序设备开始进入常规分子生物学实验室，相应的分析软件系统陆续被开发应用，为全方位、高精度获取病原在流行中发生的变异提供了先决条件。进化理论、基因组学和流行病学融合在一起，形成了基因组流行病学。这门新兴交叉学科已在病原监测与特性研究方面发挥了重要作用，具体可总结为以下四个方面。

（1）流行病学调查和溯源：根据调查需求，对传播链条或不同地域、不同宿主物种等病原样本进行采集、测序和变异鉴定，并基于病原进化规律重建其系统发育关系，从而为病原在宿主群体之间的传播和传染源头追溯提供线索。

（2）病原特性快速评估：对病原基因组序列进行功能注释，尤其是与毒力、耐药因子数据库（如 VFDB，http://www.mgc.ac.cn/VFs/main.html；CARD，https://card.mcmaster.ca/）等进行查询比对，从而预测评估病原的环境生存能力、毒力、耐药谱等重要表型特性，为预防和临床用药给予指导。

（3）传染病历史流行规律解析：使用群体遗传学理论和工具，对病原体历史分离株进行变异和进化特征分析，可以获得突变率、重组率、各进化节点发生时间等重要遗传参数；并在解读病原历史流行规律的同时，将病原扩散历程与历史事件结合起来，从而更好地理解病原与人类社会活动之间的相互作用关系。

（4）疫苗使用效果监测：通过对接种疫苗前后的感染人群进行采样，监测病原基因组变化，鉴定病原抗原表位变异以及种群组成，可以发现疫苗接种后导致免疫逃避的变异和病原种群转换情况，帮助对当前疫苗的防护有效性做出正确评估，从而为新疫苗研发和接种策略修正提供支撑。

综上，开展病原进化和变异研究可以补充完善传统流行病学调查结果，从新的维度更准确地认清病原来源以及传染病的发生、发展过程。目前，进化和变异研究已经成为传染病监测的有力工具，在疾病防控领域发挥着重要作用。

二、传染病的实验室诊断

实验室诊断的准确性和有效性对传染病早发现有重要意义。包括培养在内的传统检测方法在改良的同时依然被认为是病原体检测的"金标准"，分子生物学诊断技术的发展在近年来广泛用于传染病病原诊断。

1. 传染病病原体检测的现状及挑战 传染病可以由许多病原体引起,包括病毒、细菌、真菌、寄生虫等。目前国内的实验室对于常见细菌检测而言技术相对比较成熟,但对于结核分枝杆菌、布鲁菌、百日咳鲍特菌、军团菌、衣原体、螺旋体、立克次体等难培养的病原体,检测手段尚不足。此外,真菌的检测,除了传统真菌培养,在分子生物学诊断方面,目前国内尚缺乏更好的手段。肝炎病毒、HIV 的实验室检测力基本满足需要。新型冠状病毒感染疫情之前,国内很多医院对呼吸道病毒的检测能力较弱,常常应用抗原快检方法,甚至选择价值不大但操作相对方便的抗体检测方案。

截至 2022 年 4 月,我国纳入法定传染病管理的有 40 种传染病,这些传染病的分类及检测方法见表 3-1。

表 3-1 法定传染病类别与常用实验室检测方案

传染病病种	级别	传播途径	病原体类别	病原体	检测方法				
					显微镜检	培养	血清免疫学抗体	抗原	分子生物学
鼠疫	甲	③	B	鼠疫耶尔森菌	✓	✓	✓	✓	✓
霍乱	甲	①	B	霍乱弧菌	✓	✓		✓	✓
严重急性呼吸综合征	乙	②	V	SARS-Cov					✓
艾滋病	乙	④	V	HIV			✓		
病毒性肝炎				肝炎病毒			✓	✓	✓
甲型肝炎	乙	①	V						
乙型肝炎	乙	④	V						
丙型肝炎	乙	④	V						
丁型肝炎	乙	④	V						
戊型肝炎	乙	①	V						
未分型肝炎	乙		V						
脊髓灰质炎	乙	①	V	脊髓灰质炎病毒		✓			✓
人感染高致病性禽流感	乙	②	V	H1N1					✓
麻疹	乙	②	V	麻疹病毒			✓		✓
流行性出血热	乙	③	V	流行性出血热病毒			✓		
狂犬病	乙	③	V	狂犬病病毒					
流行性乙型脑炎	乙	③	V	流行性乙型脑炎病毒			✓		✓
登革热	乙	③	V	登革病毒			✓	✓	
炭疽	乙	③	B	炭疽芽孢杆菌	✓	✓			
细菌性和阿米巴痢疾									
细菌性痢疾	乙	①	P	志贺菌等	✓	✓			✓
阿米巴痢疾	乙	①	P	阿米巴原虫	✓				
肺结核	乙	②	B	结核分枝杆菌	✓	✓			✓

续表

传染病病种	级别	传播途径	病原体类别	病原体	检测方法				
					显微镜检	培养	血清免疫学抗体	抗原	分子生物学
伤寒/副伤寒	乙	①	B	伤寒/副伤寒沙门菌		✓	✓		
流行性脑脊髓膜炎	乙	②	B	脑膜炎奈瑟菌（也称脑膜类球菌）	✓	✓	✓	✓	✓
百日咳	乙	②	B	百日咳鲍特菌		✓			✓
白喉	乙	②	B	白喉棒状杆菌	✓	✓			
新生儿破伤风	乙	⑤	B	破伤风梭菌					
猩红热	乙	③	B	化脓链球菌					
布鲁菌病	乙	③	B	布鲁菌					
淋病	乙	④	B	淋病奈瑟菌	✓	✓			
梅毒	乙	④	B	梅毒螺旋体	✓		✓	✓	
钩端螺旋体病	乙	③	B	钩端螺旋体					
血吸虫病	乙	③	P	血吸虫	✓		✓		
疟疾	乙	③	P	疟原虫	✓				
人感染H7N9禽流感	乙	③	V	H7N9禽流感病毒					
COVID-19	乙	②	V	SARS-CoV-2		✓	✓	✓	✓
流行性感冒	丙	②	V	流感病毒					
流行性腮腺炎	丙	②	V	腮腺炎病毒					
风疹	丙	②	V	风疹病毒					
急性出血性结膜炎	丙	⑤	V	EV 70型/WXA24/腺病毒	✓			✓	
麻风病	丙	②	B	麻风分枝杆菌	✓		✓		
斑疹伤寒	丙	③	立克次体	斑疹伤寒立克次体	✓		✓		✓
黑热病	丙	③	P	利什曼原虫	✓		✓		
包虫病	丙	③	P	包虫			✓		
丝虫病	丙	③	P	丝虫					
其他感染性腹泻病	丙	①	V/B/P	其他肠道致病菌或致病寄生虫或病毒	✓			✓	
手足口病	丙	①	V	肠道病毒		✓	✓		✓

注：按不同传播途径分为肠道传染病、呼吸道传染病、自然疫源及虫媒传染病、血源及性传播传染病、其他传播途径传染病5类，其中病毒性肝炎不同分型按其各自传播途径分别归类。① 肠道传染病包括8种：霍乱，甲型肝炎（甲肝），戊型肝炎（戊肝），脊髓灰质炎，细菌性痢疾和阿米巴痢疾，伤寒和副伤寒，除霍乱、细菌性痢疾和阿米巴痢疾、伤寒和副伤寒以外的感染性腹泻病（其他感染性腹泻病），手足口病；② 呼吸道传染病包括12种：严重急性呼吸综合征、麻疹、肺结核、流行性脑脊髓膜炎、百日咳、白喉、猩红热、COVID-19、流行性感冒、流行性腮腺炎、风疹、麻风病；③ 自然疫源及虫媒传染病包括16种：鼠疫、人感染高致病性禽流感、流行性出血热、狂犬病、流行性乙型脑炎、登革热、炭疽、布鲁菌病、钩端螺旋体病、血吸虫病、疟疾、人感染H7N9禽流感、流行性和地方性斑疹伤寒、黑热病、包虫病、丝虫病；④ 血源及性传播传染病包括6种：艾滋病、乙型肝炎（乙肝）、丙型肝炎（丙肝）、丁型肝炎（丁肝）、淋病、梅毒；⑤ 其他传播途径传染病包括3种：未分型肝炎、急性出血性结膜炎、新生儿破伤风。

按不同级别分为甲、乙和丙类，分别有2、27和11种病种。

按不同病原体分为3类：细菌及螺旋体类（17种）、病毒类（17种）和寄生虫类（6种）。其中，细菌性痢疾和阿米巴痢疾按照细菌类和寄生虫类分别归类；分类不含其他感染性腹泻病。

2. 传染病病原体传统检测方法

(1) 涂片染色镜检法

1) 革兰氏染色：革兰氏染色最常用于细菌镜检，适合于大部分细菌，但不适合细菌菌体太少或缺乏细胞壁的微生物，如梅毒螺旋体、支原体、衣原体与立克次体。可用于原始样本染色，如男性生殖道脓性样本可见革兰氏阴性双球菌与大量有核白细胞，提示淋病奈瑟菌的感染。

2) 抗酸染色：可以突出显示纤细的染成红色的杆状菌，对分枝杆菌的诊断特异性很高（90%～100%），但灵敏度有限。抗酸染色用于结核分枝杆菌与麻风分枝杆菌的染色。

3) 直接镜检：如霍乱弧菌的检测，可直接取米泔水样便，制成悬滴（或压滴）标本后，在暗视野或相差显微镜下如观察到呈穿梭样运动的细菌，进一步制动试验阳性，则对于判断霍乱弧菌的存在有一定价值。

4) 病毒通常采用电镜和免疫电镜检查：电镜下可观察病毒的形态特征、测量病毒的大小和计数，含高浓度病毒颗粒的样本可直接镜下观察病毒颗粒，低浓度的样本可用免疫电镜技术使病毒颗粒富集后再观察。但由于对设备及技术的要求较高，目前临床微生物学实验室尚未常规开展。

5) 对于真菌、结核分枝杆菌感染的痰与支气管肺泡灌洗液样本最常用的诊断方式是荧光素偶联单克隆抗体的荧光染色。感染细胞病变效应还有巨细胞、合胞体形成、胞内包涵体等。

(2) 抗原检测法：抗原检测法是指已知病原体抗体检测患者体内有无相应病原体抗原的方法，常用操作方法有乳胶凝集试验、胶体金免疫层析法等。抗原检测可以用于检测大多数呼吸道传染病病原体，如甲型和乙型流感病毒、SARS-CoV-2、嗜肺军团菌、肺链球菌等，以及血源性传染病、乙型肝炎。检测甲型流感病毒、乙型流感病毒抗原等，使用方便且特异性高（90%～95%），但灵敏度较低（40%～70%）。抗原检测快速方便，弥补了染色镜检法和传统培养法的不足。与分子检测方法相比，抗原检测方法灵敏度较低。抗原检测阴性结果不能排除感染，对于有症状或密切接触的患者，应采用分子生物学方法等进行后续检测。

(3) 培养法：痰样本、支气管灌洗液样本一般在血平板、巧克力平板、麦康凯平板等接种培养，如同时怀疑血流感染，采用血培养瓶培养病原体。有些病原菌需要使用特殊的选择性培养基，例如使用 BCYE 培养基培养军团菌、马铃薯血液甘油琼脂培养基培养百日咳鲍特菌、CCFA 琼脂培养基培养艰难梭菌。

(4) 血清学鉴定：指利用免疫学试验的方法和原理，用已知病原微生物的抗原检测患者体内有无该病原的抗体来诊断是否感染，临床常用操作方法有补体结合试验（complement fixation test，CFT）、酶联免疫吸附试验（enzyme-linked immunosorbent assay，ELISA）、颗粒凝集试验、免疫荧光试验（immunofluorescence assay，IFA）等。

病原体特异性抗体通常在初次感染后 2 周左右出现，即可在血清中检测到。在引入分子生物学检测之前，病毒性呼吸道感染的主要诊断方法是基于血清学，包括检测大量抗体升高与补体结合试验。非典型微生物如支原体、衣原体等也经常通过检测血清中的抗体进行感染诊断。提示上述微生物感染最可靠的血清学证据需要急性期和恢复期血清样本的免疫球蛋白 G 抗体滴度增加至少 4 倍。病原体特异性抗体作为初次体液免疫应答最先出现的抗体，血清中的 IgM 升高，可在病程早期获得急性期血清样本用于感染的早期间接诊断。但 IgM 消失快，灵敏度低，其诊断效能相对较低。IgG 抗体比 IgM 抗体出现晚，持续时间长，可用于传染病的血清流行病学调查，还可用于提示可能存在病原体的继发感染。但 IgG 检查需要急性期和恢复期双份血清来检测，且抗体的血清转换或抗体滴度增加至少 4 倍才具有诊断意义。流感病毒采集双份血清需至少间隔 10 天，但因大多数人既往感染过流感病毒，IgG 检测仅用于流行病学等研究。总体而言，对于呼吸道感染的病原学诊断，随着分子生物学的广泛开展，抗体检测的价值在不断弱化。

(5) 分子生物学检测方法

1) PCR 检测：PCR 主要有普通 PCR、实时 PCR（real-time PCR）与数字 PCR。real-time PCR 广

泛用于临床，了解的人较多。数字PCR中应用最为广泛的是微滴数字PCR，系统在PCR扩增前把测试样本分割为无数水包油微滴，分割后每个微滴成为1个独立的PCR体系，理论上可以实现病原微生物的绝对定量，极大地提升了PCR灵敏度。多数病原微生物PCR的临床应用价值得到证实：当样本量大于10万个微生物时，结核分枝杆菌复合群的核酸探针的灵敏度和特异性可接近100%；对于流感病毒的检测，PCR以其高灵敏度和特异性、更大的检测时间窗和快速周转时间，目前取代抗原检测成为首选检测方法；PCR对于呼吸机相关性肺炎患者支气管肺泡灌洗液标本中MRSA与MSSA的检出具有极好的预测值。

2）多重快速PCR检测：主要应用多重引物，针对不同病原体的基因进行特异性扩增，可以同时检测同一样本中的细菌、病毒等临床常见病原体及其耐药和毒力基因，检测时间短（可在30 min内完成），操作简便，但成本较高。多重检测的优点是增加了识别呼吸道感染的病原微生物的机会，并且当存在合并感染时，可以在单个时间点同时检测数种甚至数十种病原体。需要指出的是，PCR检测到病毒不一定意味着感染，与受检者的状况以及病原类别有关。

3）标本16S rRNA基因PCR和测序检测技术：16S rRNA编码基因是指细菌染色体上编码rRNA相对应的DNA序列，存在于所有细菌的染色体基因组中，也存在于支原体、衣原体和立克次体等中，长度约1500 bp，内部结构由可变区和保守区组成。保守区为所有病原菌共有，病原菌间无差异，有"分子化石"之称；可变区在不同病原菌间存在不同程度的差异，具有种属特异性，可根据保守区设计各种病原菌的通用引物。依据这些特征可通过通用引物对各种病原体的16S rRNA进行基因扩增，测定扩增产物的序列，进行序列对比，从而鉴定细菌的种类。该方法不受抗菌药物治疗影响，不需要体外培养，可直接检测，缩短了检测时间，具有高效、准确、特异性强的优点。

4）基于高通量测序技术的病原体核酸检测：高通量测序技术也称作下一代测序技术（next generation sequencing，NGS）。NGS的发展为临床感染性疾病诊断带来了突破性变革。针对临床病原微生物的NGS检测主要采用宏基因组下一代测序技术（metagenomics next generation sequencing，mNGS）。mNGS的主要原理是将提取的病原微生物基因组DNA/RNA进行逆转录和扩增，然后随机打断为小片段DNA，再经历文库构建和上机测序等实验流程，最终生成测序数据，由专业人员进行数据分析和结果报告。对于临床而言，mNGS可以精准地分析患者样本的全部微生物，这一点对于感染性疾病的病原体，特别是少见病原体具有极高的应用价值。对于细菌检测，mNGS技术不仅可以定量明确致病细菌，还可以获取致病菌的基因分型、耐药基因、进化水平和感染途径等关键信息，指导临床病原学诊断、疾病防治和疫苗研发；对于病毒检测，它可以准确获取病毒的亚型以及耐药进化等信息，对于暴发性疫病的控制、检测与疫苗研发有重要意义。因此，mNGS为检测临床样本中存在的任何病原体、耐药基因、毒力基因和新病原体发现提供了一种无偏倚的方法。

培养手段是传统病原体检测方法的金标准，各方面性能也在不断改良；同时，分子生物学检测技术的进步展示了巨大的前景，有望多方位弥补传统检测方法在灵敏度、特异性及检测时间等各方面的不足而成为新一代"金标准"。新旧技术的结合将提升更精确、更快速地检测引起传染病的微生物的能力。

三、实验室网络化和信息化

随着社会经济的飞速发展和生产力的极大提高，社会的生产生活状态发生巨变，比如人群流动量增加且时间、地点变化迅速，产品呈现集约化生产的同时又表现为广泛化快速供应等。在这种环境下，传染病暴发和发展都呈现出与以往大大不同的特点，这就需要采用全新的监测预警模式以满足不断变化的新形势下的传染病防控需求。实验室网络化和大数据、人工智能等前沿信息化技术提供了全面立体化的监测手段。

有效的实验室监测需要全新的网络化工作系统予以支撑。在病原组大数据时代，网络化工作系统的构建不仅仅是指建立在传染病防控、综合医院和社区门诊等专业机构上的工作平台，而且是以传染病防控专业机构和医疗机构为主，联合人口、动物、地理、气象、环保、贸易和经济等相关管理和研究机构，在协商的机制下，协作共建，合作发展；同时，建立的网络化工作系统应该尽可能采用扁平化的项目管理方式，适度简化行政层级管理。这样建立的网络化系统才能实现快速精准地获取人、动物、环境和社会的多维度、多方位和多层次的资源和数据，满足实验室监测体系对资源数据获取和信息分析利用的基本需求。

在以往传染病防控的过程中，由于技术发展的局限，传染病的防控更加偏重于应急处置，这样导致了未能获得全面的防控信息，进而未能为未来的传染病暴发发现和控制提供有效的决策依据。在病原组大数据时代，传染病应急处置和决策支持更加快速、精准和循证。应急处置方面，病原组大数据技术的应用，将极大提升病原识别的速度，迅速发现暴发疫情的传播链，精准定位暴发疫情的源头；在决策支持上，通过纵向深入分析并挖掘病原组大数据和多维的社会环境数据，准确甄别传染病发生与影响因素之间的关联性以及各影响因素的重要程度，同时，以大数据资源为基础，通过大数据的关联性分析，横向与同时空的国际、国内疫情比对，纵向与既往时空国际、国内疫情比对，预警传染病暴发危害程度和可能的发展方向，并在横纵网格化关联分析的基础上，建立基于病原组大数据的数据模型，为未来传染病的防控提供预测预警，将使得传染病防控决策更加高效、及时和精准，更能体现出传染病防控决策以预防为主的宗旨。

实验室网络化和信息化技术体系涉及内容广泛，包括传染病相关的流行病学、病原学、基因组学以及社会环境等，产生的数据类型广泛，数据内容丰富，数据形式复杂多样。这样的数据符合大数据大量化（volume）、多样化（variety）、快速化（velocity）和价值（value）四个"V"的特性，而其中价值是最重要的。要从复杂的数据中获取传染病防控决策相关的有价值的信息，需要完成以下几个方面的工作。

首先，需要明确目标。在数据分析之前，需要相对明确数据分析的方向，明晰以传染病防控决策支持为主线的分析路径。

其次，需要实现由数据分析到数据挖掘的转变。数据挖掘是在没有明确的假设前提下去挖掘信息和发现知识，通常具有先前未知性、有效性和实用性。而传统数据分析是一个假设检验的过程。基于传染病实验室监测信息的获取应该是建立在大量数据基础上，建立机器方便读取的数据仓库，采用机器学习的算法，自动发现知识的过程。

再次，需要构建数据仓库和适宜的算法流程。数据仓库是数据挖掘的基石，应该以各种数据源为基本数据源，选取适宜的文件系统、分析平台等构建符合传染病实验室监测分析需求的数据仓库；面对实际工作的开展，需要采用一个或几个简单而有效的算法或算法的组合来提取有价值的信息，开发适宜的算法流程来达到传染病防控相关的价值信息的获取。

最后，将数据挖掘和专家系统、知识管理等相结合，建立完善的基于病原组大数据的监测预警智能决策支持系统，以提高传染病防控的预测预警水平。

四、传染病实验室监测的典型案例介绍

目前国内外传染病实验室监测的典型案例有国际PulseNet组织、全球微生物识别组织（Global Microbial Identifier，GMI）、中国的国家致病菌识别网。

国际PulseNet组织致力于推进在区域和国家实验室网络中实时共享信息来支持全球监测和暴发应对，以及构建标准化的流程和操作流程，给参与者提供作为暴发调查的工具。

GMI组织的宗旨是帮助全球的参与者提升全基因组测序技术的质量，GMI组织构想一个全球化的DNA基因数据库来支持病原菌的识别和诊断。通过授权使用这一全球的资源，世界各国的基层实验室都可以实现对健康威胁的专业应对。

我国的国家致病菌识别网是以网络化信息平台为依托，采用病原识别、分子分型、基因组流行病学等新型调查分析技术，开展细菌性传染病监测与防控的实验室网络。国家致病菌识别网的建设和运行促进完善了适合我国国情的细菌性传染病监测模式，推进了细菌性传染病监测预警新技术和策略应用，提高了细菌性传染病疫情发现和防控的能力。基于国家致病菌识别网的细菌性传染病实验室监测预警的主要内容是识别病原、识别暴发、识别来源。

国家致病菌识别网的工作内容是：通过实验室监测网络，开展重要细菌性传染病的病原学监测，从菌株特征角度尽早发现有暴发或流行风险的致病菌，从菌株同源性角度尽早识别潜在的暴发，提升传染病疫情的实验室病原学触发能力。开展流行病学上已确认的暴发疫情的病原鉴定，快速识别致病菌，开展实验室溯源分析，追踪暴发感染来源，提升传染病疫情的实验室调查和应急处置能力。加强细菌性传染病病原检测鉴定和分析技术能力，完善致病菌生物学信息库，掌握细菌性传染病病原时空分布、病原特征及变异趋势，为疫情趋势分析、研判和防控决策提供科学依据。

截至 2023 年 3 月 31 日，国家致病菌识别网已经形成 1 个国家级中心实验室、32 个省级中心实验室、318 个地市级网络实验室、1882 个区县级网络实验室 / 哨点医院的四级实验室监测网络，建立了全球最系统的病原菌分型溯源技术体系，自主研发信息系统，创新实施应用"互联网 + 实验室 + 流行病"的溯源预警模式，是全球第三个实现监测业务管理信息化的传染病实验室监测网络。自常规运行以来，每年参与数百起传染病疫情的发现、调查和处置，通过常规监测和预警暴发、跨地区疫情的追踪溯源、局部暴发疫情的应急处置、病原菌耐药性趋势分析、流行克隆的扩散规律分析，辅助传染病防控决策。

（阚　飙　冯录召　周海健）

第四章

传染病疫情调查处置

第一节 现场调查

一、现场流行病学调查的目的

现场流行病学调查（现场调查）是对现场发生的各种公共卫生问题的调查。每一起暴发或突发公共卫生事件的发生，背后都潜在着一个公共卫生问题或者健康危险，因此现场调查的主要目的之一就是查明疫情发生的原因，包括传染来源、传播方式和致病因子，并确定处于高风险的人群，采取控制措施防止疫情的进一步蔓延，以及提出后续防控措施建议，防止类似疫情的再次发生。有时，疫情被发现时大部分病例均已发病，仅有个别病例零星发生或无病例发生，例如当接到一起学校胃肠炎暴发疫情报告时，这种情形下，虽然疫情已经结束，但导致本次疫情发生的原因尚未查明，也仍需开展现场调查，查明原因，才能更好地防止今后发生类似疫情。

此外，现场调查的目的还包括：发现传染病控制项目中的问题，评价已采取的各种控制措施的效果，为制定和修改相关控制策略提供依据，完善已有的监测系统或建立新的监测系统，回答政府、媒体或公众所关心的热点问题，锻炼和提高专业人员现场调查的能力和水平等。每一次现场调查的目的并不完全相同，依据现场情况而定。

二、现场调查的基本原则

对暴发疫情的现场调查应遵循边调查、边分析、边控制的原则。调查的主要目的是查明疫情发生原因，包括感染来源、传播途径、致病因子等并采取控制措施。因此在调查过程中，调查的力度和控制措施的实施要根据致病因子以及流行病学病因的清晰程度来适当进行。

1. 当致病因子和流行病学病因均不清楚时，此时采取的防控措施可能较粗放，不具特异性，因此也不一定能有效控制疫情，甚至出现疫情反复。此时需要以调查为主，尽快查明原因，这种情形下，针对性控制措施尚无法"精准"提出，但应根据经验或常识提出一般性的防控措施。

2. 当流行病学病因清楚而致病因子不清楚时，可根据已有的调查结果尽快采取精准有效的控制措施，防止疫情蔓延。例如，一村庄发生胃肠炎疫情，流行病学证据已经显示与村民使用的自备水井有关，但是病原体尚未查明，该种情况下，可立即对自备井水采取消毒、净化和加热等措施，无需等到从井水中查到致病因子后再采取行动；与此同时，还应加强对病原体的调查和检测。

3．当致病因子清楚而流行病学原因尚不清楚时，可根据致病因子的性质制定部分控制措施，但因为流行病学原因尚不明确，因此无法采取有针对性的措施，例如一起甲肝暴发中，病原体诊断明确，因此可以按照甲肝的防控策略进行预防性接种或者应急注射丙种球蛋白，但造成本次疫情的根本原因到底是水源、食源还是人传人，尚需要重点开展现场调查，查明流行病学病因，以制定更具特异性的防控措施。

4．当病原体和流行病学病因均已知时，继续开展深入调查对于控制疫情的意义有限，应将工作重点放在制定和落实控制措施上，如水痘、流感、手足口病、流行性腮腺炎等疫情中，疾病的病原体和传播方式十分明确，需重点制定和落实防控措施，以迅速控制疫情传播。

此外，现场调查还应遵循科学适宜和公开透明的原则。在调查过程中，要根据收集到的数据和信息，经过科学思考和逻辑判断，形成疫情原因的假设并开展针对性的调查，不能盲目推测和仅凭经验判断，否则容易导致结论错误。调查的信息也要在规定的权限内，及时向相关人员公布调查进展和结果，为风险沟通提供科学、准确的信息。

三、现场调查的步骤和关键环节

规范开展暴发疫情的现场调查，是控制疫情蔓延、查明疫情发生原因的关键，虽然暴发疫情的类型、传播途径和致病因子各不相同，但现场调查的基本方法和关键环节可以遵循相同的原则。根据调查的关键环节逐个进行思考和调查，可避免在调查过程中遗漏一些要素。

现场调查共包括以下十个关键环节：①准备工作；②确定暴发或流行的存在；③核实诊断；④制定病例定义、病例搜索和个案调查；⑤描述性分析；⑥形成假设；⑦验证假设；⑧卫生学调查；⑨采取控制措施；⑩结果交流和反馈。实际调查中不一定严格按照这十个关键环节的先后顺序，尤其是前三个环节可根据实际情况进行调整。

（一）准备工作

暴发调查时间紧，任务重，为了更好地完成现场任务，在出发之前应做好相应的准备工作，可以为现场调查的顺利开展打下基础。赴现场之前首先应尽量收集已知病例的临床表现、发病经过以及三间（人群、时间和地区）分布、疫情发生地相关信息等，掌握疫情的当前状况，对疫情可能的致病因子和原因进行初判。其次要组建好调查组，并确定组长和组员，以及明确每名人员的职责和任务分工。调查组通常由2～3名流行病学和实验室专业人员组成，必要时可增加临床、环境卫生、消杀、健康教育、中毒等其他领域专业人员。出发前，需与实验室沟通好相关的采样和送样等问题，并明确与各方的信息沟通机制。最后，还要做好相关物品和后勤保障的准备工作，包括相关文献资料和调查表、采样设备、个人防护用品、电脑、移动电话、照相机、录音笔、GPS定位仪等。

（二）确定暴发或流行的存在

获得疫情信息后，需首先确认是否为真正的暴发或流行，从两个方面进行考虑，一是报告的病例是否为同一种疾病的临床表现，可根据已报告病例的临床症状/体征和实验室化验结果等对报告的病例是否为同一种疾病进行分析。二是报告的病例数是否超过该疾病的基线水平。基线水平可通过疾病监测系统的数据分析获得，也可利用学校和工厂的缺勤记录、医院门诊和住院记录、实验室检测记录等其他资料估算。将当前观察到的病例数与该地该人群的历史同期或前期的基线水平进行比较，以判断当前观察到的病例数是否超过预期值。如果某些疾病无基础资料，可向当地临床医生了解该病发生的情况，或者根据已发表的社区人群调查的相关文献估计该病的基线发生水平。

当报告的病例数超过基线水平时，还需排除病例的增加是否为人为原因导致的虚假升高，例如报告方式的改变、病例定义的改变、监测系统的改变、报告单位或报告人员的增加、新的诊断方法的出现、临床或实验室错误诊断、当地人口的突然增加、谣言等。

（三）核实诊断

核实诊断是指对本次疫情的致病因子进行判定。在获得疫情信息时，致病因子可能已知，也可能尚不明确。在致病因子已知的情况下，调查组需开展核实，即通过病例访谈和查阅病历资料，了解病例的临床症状/体征、病程等，判断本次疫情病例所呈现的特点是否与已报告的致病因子相一致。例如，某社区一起胃肠炎暴发中，当地实验室报告结果为金黄色葡萄球菌毒素中毒，但本次疫情病例的临床症状有40%的病例出现发热症状，与金黄色葡萄球菌毒素中毒不符，因此需进一步核对实验室检测结果。

当致病因子不清楚时，需要根据本次疫情病例的临床症状、化验结果以及流行病学特征（如潜伏期）或治疗效果等综合判断可能的致病因子，提出致病因子的假设，并采集相应的标本，进行实验室确诊。采集病例标本时，如果病例数小于15例，通常每个病例都采样，如果大于15例，则至少采集15例。

（四）制定病例定义、病例搜索和个案调查

1. 制定病例定义　病例定义是用来判断个体是否为本次暴发疫情病例的标准。开展病例搜索时，所有调查组成员需要使用统一的病例定义进行判定。暴发疫情的病例定义中通常包括流行病学要素（即什么时间、什么地点和什么人群中）、临床要素（疾病的临床症状和体征）和实验室检测结果。病例定义一般可分为疑似病例、可能病例和确诊病例三个级别。疑似病例定义最敏感，具有多数或全部病例所具有的共同症状，通常在搜索病例阶段使用；疑似病例如具有非常典型的临床特征，则为可能病例，如猩红热病例的杨梅舌、麻疹病例的柯氏斑；确诊病例定义必须包括实验室证据，如血清学检测结果、病毒分离或细菌培养结果。

病例定义的流行病学要素通常从已报告的病例的发病日期、地点分布和人群分布特征来确定。已报告的首例病例不一定是本次疫情的首例病例，因此在制定病例定义时，时间范围往往从已报告的首例病例发病日期往回追溯1~2个疾病最长潜伏期，病原体不明确时，可根据已报告病例的时间分布长度确定大致追溯的时间范围，例如目前已报告病例的发病日期不超过3天，且已基本结束，则可往前追溯大约3天作为病例定义的时间起点。

2. 病例搜索　接到疫情报告时的病例往往不是本次疫情的全部病例，部分症状轻的病例可能未去就诊，而且还有新的病例即将出现，因此，为全面掌握疾病波及的地区范围和人群特征，需要系统开展病例搜索，尽可能发现所有病例。病例搜索有多种方式，可结合疫情现场的实际情况采用相应的搜索方法，常用方法包括：在各级医疗机构搜索病例（如查阅门诊和住院记录、实验室检测记录等），查阅学校和工厂的缺勤记录、学校和托幼机构晨午检记录、疾病监测报告系统，或者询问病例等；当病例分布地理范围有限，如在一个村庄内时，可开展入户搜索。

在病例定义覆盖的地区和人群中，尽量采用相同方式进行系统病例搜索，避免因搜索方法不同导致病例分布不是真实的状态。

3. 个案调查　每一例病例均需开展流行病学个案调查，调查方式可包括面访、电话访谈或自填问卷等。个案调查表的主要内容包括：①病例姓名、身份证号、住址、联系方式等个人信息；②年龄、性别、民族、职业等人口学特征；③发病日期、临床症状和体征、实验室检测结果；④饮食、饮水、相关活动、接触病例等流行病学信息；⑤调查员姓名、单位和调查时间等信息。个案调查问卷的内容可参考已有的类似问卷，例如既往胃肠炎疫情的个案调查问卷，但需结合本次疫情的现场实际情况进行修改。

（五）描述性分析

描述流行病学在疫情调查中发挥非常重要的作用，对收集的病例个案信息以及相关流行病学调查结果进行汇总分析。描述内容包括病例的临床特征、三间分布特征、相关流行病学因素如饮食和饮水供应情况、病例访谈、特殊病例和首例病例的调查等。通过描述流行病学的特征，阐明本次疫情的致病因子的特点，疫情在时间、地点和人群分布的特点等，为形成病因假设提供资料。

1. 时间分布 描述暴发疫情的时间分布特征时，通常绘制流行病学曲线（简称流行曲线）。流行曲线为直方图，横轴（X轴）是病例的发病时间，纵轴（Y轴）是相应时间段内发生的病例数。流行曲线的几种典型模式为点源、持续同源和增殖型。点源流行曲线的特点是单峰，快速上升和快速下降，首例和末例的发病间隔时间小于病原体的最长和最短潜伏期间隔的1.5倍。持续同源流行曲线的特点是快速上升，然后保持一个高峰平台期，当传染源去除、对易感人群采取保护措施或易感人群减少后，病例数快速下降。增殖型流行曲线的特点为明显周期性，疫情缓慢上升，达到高峰后迅速下降。增殖型流行曲线提示人和人之间的直接传播，如流感、水痘、麻疹等疾病。

当流行曲线显示为点源暴发时，如已知致病因子，可根据致病因子的潜伏期，推断本次疫情的可能暴露时间。具体推断方法为：首例病例的发病时间往前推一个最短潜伏期，中位数病例的发病时间往前推一个平均潜伏期，末例病例的发病时间往前推一个最长潜伏期，三个点组成的时间范围为可能的暴露时间。如果暴发中存在人为干预的情况，则末例病例的发病日期可能受到影响，如在疫情期间开展应急接种疫苗。制作流行曲线时，如已知病原体，横轴的时间间隔应小于该病原体的1/2平均潜伏期，通常为平均潜伏期的1/8～1/3。疫情中重要的信息应标记在流行曲线上，包括相关的暴露信息（如聚餐、维修管道、停水、暴雨等）、开展调查的时间、采取的控制措施（接种疫苗、停课、水井消毒、预防性服药等）等，可提示疫情发生的可能原因、控制措施的效果以及卫生部门的反应速度。

2. 地区分布 暴发疫情中，可使用地图显示病例的地区分布特征，有助于形成有关暴露地点的假设。地图显示比文字描述更直观，是最好的描述和解释疾病地区分布特征的方式。常用的表示病例地区分布的地图包括标点地图和面积（阴影）地图。

标点地图简单明了，直接绘制病例的居住、工作、学习或住宿等相关地点，可展示出病例之间的位置关系，以及与可能暴露因素之间的关系。如在一次村庄发生的诸如病毒胃肠炎疫情中，病例的家庭围绕在村中河流的周边，提示村民的感染可能与接触河水有关。标点地图仅显示病例的位置，未考虑人口数量对病例的影响。而面积地图则使用各地区的发病率进行展示，适合疫情分布范围较广且各地区的病例人数相对较多的情形。面积地图通常以同一色系的深浅表示某地区（如市、县区、乡镇或村庄）发病率的高低。计算发病率的分子和分母均来自同一个地区。

3. 人群分布 描述人群特征时，可按不同的人口学特征进行分组，例如年龄、性别、职业、民族等，也可以按照某种暴露将人群分组，例如在学校食堂进餐和不在学校食堂进餐等。通过计算并比较各组人群的罹患率，可识别疾病在哪组人群中高发，以确定高危人群，并分析高危人群与非高危人群在饮食、饮水、个人习惯等方面是否存在差异，以帮助形成假设。描述人群发病风险时使用罹患率。

（六）形成假设

假设是解释暴发原因的一种推断，是基于已知的事实、前期调查获得的数据、信息而产生，经过验证可被否定或被证实。现场调查成功与否取决于假设的质量，高质量的假设源于广泛的信息和准确的数据。假设中应包括：①暴露的人群、时间和地点；②危险因素；③结局；④致病因子等。例如，2004年5月X镇疑似军团菌病暴发，可能是该镇老年人在5月10—20日期间暴露于A超市蔬菜档口的加湿器所致。假设形成是现场调查中非常关键而且具有挑战性的一个环节。现场调查中，可通过一些方法帮助形成假设，包括：①求同法；②求异法；③同异共求法；④剩余法；⑤共变法。通过上述这些方法，结合描述流行病学特征，分析为什么病例在特定时间、特定地点和特定人群中发生，从而形成假设。

(七)检验假设

假设仅是一个推断,需要对其进行验证,提供证据,使其最终变成结论。支持假设的证据包括三个方面:流行病学证据、卫生学证据和实验室证据。现场调查中,通常使用分析流行病学即病例对照研究或回顾性队列研究提供流行病学证据,在开展分析流行病学时,需要先明确验证的假设是什么,然后通过病例对照或回顾性队列研究分析暴露与疾病之间是否存在关联强度以及是否存在剂量-反应关系。当疫情的原因比较简单清楚,通过描述流行病学即可下结论时,就无需开展分析流行病学研究。因此,现场调查中,需首先根据病例的三间分布、病例访谈,以及相关流行病学因素的调查结果形成假设,然后针对性地设计分析流行病学验证该假设。如果不对收集的资料进行认真的描述分析,无任何假设的前提下直接开展病例对照或回顾性队列研究,则常会导致错误的结果。

(八)卫生学调查

卫生学调查是验证假设的另一个重要证据,现场调查的不同阶段,都可开展卫生学调查,但因各阶段调查的侧重点不同,卫生学调查的内容会有所不同。调查早期,首先需要对现场环境进行调查,如水源位置及周边环境情况、病例工作场所环境、食品加工场所条件等,并采集相关环境标本,如水源标本、可疑食品标本、物表涂抹拭子等。现场卫生学调查获得的信息可帮助形成假设。随着调查的深入,形成了假设,并采用分析流行病学加以验证,此时,还需要继续开展更深入的卫生学调查,以解释感染发生的原因。例如,学校发生胃肠炎暴发,通过病例的三间分布特征以及饮食和饮水供应情况,提示学生饮用自备水井的生水导致本次疫情的可能性较大,因此在学生中开展了一项病例对照研究,结果显示饮用生水和发病之间具有统计学关联(OR=2.6,95%可信区间为1.3~3.9),且喝生水与发病之间呈现剂量-反应关系(线性趋势χ^2=4.5,$p < 0.05$)。此时需要对该自备水井进行深入的环境卫生学调查,解释为什么该水井会导致学生感染。调查组需要调查该水井的构造,水井周围是否存在厕所、排污沟、化粪池等污染源,污染源距离水井的距离等,从卫生学角度收集支持水井受到病原体污染的相关证据。

此外,还需要结合实验室检测,进一步验证假设,例如采集该井水进行检测,了解井水被粪便污染的程度,如能从井水中检出与病例同样的病原体,则证据更强。

(九)采取控制措施

在现场调查的早期,虽然可能还未找到导致暴发的直接原因,但可以根据经验或已有的知识采取一些通用的预防和控制措施,如在学校甲肝暴发疫情中,可能导致甲肝暴发的常见原因包括食物、水源或者人传人,当尚未明确暴发的真正原因时,可以先采取隔离患者,消毒餐具和饮用水,教育公众注意食品卫生、不饮用生水,对高危人群应急接种甲肝疫苗或丙种球蛋白等综合性措施,以防止疾病的进一步传播。随着调查的进展,当发现了暴发的直接原因后,再采取有针对性的预防和控制措施。如上述学校甲肝暴发中,调查结果显示由于学校自备水井受到附近的厕所粪便污染,学生饮用生水导致甲肝暴发,这时可针对性地采取措施,包括对井水进行净化和消毒,为学生提供开水饮用等,如条件允许,也可废弃自备井水而使用城镇自来水。另外,及早采取控制措施,也会观察到控制措施对疫情的影响,如果控制措施不当,则疫情可能还会继续蔓延,仍需继续查找疫情原因。

(十)结果交流和反馈

在调查过程中,结果的交流和反馈是重要的环节,调查组需要向相关部门和人员及时汇报和反馈调查进展和结果,可根据需要撰写新闻稿件、简讯、调查报告等。调查结束后,调查组也需要口头或书面向疫情所在地相关部门及时进行信息反馈,阐明调查的结果、疫情的原因、采取的措施等,并撰写现场调查报告,这是现场调查的重要组成部分之一。调查报告可以分为:初次报告、进程报告、阶段小结和结案报告。结案报告是对整个事件调查处理过程的回顾与总结,反映疫情的态势和调查结果,解释发生原因,提出预防控制措施,总结调查的经验和教训,与同行交流，为类似疫情处置提供信息，并为疫情处置留下可查的真实记录和证据。

现场调查报告撰写时应遵循规范性、时效性、科学性、真实性、针对性、实用性等原则。撰写时通常按照事件的发生发展和处置过程来描述，需要对事件的发现、调查目的、调查方法、调查结果、采取的预防控制措施及其效果、发现的问题以及提出的建议进行全面阐述。一般来讲，现场调查报告结案报告可分为标题、背景、调查方法、结果、结论和建议等。

1．标题 标题需指明现场调查的时间、地点及主要内容，如果致病因子和危险因素明确，可把致病因子和危险因素列在标题中。标题应简练和准确，能突出本次调查的主要内容，例如"2021年8月X省某小学一起因饮用自备水井的水导致的诺如病毒胃肠炎暴发"。

2．背景 背景部分为本次疫情调查的背景信息，需要介绍去现场之前了解的相关信息，包括疫情报告的经过，接到疫情报告时的发病、死亡数量及其波及面和影响；之前是否有任何部门和人员开展过相关调查、已知结果及尚待解决的问题等；本次调查的性质，例如下级机构邀请上级业务部门进行技术支持、上级部门指派任务或本部门的工作职责等；阐明本次现场调查的由来、背景、目的。此外，背景部分还可简介事件发生地的背景资料，包括社会因素和自然因素。

3．调查方法 该部分要具体说明开展本次现场调查所采用的方法，通常包括病例定义、病例搜索、实验室采样和检测、分析性研究的设计、卫生学调查的方法、统计学分析方法等。该部分内容使读者清晰了解整个调查过程是如何开展的。

4．结果部分 现场调查报告结果部分是调查报告的核心内容，需首先介绍疫情总体概况，包括疾病的流行强度、总发病数、罹患率、死亡数和死亡率、病死率、病例临床特征和临床辅助检查结果等。然后介绍本次疫情病例的三间分布特征，使用率进行描述。之后介绍相关流行病学调查结果，例如饮食情况调查、饮水情况调查、校内校外活动情况等，如有重要的病例访谈结果以及特殊病例、首例病例调查等结果，也可以介绍。使用上述描述流行病学信息形成假设后，需要在报告中说明形成的假设，例如：上述信息提示使用C山水源水为本次胃肠炎的可能危险因素。之后继续介绍为验证假设开展的相关调查，包括分析流行病学调查、卫生学调查以及相关实验室采样等。在介绍分析流行病学调查结果之前，需要说明分析流行病学的方法，如病例和对照的定义、样本数量等。

5．控制措施 描述各项控制措施采取的时间、范围和实施对象等，以及实施的情况。例如，学校结核病暴发疫情中，对30名PPD强阳性的学生进行预防性服药，但28名学生因为担心副作用而未进行预防性服药。

6．结论和建议 对本次事件的性质及其原因做出结论，结论需与调查目的相呼应，回答调查目的的问题，且不与结果数据重复。并根据调查发现的问题，提出相应建议，建议需以调查结果为依据、证据为基础，且具有特异性和可行性，建议切忌空洞泛泛、与调查结果无关联。例如，学校一起由于自备水井受污染，学生饮用生水导致的诺如病毒胃肠炎暴发，疫情发生的原因是饮水卫生，因此建议需针对自备水井的防护和消毒等方面开展，而不是建议学生加强手卫生。

7．单位署名和日期

第二节　分析和处置

一、因果关系推断

因果关系推断也是现场调查中非常关键而且具有挑战性的一个环节。在探索疫情发生原因的过程中，通常是由浅及深，由现象到本质，从描述流行病学到分析性流行病学乃至实验流行病学。虽然实验流行病学对病因能提供较强的证据，但由于涉及医学伦理或可行性等问题，实施起来非常困难。1854年，John Snow 对伦敦宽街霍乱的病因研究中，首先根据该病表现出来的人传人特征以及消化系统的临床特点，提出伦敦霍乱流行的"病因"假说——患者排泄物污染饮用水源；然后开展现场调查，通过描述和分析病例分布的差异形成导致疫情发生的可能原因，并通过采取相应措施，最终控制了疫情，从而获得验证病因的证据。

因果关系是一个比较抽象的概念，不可能直接观察到关系的本质，只能对其呈现的表面特征进行观察，进而对因果关系进行推断和推论。传染病疫情的病因研究中多采用观察法获取相关证据，包括病例系列研究、生态学研究、横断面研究、病例对照研究、队列研究等，这些研究方法对因果关系的论证强度为递增顺序。因果关系推断时，经常使用的是 Mill 推理法则和 Hill 病因推断准则。

（一）Mill 推理法则

1843 年，英国哲学家 Mill 提出了研究因果关系的 5 个逻辑准则，分别是求同法、求异法、同异共求法、共变法和剩余法。

1. 求同法（method of agreement） 如果患有同一疾病的病例都具有某一因素，而其他因素并非每个病例都具有，那么这个共同的因素就可能是该疾病的病因，如所有的腹泻病例发病当天中午都在同一个食堂喝过酸奶，则酸奶导致病例发病的可能性较大。

2. 求异法（method of difference） 如果病例与非病例相比，除某一因素外，其他暴露因素都相同，那么这个因素就可能是该疾病的病因，如学校发生胃肠炎疫情，学生发病，教师未发病，学生和教师饮食完全相同，但学生和教师饮用的水源不同，学生饮用自备井水，教师饮用桶装水，则自备井水导致学生发生胃肠炎的可能性较大。

3. 同异共求法（joint methods of agreement and difference） 如果被考察的现象出现的各种场合只有一个共同的因素，而这个被考察现象不出现的各个场合都没有这个共同因素，那么这个共同的因素就是某被考察现象的原因。

4. 共变法（method concomitant variation） 当暴露因素为等级或定量，且与结局效应呈现剂量-反应关系，称为共变法。如喝多瓶酸奶的学生症状更严重，或罹患率更高，提示酸奶导致病例发病的可能性较大。

5. 剩余法（method of residues） 剩余法很少用于直接发现病因的逻辑推导，该方法对判断是否已经发现了一个主要病因很有帮助。例如一个疾病的多个已知病因归因百分比很低，说明不能用这些已知病因解释剩余病例的发生，由此推测导致该疾病的重要病因还未被发现。反之，当多个病因已经解释接近 100% 病例时，探索新病因已无意义。

（二）Hill 病因推断准则

第一个病因判定标准是 1882 年提出的 Henle-Koch 原理，它作为病因推断标准的第一个里程碑，是由 Henle 在 1840 年首先提出，Koch 后来进一步扩展而成。Henle 提出的病因推断标准包括 4 条：①在相应疾病患者中总是能检出该病原体（必要病因）；②在其他疾病的患者中不能检出该病原体（效应特异性）；③能从相应疾病患者中分离到该病原体，传过几代的培养能引起实验动物患相同疾病（充分病因）；④能从患该病动物中分离到相同病原体。Koch 在此基础上做出补充，即使某传染病不能传给动物，但只要病原体有规律性和排他性的存在（满足条件①和②），就能证实因果关系。Henle-Koch 原理应用于传染病虽然还不甚完备，而且还存在一定的局限性，如仅从病原体方面把病因看成是特异的，但是该原理抛弃了主观臆断，有了客观的判定标准。

1964 年，美国吸烟与健康报告委员会提出病因推断的标准，是病因推断标准的第二个里程碑，包括 5 条：①关联的时间顺序；②关联的强度；③关联的特异性；④关联的一致性或可重复性；⑤关联的连贯性或合理性（与现有理论知识的吻合）。1965 年，Hill 在上述病因推断的 5 条标准基础上又增加了 3 条：①剂量-反应关系；②生物学可能性；③实验证据。"生物学可能性"与上面的"关联的连贯性"基本相同。

基于 Hill 病因推断准则，在进行病因推断时，研究者需按关联强度、一致性、特异性、时间顺序、剂量-反应关系、合理性、符合性、实验证据这8条准则——进行论证。但是，这8条准则并非僵化的机械条文，当关联研究的结论不符合医学生物学基本理论、缺乏基础医学尤其是分子生物学理论所建立的对发病机制的科学解释时，即便符合这些准则也不宜轻易下因果结论。以下对8条标准逐一具体介绍。

1．关联强度 关联强度是描述疾病与暴露之间关联性大小的指标，常用的关联强度指标有比值比（odds ratio，OR）、相对危险度（relative risk，RR）、危险度差值（risk difference，RD）等。在关联强度是无偏倚以及非随机造成的情况下，关联的性质和强度可作为判断因果关系和建立病因假说的参考依据。作为推断因果关系的证据，强的关联比弱的关联在支持因果关系成立的可能性上意义更大。

2．一致性（consistency） 一致性指可在不同的人群、不同的地区和不同的时间重复观察到同样的关联。与观察性研究相比，实验性研究的可重复性较好，因为实验性研究的控制条件更好。观察性研究结果之间的差异，有可能是背景条件（即其他危险因素）的差异所致。多数研究结果均一致使因果关联的可能性增加，但少数或个别研究结果的不同甚至相反并不能推翻因果关系，需仔细探究出现差异的原因。

3．特异性（specificity） 特异性是指因和果的一一对应关系，一个因产生一个果而不是多个果，或一个果是由一个因而不是多个因导致。这种一一对应的关系在传染病病因研究中很常见，许多传染病的病因显示出较强的特异性，同一种传染病均由相同病原体引起，暴露于病原体是发病的必要充分条件。每一个病例都一定暴露于相关的病原体，而非病例一定不暴露，所观察到的这种特异性，无可辩驳地可以作为论证因果关系成立的充分理由。但很多慢性非传染性疾病与致病因子之间的关系却并非如此，可能一因多果，或者多因一果，也可能多因多果。

4．时间顺序（temporality） 时间顺序是指因和果二者发生的时间先后顺序。导致结局的因必定发生在果之前，这是亘古不变的科学逻辑。然而，结局发生之前的暴露因素未必一定就是原因。例如，麻疹疫苗使用之前，人们很容易观察到，一个村镇在麻疹流行年过后，第二年人群发病会明显下降，这一下降往往被归结为流行后在人群中实施开窗通风、戴口罩等预防工作的效果。而实际上，传统预防措施的预防作用比较有限，不足以有效控制疫情，疫情下降的原因是麻疹易感人群在第一年麻疹流行时大部分被感染，致使易感者比例大量减小。

5．剂量-反应关系（dose-response relationship） 剂量-反应关系是指暴露的剂量（因）与期望的效应（果）之间存在的一种生物学梯度，即暴露剂量越大，效应也越大。暴露与效应之间存在剂量-反应关系，表明二者之间作为因果关系成立的可能性较大。医学研究中存在的这种现象，是因为生物个体对暴露因子的易感性（敏感性）可表现出较大的差异。暴露于低剂量时，仅高敏感者发病；而暴露于高剂量时，除高敏感者发病外，低敏感者也发病，因而暴露高剂量组比低剂量组的发病率要高。

6．合理性（plausibility） 合理性是指在医学生物学发病机制上存在因果关系的可能性，即观察到的因果关联结果有很大可能被已知的医学生物学知识所解释。一般来说，凡能被已知医学生物学知识解释的研究结果，其因果假设成立的可能性较大。但是，当前尚不能解释的研究结果，其因果假设不一定不成立，在未来也可能被科学的发展所证实。基于建立的因果假设，当前观察到的关联结果，有可能是新理论建立的里程碑。

7．符合性（coherence） 符合性是指因和果二者之间的关联可用多种方法显示出来，如不同的流行病学方法之间获得的研究结论一致，或与动物实验及基础研究获得的研究结论一致。一般来说，当多种方法多个层面进行的关联研究结果能够被互相验证，显示出明显的符合性时，则建立的因果假设成立的可能性较大。但是，当缺乏符合性的研究结果时，如果否定因果假设成立，则应非常慎重，只有差异确实找不到其他原因可解释时，才可下否定的结论。

8．实验证据（experimental evidence） 实验证据是指流行病学实验研究所获得的研究证据，通常使用实验研究的结果作为验证因果关系的证据。随机双盲对照试验的结果是最有力的因果证据。但由于种族、文化、政治和伦理上的问题，干预试验往往难以实现。在设计实验研究的方案时，可通过消除试验组人群中已知的危险因素以避免有害结局的发生，或对试验组的高危人群施加某一保护因素而减少有害结局的发生（假定保护因素对危险因素具有拮抗作用）。研究者不能对试验人群施加危险因素。有时，在某些大规模的实验研究中，即使未设立平行对照组，在充分掌握所研究疾病自然史的条件下，也可产生有力的因果证据。

二、暴发疫情的控制措施

暴发疫情应对中，预防控制措施应贯穿在应对过程始终。在调查早期，虽然对疫情的来源和传播方式不十分明确，但可以根据疾病的症候特点如呼吸道症状、消化道症状、发热伴皮疹等，结合既往经验，采取一些通用的防控措施。通过早期采取的措施，也可观察措施对疫情的影响。随着调查的进展和深入，在获得病原体、疫情来源和传播方式等证据后，再制定具有针对性和特异性的控制措施。在采取控制措施后，应开展监测，判断疫情发展趋势，评估防控措施效果。整个调查过程中，发现任何怀疑的危险因素时，应立即采取相应措施，不要等到完全确认该因素为危险因素后才行动。

传染病流行的三个环节为传染源、传播途径和易感人群。在暴发疫情中，一些控制措施是直接针对传染源，一些是针对传播途径，一些是针对易感人群，还有一些是同时针对多个环节的措施。

（一）针对传染源的控制措施

1. 治疗感染者 大多数的传染病病例需要接受治疗，以减轻疾病严重程度和减少死亡，通过治疗也能够缩短病例的传染期，减少病原排出数量，控制疫情传播。医疗机构发现乙类或者丙类传染病患者，应当根据病情采取必要的治疗和控制传播措施。一般情况下，症状较轻的可采取居家治疗，症状较重的需要住院治疗，按照病原传播方式、传染力和毒力的特点，能够人传人、毒力较强或甲类管理的霍乱、鼠疫、SARS、肺炭疽、人感染动物源性流感、不明原因肺炎、群体性不明原因疾病以及新发传染病等病例，应在指定场所隔离治疗，隔离期限通常依据临床转归和病原检测结果。对能够人传人的传染病，如水痘、新冠（非关注变异株）、流感、麻疹、手足口病、诺如病毒急性胃肠炎等，通常需要采取相对隔离治疗措施，避免和减少与其他人员接触，隔离或停课期限通常以临床转归和传染期确定，如水痘应隔离至皮疹全部结痂且不少于7天，流感为发热等临床症状消失后48小时，麻疹为出疹后4天（出疹当天为0天），手足口病为临床症状消失后7天，诺如病毒急性胃肠炎通常为临床症状消失后72小时等。对于储存宿主较为单一、传染期较长、传播途径较多且难以阻断的人传人疾病，如艾滋病、结核病，无有效疫苗预防，病例发现、治疗和管理可能是最为重要的防控措施。需注意，对于存在环境或动物宿主，或传播途径多样，或存在隐性感染者或病原携带者的传染病，如登革热、霍乱、甲肝等，隔离治疗病例具有防控意义，但更重要的是应针对传播途径，筛查管理可能存在的隐性感染者等。

2. 隔离感染者 《中华人民共和国传染病防治法》中规定，医疗机构发现甲类传染病时，对患者、病原携带者，予以隔离治疗，隔离期限根据医学检查结果确定；对疑似患者，确诊前在指定场所单独隔离治疗。

3. 筛查感染者 对于人传人且存在隐性感染者或病原携带者，或者传播来源、波及范围、传播链条不清楚的重大传染病疫情，如在动态清零阶段，新冠本土聚集性疫情发生后，应根据感染者活动轨迹等，迅速开展多轮次区域核酸筛查，以期早期识别和发现感染者（病例或无症状感染者），早期隔离，阻断疫情传播。结核疫情中，对感染者的密切接触者进行筛查，及时发现潜伏期感染者，进行预防性服药。

4. 检疫暴露人员 检疫是针对暴露者的医学措施，是对已经暴露或可能暴露于传染源（感染者或受感染的动物)或来源(水、食物、环境等)的人员采取的健康监测、医学检查或限制活动的措施,以预防其处于潜伏期内引起传播,做到及早发现和治疗感染者,控制疫情传播。《中华人民共和国传染病防治法》中规定,医疗机构发现甲类传染病时,对医疗机构内的患者、病原携带者、疑似患者的密切接触者,在指定场所进行医学观察和采取其他必要的预防措施。疾病预防控制机构发现传染病疫情或者接到传染病疫情报告时,对传染病疫情进行流行病学调查,对密切接触者,在指定场所进行医学观察和采取其他必要的预防措施。对已经发生甲类传染病病例的场所或者该场所内的特定区域的人员,所在地的县级以上地方人民政府可以实施隔离措施,并同时向上一级人民政府报告。

按照检疫措施的程度,检疫可以分为绝对检疫和适度检疫,检疫时长通常为疾病的最长潜伏期。绝对检疫适用于甲类管理传染病、群体性不明原因疾病、后果严重的新发传染病等,限制暴露者的活动,一般在指定的场所或居家隔离,隔离期间通常单人单间,避免与其他人员接触,如动态清零阶段新冠疫情应对中,应严格排查感染者的密切接触者、密接的密接等风险人员,转运至集中隔离点开展隔离医学观察,特殊情况的人员采用居家隔离医学观察,每日监测健康状况,采集标本开展核酸检测;鼠疫疫情中,暴露者也需绝对检疫,不得随便外出活动。适度检疫是对暴露者的活动自由有选择性地进行限制,可分为医学观察和人群隔离,医学观察通常要求每日监测暴露者健康状况,非必要不外出,避免至人群聚集场所,一般不严格限制暴露者的活动自由,如麻疹、流脑、发热伴血小板减少综合征、登革热等疫情中,密切接触者采用医学观察措施,必要时需采集标本开展病原检测,如对新冠感染者时空伴随人员开展医学观察和核酸检测。而人群隔离,是出于某种特殊考虑或控制和观察需要,将一部分人员与其他人员分开,避免接触,达到控制疫情的目的,如2021年某国际机场新冠聚集性疫情中,在发现早期即封闭机场,将机场工作人员与社会人员分隔开,对机场工作人员实施群体隔离,闭环管理,之后机场工作人员异地集中隔离,快速防范疫情的社会面传播。以及在新冠动态清零阶段,根据感染者活动、疫情特征和地理环境因素等划分中、高风险区,中风险区内"人不出区、错峰取物",高风险区内"足不出户、上门服务";在鼠疫疫情防控中,划分大、小隔离圈,也均属于人群隔离的措施。

5. 实施国境卫生检疫 当难以区分某场所或区域内哪些为暴露者或非暴露者时,或者境外发生重大传染病疫情,我国输入风险增加时,有时需采取针对污染场所或区域的检疫措施,如2014年西非埃博拉病毒病暴发、2016年安哥拉黄热病暴发、2016年巴西等南美地区寨卡病毒病暴发、2022年境外猴痘疫情暴发,我国采取了国境卫生检疫措施以及针对上述地区旅居史人员的医学观察等。在2020年上半年我国实现本土新冠疫情清零后,国际疫情持续上升,我国面临的境外输入风险升高,在入境人员中持续有阳性检出,针对所有入境人员,采取全闭环转运、集中隔离检疫的防控措施,防范境外病毒输入引起本地传播疫情。同时,国内制定中、高风险区标准和管理要求,针对跨地区旅行者中有中高风险区旅居史的人员,采取赋码、集中隔离或居家隔离等防控措施。

6. 扑杀或治疗可能被感染的动物 对于存在动物宿主或以动物为传染源的传染病,除了针对病例的治疗或隔离措施外,应针对传染源或传播途径的特点,扑杀或治疗可能被感染的动物。如人感染高致病性禽流感H5N1疫情中,应对涉及的禽类迅速进行扑杀;布鲁菌病疫情中,应采取扑杀淘汰疫畜,隔离受威胁的畜群,对患病动物及其流产胎儿、胎衣、排泄物、乳等实施无害化处理,加强动物检疫和疫苗接种等;将疑似患狂犬病的犬只进行扑杀;炭疽疫情中,将患病动物无害化处理后掩埋,对污染的土壤进行消毒等。

(二) 针对传播途径的控制措施

1. 消毒和净化传染来源 经调查发现水、食物或环境是传染来源时,应针对传染来源进行消毒和净化处理,如某学校菌痢暴发疫情中,调查显示是由于学校自备水井被污染,学校未对井水进行消毒就直接使用,学生在饮用或使用生水的过程中感染,采取对井水消毒、提供和使用开水等安全水的措施，当然更合适的措施是建立井水消毒系统或提供自来水。2016年某县级市一起伤寒暴发疫情中，调查显示是由于某熟食加工作坊的熟食制品、自种蔬菜受到污染所致，采取关闭熟食加工作坊、封闭其取水井、暂停自种蔬菜的销售等措施，迅速控制疫情。

2. 收集和销毁受污染的食品、物品、动物和其他传染来源等 有时市售的产品也可能被污染而引起传染病疫情暴发，如1976年美国科罗拉多州沙门菌暴发，调查显示是由市售的奶酪被污染引起，通过采取召回奶酪措施，疫情很快得到控制。2016年某医院发生一起诺如病毒急性胃肠炎暴发疫情，调查显示暴发是由饮用的某品牌桶装水被污染引起，使用该品牌桶装水的其他单位也暴发急性胃肠炎，采取停止饮用桶装水、饮水机消毒、召回该品牌桶装水等措施，本次疫情迅速平息。

3. 清洁和消毒污染表面和环境场所 对病原体污染的物体表面或者环境场所进行清洁和消毒，可降低易感人群的病原体暴露风险。

4. 监测高风险传播因子 有些载体是疾病传播的高风险因子，例如海产品有时携带肠道病原体副溶血弧菌、霍乱弧菌、诺如病毒、甲肝病毒以及一些寄生虫等，进口冷链产品或物流等携带新冠病毒引起本土聚集性疫情，二次供水或自备井水、桶装水等被诺如病毒、志贺菌等污染，对此类高风险传播因子开展监测，早期识别和阻断传播。

5. 媒介监测和控制 针对虫媒传播病，如登革热、寨卡病毒病、乙脑、鼠疫等，结合生物媒介季节消长规律，强化媒介和宿主动物监测，发生疫情后主要采取消除媒介生物孳生场所、杀灭环境中的生物媒介和宿主动物等措施。

（三）针对易感人群的控制措施

1. 暴露后预防 有些传染病可以采取暴露后预防，以预防易感者暴露后感染、发病或者减轻临床症状，通常包括接种疫苗、注射免疫球蛋白或服用药物等。接种疫苗一般适用于潜伏期较长的传染病，如麻疹、水痘等，对暴露者尽早接种疫苗，以保证有足够的时间产生保护性抗体，预防发病，也可以减轻临床症状。对于狂犬病、乙肝，在疑似暴露后应立即清洗、消毒咬伤或暴露部位，尽快注射疫苗和免疫球蛋白，以阻断感染。对于可能出现严重临床后果、发现携带状态较为困难的传染病，除对暴露人员采取检疫措施外，还需采用化学药物预防，如针对鼠疫，可选用四环素、多西环素（强力霉素）、磺胺、环丙沙星等，对于流行性脑脊髓膜炎，可以根据当地往年脑膜炎双球菌耐药性的相关情况选择预防服药的种类，也可以参考国家公布推荐使用的预防药物目录。但需注意，药物预防应根据流行病学调查和风险评估确定实施范围，不能盲目随意扩大范围，以防止病原产生耐药以及出现群体性预防服药异常反应事件，对于病毒类传染病（艾滋病除外），多数缺乏特异性抗病毒药物，通常情况下不建议采取化学药物预防措施。

2. 应急接种 应急接种是在传染病流行开始或有流行趋势时，为控制疫情蔓延，对易感染人群开展的预防接种活动。我国《突发公共卫生事件应急条例》中规定，县级以上地方人民政府卫生行政主管部门应当对突发事件现场等采取控制措施，宣传突发事件防治知识，及时对易受感染的人群和其他易受损害的人群采取应急接种、预防性投药、群体防护等措施。《中华人民共和国疫苗管理法》中规定，传染病暴发、流行时，县级以上地方人民政府或者其卫生健康主管部门需要采取应急接种措施的，依照法律、行政法规的规定执行。《预防接种工作规范》中要求，传染病暴发、流行时，县级以上地方人民政府或者其卫生行政部门需要采取应急接种措施的，依照《中华人民共和国传染病防治法》和《突发公共卫生事件应急条例》的规定执行。可见，应急接种在传染病暴发、流行时是重要的防控措施之一。

对于能引起广泛传播的急性传染病，如麻疹、水痘、流行性腮腺炎、流行性脑脊髓膜炎、脊髓灰质炎、甲型肝炎、流行性感冒等，可以使用安全、有效的疫苗，发生暴发或流行时，在较大范围内开展应急接种可以产生人群免疫屏障，阻断疫情的持续传播。在上述传染病暴发流行时，需要对周边人群免疫情况开展快速评估，如果人群疫苗接种率较低，尚不足以建立人群免疫屏障，疫情持续传播和扩散风险较高时，经风险评估和专家研判后，可以制定应急接种措施建议。应急接种由于涉及的人群范围可能较广，对于社会动员、组织协调、人员秩序和异常反应监测等要求较高，需要政府领导支持、多部门协同和充分的接种资源等支撑。同时，也应对疫苗接种防控效果进行及时评估。

3. 社会动员与风险沟通 社会动员在传染病暴发或流行期间发挥着重要作用，在新冠疫情动态清零防控阶段，采取了行之有效的社会动员，通过广泛发动群众，利用新闻发布会、媒体、公众号、短视频等宣传途径，持续不断地发布重要信息，积极开展组织内、组织间、公众及媒体沟通，发布疫情信息和发展趋势，宣传防病保健知识，鼓励全社会共同参与，有效提升广大人民群众自我防病意识，主动改变行为，如积极佩戴口罩，接种疫苗，改善个人卫生习惯，避免去人群聚集的空气不流通场所，积极配合防疫政策，主动报备可疑行程，积极参加区域核酸筛查等，为疫情防控建立良好的支持环境。

（四）同时针对多个环节的综合控制措施

有时，控制措施并不是只针对某一个环节，而是针对两个或者多个环节同时进行，综合性的干预措施可从多个角度、多个方面同时进行疫情控制。

1. 阻断病原排出和传播 针对飞沫传播或性传播疾病，采取预防病原体离开传染源的措施，感染者和接触者均分别采用佩戴口罩、使用安全套等；HIV 感染孕妇采用服用药物来阻断母婴传播。针对能够空气传播的疾病，如新冠病毒感染、SARS、MERS 等，使用负压单独房间、关闭门窗、佩戴 N95 及以上口罩、消毒可能污染的环境、接触人员严格防护和手卫生等。针对肠道传染病，如霍乱、伤寒、菌痢等，切断传播途径是最为有效的控制措施，加强"三管一灭"，对污染的水、食物或环境采取消毒、净化及无害化处理，使用安全水源和食物等。

2. 使用屏障法（戴口罩、安全套） 接触者可根据病原体种类使用防护用品、驱避剂等，建立传播屏障，阻断传播途径，降低暴露和感染风险。

3. 疫区封锁、交通卫生检疫、静态管理等紧急措施 针对疫情规模较大的重大传染病，传播链条和波及风险人员不太好确定时，为了防止某进一步蔓延，有时需要采取疫区封锁、交通卫生检疫、关闭公共场所、静态管理等紧急措施。《中华人民共和国传染病防治法》中对此也有相关要求：发生传染病暴发、流行，必要时，县级以上地方人民政府报经上一级人民政府决定，可以采取下列紧急措施并予以公告：①限制或者停止集市、影剧院演出或者其他人群聚集的活动；②停工、停业、停课；③封闭或者封存被传染病病原体污染的公共饮用水源、食品以及相关物品；④控制或者扑杀染疫野生动物、家畜家禽；⑤封闭可能造成传染病扩散的场所。甲类、乙类传染病暴发、流行时，县级以上地方人民政府报经上一级人民政府决定，可以宣布本行政区域部分或者全部为疫区，国务院可以决定并宣布跨省、自治区、直辖市的疫区。县级以上地方人民政府可以在疫区内采取上述的紧急措施，并可以对出入疫区的人员、物资和交通工具实施卫生检疫。省、自治区、直辖市人民政府可以决定对本行政区域内的甲类传染病疫区实施封锁；但是，封锁大、中城市的疫区或者封锁跨省、自治区、直辖市的疫区，以及封锁疫区导致中断干线交通或者封锁国境的，由国务院决定。发生甲类传染病时，为了防止该传染病通过交通工具及其乘运的人员、物资传播，可以实施交通卫生检疫。

如发生鼠疫疫情时，根据上级或本级人民政府的指令和当地疫情形势，设置临时交通卫生检疫站，对进出疫区和运行中的交通工具及其乘运人员和物资、疫源动物进行检疫查验，对鼠疫患者、疑似患者及其直接接触者实施临时隔离留验和向卫生健康行政部门指定的医疗机构移交。某市在某轮新冠本土聚集性疫情中，划定中、高风险区，区域内人员只进不出，关闭部分密闭公共场所，离开本市人员须凭"健康码"绿码，并持有 48 小时内核酸检测阴性证明，部分涉疫地区地铁跳站或暂停运行，中小学推迟开学、实施线上教学、推荐居家办公等。通过上述措施，以期早期发现传染来源，减少人群接触频次，保护易感人群，降低持续传播风险，阻断或清零重大疫情。

干预措施可以分为医学干预措施和非医学干预措施。医学干预措施是指采取药物、生物制品或医学诊疗、医学服务、消杀等相关的防控措施。医学干预措施主要由医务人员或公共卫生专业技术人员实施，有时也需要跨系统和多部门间的共同协作。与医学干预措施相对，只要不属于医学干预措施范围的，均为非医学干预措施，主要包括社会动员和风险沟通、社会层面防控政策制定等。非医学干预措施主要由各级人民政府领导，建立联防联控机制，需多部门互有分工、共同协作，组建工作专班或小组，如交通部门负责交通卡口管控，社区负责网格化管理和风险人员报备等，文旅局负责文化场所、旅游景区疫情防控，宣传部门组织召开新闻发布会等。

防控措施贯穿调查始终，在制定防控措施时应着眼于更广大的公共卫生意义和启示，践行疾病预防为主的理念和原则，可以从三个层面考虑制定防控措施：一是如何控制本次暴发疫情，需要采取科学有效的措施，例如一起菌痢暴发，发生的原因是学校自备水井被污染，采取立即对井水消毒、饮用开水等措施，快速控制疫情蔓延，终止暴发；二是如何预防和减少疫情发生单位今后再次发生类似暴发，发生的原因是使用的自备水井被污染，虽然本次疫情得到较为快速的控制，但因为该学校自备水井未建立消毒系统，以后可能会被其他病原如诺如病毒、伤寒沙门菌、甲肝病毒等污染，甚至还可能再次被志贺菌污染，引起类似的疫情暴发，应考虑如何预防再次发生，可行的建议是建立井水消毒系统，提供开水供学生饮用，或者更换为桶装水（成本略高），从根本上解决问题的防控建议是，主动报请政府领导，寻求行政支持，将学校水源更换为自来水；三是如何防止其他地区或单位发生类似暴发，需考虑其他地区或者本地区其他学校是否也存在类似问题，如何避免或预防这些地区或单位发生类似暴发，本次调查发现的问题对其他地区或单位有什么重要启示等。

传染病暴发、流行时，需要立即制定实施防控措施，快速扑灭疫情，保障人民群众生命健康。但调查是一个循序渐进的过程，随着调查的深入，不断获取疫情的发生、发展和相关因素的信息，防控措施的制定也需要以科学为依据，避免盲目扩大范围和加码，应遵循一定的基本原则。防控措施建议应以证据为基础，循证为导向，特异性好，有针对性和可行性，具有良好的成本效益，可接受程度高，还要符合伦理等，要避免面面俱到、抓不住主要问题，避免大而空和泛泛而谈，避免不切实际地提出现阶段不具备完成条件的建议等。

措施制定后应持续监测疫情，一方面帮助评估防控措施效果，如果采取措施后疫情呈下降趋势，提示措施可能有效，如果疫情还在继续增加，则提示防控措施无效或未能有效落实，通过持续监测评价预防控制措施效果，研判疫情发生发展趋势和波及范围；另一方面，持续监测也能够帮助收集该疾病的更多的病例信息，帮助开展专题调查，同时也能协助建立和完善监测系统。如果该传染病已经存在监测系统，应持续开展监测；如果未纳入或未建立监测系统，则应启动对该疾病的监测，尤其针对新发传染病，建立新的监测系统是十分必要的。

三、现场处置的风险沟通与管理

传染病疫情处置需要政府、部门、单位、公众等各个方面共同参与，在处置过程中需要及时做好风险沟通与管理工作。近年来，在人感染 H7N9 禽流感、甲型 H1N1 流感、西非埃博拉出血热、新冠疫情防控中，各级及时做好风险沟通与管理，及时发布疫情信息，满足公众健康信息需求，传播科学防控知识，为疫情的成功处置起到了至关重要的作用。

（一）风险沟通

1. 概念 传染病处置中的风险一般是指对人体健康和生命安全造成潜在危害的可能性。沟通是指与人之间传递和交流信息的过程。风险沟通就是指政府各部门与媒体和公众的合作与对话，目的是通过共同讨论和决定如何预防和减少风险，为有事实根据的决策提供支持。

现场调查中的风险沟通主要是通过沟通向受众提供他们所期望了解的信息。例如，在流感流行的季节，卫生人员需要向各级领导报告，以得到各个方面的支持与协作，要通过各种传播渠道向当地公众讲述流感的基本知识,通过沟通让公众采取有效的防护措施,如提高儿童的疫苗接种率等。

2. 目的与作用 风险沟通是传染病处置中的一个重要组成部分,是组织决策的前提和基础,是政府部门、专业机构、公众与媒体之间建立的理性沟通桥梁,具有帮助公众克服心理上的恐惧和不安的作用。

风险沟通对于获得关于传染病防控的有效信息,协调政府与公众的认知、决策、行为起着至关重要的作用。主要是为社会公众、家庭或机构及时提供准确的传染病风险信息,帮助人们克服心理上的恐惧和不安;告知公众传染病带来的潜在风险及应采取的行动,改变人们对传染病防控的态度和行为,鼓励社会公众参与传染病防控,同时也是履行法律赋予公众的知情权;为媒体提供正确引导公众的舆论信息;为政府提供有效处置传染病疫情的措施建议。

3. 基本原则 风险沟通与管理需要坚持以下五个基本原则。

(1) 提早准备:在传染病处置的不同阶段,要制定并不断完善风险沟通方案。事先评估确定受众对防控信息的需求,了解人们最关心的信息;准备好公众普遍关注的背景材料;实时掌握公众和媒体的舆情动态。

(2) 及时主动:传染病疫情发生后,政府和公众都希望尽快了解相关信息,公众能从不同渠道收到信息,往往不加分析判断就接受,即使是以讹传讹也深信不疑。因此,在现场调查过程中要求快速做出反应,提出处置对策和信息沟通要点,尽快主动地让公众和合作伙伴了解传染病疫情的真实情况,掌握舆论主动权。

(3) 信息真实:开展风险沟通要以准确为前提。一些传染病事件较为复杂、尚未弄清全部情况,或者是因发布时机选择的需要,可先发简短消息,再作后续报道。应避免发布不实消息,否则将会使整个传染病应急处置工作陷入被动。

(4) 口径一致:这是取信于民的至关重要的原则。当传染病现场调查早期,信息缺乏,事中信息大量涌现,传染病的发展存在着不确定性。因此,此时对外公布的口径应保持高度统一。

(5) 维护信誉:信誉是传染病风险沟通的出发点和归宿,在现场调查风险沟通的全过程中,要努力减少对政府和部门信誉带来的损失,争取公众的理解和信任。

(二)制定风险沟通计划

根据不同传染病疫情的处置情况,在工作方案中要有明确的风险沟通计划,必须明确在疫情处置过程中谁来沟通、向谁沟通、沟通什么、通过什么渠道沟通等问题。在风险沟通方案的制定中需要把握以下几项原则。

一是分工明确原则。就是要明确参与疫情处置的工作人员在风险沟通中的职责与权限,明确主要发言人,积极协调各相关部门通力配合,同时最大限度地动员各种社会力量,如相关领域专家和有影响力人士等。

二是重点人群原则。在"向谁沟通"中要把握重点人群原则。风险沟通的对象包括政府、部门、媒体和公众等。只有对象明确,才能在突发公共卫生事件发生及处置过程中,明确重点沟通人群,根据其需求制订相应信息,从而做到有的放矢,实现较好的风险沟通效果。

三是差异化原则。在"沟通什么"即沟通内容上要把握差异化原则。不同类别、不同级别、不同阶段的突发事件,沟通对象需要的信息不同,应根据其特点确定好相应的重点沟通内容。

四是针对性原则。在沟通渠道上要根据沟通对象的特点把握针对性原则,以目标人群易于接受的方式去沟通,并使用有效沟通方式来覆盖目标人群中的每个人。如对文化知识水平不高、接受信息渠道较少的村民可采取村广播、村民讲堂、宣传单等方式。

风险沟通计划除了要包括方案制定的背景、制定的目的、制定的依据、工作原则和适应范围等一般性内容外,还主要包括工作机制、职能职责、工作小组、信息处理与发布流程等。

(三)沟通的信息准备

沟通的核心信息要以传染病处置的全过程为基础,以风险沟通为主要用途,全面收集、分析、整理出反映传染病特点、趋势以及应对措施的所有信息。要对通过各种渠道收集到的原始信息按需要进行梳理,编辑精练、准确的信息,然后根据不同的用途,对现有信息资料进行进一步制作,使之有序化、系统化,为应急决策提供强有力的信息支撑,为风险沟通提供信息支持。

1. 信息审核 信息审核的主要作用是确保信息的科学性、完整性和准确性。要对传染病现场调查获得的各类信息进行全面审核、筛选。一方面要检查其时间、地点、信息来源、事件起因和性质、基本过程、已造成的后果、影响范围、发展趋势、已经采取的措施等要素是否齐全,另一方面,对疑点较多的信息进行反复考证,将不准确、不可信的信息剔除掉,做到"去伪存真、去粗取精"。

2. 信息研判 传染病现场调查中,与之相关的信息数量庞大、信息范围广泛、信息的流动速度快、真假信息鱼龙混杂。应该在收集到这些信息后,第一时间调用基础信息数据库的信息,在典型的传染病防控案例中寻找相似情况的案例,并结合以往可靠的信息数据做出研判。

3. 信息整理 不同的沟通对象,对公共卫生事件相关信息的需求存在一定的差别;同时,根据不同的沟通需要,也要对收集到的相关信息进行进一步整理。因此,信息整理一方面是对整理的突发事件信息本身进行分析,分析信息的来源、新的渠道、信息的受众、信息的内容和信息可能带来的公众反应;另一方面是对传染病信息相关内容的分析与研究,即对传染病相关的事实信息、政策法律法规信息和其他相关非正式的信息进行科学研究和分析,得出带有一定总结概括性、预测性和论述性的信息,适用于风险沟通的不同对象、不同时间、不同场合。

4. 信息释放 信息释放就是风险沟通的正式实施,将传染病处置的信息针对不同的对象、通过不同的途径、以多种形式进行沟通。包括建立健全信息主动公开制度;要注意信息释放渠道的多元化;要不断有信息发布,报告事件的最新进展情况和调查得到的最新事实;建立风险沟通信息的反馈机制,切实对公众反馈的信息进行认真处理,虚心接受公众的意见、建议与监督,及时了解决策执行的情况,适时调整和完善决策内容,规范并改进传染病处置的方式与方法。

(四)针对不同目标人群进行风险沟通

在传染病处置过程中,需要针对不同的目标人群进行沟通。只有对象明确,才能在现场调查过程中,根据不同目标人群需求制订相应信息,实现较好的风险沟通效果。

1. 政府部门 在传染病现场调查过程中,要积极与当地政府沟通协调,了解更多的当地信息,也要交流疫情处置的进展和需求,切实引起政府部门的重视与支持。在传染病现场调查时,往往需要多部门按其职责协同开展应急处置工作。在处置过程中,各相关部门既会产生一定量的风险信息,同时也需要外部信息的支持。因此,传染病处置的牵头部门既要收集汇总各部门的风险信息,同时也要将风险信息同相关参与部门进行沟通与共享,才能确保各部门掌握的风险信息的客观、全面和完整,才能确保各级政府决策的正确性和科学性,才能确保疫情应对的有效联动、综合处置。通过风险沟通过程,将单一部门掌握的信息变为所有相关部门掌握的信息,相关部门对于整体情况有所了解后,牵头部门将获得充分的理解和必要的配合,便于有效开展联动处置。

参与传染病处置的单位和部门,由于各自的职责不同,因此需要的信息也不同,比如,除了事件的基本情况以外,政府部门往往还需要了解处置力量的投入和配合情况、事件可能对社会公众造成的影响等信息。了解不同部门对信息的不同需求,才能有针对性地选择对方需要的重要信息来进行风险沟通,提高沟通的效率。依据传染病处置相关预案,沟通的主要内容有应急物资、宣传教育、强制隔离措施的落实、经费保障、废弃物处置、交通保障等。

沟通的方式包括公文、工作例会、联席会议、座谈会、专家咨询等,也可采取制订工作预案、签署合作备忘录等方式进行落实。

在政府沟通的过程中都要予以详细地记录,特别在涉及部门职责认定、工作任务分配、工作要求落实、工作完成时限、协同配合措施等方面的重要会议,必须做好会议签到和会议纪要,以便沟通主体与出席人员保持联系，并根据会议精神开展督办。其中会议纪要还便于日后翻阅查找，防止因人员变动、时间相隔较长等主客观原因出现互相推诿扯皮的情况。电话沟通要做好电话记录，视频会议要及时刻录光盘予以保存。卫生部门在风险沟通过程中，往往习惯于过多地使用卫生专业术语，可能造成沟通对象对风险信息难以理解或误解，导致无效沟通。因此，一定要站在沟通对象的角度来准备风险沟通的内容和选择沟通的方式，确保沟通对象能够充分理解风险沟通的信息。

另外，在疫情处置现场，信息同时在工作组内外进行传播。大量的信息错综复杂，同时，社会对信息的需求量空前增加。此时，往往出现工作组发出的各种信息相矛盾的情况，这些混乱状况的产生与组织内部沟通不够有关。因此，只有内部信息畅通，才有助于迅速统一思想、采取行动。应注重部门内管理人员、专业技术人员间，以及上下级间的沟通，优化信息传递流程。

2．媒体沟通　媒体发布信息是与公众进行沟通的重要手段。在传染病现场调查过程中，信息迅速传播开，媒体会密切关注并要求了解有关信息。如果与媒体的关系处理得不好，则可能使非主流信息甚至谣言大行其道，造成公众心理恐慌，或对卫生行政部门的措施不配合、不理解，从而不利于事件的处置。对于传染病现场调查来说，了解媒体特性、合理利用媒体，可以对事件的信息发布起到事半功倍的效果。

一般来说，传统的新闻媒体包括报刊、杂志、广播、电视等，随着互联网的兴起，博客、微博等越来越被广泛应用并发挥重要作用，作为社交媒体的网络媒体逐渐成为一种新的媒体类型。目前，手机的功能越来越多，使用也越来越灵活，逐步变为一个比较实用的媒体。手机传播的信息内容精练，传播速度快，可同时群发，成本低；有助于点对点群发宣传；可嵌入多种媒体；内容可保存，可随时选择性观看。但手机不利于复杂信息的传播，如信息经多次传播，难以辨认信息源。

一般的媒体沟通方式有两大类：一类是被动地接受媒体记者的采访，如领导或专家接受广播、电视等新闻媒体的采访等；另一类是主动的新闻发布，如发布新闻稿、召开新闻发布会、举办媒体通气会、组织媒体集中采访等。在传染病现场调查中，会经常遇到媒体主动要求采访的情况，现场工作人员要按照有关程序和原则接受采访。

在现场调查过程中，所有工作人员都可能非常繁忙，但随时都会遇到媒体采访，这时如果不能及时接受或安排采访，不实的信息就可能被快速传播，但接受采访一定要遵循媒体沟通的一般程序。一般的采访主要包括：受理采访申请，得到授权，了解媒体的主要需求，选择好采访地点，准备答问口径和核心信息，进行简单的模拟演练，保持良好的形象接受采访，事后还要保持关注。

（1）首先得到授权。一般情况下，在接受采访前必须得到上级领导或部门的授权。另外，现场调查人员都是以工作人员身份接受记者采访，采访的话题应该限定在授权、业务范围和本人的专业范围之内，不应超越本人的职权、业务和专业背景发表言论。这是代表机构和媒体沟通时需恪守的一条准则。如果媒体未经上级或有关部门同意直接联系请求采访，接受采访者也不要断然拒绝采访，应该本着友好的态度，向媒体解释，并尽可能协助媒体向有关部门提出采访申请，得到批复后，尽快接受采访。

（2）了解媒体采访的主要需求。无论记者预约还是突然采访，被采访人员都可以先向记者要采访提纲，了解该媒体的采访意图和主要需求，拿到采访提纲后可以从以下几个角度进行相关材料的准备和考虑。

媒体为什么要从这个角度进行报道？
记者计划采访哪些单位、哪些专家？已经采访了哪些人？他们有什么样的观点？
记者准备采访的这些问题，哪些是我能够回答的？哪些是不能回答的？
对于能够回答的问题，怎样说能够既科学准确又通俗易懂？

对于不能回答的问题，能否推荐其他适合回答这一问题的人给记者以提供帮助？

（3）准备答问口径，提炼核心信息。在接受采访前，要针对记者的采访提纲，邀请相关人员准备好一个简单的答问口径，在接受采访时，严格按照答问口径与媒体进行沟通交流。同时，接受采访人员要结合事件的发生与处理进展，提炼出需要告诉记者的核心信息，变被动接受采访为主动提供信息。所谓核心信息，就是专家希望记者最终在报道里保留的部分。在采访前可以提炼1~3个核心信息。核心信息太多，会造成报道分散、力度减弱的结果。

（4）了解即将面对的记者。在采访前了解即将面对的记者，要尽可能全面地了解记者的基本信息。记者同样在做这样的功课，通常会搜集与被采访者有关的各种信息，对被采访者的基本情况一般都已经基本掌握。

（5）选择好采访的地点。通常会在工作现场或办公室进行，应当保持采访地点的干净、安静和整洁；如果有摄影师一起前来采访，必须事先确定采访和拍摄的地点，最好背景有显示本机构特点的标志等，避免在不宜公开的场所接受采访。

（6）采访前进行预演。如果时间允许，尽量在采访前安排一次预演，特别是对于接受电视媒体记者采访前，可以请自己的家人或同事扮演记者和听众，请他们对自己所回答的内容和语音、语调给出意见和建议。根据这些意见和建议，及时修订自己的答问口径，并完善自己的表达方式。

（7）自备录音笔。为了保存采访资料，建议接受采访时自备一支录音笔，或者用自己的手机录音功能，将记者的提问和自己的回答都录下来。这样做的好处是自己保存一份原始采访记录，避免出现断章取义或无意识的理解偏差。不要担心记者携带录音机，至少录音机可将对话录下来，避免被对方曲解。

（8）审核稿件。在采访稿正式发表前，一般应要求记者将稿件发来进行审核确认后再发表，确保报道准确无误，不被歪曲。

（9）事后关注。采访信息报道后，要及时关注媒体和大众对报道情况的反应，分析总结采访中的有关问题，为下次采访活动积累经验。

新闻发布会一般由政府相关部门组织，往往需要邀请参与现场处置的有关领导和专家参加发布会，并对有关技术问题进行解答和补充。举办新闻发布会有较高的专业要求，新闻发布会应由负责新闻宣传的专业部门举办，相关部门要积极配合。专门的新闻宣传部门一般都接受过举办新闻发布会的培训，有丰富的工作经验，但现场传染病处置人员一般都是卫生专业背景，对举办新闻发布会的很多要求不是十分熟悉，在实际工作中，应当主动学习、了解有关新闻发布会的基本要求，积极配合有关部门适时举办新闻发布会。

3．公众沟通　在传染病处置的过程中，公众直接受到传染病的威胁，是风险沟通的重要对象。公众对信息的渴求更加突出，需要积极与公众沟通，沟通内容主要包括传染病流行概况、防控措施等。在进行风险沟通之前，应通过多种途径确认公众的各种需求，如信息需求、认知需求、情感需求、信任需求等，通过针对性的工作，取得更好的效果。与公众沟通的方式很多，随着信息传播渠道的不断变化，与公众沟通的方式也不断更新。

（1）传统媒体：传统媒体主要包括电视、广播和报纸。通过传统媒体发布信息是快速便捷的方式，具有信息的接受者众多、信息量大、覆盖范围广、传播速度快等优点。可通过新闻通稿、传真、电话、电子邮件等形式向媒体发布信息的方式与媒体沟通，也可以通过专家访谈、联合采访、新闻发布会、新闻通气会、电话连线采访等形式进行。

（2）政府或专业机构网站：与传统的传媒相比，网站内容贵在新、快、多且可反复观看。当前，我国各级政府和有关专业机构都建有各自的官方网站，可及时将突发公共卫生事件风险沟通核心信息发布在网站上，以政府部门的公信力或专业机构的学术权威赢得公众的信任。通过政府或专业机构网站发布信息的优点在于权威、快速、易于获取。

（3）社交媒体：在针对公众的风险沟通中，社交媒体越来越受到人们的关注，可充分利用社交媒体和新的传播手段,开展有针对性的信息传播。新媒体是以数字信息技术为基础、以互动传播为特点、具有创新形态的媒体。目前比较常用的有手机短信提醒、公众号、微博、微信等,已经成为大众主要的信息传播渠道。

(4) 发放健康传播资料:健康传播资料是风险沟通中较好的信息传播载体,为了提高风险沟通的效果,沟通者需要配合使用好宣传资料。在设计制作健康传播资料时一定要分析目标受众的基本情况及对资料形式的喜好情况,充分体现资料的可理解性、可接受性、可行性和可说服性,以真正发挥宣传资料的作用。

(5) 利用宣传栏进行传播:宣传栏也是一种十分有效的传播形式,常被应用于企事业单位、街道、广场、社区出入口、活动中心、学校、医疗机构等公共场所。

(6) 开通电话咨询热线:电话咨询是由专门训练的咨询人员利用电话给来电者以劝告和安慰的一种咨询形式。电话咨询的优点是可直接回答个人关心的问题,有助于准确获得信息、缓解心理压力;咨询迅速及时,不分昼夜,不论远近,对咨询对象方便易行;咨询双方不见面,有利于消除咨询者的顾虑;另外,热线电话还可以作为舆情监测的重要途径之一,收集公众的舆情信息。

(7) 健康科普讲座:健康讲座是一种常用公众沟通的形式,由权威人士或专业人员针对某一议题有组织、有准备地对目标受众进行沟通。这种活动形式可以使比较多的目标受众同时接收信息,受众范围大,信息的传递比较直接、迅速。由于讲座是有目的、有组织、有计划,且经过认真准备而进行的沟通,因此论证严密、条理清楚、具有较强的说服力。在开展讲座时,演讲者必须要有较好的知识基础,深入全面地了解核心信息,有比较好的科普演讲技能。开展健康科普讲座的场地可包括社区、学校、企事业单位等。

(8) 面对面直接沟通:面对面直接沟通是最基础、信息传递最直接的一种沟通方式,主要包括健康咨询、个别劝导等。一般来说,面对面直接沟通效率低,因为它需要大量的人力和时间。但是从个体来看,面对面直接沟通可以带来良好的效果。健康咨询是由专业人员为咨询者答疑解难,面对突发公共卫生事件中的相关健康问题,帮助其澄清观念,做出行为决策。

(五) 风险沟通效果的评估

评估和总结风险沟通的效果,认真回顾分析在事件处理过程中的举措得失,可为今后类似事件的处理积累宝贵的经验。检验风险沟通方案和实施过程是否满足需要,并通过检验修改完善风险沟通组织机构和风险沟通方案,提高组织在面对危机事件时果断决策、共享信息和有序行动的能力,使其能够针对危机和紧急情况做出更加适当而有效的传播反应。或者形象地说,就是要通过评估来考察风险沟通方案是否能够保证足够迅速、全面、适当地提供信息并且有效协调相关的各个部门。

传染病处置刚刚结束的时间是对风险沟通工作进行总结、交流、改善以及开展公众教育的最好时机,要尽快召集参与人员进行总结,以提高工作水平,开展下一步的工作。

第三节 案例分析:2014年浙江省一起多校同源诺如病毒急性胃肠炎暴发疫情调查

一、内容提要

2014年2月,浙江省海宁市6所中学同时发生诺如病毒急性胃肠炎暴发疫情,共有451例病例,其中学生病例447例、教师病例4例。6所学校学生罹患率最低为1.5%,最高为11%。根据病例的临床表现、实验室检测结果以及现场流行病学调查结果判定,本次疫情系各校饮用同一品牌受诺如病毒污染的桶装水所致。

近年来，桶装水的使用越来越普及，但桶装水的公共卫生监管工作却显著滞后。浙江省发生过多起与桶装水有关的感染性腹泻疫情，在现场调查中也多次发现桶装水生产过程中存在严重公共卫生隐患，如本次调查中发现的水源水未经消毒而直接灌装等。小作坊式的桶装水生产公司，既无起码的卫生条件，又无出厂检验机制，极易导致水源传染病的发生。本次事件在该省乃至全国并不是个别、孤立事件。建议全国各地卫生监督部门认真做好检查工作，了解属地是否存在类似的生产桶装水的小作坊，并进一步完善监督执法机制和建立相应的制度，杜绝此类不合格的桶装水生产公司的生产经营活动。

2014年2月17日上午，浙江省海宁市疾控中心接到市属A学校报告，该校有多名学生出现呕吐、腹泻等症状，工作人员随即赴现场调查。至2月18日下午，海宁市疾控中心陆续接到市属A、B、C、D、E、F共6所学校报告类似情况。为掌握疫情的流行强度、寻找病因及传播危险因素，并提出针对性控制措施，2月18日下午，浙江省现场流行病学培训项目（ZJFETP）学员参加了本次调查。

调查组首先通过电话联系海宁市所有86所学校（包括大专院校、中小学及幼儿园），了解其他学校有无类似情况。经核实，除已报告出现疫情的A、B、C、D、E、F这6所学校外，其他学校均无类似情况发生。因此，调查组将本次调查的可能病例定义为"2014年2月15—21日期间，A、B、C、D、E和F学校的学生和教职员工中出现腹泻（≥3次/日）或呕吐者"，确诊病例定义为"可能病例中粪便或呕吐物标本经RT-PCR检测出诺如病毒核酸者"。采用统一制定的一览表进行病例搜索，具体方式包括：①调查员对各校的班主任老师进行培训，由班主任老师询问各班学生有无相关症状；②由各校校医询问本校的教师和其他员工；③调查员查阅海宁市各级医疗单位（市级医院、乡镇卫生院）的门诊记录。

共搜索到451例病例（440例可能病例、11例确诊病例），其中学生病例447例、教师病例4例。病例的主要临床表现为呕吐（85%）、恶心（63%）、腹痛（50%）、腹胀（47%）、腹泻（27%）和发热（22%）。所有病例均为轻症，无重症和死亡病例，均未住院。

首例病例发病时间为2月16日，发病高峰为2月18日，2月21日出现最后一例病例。流行病学曲线呈现点源暴发模式（图4-1）；而且各个学校的流行病学曲线形状基本一致，提示6所学校的暴露为同源暴露。

6所学校学生罹患率分别为11%、5.1%、3.8%、3.9%、2.3%和1.5%。其中3所学校有教师病例，教师罹患率分别为2.1%、0.5%和0.7%。6所学校除了病例较少的F学校外，学生罹患率均高于教师，差异均有统计学意义（表4-1）。

表4-1 2014年浙江省海宁市一起诺如病毒急性胃肠炎暴发疫情中各校师生患病情况及饮用桶装水品牌

学校	病例数		总人数		罹患率（%）		χ^2	P	饮用桶装水品牌	
	学生	教师	学生	教师	学生	教师			学生	教师
A	125	2	1136	97	11	2.1	7.7	0.0054	HJH	HJH QDH
B	94	1	1847	199	5.1	0.50	8.5	0.0035	HJH	BW
C	68	1	1771	147	3.8	0.68	3.9	0.048	HJH	HJH
D	90	0	2325	270	3.9	0	11	0.0010	HJH	XZSQ
E	57	0	2501	228	2.3	0	—	0.013*	HJH	QDH
F	13	0	863	101	1.5	0	—	0.38*	HJH	HJH

*Fisher确切概率法。

6所学校总的住校生罹患率（5.0%，341/6463）高于通校生（2.9%，106/3533）（$\chi^2=25$，$P<0.05$），而男生罹患率（4.2%，182/4164）和女生罹患率（4.4%，265/5820）无统计学差异

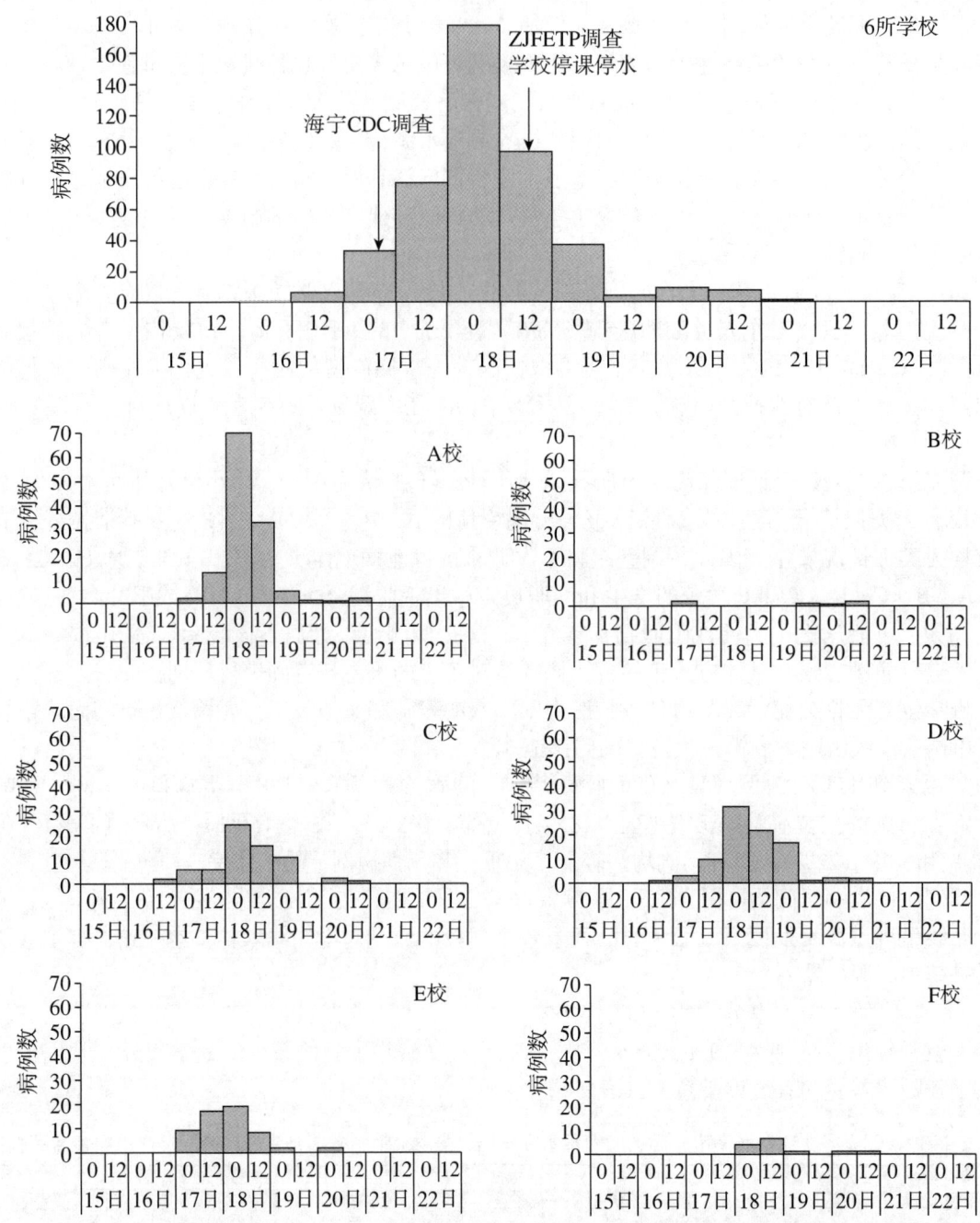

图 4-1 2014年2月浙江省海宁市一起诺如病毒急性胃肠炎暴发疫情流行病学曲线（间隔12h）

（$\chi^2=0.17$，$P > 0.05$）（表4-2）。

表 4-2 2014年浙江省海宁市一起多所学校诺如病毒急性胃肠炎暴发疫情中不同性别学生、通校生与住校生患病情况比较

学校	罹患率（%）		χ^2	P	罹患率（%）		χ^2	P
	男生	女生			通校生	住校生		
A	10	12	0.32	> 0.05	3.1	13	18	< 0.05
B	4.4	5.8	2.1	> 0.05	6.4	4.3	3.9	< 0.05
C	0.0*	4.4	9.8	< 0.05	5.3	3.7	0.91	> 0.05

续表

学校	罹患率（%）		χ^2	P	罹患率（%）		χ^2	P
	男生	女生			通校生	住校生		
D	4.6	3.3	2.7	>0.05	3.2	4.2	1.2	>0.05
E	2.9	1.7	4.2	<0.05	1.6	3.3	7.3	<0.05
F	1.1	1.9	0.97	>0.05	0.5	2.4	5.0	<0.05
合计	4.2	4.4	0.17	>0.05	2.9	5.0	25	<0.05

* C学校为一所卫校，男生人数非常少。

6所学校均有各自食堂负责师生饮食。教师和通校生只有午餐在学校食堂就餐，住校生一日三餐均在学校食用。各学校对本校学生和老师供应的菜品相同。近期各所学校食堂员工均未出现发热、腹泻、呕吐和皮肤伤口等情况。核对食谱发现，自2月10日以来，6所学校提供的菜品无共同食品，也无海产品、小水产品、凉拌菜等食品。各校食堂的食品原料均来自于海宁市市区各大菜场，未发现由同一家配送商供应的情况。但6所学校疫情同时发生，而且在每所学校内共同饮食的教师和学生罹患率明显不同，提示通过食堂饮食导致暴发的可能性较小。

6所学校生活用水均为城市自来水，饮用水则主要为桶装水。各所学校均在教室和教师办公室安放桶装水。其中，教室中的桶装水均为"HJH"牌；而在教师办公室中，只有2所学校提供"HJH"牌桶装水，另外4所学校提供其他品牌桶装水，包括"QDH""BW"和"XLSQ"等（表4-1）。在学生宿舍中，A学校不提供饮用水，B学校供应桶装水，C、D、E和F学校供应自来水开水。由于学生数量较多，饮水机无法在短时间内进行加热，学生多饮用温水（冷热水混合）。

因6所学校同时发生疫情，流行曲线提示为同源暴露的点源暴发，学生罹患率高于教师，男生和女生罹患率无统计学差异，住校生罹患率高于通校生；且6所学校均有"HJH"牌桶装水供应，学生饮用"HJH"牌桶装水远远多于教师，住校生饮用"HJH"牌桶装水多于走读生，故提示本次暴发可能是由饮用受污染的"HJH"牌桶装水导致。为进一步验证假设，调查组在罹患率最高的A校开展了病例对照研究。将同时具有腹泻和呕吐症状的69例病例作为病例组，从全校学生名单中随机抽取70名无任何临床症状的学生作为对照组，调查两组饮用"HJH"牌桶装水的情况。结果显示，病例组100%（69/69）饮用，而对照组中77%（54/70）的人饮用，饮用"HJH"牌桶装水可增加发病风险（OR=22，95% CI=2.8~168）。在喝桶装水的学生中作进一步分析，喝桶装水冷水（OR=4.1，95% CI=1.2~14）和温水（OR=2.6，95%CI=1.2~5.8）的发病风险均高于喝桶装水热水的风险（表4-3）。

表4-3 2014年浙江省海宁市一起诺如病毒急性胃肠炎暴发疫情病例对照研究

桶装水类型	暴露数		暴露百分比（%）		OR	95% CI
	病例（$n=69$）	对照（$n=70$）	病例	对照		
喝桶装水	69	54	100	77	22*	2.8~168*
不喝桶装水	0	16	0	23	Ref.	—
喝冷水桶装水	13	5	19	7.1	4.1	1.2~14
喝温水桶装水	40	24	58	34	2.6	1.2~5.8
喝热水桶装水	16	25	23	36	Ref.	—

* OR值为每个格子均加1后计算所得

2月17—19日期间，调查组在6所学校中共采集48份桶装水水样、饮水机直放水水样，送浙江省疾控中心进行诺如病毒核酸和相关卫生学指标检测。其中，1份未开封的"HJH"牌桶装水和5份饮水机直放水水样中检出诺如病毒核酸，3份未开封的"HJH"牌桶装水水样菌落总数超标。共采集病例肛拭子标本24份，其中11份标本诺如病毒核酸阳性。

对"HJH"牌桶装水的生产过程做进一步调查。该桶装水由浙江省湖州市X公司和Y公司同时生产，两家公司均为6所学校供应桶装水。调查组在学校中采集的两家公司供应的桶装水标本中共有6份检出诺如病毒核酸。两家公司供应范围主要为发生疫情的6所学校（约占销售量的95%），而对其他学校供应量则非常少（不足5%）。

X公司位于湖州市妙西镇南凉亭生态保护区，水源地为麦介坞水库。公司从水库取水输送到位于工厂居民区内的约60立方米的蓄水池中。蓄水池无盖，但其上方3米处搭建了一个遮挡顶棚。蓄水池地势较低，需通过阶梯走下去。通向蓄水池的阶梯上存在较多垃圾，池水水面有木屑等杂物漂浮。蓄水池为水泥内壁，池水无消毒措施。在生产车间内，池水经过滤后（无消毒过程）流至灌装区，工人对桶消毒后，将水直接灌装到桶中。

Y公司位于湖州市妙西镇妙山村，水源地为霞幕山水库。此水库与X公司的水源地很近，实为同一水体。该公司厂区外另有水井一口，为目前阶段主要供应水源。该水井位于一片小竹林中，地势较低，无井盖，旁边有一条小溪。水井为浅水井，井深10米，水位和地表水位基本持平，井壁为砖块和石头所砌。该井平时无人管理，井水也不消毒。由于调查时该厂已经查封，未对其生产过程进行调查。

X公司和Y公司各有8名工人，采集所有工人的肛拭子标本进行诺如病毒核酸检测。X公司有2名工人肛拭子标本诺如病毒核酸阳性（其中1人有临床症状，发病日期为2月18日），Y公司有1名工人阳性。对X公司2月20日生产的桶装水水样进行检测，标本仍检出了诺如病毒核酸。

二、讨论和建议

2014年2月，浙江省海宁市6所中学同时发生诺如病毒急性胃肠炎暴发疫情，共有451例病例，其中学生病例447例、教师病例4例。根据病例的临床表现、实验室检测结果以及现场流行病学调查结果判定，本次疫情系各校饮用同一品牌受诺如病毒污染的桶装水所致。

文献曾报道多起由饮用被污染的桶装水引起的诺如病毒胃肠炎暴发。本次暴发在病例的粪便标本、饮水机直放水和未开封的桶装水水样中均检出了诺如病毒核酸，而且流行病学调查结果也显示饮用"HJH"牌桶装水增加发病的危险。

造成本次疫情的原因是生产"HJH"牌桶装水的两家公司提供的桶装水卫生质量不合格。通过对这两家桶装水公司的生产环节进行调查，发现其蓄水池水、井水有可能受到周边环境的污染，而且蓄水池水、井水在平时储存时均无任何消毒措施。对X公司生产过程的调查发现，该公司在灌装前仅对水源水进行过滤，并无消毒过程，故无法将污染的病原体灭活，卫生质量得不到保证，从而导致了疫情的发生。

（罗会明　张丽杰）

第五章

传染病的消毒方法和技术

第一节 消毒技术和原理

一、传染病的病原学及临床特点

(一)病原学特征

传染病与其他疾病的主要区别在于其具有下列四个基本特征。

1. 病原体(pathogen) 每种传染病都是由特异性病原体引起的。对人类有致病性的病原体在500种以上,包括微生物(如病毒、衣原体、支原体、立克次体、螺旋体、细菌、真菌)和寄生虫(如原虫、蠕虫)。近年来对病原体范畴的认识有所扩大。从小处看已打破了最简单的微生物范畴,不再要求核酸(DNA或RNA)的存在,从而包括了朊粒(缺乏核酸结构的具有感染性的变异蛋白质);同时,也打破了最复杂病原体(寄生虫)范畴,倾向于将某些节肢动物引起的感染病如疥疮等纳入感染病范畴。因此,感染病学实际上是研究病原生物引起人类疾病的科学。历史上许多传染病都是先认识其临床和流行病学特征,然后才认识其病原体。随着研究水平的不断提高和深入,对各种传染病病原体的认识也逐渐加深。特定病原体的检出在确定传染病的诊断和流行中有着重大意义。由于新技术的应用,有可能发现新的传染病病原体。

2. 传染性(infectivity) 这是传染病与其他感染性疾病的主要区别。例如,耳源性脑膜炎和流行性脑脊髓膜炎在临床上都表现为化脓性脑膜炎,但前者无传染性,无需隔离,后者则有传染性,必须隔离。传染性意味着病原体能通过某种途径感染他人。传染病患者有传染性的时期称为传染期,在每一种传染病中都相对固定,可作为隔离患者的依据之一。

3. 流行病学特征(epidemiologic feature) 传染病的流行过程在自然和社会因素的影响下,表现出各种流行病学特征。

(1)流行性:可分为散发、暴发、流行和大流行。散发(sporadic occurrence)是指某传染病在某地的常年发病情况或常年一般发病率水平,可能是由于人群对某病的免疫水平较高,或某病的隐性感染率较高,或某病不容易传播等。暴发(outbreak)是指在某一局部地区或集体单位中,短期内突然出现许多同一疾病的患者,大多是同一传染源或同一传播途径,如食物中毒、流行性感冒等。当某病发病率显著超过该病常年发病率水平或为散发发病率的数倍时,称为流行

(epidemic)。当某病在一定时间内迅速传播，波及全国各地，甚至超出国界或洲境时，称为大流行（pandemic）或世界性流行，如2003年的传染性非典型肺炎大流行、2009年的甲型H1N1流感大流行。

（2）季节性：不少传染病的发病率每年都有一定的季节性升高，主要原因为气温的高低和昆虫媒介的有无。如呼吸道传染病常发生在寒冷的冬春季节，肠道传染病及虫媒传染病好发于炎热的夏秋季节。

（3）地方性：有些传染病或寄生虫病由于中间宿主的存在、地理条件、气温条件、人民生活习惯等原因，常局限在一定的地理范围内发生，如恙虫病、疟疾、血吸虫病、丝虫病、黑热病等。主要以野生动物为传染源的自然疫源性疾病也属于地方性传染病。

（4）外来性：指在国内或地区内原来不存在，而从国外或外地通过外来人口或物品传入的传染病，如霍乱。

4. 感染后免疫（post infection immunity） 指免疫功能正常的人体经显性或隐性感染某种病原体后，都能产生针对该病原体及其产物（如毒素）的特异性免疫。通过血清中特异性抗体的检测可知其是否具有免疫力。感染后获得的免疫力和疫苗接种一样都属于主动免疫。通过注射或从母体获得抗体的免疫力都属于被动免疫。感染后免疫力的持续时间在不同传染病中有很大差异。有些传染病，如麻疹、脊髓灰质炎和乙型脑炎等，感染后免疫力持续时间较长，甚至保持终生；但有些传染病感染后则免疫力持续时间较短，如流行性感冒、细菌性痢疾和阿米巴病等。在临床上，感染后免疫如果持续时间较短，可出现下列现象。

（1）再感染：指同一传染病痊愈后，经过长短不等间隔再度感染，如感冒、细菌性痢疾。

（2）重复感染：指疾病尚在进行过程中，同一种病原体再度侵袭而又感染，这在蠕虫病（如血吸虫病、肺吸虫病、丝虫病）中较为常见，是发展为重症的主要原因，因其感染后通常不产生保护性免疫。

（二）传染病的临床特点

1. 病程发展的阶段性 传染病的发生、发展和转归可以分为四个阶段。

（1）潜伏期（incubation period）：从病原体侵入人体起，至开始出现临床症状为止的时期，称为潜伏期。每一个传染病的潜伏期都有一个范围（最短、最长），并呈常态分布，是检疫工作观察、留验接触者的重要依据。潜伏期相当于病原体在体内定位、繁殖和转移，引起组织损伤和功能改变，导致临床症状出现之前的整个过程，其长短不一，随病原体的种类、数量、毒力与人体免疫力的强弱而定，短的仅数小时（如细菌性食物中毒），大多数在数天内（如白喉、猩红热、细菌性痢疾等），有的可延至数月（如狂犬病），甚或数年以上（如麻风、艾滋病）。潜伏期的长短通常与病原体的感染量成反比。如果主要由毒素引起病理生理改变，则与毒素产生和播散所需时间有关。如细菌性食物中毒，毒素在食物中已预先存在，则潜伏期可短至数十分钟。狂犬病的潜伏期取决于狂犬病病毒进入人体的部位（伤口），离中枢神经系统越近则潜伏期越短。在蠕虫病，由于幼虫的移行，在潜伏期即可出现症状，因此潜伏期的计算应自病原体入侵人体至虫卵或幼虫出现为止这一阶段，通常较细菌性疾病的潜伏期要长得多（大多数在数月以上），如血吸虫病、丝虫病、肺吸虫病等。潜伏期短的传染病，流行时往往呈暴发。有些传染病在潜伏期末已具传染性。

（2）前驱期（prodromal period）：从起病至症状明显开始为止的时期称为前驱期。在前驱期中的临床表现通常是非特异性的，如头痛、发热、疲乏、食欲下降和肌肉酸痛等。与病原体繁殖产生的毒性物质有关，为许多传染病所共有，一般持续1~3天。前驱期已具有传染性。起病急骤者，可无前驱期。

（3）症状明显期（period of apparent manifestation）：急性传染病患者度过前驱期后，某些传染病，如麻疹、水痘患者往往转入症状明显期。在此期间该传染病所特有的症状和体征都通常获得充分的表现，如具有特征性的皮疹、黄疸、肝大、脾大和脑膜刺激征等。然而，在某些传染病，如脊髓灰质炎、乙型脑炎等，大部分患者可随即进入恢复期，临床上称为顿挫型（abortive type），仅少部分患者进入症状明显期。

(4) 恢复期（convalescent period）：当机体的免疫力增长至一定程度，体内病理生理过程基本终止，患者的症状及体征基本消失，临床上称为恢复期。在此期间，体内可能还有残余病理改变（如伤寒）或生化改变（如病毒性肝炎），病原体尚未能被完全清除（如霍乱、痢疾），但食欲和体力均逐渐恢复，血清中的抗体效价亦逐渐上升至最高水平。

有些传染病患者在病程中可出现再燃（recrudescence）或复发（relapse）。再燃是指当传染病患者的临床症状和体征逐渐减轻，但体温尚未完全恢复正常的缓解阶段，由于潜伏于血液或组织中的病原体再度繁殖，使体温再次升高，初发病的症状与体征再度出现的情形。复发是指当患者进入恢复期后，已稳定退热一段时间，由于体内残存的病原体再度繁殖而使临床表现再度出现的情形。再燃和复发可见于伤寒、疟疾和细菌性痢疾等传染病。

有些传染病在恢复期结束后，某些器官的功能长期未能恢复正常，留下后遗症（sequela），后遗症多见于以中枢神经系统病变为主的传染病，如脊髓灰质炎、乙型脑炎和流行性脑脊髓膜炎等。传染性非典型肺炎也可导致肺部病变、股骨头坏死等多种后遗症。另一些传染病则由于变态反应而出现免疫性疾病，如猩红热后的急性肾小球肾炎。

2. 传染病常见的症状与体征

(1) 发热（pyrexia，fever）：大多数感染病都可引起发热，如流行性感冒、恙虫病、结核病和疟疾等。

1）发热程度：临床上可在口腔舌下、腋下或直肠探测体温。其中，口腔和直肠需测3分钟，腋下需测10分钟。以口腔温度为标准，发热的程度可分为：① 低热：体温为37.5～38 ℃；② 中度发热：体温为38～39 ℃；③ 高热：体温为39～41 ℃；④ 超高热：体温41 ℃以上。

2）感染病的发热过程可分为三个阶段。

①体温上升期（effervescence）：是指患者在病程中体温上升的时期。若体温逐渐升高，患者可出现畏寒，可见于伤寒、细菌性痢疾等；若体温急剧上升并超过39 ℃，则常伴寒战，可见于疟疾、登革热等。

②极期（fastigium）：是指体温上升至一定高度，然后持续数天至数周。

③体温下降期（defervescence）：是指升高的体温缓慢或快速下降的时期。有些感染病，如伤寒、结核病等多需经数天后才能降至正常水平；有些感染病，如疟疾、败血症等则可于数十分钟内降至正常水平，同时常伴有大量出汗。

3）热型及其意义：热型是感染病的重要特征之一，具有鉴别诊断意义。较常见的有五种热型。

①稽留热（sustained fever）：体温升高超过39 ℃且24小时内相差不超过1 ℃，可见于伤寒、斑疹伤寒等的极期。

②弛张热（remittent fever）：24小时内体温高低相差超过1 ℃，但最低点未达正常水平，可见于败血症、伤寒（缓解期）、肾综合征出血热等。

③间歇热（intermittent fever）：24小时内体温波动于高热与正常体温之间，可见于疟疾、败血症等。

④回归热（relapsing fever）：是指高热持续数天后自行消退，但数天后又再出现高热，可见于回归热、布鲁菌病等。若在病程中多次重复出现并持续数月之久，则称为波状热（undulant fever）。

⑤不规则热（irregular fever）：是指发热患者的体温曲线无一定规律的热型，可见于流行性感冒、败血症等。

(2) 发疹（eruption）：许多感染病在发热的同时伴有发疹，称为发疹性感染病（eruptive

communicable diseases）。发疹时可出现皮疹（rash），分为外疹（exanthema）和内疹（enanthema，黏膜疹）两大类。出疹时间、部位和先后次序对诊断和鉴别诊断有重要参考价值。如水痘、风疹多于病程的第 1 天出皮疹，猩红热多于第 2 天，天花多于第 3 天，麻疹多于第 4 天，斑疹伤寒多于第 5 天，伤寒多于第 6 天等。水痘的皮疹主要分布于躯干；麻疹的皮疹先出现于耳后、面部，然后向躯干、四肢蔓延，同时有黏膜疹（科氏斑，Koplik spot）。

皮疹的形态可分为四大类。

1）斑丘疹（maculopapule）：斑疹（macule）呈红色，不凸出皮肤，可见于斑疹伤寒、猩红热等。丘疹（papule）呈红色，凸出皮肤，可见于麻疹、恙虫病和传染性单核细胞增多症等。玫瑰疹（rose spot）属于丘疹，呈粉红色，可见于伤寒、沙门菌感染等。斑丘疹（maculopapule，maculopapular rash）是指斑疹与丘疹同时存在，可见于麻疹、登革热、风疹、伤寒、猩红热及科萨奇病毒感染等感染病。

2）出血疹：亦称瘀点（petechia），多见于肾综合征出血热、登革热和流行性脑脊髓膜炎等感染病。出血疹可相互融合形成瘀斑（ecchymosis）。

3）疱疹（vesicle）：多见于水痘、单纯疱疹和带状疱疹等病毒性感染病，亦可见于立克次体病及金黄色葡萄球菌败血症等。若疱疹液呈脓性，则称为脓疱疹（pustule）。

4）荨麻疹（urticaria）：可见于病毒性肝炎、蠕虫蚴移行症和丝虫病等。

有些疾病，如登革热、流行性脑脊髓膜炎等，可同时出现斑丘疹和出血疹。焦痂（eschar）发生于昆虫传播媒介叮咬处，可见于恙虫病、北亚蜱媒立克次体病等。

（3）感染中毒症状（infection symptom）：病原体首先在侵入机体的局部引起炎症反应，表现出红、肿、热、痛及相应功能障碍等局部症状（local symptom）。当病原体数量多和（或）毒力强，机体免疫力降低时，病原体入血繁殖、释放毒素，引起毒血症状（toxemic symptom），病原体的各种代谢产物，包括细菌毒素在内，可引起除发热以外的多种症状，如疲乏、全身不适、厌食、头痛、肌肉、关节和骨骼疼痛等。严重者可有意识障碍、谵妄、脑膜刺激征、中毒性脑病、呼吸衰竭及休克等表现，有时还可引起肝、肾损害，表现为肝、肾功能的改变。毒血症状均为非特异性的，包括：① 毒血症（toxemia）：是指病原体在局部繁殖，所产生的内毒素与外毒素进入血液循环，使全身出现中毒症状者；② 菌血症（bacteremia）：是指病原菌在感染部位生长繁殖，不断入血作短暂停留，并不出现明显临床症状者，其他病原体亦然，如病毒血症（viremia）、立克次体血症（rickettsemia）、螺旋体血症（spirochetemia）等；③ 败血症（septicemia）或血流感染（bloodstream infection）：是指病原菌在局部生长繁殖，不断侵入血液循环并继续繁殖，产生毒素，引起全身出现明显中毒症状及其他组织器官明显损伤的临床症状等，考虑到败血症与脓毒血症差异不明显，当前已倾向于摒弃此定义；④ 脓毒症（sepsis）或脓毒血症（pyemia）：是指病原体由血流扩散，到达某一或几个组织器官内繁殖，使之损害，形成病灶者，其定义与败血症相似，如果感染未能有效控制，将出现感染性休克、弥散性血管内凝血、多脏器功能衰竭等表现。

（4）单核-巨噬细胞系统反应（reaction of mononuclear phagocyte system）：在病原体及其代谢产物的作用下，单核-巨噬细胞系统可出现充血、增生等反应，临床上表现为肝、脾和淋巴结肿大。但肿大的程度和质地在急性和慢性感染中有所不同。急性感染时，因急性充血和炎性细胞浸润引起的肝脾大常为轻度或中度肿大，质地较软，可有轻度触痛或压痛；慢性感染者因增生反应所致的肝大常为中度，脾大可为中度或重度，质地较韧或偏硬。病毒感染引起急性肝脾大最常见的疾病是急性病毒性肝炎、传染性单核细胞增多症；细菌性疾病中，伤寒、副伤寒及败血症等均可出现肝脾大；螺旋体疾病中，钩端螺旋体病、回归热等可有轻度肝脾大。急性梗阻性化脓性胆管炎、细菌性肝脓肿及肝结核则以肝大为主。

3．感染病的临床类型（clinical form） 根据感染病临床过程的长短可分为急性（acute）、亚急性（subacute）和慢性（chronic）；按病情轻重可分为轻型（mild form）、典型（typical form，也称中型或普通型）、重型（severe form）和暴发型（fulminant form）。

二、消杀技术的应用

消毒（disinfection）是指通过物理、化学或生物学方法，杀灭或清除体外环境中病原微生物的一系列方法。其目的在于通过清除病原体来阻止其向外界传播，达到控制传染病的发生与蔓延的目的。

（一）消毒的类型

按照消毒目的的不同，消毒分为疫源地消毒和预防性消毒两类。

1. 疫源地消毒 是指对目前或曾经存在传染源的场所进行消毒，其目的是杀灭或清除传染源排出的病原体。疫源地是传染源排出的病原微生物所能波及的范围。疫源地消毒又分为两种情况。

（1）随时消毒：是指对传染源的呕吐物、排泄物、体液及其污染的环境和物品，及时进行随时消毒。目的是及时杀灭或清除传染源排出的病原微生物。

（2）终末消毒：由于某些疾病的病原体在外环境中的抵抗力比较强，因此，此类传染病患者出院、转移或死亡后需对患者原住所进行一次彻底的消毒，确保终末消毒后的场所及各种物品不再有病原体的存在。

2. 预防性消毒 是指在没有明确的传染源存在时，对可能受病原体污染的场所、物品和人体进行的消毒，如饮用水消毒、餐具消毒、公共交通工具消毒、空气消毒、手术室及医护人员的手消毒等。

（二）消毒方法

常用消毒方法主要包括物理消毒法和化学消毒法两类。

1. 物理消毒法 物理消毒法是用物理因素杀灭或清除微生物的方法，是消毒操作中最安全有效也是应用最多的方法，包括如下方法。

（1）热力灭菌法：利用热力作用使微生物的蛋白质凝固变性、酶失活、细胞壁和细胞膜发生改变而导致其死亡，具体的方法包括以下几种。

1）煮沸消毒法：本方法主要适用于处理传染病患者剩余食物和污染的棉织品、玻璃制品及金属器械等，在水中煮沸100 ℃，10分钟左右即可杀死细菌繁殖体，但不能杀死细菌芽孢，对于细胞的芽孢则需要延长至数十分钟甚至数小时。对于被乙肝病毒污染的物品，煮沸的时间需延长至15～20分钟。在高原地区气压低、沸点低的情况下，需要延长消毒时间，海拔每增高300米，需延长消毒时间2分钟。

2）高压蒸汽灭菌：本方法适用于一切耐热、耐潮物品的消毒，是利用高压和高热释放的潜热进行灭菌，是目前对实验材料进行灭菌的最有效和最可靠的方法。本方法效果可靠，既可杀灭细菌的繁殖体，也可杀灭细菌的芽孢。通常压力为98 kPa，温度为121～126 ℃，时间15～20分钟。

3）预真空型压力蒸汽灭菌：利用机械抽真空的原理，使灭菌器内形成负压，蒸汽得以迅速穿透到物品内部。蒸汽压力达205.8 kPa（2.1 kg/cm^2），温度达到132 ℃、2分钟内能杀灭芽孢。

4）火烧消毒法：对被细菌芽孢污染的器具，如破伤风患者伤口换药碗，先用95%乙醇燃烧后再行高压蒸汽灭菌消毒，以防止细菌芽孢污染的扩散。

5）巴氏消毒法：是法国微生物学家巴斯德为葡萄酒消毒时发明，并以他的名字来命名的一种消毒方法，是一种使用较低温度加热消毒的方法，不使蛋白质变性，但可杀灭常见致病菌。巴氏消毒法是乳品加工中的一个重要环节，既可以达到消毒的目的，又不致损失食品质量。65～75 ℃、10～15分钟能杀灭细菌繁殖体，但不能杀死芽孢，可用于血清的消毒和疫苗的制备。将血清加热至56 ℃、1小时，每日一次，连续3日，可使血清不变质。该方法被认为与煮沸消毒法一样安全,并对物品的损害较小。

(2) 辐射消毒法

1) 非电离辐射:包括紫外线、红外线和微波。紫外线常用于室内空气、水和一般物品表面消毒。紫外线为低能量电离辐射,光波波长 200～275 nm,杀菌作用强,杀菌谱广,可杀灭细菌繁殖体、真菌、分枝杆菌、病毒、立克次体、衣原体和支原体等。紫外线的主要杀菌原理是使细菌 DNA 链上相邻的嘧啶碱基形成嘧啶二聚体,从而干扰 DNA 正常碱基配对,导致细菌死亡或突变,但此法穿透力差,对真菌孢子、细菌芽孢效果差,对 HBV 和 HIV 无效,对照射不到的部位无杀菌作用,因此仅适用于直射物品表面消毒及对空气的消毒。紫外线直接照射人体可发生皮肤红斑、紫外线眼炎和臭氧中毒,应注意防护。红外线和微波主要靠产热杀菌,所及之处产生分子内部剧烈运动,使物体内外温度迅速升高。目前已广泛应用于食品、药品的消毒,微波对人体有一定的危害性,其热效应可损伤睾丸、晶状体等,长时间照射还可致神经功能紊乱,使用时可设置不透微波的金属屏障或佩戴特制防护眼镜等。

2) 电离辐射:有 γ 射线和高能电子束(β 射线)两种。电离辐射通过损伤微生物的核酸及酶类进行灭菌,具有穿透力强、灭菌可靠和不使物品升温、操作简便等优点,可在常温下对不耐热的物品灭菌,又称"冷灭菌"。该方法杀菌谱广,剂量易控制,但设备昂贵,对人及物品有一定损害,多用于精密医疗器械、生物医学制品(人工器官、移植器官等)和一次性医用品等灭菌。消毒灭菌过程中应注意对放射源的防护。

3) 超声消毒法:在频率 20～200 kHz 的超声作用下,使细菌细胞机械破裂和原生质迅速游离,达到消毒目的。如超声洗手器用于手部消毒,超声洗涤机用于注射器的清洁和初步的消毒处理。

2. 化学消毒法 化学消毒法是指用化学消毒药物使病原体蛋白变性凝固,或干扰其酶系统和代谢,或改变细菌细胞膜的通透性而致其死亡的方法。凡不适于物理消毒法而耐潮湿的物品,如光学仪器(胃镜、膀胱镜等)、皮肤、黏膜、患者的分泌物、排泄物等均可采用此法。

(1) 常用的化学消毒法

1) 浸泡法:选用杀菌谱广、腐蚀性弱、水溶性消毒剂,将物品浸没于消毒剂内,在标准的浓度和时间内,达到消毒灭菌目的。

2) 擦拭法:选用易溶于水、穿透性强的消毒剂,擦拭物品表面,在标准的浓度和时间里达到消毒灭菌目的。

3) 熏蒸法:加热或加入氧化剂,使消毒剂呈气体,在标准的浓度和时间里达到消毒灭菌的目的。室内物品及空气消毒或精密贵重仪器和不能蒸、煮、浸泡的物品(血压计、听诊器以及传染病患者用过的票证等),均可用此法消毒。

4) 喷雾法:借助普通喷雾器或气溶胶喷雾器,使消毒剂产生的微粒气雾弥散在空间中,进行空气和物品表面的消毒。如用 1% 含氯石灰澄清液或 0.2% 过氧乙酸溶液作空气喷雾。对细菌芽孢污染的表面,每立方米喷雾 2% 过氧乙酸溶液 8 ml 经 30 分钟(在 18 ℃ 以上的室温下),可达 99.9% 的杀灭率。

5) 环氧乙烷气体密闭消毒法:将环氧乙烷气体置于密闭容器内,在标准的浓度、湿度和时间内达到消毒灭菌目的。环氧乙烷是广谱气体杀菌剂,能杀灭细菌繁殖体和芽孢,以及真菌和病毒等。穿透力强,对大多数物品无损害,消毒后可迅速挥发,特别适用于不耐高热和温热的物品,如精密器械、电子仪器、光学仪器、心肺机、起搏器、书籍文件等,均无损害和腐蚀等副作用。

(2) 化学消毒剂分类

1) 根据消毒效能可以将其分为三类。

①高效消毒剂:能杀灭包括细菌芽孢、真菌孢子在内的各种微生物,如 2% 碘酊、戊二醛、过氧乙酸、甲醛、环氧乙烷、过氧化氢等消毒剂。

②中效消毒剂：能杀灭包括结核分枝杆菌在内的细菌繁殖体和大多数种类的真菌及病毒，但不能杀灭细菌芽孢，如乙醇、部分含氯制剂、氧化剂、溴剂等消毒剂。含氯制剂和聚维酮碘则居于高效与中效消毒效能之间。

③低效消毒剂：只能杀灭细菌繁殖体和亲脂类病毒，对真菌有一定作用，但不能杀灭细菌芽孢、结核分枝杆菌及抵抗力较强的某些真菌和病毒，如汞、氯己定（洗必泰）及某些季铵盐类消毒剂，对皮肤黏膜无刺激性，对金属和织物无腐蚀性，稳定性好。

2）根据化合物种类，可将常用的化学消毒剂分为以下几类。

①含氯消毒剂：常用的有含氯石灰（漂白粉）、次氯酸钠、氯胺及二氯异氰尿酸钠等。这类消毒剂在水中产生次氯酸，有杀菌作用强、杀菌谱广、作用快、余氯毒性低及价廉等特点，但对金属制品有腐蚀作用，适用于餐具、环境、水、疫源地等的消毒。

②氧化消毒剂：如过氧乙酸、过氧化氢、臭氧、高锰酸钾等。主要靠其强大的氧化能力杀菌，其杀菌谱广、速效，但对金属、织物等有较强的腐蚀性与刺激性。

③醛类消毒剂：常用的有甲醛和戊二醛等，有广谱、高效、快速杀菌作用。戊二醛对橡胶、塑料、金属器械等物品无腐蚀性，适用于精密仪器、内镜消毒，但对皮肤黏膜有刺激性。

④杂环类气体消毒剂：主要有环氧乙烷、环氧丙烷等。为广谱高效消毒剂，杀灭芽孢能力强，对一般物品无损害。常用于电子设备、医疗器械、精密仪器及皮毛类等消毒，有时可将惰性气体和二氧化碳加入环氧乙烷混合使用，以减少其燃爆危险。

⑤碘类消毒剂：常用2%碘酊及0.5%聚维酮碘（碘伏），有广谱、快速杀菌作用。聚维酮碘是碘与表面活性剂灭菌增效剂经独特工艺络合而成的一种高效、广谱、无毒、稳定性好的新型消毒剂。该产品对有害细菌及繁殖体等具有较强的杀灭作用，并对创伤具有消炎、止血、加快黏膜再生的功能，对皮肤和黏膜无刺激性、易脱碘。聚维酮碘适用于手术前手消毒、手术及注射部位的清洗、消毒，皮肤烧伤、烫伤、划伤等伤口的清洗消毒，还包括妇产科黏膜冲洗、感染部位消毒、器皿消毒等。

⑥醇类消毒剂：主要有75%乙醇及异丙醇，乙醇可迅速杀灭细菌繁殖体，但对HBV及细菌芽孢作用较差，异丙醇的杀灭作用大于乙醇，但毒性较大。

⑦其他消毒剂：酚类，如甲酚皂、苯酚（石碳酸）等；季铵盐类，为阳离子表面活性剂，如苯扎溴铵（新洁尔灭）、消毒净等；氯己定，可用于手、皮肤、医疗器械等的消毒。这些消毒剂均不能杀灭细菌芽孢，属低效消毒剂。

（三）消毒的使用原则

1. 明确消毒的主要对象 应具体分析引起感染的途径、涉及的媒介物及病原微生物的种类，有针对性地采用消毒方法和使用消毒剂。对于一般细菌繁殖体、亲脂性病毒、螺旋体、支原体、衣原体和立克次体等，可用煮沸消毒或低效消毒剂等常规消毒方法，如用苯扎溴铵、氯己定等；对于结核分枝杆菌、真菌等耐受力较强的微生物，可选择中效消毒剂与热力消毒方法；对于污染抗力很强的细菌芽孢需采用热力、辐射及高效消毒剂的方法，如过氧化物类、醛类与环氧乙烷等。另外，真菌孢子对紫外线抵抗力强，季铵盐类对肠道病毒无效。

2. 采取适当的消毒方法 根据消毒对象选择简便、有效、不损坏物品、来源丰富、价格适中的消毒方法。例如，无菌室、手术室的空气消毒可采用紫外线照射和甲醛熏蒸，肝炎病房用过氧乙酸消毒，手部采用苯扎溴铵和乙醇消毒，地面采用甲酚皂溶液和生石灰消毒，玻璃器皿采用高压蒸汽灭菌和（或）干烤等。

3. 控制影响消毒效果的因素 许多因素会影响消毒剂的作用，而这些因素对各种消毒剂的影响存在很大差异。

（1）微生物的种类：不同类型的病原微生物对消毒剂抵抗力不同，因此进行消毒时必须区别对待。

1）细菌繁殖体易被消毒剂杀灭，一般革兰氏阳性菌对消毒剂较敏感，革兰氏阴性杆菌则常有较强的抵抗力。繁殖体对热敏感，消毒方法以热力消毒为主。

2）细菌芽孢对消毒因子耐力最强，杀灭细菌芽孢最可靠的方法是热力灭菌、电离辐射和环氧乙烷熏蒸法。在化学消毒剂中，戊二醛、过氧乙酸能杀灭芽孢，但可靠性不如热力灭菌法。

3）病毒对消毒因子的耐力因种类不同而有很大差异，亲水病毒的耐力较亲脂病毒强。

4）真菌对干燥、日光、紫外线以及多数化学药物耐力较强，但不耐热（60℃、1小时杀灭）。

（2）微生物的数量：污染的微生物数量越多，需要消毒的时间就越长，消毒剂剂量越大。

（3）有机物的存在

1）有机物在微生物的表面形成保护层，妨碍消毒剂与微生物的接触或延迟消毒剂的作用，以致微生物逐渐产生对药物的适应性。

2）有机物和消毒剂作用，形成溶解度比原来更低或杀菌作用比原来更弱的化合物。

3）一部分消毒剂与有机物发生了作用，则对微生物的作用浓度降低。

4）有机物可中和一部分消毒剂。消毒剂中的重金属类、表面活性剂等受有机物影响较大，对戊二醛影响较小。

（4）温度：随着温度的升高，杀菌作用增强，但温度的变化对各种消毒剂的影响不同。如甲醛、戊二醛、环氧乙烷的温度每升高1倍时，杀菌效果可增加10倍，而酚类和乙醇受温度影响小。

（5）pH：从两方面影响杀菌作用。①对消毒剂的作用：改变其溶解度和分子结构。②pH过高或过低对微生物的生长均有影响。在酸性条件下，细菌表面负电荷减少，阴离子型消毒剂杀菌效果好。在碱性条件下，细菌表面负电荷增多，有利于阳离子型消毒剂发挥作用。

（6）处理剂量与监测：保证消毒、灭菌处理的剂量，加强效果监测，防止再污染。

三、特殊环境下消毒技术的应用

1．适用范围　医疗机构终末消毒。

2．消毒原则　空气首选开窗通风，可选用过氧化氢气化等方法消毒，负压隔离病房的空气不需要进行终末消毒；环境物体表面及仪器设备首选擦拭消毒，不建议采用喷洒消毒，尤其不应采用消毒剂对人体直接喷洒消毒。

3．消毒产品　所用消毒产品应符合国家有关规定和标准、规范的管理要求，合规、有效。国家卫生健康委员会依法监管的新消毒产品以外的消毒剂、消毒器械应按照《消毒产品卫生安全评价技术要求》（WS 628—2018）进行卫生安全评价，合格者方可使用。

4．个人防护　实施消毒操作的工作人员应戴帽子、医用防护口罩、手套，穿防水隔离衣。

5．终末消毒方案

（1）消毒范围和消毒原则：就诊患者的床单及周围环境。重点消毒患者床单，其他区域按《医疗机构环境表面清洁与消毒管理规范》（WS/T 512—2016）进行常规清洁消毒。

（2）消毒方法的选择：根据消毒对象的特点合理选择消毒方法和消毒剂，终末消毒通常以化学消毒为主，常见消毒剂、消毒方法及适用范围见表5-1。

表5-1　常用消毒剂、消毒方法及适用范围

消毒剂	消毒方法	适用范围
含有效氯（溴）500 mg/L或250 mg/L二氧化氯的消毒剂	拖拭、擦拭	地面、墙面、床栏、床板、床头柜、设备带、台盆、马桶、门把手等不易腐蚀的物体表面
	浸泡	耐腐蚀的被服、织物、管路以及体积较小的塑料、玻璃制品等，浸泡餐饮具的消毒剂浓度应减半
	超低容量喷雾	室内空气消毒

续表

消毒剂	消毒方法	适用范围
75%乙醇	湿巾、棉球擦拭	不耐腐蚀的物体表面消毒，小面积使用，如手机、电脑屏幕、生物安全柜台面等
	浸泡	不耐腐蚀的小件物品消毒，易挥发，仅临时使用
1%~3%过氧化氢	湿巾擦拭	较为常用的物体表面消毒方法，除极为精密易腐蚀的物品，绝大多数物品均可使用
	拖拭、擦拭	同含氯（溴）消毒剂，一般物体表面、地面、墙面可用。因成本的原因，不常用于拖拭、擦拭和常量喷洒
	浸泡	塑料、玻璃制品，对金属腐蚀性较强
	超低容量喷雾	室内空气消毒
特定浓度的过氧化氢（配合相应的设备）	熏蒸、气化	室内空气消毒，适用于仪器设备或其他物品较多的房间
臭氧或高温消毒	消毒机、消毒柜等	特殊物品密闭消毒，如床单位、文件、钱币、餐饮具等
蒸汽、煮沸消毒	物理消毒	餐饮具，耐湿热的小件物品
高强度紫外照射	物理消毒	室内空气、一般物体表面，快速、无耗材且无污染，易留死角
手持式高强度紫外灯	物理消毒	贵重纸张、仪器表面的局部消毒
干热消毒	物理消毒	耐高温的小件物品

1）拖、擦拭法消毒：用蘸湿消毒剂的清洁布或地巾等拖拭、擦拭被消毒物体表面、地面，并保持湿润至规定消毒时间；所使用的消毒剂可能对消毒表面有腐蚀性时，消毒后用清水去除残留的消毒剂。高频接触表面推荐使用消毒湿巾进行擦拭消毒，更加便捷、易操作。

2）浸泡消毒：将被消毒物品完全浸没于消毒剂至规定作用时间，然后用流动水去除残留的消毒剂。

3）喷雾消毒：包括常量喷雾和超低容量喷雾（气溶胶喷雾）。常量喷雾的雾滴较大，所形成的雾滴不能在空气中悬浮，只能用于大面积的环境物体表面消毒；超低容量喷雾雾滴粒径较小，通常在50 μm以下，雾滴能够长时间悬浮在空气中，可用于空气消毒和物体表面消毒，常用消毒剂包括二氧化氯、过氧化氢、次氯酸等，含氯（溴）消毒剂不能用于超低容量喷洒。

4）熏蒸、气化消毒：通过配套设备将消毒剂的雾滴变得更细，粒径达到10 μm以下，使消毒剂弥散性更高，对表面的腐蚀性更低，如过氧化氢消毒机、过氧化氢消毒机器人，可用于空气消毒和物体表面消毒。

5）物理消毒方法：包括开窗自然通风、紫外线照射、煮沸消毒、干热（蒸汽）消毒等。

(3) 重点对象消毒方法：对不同对象开展消毒，需要结合实际条件，选择适宜的消毒剂并按产品说明书的消毒方法开展消毒，原则上应在达到消毒效果的同时，尽量降低对环境、设备和人的影响。常用医疗用品及诊疗器械终末消毒方法见表5-2。

表5-2 常用医疗用品及诊疗器械终末消毒方法

种类	物品	消毒方法
床上用品	床单、被套、枕套、隔帘、床帘	若确需重复使用，采用水溶性包装袋盛装后直接投入A_0值>600的洗衣机进行热力清洗消毒、烘干备用；或使用含有效氯500 mg/L等消毒剂浸泡后进行常规清洗；收集时应避免产生气溶胶

续表

种类	物品	消毒方法
床上用品	床垫、被芯、枕芯	可擦拭床垫等表面可使用消毒湿巾、1%～3%过氧化氢或含有效氯500 mg/L 消毒剂等进行擦拭消毒；普通床垫等可采用消毒剂喷雾消毒后静置7天
床单位	床头柜、床架等	内外表面可使用1%～3%过氧化氢、250 mg/L 二氧化氯、含有效氯500 mg/L 消毒剂或消毒湿巾等，作用时间不少于30 min
医疗设备/诊疗用品	一次性用品	按照医疗废物处理，不回收使用
	重复使用器械、器具	统一送供应室集中处理，首选压力蒸汽灭菌或低温灭菌
	血压计、听诊器、体温计、心电监护仪、呼吸机、输液泵、除颤仪等仪器设备表面	使用75%的乙醇或消毒湿巾；使用1%～3%过氧化氢或含有效氯500 mg/L 等消毒剂擦拭消毒，至少作用30 min，再使用清水擦拭去除残留的消毒剂
	复用呼吸机/麻醉机管路、湿化瓶等	统一送消毒供应室集中处理，进行过氧化氢低温等离子体消毒；清洗消毒机清洗消毒干燥；清洗剂预处理后（如酶洗液），浸泡于含有效氯500 mg/L 等消毒剂或2%戊二醛中30 min，清水冲洗，干燥备用
	氧气湿化器	浸泡于含有效氯500 mg/L 等消毒剂中30 min，流动水冲洗，干燥备用；送消毒供应中心集中清洗消毒
	简易呼吸器	使用含有效氯500 mg/L 等消毒剂浸泡消毒，作用时间至少30 min；使用流动纯化水漂洗干净后用无菌巾擦干，应注意：清洗时可拆卸部分充分拆卸；浸泡消毒前将面罩内气体抽出，以免不能完全浸没于消毒剂液面下
	吸引器/吸引瓶、止血带等	有明显污染物时应先用专用刷子清洗，可浸泡于含有效氯500 mg/L 的消毒剂中消毒30 min，流动水冲净，干燥备用
	支气管镜等软式内镜	密闭转送消毒供应中心，按软式内镜清洁消毒技术规范集中处理，进行一次全流程消毒灭菌，备用
办公类	病历夹、治疗车	病历夹可使用75%乙醇、消毒湿巾或含有效氯500 mg/L 的消毒剂等进行擦拭消毒，作用30 min；治疗车内空气用3%过氧化氢溶液20 ml/m³ 气溶胶喷雾消毒，作用60 min后开窗通风，也可用紫外灯，消毒辐照60 min，确保每立方米达到1.5 W以上
	纸质资料	确需保留的纸质文件可采用文件消毒柜，按使用说明书操作消毒；或放置通风处静置7天后进行整理
	电脑、电话和手机等电子产品	表面使用75%乙醇、消毒湿巾或含有效氯500 mg/L 的消毒剂擦拭消毒，作用30 min；对难以消毒彻底的物品可选择放置在通风处，静置7天后使用
空调通风系统	过滤器、过滤网	由专业的清洗消毒公司进行清洁和终末消毒，由专人更换过滤器和空调过滤网
复用洁具	地巾、布巾等	推荐使用一次性，如确复用，采用水溶性包装袋盛装后，直接投入 A_0 值 > 600 的洗衣机进行热力清洗消毒、烘干备用；或使用含有效氯500 mg/L 的消毒剂浸泡后进行常规清洗。收集时应避免产生气溶胶
其他	其他物品	物体表面消毒使用75%乙醇、1%～3%过氧化氢、含有效氯500 mg/L 的消毒剂或消毒湿巾擦拭消毒；难以清洁消毒的物品可放置于通风处静置7天后进行整理

1）室内空气：首选开窗通风，必要时进行空气消毒。空气消毒时密闭房间，使用过氧化氢干雾、气溶胶终末消毒机（配合相应的过氧化氢消毒剂）、高强度紫外线灯进行空气消毒。空气消毒完毕、人进去前应先开窗通风或采取化学消毒剂降解处理。

2）地面和物体表面：有肉眼可见污染物时，应先完全清除污染物再消毒。可使用季铵盐消毒剂、含氯（溴）消毒剂、二氧化氯消毒剂擦拭、拖拭、喷洒消毒，作用 30 min。如喷洒消毒，应喷洒后再擦拭、拖拭消毒。地面消毒先由外向内喷洒一次，喷药量为 $100 \sim 300 \text{ ml/m}^2$，待室内消毒完毕后，再由内向外重复喷洒一次，作用至消毒时间。喷洒消毒完成后，应由内向外再拖拭消毒一次。床、床头柜等内外表面采用消毒剂擦拭消毒。

3）医疗仪器设备、诊疗用品：使用后的一次性医疗用品，均按照医疗废物集中处置。须外送消毒供应中心等集中进行消毒/灭菌的复用医疗仪器设备、诊疗用品，应先使用消毒剂擦拭、浸泡等预消毒，再外送常规清洗消毒。

4）办公用品和电子设备：使用消毒湿巾擦拭消毒，或使用手持式高强度紫外灯照射，不建议使用喷洒消毒。

5）床垫、被芯、枕芯等：如为防水的床垫、被芯、枕芯，可采用消毒湿巾擦拭；如不防水，建议床垫、被芯、枕芯可采用消毒剂喷雾消毒。

6）衣服、被褥、床单、被套等织物品：确需回收使用者，无肉眼可见污染物时，可使用水溶性包装袋盛装后，按照感染性织物洗消流程，使用 A_0 值 > 600 的医用织物清洗消毒机进行热力清洗消毒；也可使用含氯消毒剂（有效氯含量为 500 mg/L）等浸泡消毒后，再进行常规清洗干燥。

7）餐（饮）具：一次性餐（饮）具清除容器内残渣后，全部按照医疗废物处理。重复使用的餐（饮）具清除容器内残渣后，首选煮沸消毒或蒸汽消毒 30 min。

8）地漏和下水：使用含氯（溴）消毒剂或二氧化氯对所有地漏、下水道进行冲洗消毒。

9）纸质文件：尽量不保留纸质文件，按照医疗废物集中处置。确需保留的纸质文件，可采用文件消毒柜进行消毒，或打包后用环氧乙烷灭菌，少量贵重纸张也可使用高强度紫外灯照射消毒。

10）空调通风系统：如在空调通风系统的管路安装空气消毒装置（等离子、高强度紫外线灯等），以保证空调管路内的空气经过消毒，可不对空调管路进行终末消毒。集中空调通风系统应按照《公共场所集中空调通风系统清洗消毒规范》（WS-T 396—2012），定期委托专业清洗消毒公司开展清洁和终末消毒；风机盘管空调和分体空调也建议委托空调清洗机构定期清洁和终末消毒。出/回风口格栅可采用擦拭消毒。用于风机盘管表面消毒的消毒剂应关注兼容性。

第二节　个人防护与医院感染控制

一、个人防护原则与方法

（一）个人防护原则

个人防护是指防护医务人员等专业人员个体，避免其接触感染性因子的一种措施。医务人员及辅助人员应根据标准预防、不同传播途径疾病防控需要、疾病危害性、操作暴露风险，选择适宜的个人防护用品。

（二）个人防护用品及使用方法

1. 口罩的使用

（1）医疗工作常用的口罩包括一次性使用医用口罩、医用外科口罩、医用防护口罩，我国现行国家标准和医药卫生行业标准中，三者的主要性能要求和适用范围比较如表 5-3 所示。

1）一次性使用医用口罩：用于普通医疗环境中佩戴、阻隔口腔和鼻腔呼出或喷出污染物的一次性使用口罩。

2）医用外科口罩：用于覆盖住使用者的口、鼻及下颌，为防止病原体、体液、颗粒物等的直接透过提供物理屏障。

3）医用防护口罩：能阻止经空气传播的直径 < 5 μm 的感染因子或近距离（< 1 m）接触经飞沫传播的疾病而发生感染的口罩。

表 5-3　医用口罩的主要性能要求和适用范围比较

项目名称	GB 19083—2010	YY 0469—2011	YY/T 0969—2013
抗血液穿透	2 ml 合成血液以 10.7 kPa（80 mmHg）压力喷向口罩，口罩内侧不应出现渗透	2 ml 合成血液以 16.0 kPa（120 mmHg）压力喷向口罩，口罩内侧不应出现渗透	—
表面抗湿性	不低于《纺织品防水性能的检测和评价 沾水法》（GB/T 4745—2012）中的 3 级	—	—
密合性	口罩设计应提供良好的密合性，总适合因数应不低于 100	—	—
颗粒过滤效率	1 级过滤效率 ≥ 95.00% 2 级过滤效率 ≥ 99.00% 3 级过滤效率 ≥ 99.97%	过滤效率 ≥ 30.00%	—
细菌过滤效率	—	过滤效率 ≥ 95.00%	过滤效率 ≥ 95.00%
适用范围	适用于医疗工作环境下，过滤空气中的颗粒物，阻隔飞沫、血液、体液、分泌物等的自吸过滤式医用防护口罩	适用于由临床医务人员在有创操作等过程中佩戴的一次性口罩	用于普通医疗环境中佩戴、阻隔口腔和鼻腔呼出或喷出污染物的一次性使用口罩

（2）应根据不同的操作要求选用不同种类的口罩。一般诊疗活动，可佩戴一次性使用医用口罩或医用外科口罩。手术部（室）工作或诊疗护理免疫功能低下患者、进行有体液喷溅的操作或侵入性操作时应戴医用外科口罩。接触经空气传播传染病患者、近距离（≤ 1 m）接触飞沫传播的传染病患者或进行产生气溶胶操作时，应戴医用防护口罩。

（3）正确使用口罩是预防感染传播的最重要防护措施之一，尤其是呼吸道传染病。所有工作人员应严格遵守戴、脱方法及注意事项。

1）一次性使用医用口罩和医用外科口罩的佩戴方法（图 5-1）。

①将口罩罩住鼻、口及下颌，口罩下方带系于颈后，上方带系于头顶中部。

②一只手按住口罩上缘，另一只手轻拉口罩下缘，将其充分展开，并调整口罩位置，将鼻、嘴、下颌完全包住。

③将双手指尖放在鼻夹上，从中间位置开始，用手指向内按压，并逐步向两侧移动，根据鼻梁形状塑造鼻夹。

④调整系带的松紧度，吸气和呼气时气流不会明显从口罩边缘泄漏。

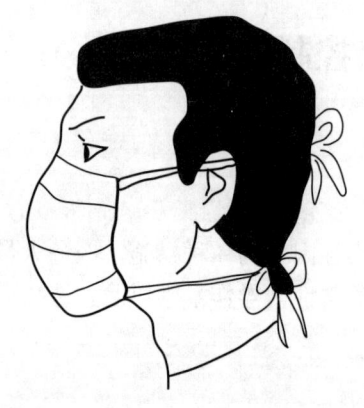

图 5-1　一次性使用医用口罩和医用外科口罩的佩戴方法

⑤挂耳式口罩，分别将左、右系带挂于耳后，其余步骤与系带式相同。

2）医用防护口罩的佩戴方法（图5-2）。

①一手托住防护口罩，有鼻夹的一面背向外；如为折叠式防护口罩，应先将口罩展开。

②一只手将防护口罩罩住鼻、口及下颌，鼻夹部位向上紧贴面部；用另一只手将下方系带拉过头顶，放在颈后双耳下。

③再将上方系带拉至头顶中部。

④将双手指尖放在金属鼻夹上，从中间位置开始，用手指向内按鼻夹，并分别向两侧移动和按压，根据鼻梁的形状塑造鼻夹。

⑤佩戴密合性检查：双手并拢完全盖住防护口罩，快速呼气或吸气，应感觉口罩略微有鼓起或塌陷；若感觉有气体从鼻梁处泄漏，应重新调整鼻夹，若感觉气体从口罩两侧泄漏，进一步调整头带位置。

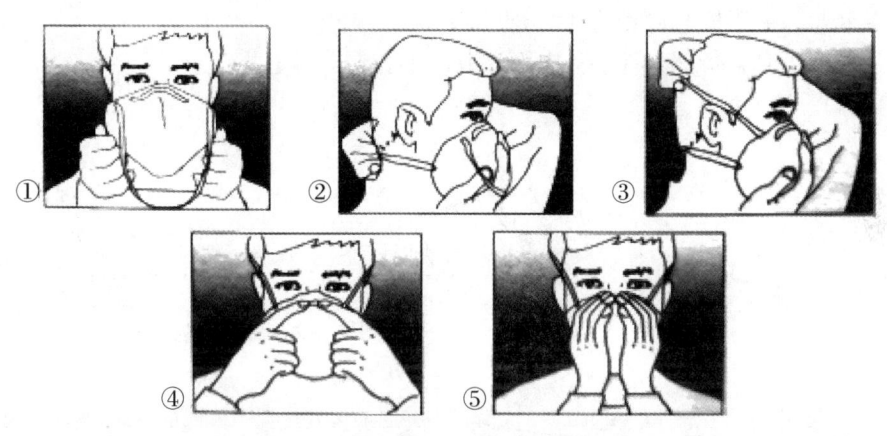

图5-2　医用防护口罩的佩戴方法

3）脱除口罩的方法

①系带式口罩和医用防护口罩，先解开/脱除下面的系带，再解开/脱除上面的系带，持系带移除口罩。

②挂耳式手持系带分别脱除左右侧系带。

4）注意事项

①佩戴和脱除口罩前，先进行手卫生。

②拿取口罩时，双手持口罩两侧系带或系绳，不要接触内面。脱除口罩时，不要接触口罩外表面（污染面）。

③不应一只手捏鼻夹。

④一次性使用医用口罩、医用外科口罩、医用防护口罩只能一次性使用。

⑤口罩潮湿后，以及受到患者血液、体液污染后，应及时更换。

⑥每次佩戴医用防护口罩进入工作区域之前，应进行密合性检查。

⑦口罩有内外面、上下端之分，深色为外面，具有防喷溅功能，鼻夹为上端，能使口罩与脸部更贴合。

2．帽子的使用

(1) 应能够遮盖全部头发，分为布质帽子和一次性帽子

(2) 进行无菌技术操作，进入污染区、保护性隔离区域、洁净医疗用房等应戴帽子。

(3) 被患者体液（血液、组织液等）、分泌物等污染时，应立即更换。

（4）布质帽子应保持清洁，每次或每天更换与清洁。

（5）一次性帽子应一次性使用。

3．手套的使用

（1）应根据不同操作的需要，选择合适种类和规格的手套。

（2）接触患者的体液（血液、组织液等）、分泌物、排泄物、呕吐物及污染物品时，应戴一次性使用医用橡胶检查手套。

（3）进行手术换药等无菌操作以及接触患者破损的皮肤、黏膜时，应戴一次性使用灭菌橡胶外科手套。

（4）一次性手套应一次性使用。

（5）应正确佩戴一次性使用灭菌橡胶外科手套，避免污染手套外表面；正确脱除手套，避免双手被污染。

1）戴无菌手套的方法（图5-3）

①打开手套包，一手掀起口袋的开口处。

②另一手捏住手套翻折部分（手套内面）取出手套，对准五指戴上。

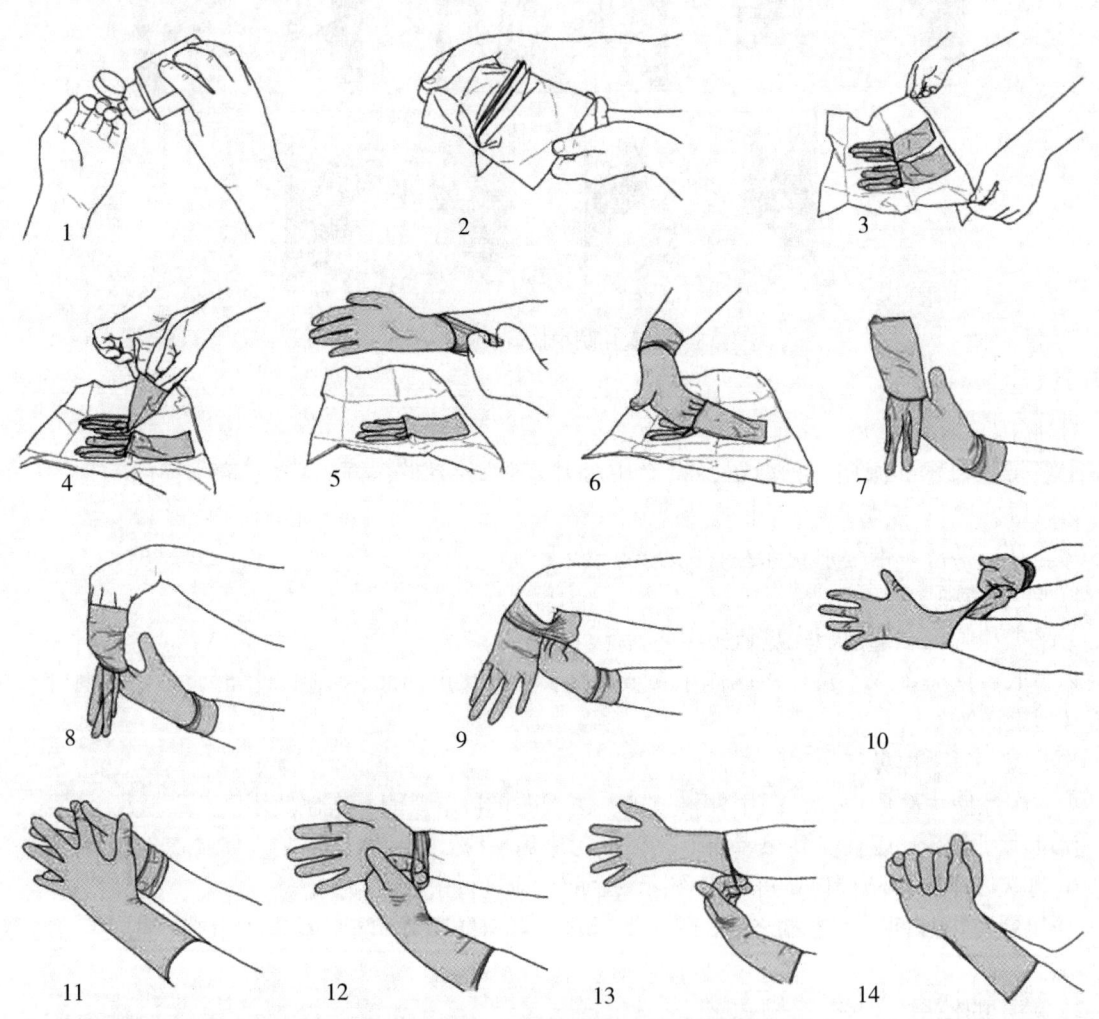

图5-3 戴无菌手套的方法

图片来源：Organization W H .WHO Guidelines for Hand Hygiene in Health Care．First Global Patient Safety Challenge：Clean Care is Safer Care［M］．2009.

③掀起另一只袋口，以戴着无菌手套的手指插入另一只手套的翻边内面，将手套戴好。

④将手套的翻转处套在工作衣袖外面。

2）脱无菌手套的方法（图5-4，图5-5）

①用戴着手套的手捏住另一只手套污染面的边缘将手套脱下。

②戴着手握住脱下的手套，用脱下手套的手捏住另一只手套清洁面（内面）的边缘，将手套脱下。

③用手捏住里面丢至医疗废物容器内。

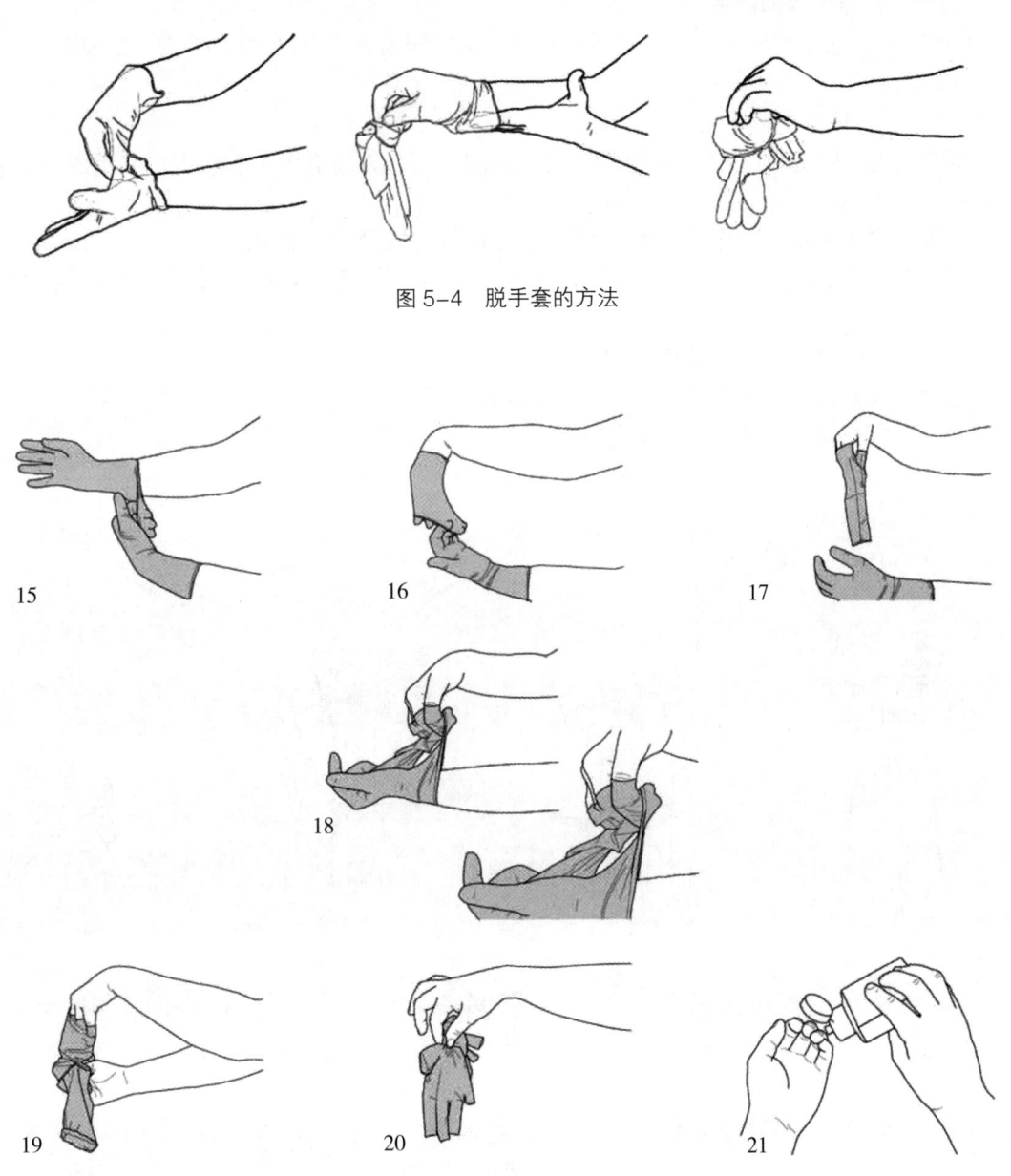

图5-4 脱手套的方法

图5-5 脱无菌手套的方法

图片来源：Organization W H.WHO Guidelines for Hand Hygiene in Health Care. First Global Patient Safety Challenge：Clean Care is Safer Care［M］．2009.

4．护目镜和防护面罩的使用

（1）在进行可能发生患者血液、体液、分泌物、排泄物等喷溅的诊疗、护理操作时，应使用护目镜或防护面罩。

（2）为甲类及乙类按甲类管理传染病、传播途径不明的新发传染病、高致病性及高病死率的传染病患者进行气管切开、气管插管等近距离操作，可能发生患者血液、体液、分泌物等喷溅时，应使用全面型防护面罩。

（3）佩戴前应检查有无破损、佩戴装置有无松脱。每次使用后应清洁与消毒。一次性护目镜、防护面罩应一次性使用。脱除时，不要接触护目镜或防护面罩的外面（污染面）。

5．隔离衣和防护服的使用

（1）应根据诊疗工作的需要，选用隔离衣（一次性隔离衣、可复用隔离衣）或医用一次性防护服。

（2）下列情况应穿隔离衣。

1）接触经接触传播的感染性疾病患者或其周围环境，如肠道传染病患者、多重耐药菌感染患者等时。

2）可能受到患者体液（血液、组织液等）、分泌物、排泄物污染时。

3）对实施保护性隔离的患者，如大面积烧伤、骨髓移植等患者进行诊疗、护理时穿无菌隔离衣。

（3）下列情况应穿医用一次性防护服。

1）接触甲类及乙类按甲类管理的传染病患者时。

2）接触传播途径不明的新发传染病患者时。

3）为高致病性、高病死率的传染病患者进行诊疗、护理操作时。

（4）穿脱隔离衣的方法

1）穿隔离衣方法（图5-6）

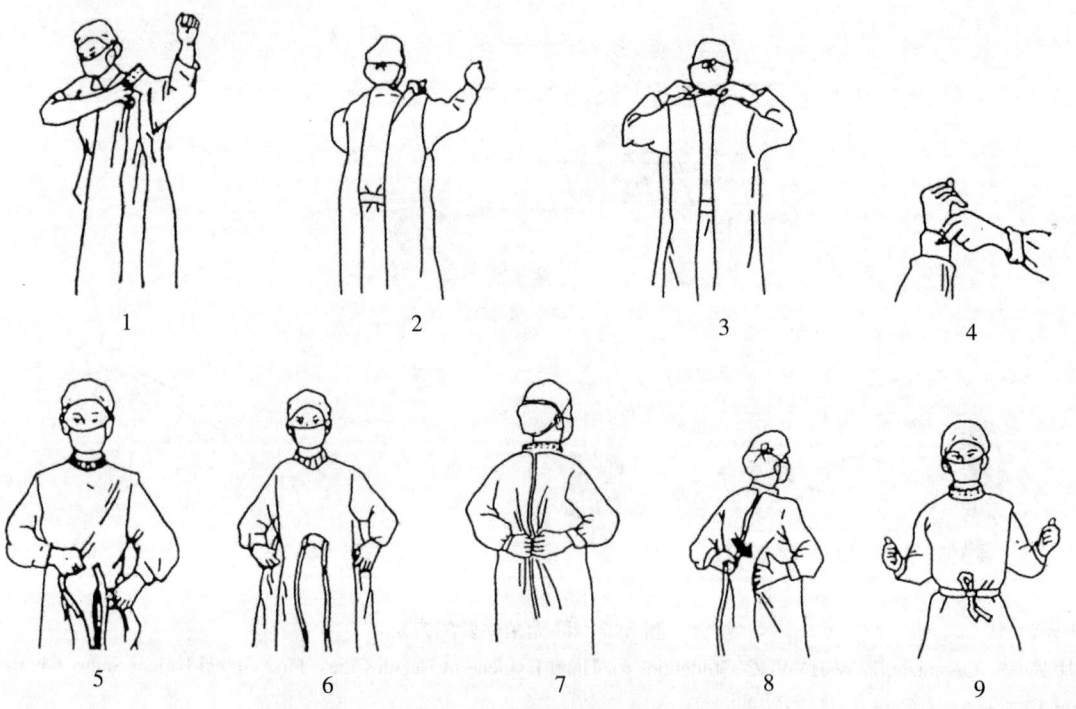

图5-6　穿隔离衣方法

图片来源：《医院隔离技术规范》（WS/T 311—2009）

①右手提衣领，左手伸入袖内，右手将衣领向上拉，露出左手。
②换左手持衣领，右手伸入袖内，露出右手，勿触及面部。
③两手持衣领，由领子中央顺着边缘向后系好颈带。
④扎好袖口，如为松紧式袖口，可省去此步骤。
⑤将隔离衣一边（约在腰下5 cm处）渐向前拉，见到边缘捏住。
⑥同法捏住另一侧边缘。
⑦双手在背后将衣边对齐。
⑧向一侧折叠，一手按住折叠处，另一手将腰带拉至背后折叠处。
⑨将腰带在背后交叉，回到前面将带子系好。
2）脱隔离衣方法（图5-7）

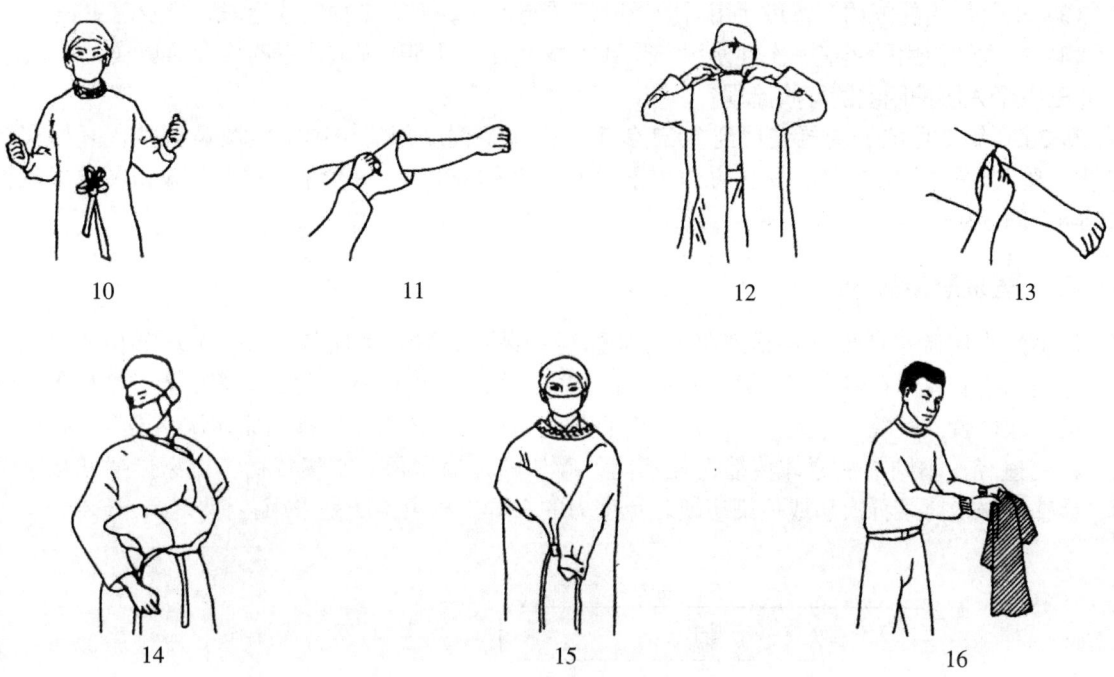

图5-7　脱隔离衣方法
图片来源：《医院隔离技术规范》（WS/T 311—2009）

(5) 穿脱防护服的方法
1）穿防护服方法：穿防护服应遵循先穿下衣，再穿上衣，然后戴好帽子，最后拉上拉锁的顺序。穿的过程中，不要污染防护服，尤其是防护服内面。
2）脱防护服方法
①脱连体防护服时，先将拉链拉到底。
②向上提拉帽子，使帽子脱离头部，脱下肩部。
③由上向下、向外（污染面向里），边脱边卷，逐步脱下袖子、裤腿，直至全部。
④脱下后放入医疗废物容器内。
(6) 注意事项
1）隔离衣和防护服只限在规定区域内穿脱。
2）穿前应检查隔离衣和防护服有无破损，穿时勿使袖触及面部及衣领。

3）发现有渗漏或破损应及时更换。
4）脱时应注意避免污染。

6. 鞋套和靴套的使用

（1）鞋套和靴套应具有良好的防水性能，并一次性应用。
（2）从潜在污染区进入污染区时和从缓冲间进入负压病室时应穿鞋套或靴套。
（3）应在规定区域内穿鞋套或靴套，离开该区域时应及时脱掉。
（4）发现破损应及时更换。

7. 防水围裙的使用

（1）分为重复使用的围裙和一次性使用的围裙。
（2）可能受到患者的血液、体液、分泌物及其他污染物质喷溅、进行复用医疗器械的清洗时，应穿防水围裙
（3）重复使用的围裙，每班使用后应及时清洗与消毒。遇有破损或渗透时，应及时更换。
（4）一次性使用围裙应一次性使用，受到明显污染、遇到破损或渗透时应及时更换。

（三）个人防护用品的穿脱流程

从 2020 年 1 月抗击新冠疫情到 2023 年 1 月国家卫健委部署中国抗疫政策调整，开始实行"乙类乙管"，三年抗疫在个人防护方面积累了大量的实践经验，并形成了科学、规范的穿脱流程（图 5-8，图 5-9）。

二、医院感染控制

传染病在医院传播要具备感染源、传播途径和易感人群三个环节，这三个环节构成了感染链。感染源指病原体自然生存、繁殖并排出的宿主或场所，医院感染的感染源主要包括患者、陪护人员、探视者、医院工作人员，以及污染的环境和物品。传播途径指病原体从感染源传播到易感人群的途径，不同的病原体传播途径不同，确认的传播途径有空气传播、飞沫传播和接触传播。易感人群指对某种疾病或传染病缺乏免疫力的人群。隔离预防是采用各种方法、技术，防止

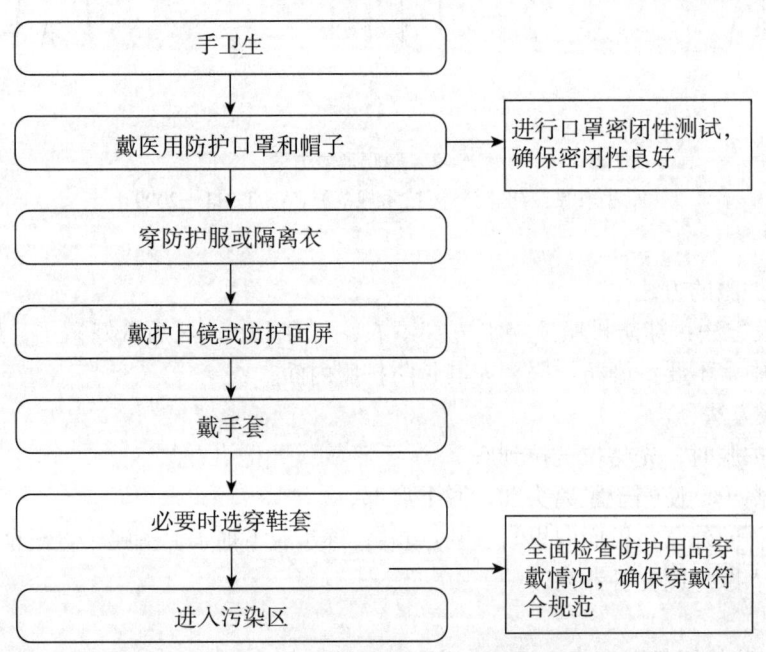

图 5-8　工作人员穿戴防护用品流程示意图
图片来源：《医疗机构内新型冠状病毒感染预防与控制技术指南（第三版）》

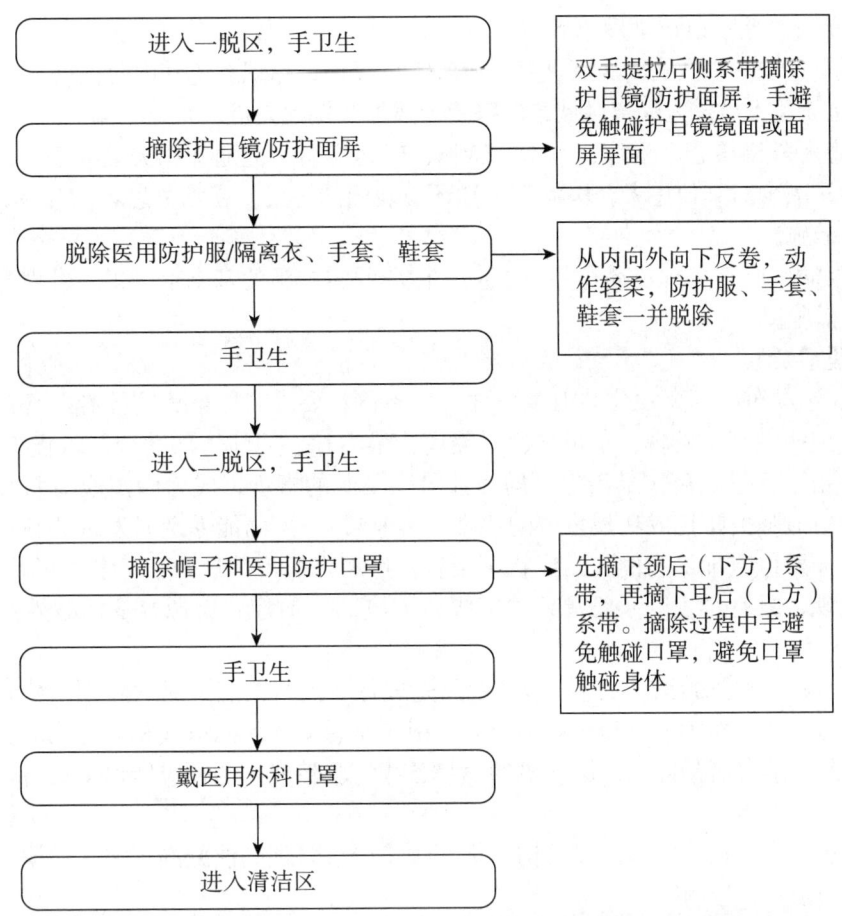

图 5-9　工作人员脱除防护用品流程示意图
图片来源：《医疗机构内新型冠状病毒感染预防与控制技术指南（第三版）》

病原体从患者、携带者及场所等外源性感染源传播给易感染人群的措施，通过管理感染源、切断传播途径、保护易感人群，以达到切断感染链、降低外源性感染发生和暴发的目的。

（一）隔离预防的基本原则

1．医疗结构建筑设计应具有隔离预防的功能，各个功能区域布局要合理，区域分割要明确，并设有清楚的标识。明确服务流程，洁、污分开，人流、物流分开。根据患者获得感染危险性的程度，将医院分为低、中、高、极高4个建筑区域，新建与改建医院或病区的通风系统应按照功能分区要求安装。

(1) 低危险区域，包括行政管理区、教学区、图书馆、生活服务区等区域。

(2) 中等危险区域，包括普通门诊、普通病房等。

(3) 高危险区域，包括感染疾病科（门诊、病房）等。

(4) 极高危险区域，包括手术室、重症监护病房、器官移植病房等。

2．在标准预防措施的基础上，医院应根据疾病的传播途径（空气传播、飞沫传播、接触传播和其他途径传播如虫媒传播），结合本院的实际情况，制定相应的隔离与预防措施。

3．医院应遵循相关规范、指南的要求，制定并落实隔离制度，同时按照基于传播途径的预防，针对特定疾病选择隔离防护措施。

4．应加强医务人员隔离与防护知识和技能的培训，为其提供合适、必要、可及的个人防护用品。医务人员正确掌握常见感染性疾病的传播途径、隔离方式和防护技术，熟练掌握操作规程。

5．疑似或确诊呼吸道传染病患者应安置在单人隔离房间；受条件限制的医院，感染同种病原体的患者可安置于一室。隔离病区（室）应有隔离标识，标识颜色和内容根据需求制定。

6．应限制无关人员进入隔离区域，严格管理陪护及探视人员。

7．隔离患者外出检查、诊疗、手术、转科、转运等时，应通知相关接收部门或单位，同时采取有效措施，减少对其他患者、医务人员和环境表面的污染，在隔离患者离开后，应采取相应的清洁与消毒措施。

8．一种疾病可能有多种传播途径时，应在标准预防措施的基础上，采取针对相应传播途径的隔离与预防措施。

（二）管理感染源

我国2003年颁布的《突发公共卫生事件应急条例》要求"传染病防控有关部门、医疗卫生机构应当对传染病做到早发现、早报告、早隔离、早治疗，切断传播途径，防止扩散"。"四早"即早发现、早报告、早隔离、早治疗，均为针对感染源的管理，成为中国应对急性传染病的法宝，也是取得新冠肺炎防控成功最重要的要素。"四早"一方面能够及时发现并救治患者，另一方面能尽早管控疑似或确诊病例和无症状感染者，进而降低疫情进一步扩散的风险。"四早"的核心在于早发现，只有早发现感染源，才能报告、隔离、治疗感染源，从而有效地控制传染病播散。

1．预检分诊 预检分诊是对门急诊患者预先进行有关传染病方面的甄别、检查与分流，将有发热、呼吸道症状、腹泻等疑似传染病患者，引导至感染性疾病科或相对隔离的分诊点进行初诊，尽量减少与其他患者的隔离。医疗机构不具备相应救治能力的，应转诊至具备相应救治能力或政府指定的医疗机构。

（1）医疗机构应严格执行《医疗机构传染病预检分诊管理办法》的规定，根据本机构的服务特性建立相应的预检分诊制度。

（2）医疗机构应根据传染病的流行季节、周期、流行趋势和卫生行政部门发布的特定传染病预警信息，或者按照当地卫生行政部门的要求，加强特定传染病的预检、分诊工作。

（3）二级以上综合医院应设立感染性疾病科，未设立感染性疾病科的医疗机构应当设立传染病分诊点。

（4）医疗机构在门急诊可通过挂号时询问、咨询台咨询和医师接诊时询问等多种方式对患者开展传染病的预检；在必要时，可建立临时预检点（处）进行预检。

（5）预检、分诊点（处）应配备体温计（枪）、手卫生设施与用品、个人防护用品和消毒产品等，以便随时取用。

（6）医疗机构各科室的医师在接诊过程中，应注意询问患者有关的流行病学史、职业史，结合患者的主诉、病史、症状和体征等对来诊的患者进行传染病的预检。

（7）经预检为需要隔离的传染病患者或者疑似患者的，应将患者分诊至感染性疾病科或分诊点就诊，同时对接诊处采取必要的消毒措施。

（8）医疗机构应设置醒目的标识、告示、指引牌等，指引需要隔离的确诊或疑似传染病患者至感染性疾病科门诊或分诊点就诊。医疗机构不具备传染病救治能力时，应及时将患者转诊到具备救治能力的医疗机构诊疗。

（9）从事预检、分诊的工作人员接诊患者时，应采取标准预防的措施。如怀疑其患有传染病时，应依据其传播途径选择并使用适宜的防护用品，并正确指导患者使用适宜的防护用品。防护用品应符合国家相关标准要求。

2．传染病监测与报告 根据《中华人民共和国传染病防治法》规定，各级疾病预防控制机构承担传染病监测、预测、流行病学调查、疫情报告以及其他预防、控制工作。在传染病的监测工作中，医疗机构作为疾病诊断、救治部门，应按照规范的传染病诊断标准和治疗要求，对传染病患者进行诊断和救治，并及时进行传染病网络直报或直接数据交换，发挥传染病监测的前哨作用。

医疗机构发现甲类传染病和乙类传染病中的肺炭疽、传染性非典型肺炎、人感染高致病性禽流感等按照甲类管理（以下简称"乙类甲管"）的传染病患者或疑似患者时，或发现其他传染病和不明原因疾病暴发时，应于2小时内将传染病报告卡通过网络报告。相关部门或负责人应立即调查核实，于2小时内通过网络完成报告信息的三级确认审核。对其他乙、丙类传染病病患者、疑似患者和规定报告的传染病病原携带者在诊断后，应于24小时内进行网络报告。疾病预防控制机构接到甲类、乙类甲管传染病疫情报告或者发现传染病暴发、流行时，应当立即报告当地卫生行政部门，由当地卫生行政部门立即报告当地人民政府，同时报告上级卫生行政部门和国务院卫生行政部门。

3. 感染源隔离 医疗机构必须严格执行卫生行政部门规定的管理制度、操作规范，防止传染病的医源性感染和医院感染。

（1）甲类和乙类甲管传染病：医疗机构发现甲类传染病时，应当及时采取下列措施。

1）对患者、病原携带者，予以隔离治疗，隔离期限根据医学检查结果确定。

2）对疑似患者，确诊前在指定场所单独隔离治疗。

3）对医疗机构内的患者、病原携带者、疑似患者的密切接触者，在指定场所进行医学观察和采取其他必要的预防措施。

拒绝隔离治疗或者隔离期未满擅自脱离隔离治疗的，可以由公安机关协助医疗机构采取强制隔离治疗措施。

（2）乙类或者丙类传染病：医疗机构发现乙类或者丙类传染病患者，应当根据传播途径，采取相应的隔离措施。

（三）切断传播途径

在传染病诊疗过程中，医院工作人员应根据相关规范、指南要求，做好手卫生、个人防护，对可能污染的环境、使用的医疗器材进行消毒或灭菌，规范处置医疗废物处。

1. 手卫生

（1）洗手与卫生手消毒指征

1）下列情况医务人员应洗手和（或）使用手消毒剂进行卫生手消毒。

①接触患者前。

②清洁、无菌操作前，包括进行侵入性操作前。

③暴露于患者体液风险后，包括接触患者黏膜、破损皮肤或伤口、血液、体液、分泌物、排泄物、伤口敷料等之后。

④接触患者后。

⑤接触患者周围环境后，包括接触患者周围的医疗相关器械、用具等物体表面后。

2）下列情况应洗手。

①当手部有血液或其他体液等肉眼可见的污染物时。

②可能接触艰难梭菌、肠道病毒等对速干手消毒剂不敏感的病原微生物时。

③手部没有肉眼可见污染时，宜使用手消毒剂进行卫生手消毒。

3）下列情况时医务人员应先洗手，然后进行卫生手消毒。

①接触传染病患者的血液、体液和分泌物以及被传染性病原微生物污染的物品后。

②直接为传染病患者进行检查、治疗、护理或处理传染病患者污物之后。

（2）洗手与卫生手消毒方法：采用流动水和皂液进行洗手，或采用速干手消毒剂进行卫生手消毒，具体揉搓方法如图5-10所示。

（3）注意事项：戴手套不能代替手卫生，摘手套后应进行手卫生。

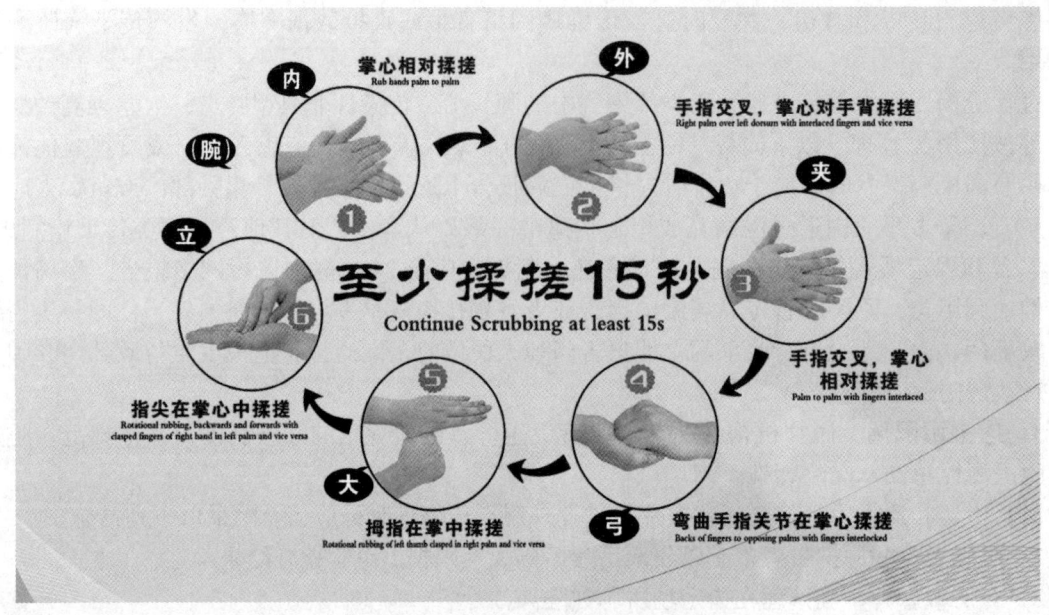

图 5-10 手卫生揉搓方法及时间要求

2．医疗用品管理

（1）进入人体无菌组织、器官、腔隙，或接触人体破损黏膜、组织的诊疗器械、器具和物品应进行灭菌；接触完整皮肤、完整黏膜的诊疗器械、器具和物品应进行消毒。

（2）一次性使用医疗用品用后应及时按医疗废物处理。

（3）按照规定可以重复使用的诊疗器械、器具和物品使用后应按照产品说明书、技术规范等要求选择适宜的方法进行清洁、消毒或灭菌。

3．安全注射

（1）医务人员应掌握治疗和用药的指征。

（2）注射应使用一次性的灭菌注射装置。

（3）对患血源性传播疾病的患者实施注射时宜使用安全注射装置。

（4）尽可能使用单剂量注射用药。多剂量用药无法避免时，应保证"一人一针一管一用"，不应使用用过的针头及注射器再次抽取药液。

（5）使用后的注射针头等锐器应及时放入符合规范的锐器盒内。

4．污染环境与物品管理

（1）根据污染病原体特点及物体表面的耐受性选用适宜的消毒剂。经血传播病原体、分枝杆菌、细菌芽孢感染及情况不明患者的血液/体液污染物体表面，用 2000 mg/L 含氯消毒剂处理，艰难梭菌感染患者血液/体液污染物体表面用 5000 mg/L 含氯消毒剂处理。

（2）环境表面一旦发生患者血液/体液等污染，应立即实施污点清洁与消毒。

（3）加强诊疗区域开窗通风，每日≥2次，高风险区域每次≥60 min，中、低风险区域每次时间≥30 min。无窗区域每日采用紫外线照射、机械通风等方式进行空气消毒或净化。

（4）极高和高风险区域，每日清洁消毒4次；中、低风险区域每日清洁消毒2次；所有高频接触表面每日清洁消毒4次。

（5）患者排出的污染物（血液、分泌物、呕吐物、排泄物等）及其可能污染的物品和场所，待其转出后需进行终末消毒；其短暂活动过的无明显污染的场所，无需进行终末消毒。

5．医疗废物处理

（1）确诊或疑似传染病、多重耐药菌患者产生的生活垃圾，以及可回收非医疗废物和医疗废物均应按医疗废物进行处理，使用双层医疗废物袋包装。

（2）医疗废物分为感染性废物、损伤性废物、药物性废物、病理性废物和化学性废物，以感染性废物和损伤性废物为主。

（3）感染性医疗废物，采用黄色医疗废物袋收集，包括：

①被患者血液、体液、排泄物等污染的废物（锐器除外）。

②使用后废弃的一次性使用医疗器械，如注射器、输液器、透析器等。

③病原微生物实验室废弃的病原体培养基、标本、菌种和毒种保存液及其容器，其他实验室及科室废弃的血液、血清、分泌物等标本和容器。

④隔离传染病患者或者疑似传染病患者产生的废弃物。

⑤少量的药物性废物可以并入感染性废物中，但应在标签中注明。

⑥化疗药输液瓶/袋、密封药瓶如青霉素小瓶等玻璃瓶。

（4）损伤性废物包括医用针头、手术刀、备皮刀、载玻片、玻璃试管、玻璃安瓿等，应采用专用利器盒收集。

（5）各类包装袋或利器盒达到容量3/4时，应及时收集，紧密封口，转移至废物分类收集点，粘贴医疗废物标签，注明产生科室、产生日期、类别及需要的特别说明，放入周转箱内。

（6）液态化学性废物采用可密封塑料桶收集；废弃的化学试剂、消毒剂等化学性废物，应联系总务处，交由专门机构处置。

（7）病理性废物应置于专用冷藏设备中暂时贮存，包括废弃的人体组织、器官、病理切片、实验动物的组织和尸体，16周胎龄以下或重量不足500 g的胚胎组织等，确诊、疑似传染病或携带传染病病原体的产妇的胎盘。

（8）各区域保洁员与运送人员当面交接医疗废物，运送人员检查包装无破损，标识、标签、封口符合要求，清点各类医疗废物包装的数量，填写《医疗废物交接单（收集点专用）》，产生部门护士、保洁员和医疗废物转运人员三方签字，交接单由产生部门保存3年以上。

（9）每日废物转运后，保洁员对废物分类收集点物体表面和地面进行清洁和消毒（500 mg/L含氯消毒剂）。

（四）保护易感人群

保护易感人群主要还是靠一般措施提高自己的抗病能力，改善环境，养成良好的个人卫生习惯等。

1. 提高自身免疫力 平时积极参加体育锻炼，规律休息，健康饮食，可以增加抗病能力。

2. 养成良好的个人卫生习惯 在传染病流行期注意保护自己，避免同患者接触。呼吸道传染病流行时，可以戴口罩、手卫生；消化道传染病流行时，要注意饮食卫生、手卫生。

3. 工作人员严格执行个人防护 接触传染病患者的工作人员，根据传播途径和管控要求，落实个人防护措施。

4. 特异性免疫措施 主要是通过接种疫苗来获得针对这种传染病的免疫力。特殊情况下也可以注射抗毒素、含抗体的血清以及人体免疫球蛋白（也称丙种球蛋白）。

（五）基于传播途径的预防措施

1. 经接触传播疾病的隔离与预防措施 接触传播是指病原体通过手、物体表面等媒介物直接或间接接触导致的传播。

（1）接触经接触传播疾病的患者及其污染物，如肠道传染病、经血传播疾病、多重耐药菌感染、皮肤感染患者等，在标准预防的基础上，还应采取接触传播的隔离与预防措施。

（2）患者的隔离

1）宜单间隔离；无条件的医院可采取床单位隔离或同种病原体感染患者隔离于一室。

2）应限制患者的活动范围，减少转运。

(3) 医务人员的防护

1) 接触隔离患者的体液（血液、组织液等）、分泌物、排泄物等物质时，应戴一次性使用医用橡胶检查手套，手上有伤口时应戴双层手套；接触污染物品后、离开隔离病室前应摘除手套，洗手和（或）手消毒。

2) 进入隔离病室从事可能污染工作服的操作时，应穿隔离衣；离开病室前，脱下隔离衣，按要求悬挂，每天更换清洗与消毒；或使用一次性隔离衣，用后按医疗废物管理要求进行处置。

2. 经飞沫传播疾病的隔离与预防措施　飞沫传播是指带有病原体的飞沫核（> 5 μm）在空气中短距离（≤ 1 m）移动到易感人群的口、鼻黏膜或眼结膜等导致的传播。

(1) 接触经飞沫传播疾病的患者及污染物，如百日咳、白喉、流行性感冒、病毒性腮腺炎等，在标准预防的基础上，还应采取经飞沫传播疾病的隔离与预防措施。

(2) 患者的隔离

1) 宜限制患者的活动范围；患者病情容许时，应戴医用外科口罩，并定期更换。

2) 应减少转运，当需要转运时，医务人员应注意防护。

3) 探视者应戴医用外科口罩，宜与患者保持 1 m 以上距离。

4) 加强通风，应遵循相关规定进行室内空气的消毒。

(3) 医务人员的防护

1) 应根据诊疗的需要，穿戴合适的防护用品；一般诊疗护理操作佩戴医用外科口罩，严格手卫生。

2) 与患者近距离（≤ 1 m）接触或进行产生气溶胶的操作时，应戴帽子、医用防护口罩；进行可能产生喷溅的诊疗操作时，应戴护目镜或防护面罩，穿隔离衣，当接触患者及其体液（血液、组织液等）、分泌物、排泄物等时应戴一次性使用医用橡胶检查手套，操作完成后严格手卫生。

3) 接触甲类及乙类甲管的传染病患者时，应按要求穿脱医用一次性防护服，离开病室前，脱去医用一次性防护服，医用一次性防护服按医疗废物管理要求进行处置。

3. 经空气传播疾病的隔离与预防措施　空气传播是指由悬浮于空气中、能在空气中远距离传播（> 1 m），并长时间保持感染性的飞沫核（≤ 5 μm）导致的传播。

(1) 接触肺结核、新型冠状病毒感染、水痘、麻疹等经空气传播的疾病时，在标准预防措施的基础上，还应采用经空气传播疾病的隔离与预防措施。

(2) 患者的隔离

1) 原则上应尽快转送至有条件收治经空气传播疾病的医院或科室，转运过程中做好医务人员的防护。

2) 具有传染性的肺结核患者宜安置在负压隔离病室。

3) 当患者病情容许时，宜戴医用外科口罩，定期更换；宜限制其活动范围。

4) 应遵循相关的规定进行空气消毒。

(3) 医务人员的防护

1) 应严格按照区域医院感染预防与控制要求，在不同的区域，穿戴不同的防护用品，离开时按要求摘脱，并正确处理使用后物品。

2) 进入确诊或可疑传染病患者房间时，应戴帽子、医用防护口罩；进行可能产生喷溅的诊疗操作时，应戴护目镜或防护面罩，穿隔离衣，当接触患者及其体液（血液、组织液等）、分泌物、排泄物等时，应戴一次性使用医用橡胶检查手套。

3) 接触甲类及乙类甲管的传染病患者时，应按要求穿脱医用一次性防护服，离开病室前，脱去医用一次性防护服，医用一次性防护服按医疗废物管理要求进行处置。

（饶慧瑛）

第六章

传染病的免疫预防

第一节 疫苗在防控传染病中的应用

一、疫苗可预防疾病的疾病负担

预防接种是全球防控传染病的成功典范，每年拯救数百万人的生命。疫苗通过与身体的天然防御系统协同作用来建立保护网，从而降低感染性疾病的风险。当接种疫苗后，人体的免疫系统会做出反应。迄今拥有的疫苗可以预防20多种危及生命的疾病，帮助所有年龄段的人延长生命、更加健康。目前，预防接种每年可防止350万～500万人死于白喉、破伤风、百日咳、流感和麻疹等疾病。

预防接种是初级卫生保健的一个关键组成部分，也是最好的健康投资之一。疫苗对预防和控制传染病暴发也至关重要。疫苗支撑着全球卫生安全，是抗击抗微生物药物耐药性的重要工具。疫苗训练免疫系统产生抗体，由于疫苗只含有被杀死或弱化的病毒或细菌，因此不会导致疾病或并发症的风险。疫苗可预防许多不同的疾病，包括宫颈癌、霍乱、新型冠状病毒病、白喉、乙型肝炎、流感、日本脑炎、疟疾、麻疹、脑膜炎、腮腺炎、百日咳、肺炎、脊髓灰质炎、狂犬病、轮状病毒感染性腹泻、风疹、破伤风、伤寒、水痘、黄热病等。除此之外，其他一些疫苗，包括预防埃博拉出血热或疟疾的疫苗，也已经在全球很多地方使用。

针对疫苗可预防疾病，研究其疾病负担是重要且必要的。一方面，该类研究可以比较不同疫苗可预防性传染病的疾病负担差异，明确接下来卫生工作的重点内容与核心领域，梳理疫苗研发的投资优先级，并为疫苗纳入免疫规划体系提供支撑性的证据；另一方面，疫苗可预防性疾病疾病负担的时空分布模式有助于指导地区卫生部门确定本区域的优先接种人群和地区，制定更具成本效益的政策。除此之外，疫苗可预防性疾病的疾病负担变化也反映了疫苗接种对传染病防控的效果，并由此提供定量评价证据，可进一步为疫苗经济学评价提供指标。

（一）常用的疾病负担评价指标

一般来说，传染病的发生发展要经过一系列的过程，包括感染后无症状、感染后出现症状、门急诊就诊、住院，也可能出现死亡。因此，为了衡量多时期、多节点传染病患者的疾病负担，在流行病学研究中常采用多元化的测量指标对疾病频率与负担进行综合完整的评价。常用的疾病频率测量指标包括感染率、发病率、就诊率、住院率、重症率与死亡率等直接指标。

1. 感染率 是指在某个时间内能检查的整个人群样本中，某病现有感染者人数所占的比例。感染率在传染病流行病学中有较为广泛的应用，尤其是在那些隐性感染、病原携带者及轻型和不典型病例的调查中较为常用。感染率可用以反映人群的基础免疫水平，是决定疫苗适用人群和免疫程序的因素之一。

2. 发病率 作为流行病学常用的疾病流行强度指标，反映了传染病对人群健康影响的程度，发病率高则对人群健康影响大。但需注意，一些传染病在一年中可能多次罹患，在计入发病率时，应计为多个新发病例数。

3. 死亡率 反映了一个人群总死亡水平的指标，用以衡量某一时期、某一地区人群死亡危险性的大小，可通过死亡专率对某病死亡在人群、时间、地区上的变化模式进行监测。

除了通过上述监测指标对传染病发生的频率进行描述，传染病流行病学还常用相对风险指标表示疾病的临床严重程度，包括病死率、有症状患者病死率、就诊患者病死率、有症状患者住院率等。其中，病死率反映了疾病的严重程度与医疗卫生水平和诊治能力，是一个常用于传染病严重程度的监测指标。

由于这些指标只能反映健康状况的单一侧面，故仅能评价传染病对健康影响的单一维度，并可能低估传染病非致命后果的相对重要性。健康作为多维概念，有必要对其进行多结局、多阶段的综合测量。WHO和世界银行于1993年提出了伤残调整生命年（disability adjusted life years，DALYs）这一综合指标，并被成功应用于全球疾病负担（global burden of disease，GBD）研究中。该指标采用客观定量的方法综合评价各类传染病因早死或残疾造成的健康生命年损失，系统考量了死亡、患病、伤残、疾病严重程度、年龄相对重要性、时间相对重要性以及时间偏好等因素，以更加整体的视角反映传染病对人类社会造成的危害。一般来说，一个DALYs就是一个健康生命年的损失。

（二）疫苗可预防性传染病

1. 脊髓灰质炎 脊髓灰质炎是由脊髓灰质炎病毒引起的严重危害儿童健康的急性传染病。脊髓灰质炎病毒为嗜神经病毒，主要侵犯中枢神经系统的运动神经细胞，以脊髓前角运动神经元损害为主。全球消灭脊髓灰质炎的努力包括疫苗接种运动和积极监测。通过大规模脊髓灰质炎疫苗接种，全球脊髓灰质炎发病数降低了99%以上，其中脊髓灰质炎野病毒病例数从1988年的35万例下降至2018年的33例，大部分国家和地区依靠脊髓灰质炎疫苗接种实现并维持"无脊髓灰质炎状态"。巴基斯坦和阿富汗是世界上仍然存在脊髓灰质炎野病毒株流行的国家。

目前使用两种不同的脊髓灰质炎疫苗来预防该类疾病。口服脊髓灰质炎病毒疫苗（oral poliovirus vaccine，OPV）是一种减毒活疫苗。WHO建议在脊髓灰质炎流行或最近流行国家，在出生时、6周、10周和14周时给予OPV接种。然而，由于OPV是一种活病毒疫苗，可以恢复为传染性致病病毒，可能产生活病毒并释放到环境中，接受者或与他们接触的人可能会增加疫苗相关性麻痹性脊髓灰质炎（vaccine-associated paralytic poliomyelitis，VAPP）的发病风险。

灭活脊髓灰质炎病毒疫苗（inactivated poliovirus vaccine，IPV）是另一种疫苗。当其作为主要疫苗给婴儿时，应在出生后的前6个月内接种前2剂或3剂，在第二年注射加强剂。据估计，IPV对麻痹性脊髓灰质炎的保护率在80%~90%。由于难以承担疫苗衍生的瘫痪等相关风险，越来越多的国家正在从OPV过渡到IPV。

2. 麻疹 麻疹是由麻疹病毒引起的一种急性、高度传染性的疾病，通过呼吸道飞沫在人与人之间传播。麻疹的典型症状是发热、斑丘疹并伴有咳嗽、卡他性鼻炎、结膜炎等。在没有接种麻疹疫苗的情况下，几乎每个儿童都难以幸免于麻疹病毒感染，除孤立社区外，麻疹几乎会感染整个人群。大多数免疫母体所生的孩子在前6个月都受到获得性抗体的保护，免受麻疹病毒感染。麻疹病毒感染与多种临床症状相关，可导致多种并发症，甚至死亡。大规模的疫苗接种将麻疹死亡人数从 WHO 1997 年之前报告的每年 100 万人降至每年 25 万～50 万人，其中大部分仍然发生在撒哈拉以南非洲。

麻疹疫苗是一种减毒活疫苗，可以单独接种，也可与风疹疫苗结合使用，或与流行性腮腺炎和风疹疫苗结合使用。接种该疫苗会诱导机体产生免疫力。麻疹疫苗是最具成本效益和低成本的卫生干预措施之一。许多发展中国家现在正在以类似于脊髓灰质炎病毒疫苗接种的方式提供麻疹疫苗。麻疹疫苗接种率是功能性公共卫生系统的敏感指标。消除麻疹已成为全球共同目标。

3. 百日咳　百日咳是一种由百日咳鲍特菌引起的高度传染性疾病，通过呼吸道与排泄物传播。百日咳的特征是阵发性痉挛性咳嗽，伴有"鸡鸣"样吸气性吼声，重者可致呼吸受损和缺氧，甚至进一步导致神经损伤。百日咳每 2～5 年出现一次流行高峰。儿童普遍接种百日咳疫苗，使百日咳发病率有所降低，但并没有改变百日咳的流行周期，提示百日咳仍在人群中循环传播，全球范围内婴幼儿的百日咳疾病负担严重。但近年来，一些国家或地区青少年和成年人百日咳报告病例快速增加。自 1974 年全球实施扩大免疫规划以来，百日咳疫苗接种率不断提高，百日咳发病率和死亡率大幅下降。非洲、东地中海、欧洲、美洲、东南亚和西太平洋地区百日咳报告发病率分别从 1980 年的 116.88/10 万、63.67/10 万、17.08/10 万、20.43/10 万、37.77/10 万和 64.33/10 万降至 2021 年的 0.63/10 万、0.89/10 万、0.30/10 万、0.65/10 万、0.04/10 万和 0.58/10 万。

实践证明，接种含百日咳成分疫苗是预防控制百日咳的最经济有效措施。及时接种含百日咳成分疫苗，提高并保持高水平接种率是预防百日咳最基本的免疫策略。足量、全程接种是保证百日咳抗体达到保护性抗体水平、保护儿童身体健康的有效手段。百日咳免疫接种的核心目的是预防和减少婴幼儿百日咳重症和死亡病例。根据百日咳抗原制备工艺，百日咳疫苗分为全细胞百日咳疫苗和无细胞百日咳疫苗两类，与白喉类毒素、破伤风类毒素混合后成为百白破疫苗，可进一步联合脊髓灰质炎灭活疫苗、流感嗜血杆菌疫苗等组成联合疫苗。WHO 推荐采取 3 剂次基础免疫程序，第 1 剂最早在 6 周龄且不晚于 8 周龄时接种，后续剂次则间隔 4～8 周，且在 6 月龄前完成 3 剂基础免疫。目前大多数国家与 WHO 推荐的免疫程序保持一致。我国百日咳疫苗接种程序为 4 剂次接种策略。一般来说，百日咳疫苗是在儿童早期接种的，通常是在出生后的 2 个月、4 个月、6 个月和 15～18 个月逐渐完成基础免疫接种，其中对于分类为高危儿童的个体，也可在早产儿出生后的 60 天内接种疫苗。此外，对于没有适龄接种的人群，可以根据个体情况及时补种疫苗。

4. 结核病　结核病是由结核分枝杆菌引起的细菌感染性疾病，通过呼吸道飞沫传播，具有高度传染性。研究表明，与感染者密切接触者感染率可达 25%～50%。结核病在临床上会出现广泛的症状。与年龄较大的儿童相比，婴儿和青少年最有可能出现明显的临床表现。据 WHO 发布的《2022 年全球结核病报告》指出，2021 年全球新增约 1060 万例结核病病例，死亡人数约为 160 万。我国是全球 22 个结核病高负担国家之一，在近几年法定传染病中，肺结核的发病率高居前两位，成为我国重点防治的重大传染病之一。2021 年我国结核病新发病例数约为 63.9 万，因结核病导致死亡的患者数约为 1763 人。

结核疫苗主要指卡介苗（Bacillus Calmette Guerin, BCG），是一种用于预防结核病的疫苗。BCG 是一种减毒活细菌疫苗，即结核分枝杆菌株制成的疫苗，通常在出生时通过皮内注射，以预防结核病。BCG 疫苗对抗结核病的有效性存在争议。BCG 疫苗的接种对象是新生儿和儿童，由于结核不存在母传被动免疫，因此，应尽早对新生儿进行接种，最好在生后的 24 小时内接种，最晚也要在生后的 7 天内接种，接种后 2～3 个月结核菌素试验阳性率可达 90% 以上，一般可维持 5～10 年。BCG 疫苗接种后可以在一定程度上提高人体对结核分枝杆菌的免疫力，降低患上结核病的风险，也能降低患结核病后因结核周围炎而导致的死亡风险。除了能够预防结核病之外，BCG 疫苗还能够对其他一些疾病的预防起到一定的作用。例如，研究发现 BCG 疫苗可为肺外的结核病、结核性脑膜炎、乳腺结核等疾病提供有效的预防。

5. 黄热病 黄热病是一种由黄热病毒感染引起的、主要通过伊蚊叮咬传播的急性传染病，在南美洲部分地区以及撒哈拉以南非洲与丛林接壤的地区流行。黄热病毒感染的症状各不相同，诊断困难，潜伏期为3~6天，以剧烈、头痛、恶心、关节疼痛、黄疸和肌痛为主要表现。每年全球约有20万黄热病病例，其中约90%发生在非洲。我国福建、广东、海南等地存在该病的传播媒介，有潜在流行危险，但目前尚无病例报道。国际上已将黄热病定为国境检疫传染病。

黄热病疫苗是一种减毒活病毒疫苗，推荐给9岁及以上生活或前往南美洲和非洲流行地区的人群。黄热病疫苗是热带地区疾病控制的重要手段之一，对于前往疫区地区的旅行者，接种黄热病疫苗可以有效降低感染黄热病的风险。目前使用的有17D和Dakar两种减毒活疫苗。在接种后，黄热病疫苗可以在人体内产生免疫反应，以增强身体对黄热病毒的抵抗力，降低黄热病的感染风险。黄热病疫苗的有效期为10年，但有研究表明，接种1剂黄热病疫苗即可在一生中提供保护作用。

6. 乙型病毒性肝炎 乙型病毒性肝炎（hepatitis B，HB）是由乙型肝炎病毒（hepatitis B virus，HBV）感染引起的肝疾病。HBV主要通过血液传播，但也可以通过性接触、母婴垂直途径传播。HBV是一种DNA病毒，可以在肝细胞中复制并破坏肝细胞。HB的症状通常包括发热、乏力、食欲缺乏、腹部不适、恶心和呕吐等，严重时可能会导致肝衰竭、肝硬化和肝癌等并发症的发生。HBV感染为慢性肝炎和肝硬化的首要病因。慢性乙型肝炎通常没有明显的症状，但长时间会导致肝损害，进而引起肝硬化和肝癌等疾病，全球每年约有87万HBV感染者死于慢性相关肝病。相关的研究发现新生儿如果感染乙肝病毒，大约90%会成为HBV的慢性携带者。

乙型肝炎疫苗（乙肝疫苗）接种是最具成本效益的公共卫生干预措施之一。乙肝疫苗是由HBV的表面抗原或基因重组技术制成，通过注射进入人体，刺激人体产生抗体，以达到预防HBV感染和防止疾病发展的目的。接种乙肝疫苗可以有效预防婴儿、小孩、青少年和成人HB的发生。我国HBV疫苗新生儿接种程序为0、1、6，即在婴儿出生24小时内即接种第1针乙肝疫苗、1月龄接种第2针、6月龄接种第3针，以产生足够的免疫力，可以有效防止儿童感染并成为病毒的慢性携带者。未接种过乙肝疫苗的人群，也可随时接种该疫苗，无需进行特殊检查，除非存在疫苗接种禁忌证。

7. b型流感 流感嗜血杆菌（*Hemophilus influenzae*，Hi）是一种通过呼吸飞沫呼吸道分泌物的直接接触传播的细菌，其中Hi造成的严重疾病中95%是由b型Hi（Hib）引起的。Hib是世界范围内导致儿童感染性疾病和死亡的主要原因之一，常导致脑膜炎、会厌炎、肺炎、关节炎和蜂窝织炎等侵袭性疾病。据WHO估计，在Hib疫苗尚未在全球广泛之前，Hib曾一度导致每年超过800万儿童感染，超过30万儿童死亡。

自1988年以来，已经开发了安全有效的疫苗来预防Hib。Hib疫苗可以与DTP、IPV和HBV疫苗同时接种。2006年，WHO建议全球所有国家和地区统一将Hib疫苗纳入针对婴儿的免疫预防接种中，无论是否有当地的流行病学数据支持。全程的Hib疫苗接种可以预防95%以上的侵袭性Hib疾病。在引入3~4剂次方案的国家，Hib疾病几乎已经消除。Hib疫苗在大多数发达国家已经属于常规接种疫苗，但在低收入和中等收入国家的推广进程较慢。

（三）疫苗可预防性传染病疾病负担

传染病是全球发病率和死亡率的主要原因。截至2018年，全球5岁以下儿童总数约为6.79亿，其中530万死于各种原因，70万死于疫苗可预防性传染病。这些死于疫苗可预防性传染病的儿童中99%都生活在中低收入国家。而造成这一现象的并非发展中国家疫苗的接受程度，而是其成本和可用性。几个典型的疫苗可预防性传染病疾病负担研究的典型案例见表6-1。

第六章 传染病的免疫预防

表6-1 疫苗可预防性传染病疾病负担研究的典型案例

研究案例	评价目的	评价方法	评价结果
老年人四种疫苗可预防疾病的负担 Kristensen M, 2016 (PMID: 26752065)	估计荷兰50岁及以上成年人的流感、百日咳、肺炎球菌疾病和带状疱疹的疾病负担	采用残疾调整生命年衡量标准，计算出2010—2013年期间荷兰这四种疾病的年均疾病负担。根据老年人调整后的模型和参数得出的模型普通人群模型得出的疾病负担进行了比较	估计的老年人年均疾病负担从高到低依次为：肺炎球菌疾病（37 223 DALYs/年）、流感（7941 DALYs/年）、带状疱疹（942 DALYs/年）和百日咳（812 DALYs/年）。与使用普通人群模型相比，专门针对老年人调整模型和参数会导致更高的疾病负担
纳入国家免疫计划前的水痘与其他疫苗可预防疾病的疾病负担比较 van Lier A, 2019 (PMID: 31064637)	估计荷兰纳入国家免疫规划之前水痘可预防疾病负担，并与各种疫苗可预防疾病的疾病负担估计进行比较	采用欧洲传染病负担项目的方法，以残疾调整生命年表示水痘疾病负担。水痘（包括带状疱疹）的发病率、疾病进展模型和参数均来自血清流行率、医疗保健登记和已公布的数据	带状疱疹是造成水痘疾病负担（1600 DALYs/年）的主要原因（91%），水痘的致死率高于轮状病毒肠胃炎和脑膜炎球菌B型病
15种疫苗可预防的疾病负担估计 Kitano T, 2021 (PMID: 34244054)	对日本多种疫苗可预防疾病的疾病负担进行评估，有助于确定国家免疫计划中需要改进的领域	采用基于发病率和病原体的方法计算了2008—2020年日本15种疫苗可预防疾病（乙型肝炎病毒感染、人类乳头瘤病毒感染、流感、侵袭性肺炎球菌病、侵袭性流感嗜血杆菌病、日本脑病、麻疹、腮腺炎、风疹、破伤风、结核病和水痘咳、轮状病毒、结核病和水痘）的发病率，并使用伤残调整生命年进行计算	流感的年均疾病负担最高（114 129 DALYs/年），其次是人乳头瘤病毒感染、乙型肝炎病毒感染、结核病和流行性腮腺炎（109782、69883、23855和5693 DALYs/年）。乙型肝炎病毒感染等一些疫苗可预防疾病的负担呈下降趋势，而人乳头瘤病毒感染的疾病负担居高不下。COVID-19大流行导致许多疫苗可预防疾病的疾病负担在2020年急剧下降
七种疫苗可预防疾病的发病趋势和疾病负担 Li Z W, 2022 (PMID: 35243321)	了解中国山东省2013—2017年七种疫苗可预防疾病的流行病学特征和疾病负担	2013—2017年，在中国山东省开展了一项基于人群的观察性研究。采用泊松回归模型估计了发病趋势。疾病负担以伤残调整生命年计算	流行性腮腺炎的发病密度明显下降，而带状疱疹的发病密度则有所上升。以伤残调整生命年评估，造成疾病负担的前三位原因包括肺结核、带状疱疹和乙型肝炎，其伤残调整疾病负担分别为72.21、59.99和52.10年/10万。流感和带状疱疹的疾病负担在50岁以上人群中相对较高，而乙型肝炎的伤残调整疾病负担在青壮年中最高

疫苗可预防性传染病的疾病负担包括流行病学负担和经济负担，流行病学负担可以利用前述的发病率等疾病负担指标进行评价，而经济负担是指医疗保健的直接支付费用和间接给社会经济造成的损失。评价疫苗可预防性传染病的疾病负担的研究方法多样，根据研究目的和设计确定。各类疫苗的广泛推广与使用，使全球疫苗可预防性传染病流行趋势出现了明显下降。WHO 报告显示，20 世纪 80 年代报告的白喉病例下降与百白破三联疫苗覆盖率的增加保持一致。WHO 成员国建立了国家免疫体系推动本国免疫覆盖率的提高，于 1980 年彻底根除了天花疾病，而随后全球麻疹发病人数也出现了大幅度下降。因此，接种疫苗可以提供身体免疫保护，预防传染病的发生，从而降低医疗资源的负担和社会的经济负担，还可以预防疾病暴发，从而避免出现传染病的流行，保护公共卫生和国家安全。接种疫苗不仅可以保护接种者不受感染，还可以通过利用群体免疫效应来降低疫苗可预防性传染病的传播速度和规模，减小疾病传播的风险。尽管世界各地的免疫规划取得了成功，但现有疫苗仍没有得到最充分的利用。未来面临的挑战包括维持目前的疫苗接种覆盖率水平，将疫苗接种范围扩大到未接种人群和婴儿期以后的人群，以及研发使用新的疫苗和技术。

二、免疫预防策略的应用

（一）扩大免疫规划的提出及行动目标

预防接种是控制传染病最经济有效的手段，也是控制疾病暴发的有效武器。WHO 于 1974 年首次提出扩大免疫规划（expanded program on immunization，EPI）的概念，提出通过疫苗接种，预防儿童白喉、百日咳、破伤风、麻疹、脊髓灰质炎和结核病 6 种疾病。在 1974 年，儿童中这些疫苗针对疾病的接种率不足 5%，但通过 EPI 的实施，疫苗作为预防疾病的利器开始逐渐被世人认可并迅速推广使用，不仅保护了儿童的健康，也促进了母亲保健项目的快速发展。EPI 理念的提出及快速发展，主要归因于 1967—1977 年间人们从消灭天花疾病中积累的经验，该经验提示开展持续的预防接种和高质量的监测是实现消灭疾病的关键。

1990 年，WHO 在埃及开罗召开会议，提出通过实现 90% 的疫苗接种率进而实现疾病控制目标。这些目标包括消灭脊髓灰质炎、消除新生儿破伤风、控制麻疹等，以及促进疾病监测、对预防接种效果进行评价。会议也提出将当时可获得的黄热病疫苗和乙肝疫苗纳入国家免疫规划。在 20 世纪 80 年代，由于当时各国维持高接种率的经费主要还依赖于捐助方的支持，因此保持捐助人的资金稳定性是维持免疫接种的重要策略。此外，对专业人员的培训、沟通及提高管理水平等措施是当时保持高接种率的关键技术措施。

在 EPI 提出 50 年后，几乎所有的 WHO 成员国都已经将传统疫苗外的其他疫苗纳入国家免疫规划，例如乙肝疫苗等。WHO 估计预防接种每年挽救 250 万儿童的生命，以及避免数百万的疾病和残疾。EPI 的实施，极大促进了国际合作和疾病监测，推动了预防保健系统的建立，并为实现人人普及预防接种服务的目标做出了贡献。EPI 也作为联合国可持续发展目标中降低 5 岁以下儿童死亡的手段之一。

（二）全球扩大免疫规划的实施进展及效果

世界卫生大会 1974 年提出的 EPI 行动计划得到很多国际组织、多边及双边合作组织、志愿者、私有组织的积极响应，联合国儿童基金会（United Nations International Children's Emergency Fund，UNICEF）成为最大的冷链提供者。世界银行、联合国发展计划署、洛克菲勒基金会等除了提供经费援助外，还与 WHO、UNICEF 一起，成立了特别工作组，倡导其他政府及非政府组织参与，为 2000 年实现人人享有保健服务奠定了基础。

20 世纪 80 年代，预防接种已经能够为 50% 的发展中国家儿童提供疫苗接种服务，1/3 的儿童能得到脊髓灰质炎疫苗、麻疹疫苗或者百白破联合疫苗的接种。因此，每年可预防 20 万名儿童患脊髓灰质炎，100 万名儿童避免因患麻疹、破伤风和百日咳而死亡。这种成就的取得主要是预防接种成本低、便于实施，群众接受程度高且效果显著。

2000年，WHO估计全球5岁以下儿童中，每年有1000名儿童死于脊髓灰质炎，4000人死于白喉，1.5万人死于黄热病，19.8万人死于破伤风，29.4万人死于百日咳，38.6万人死于乙型流感，54万人死于麻疹，60万人死于HBV感染。同年，肺炎球菌结合疫苗仅在75个国家获得注册。以第3剂次DTP疫苗为指标的全球疫苗接种率从1990年到2004年仍然维持在70%~78%。轮状病毒疫苗截至2006年仅在36个国家注册。2000年全球疫苗和免疫联盟（Global Alliance for Vaccines and Immunization，GAVI）成立，主要是帮助一些中、低收入国家将疫苗纳入国家免疫规划，GAVI的援助对象主要是人均国民生产总值低于1000美元、国家有强力的政治意愿、人口数不足1.5亿人的国家。GAVI根据1999年一项世界卫生大会决议（WHA53.12号决议）而成立，之后发挥了巨大的推动作用，促使有资格获得其资助的国家提高了可持续疫苗接种服务的可及性。

自20世纪80年代以来，通过WHO管理的资格预审系统，疫苗的质量得到了保证。WHO建议UNICEF、GAVI和其他供资机构批量购买这些通过预认证的疫苗。资格预审和其他监管系统的建立使国家免疫规划所使用的90%以上的疫苗都得到质量保证。

2000年9月，190个联合国的成员国领导在纽约签署了联合国千年发展目标，其中承诺在2015年将5岁以下儿童死亡率在1990年的基础上降低三分之二。2005年，WHO和UNICEF联合制定了全球免疫远景及战略（global immunization vision and strategy，GIVS）（2006—2015），GIVS的目标是通过为更多的适龄人群提供疫苗接种，保护人群避免疾病。实现这些目标的策略包括：一是促进常规免疫服务，扩大免疫服务接种率和免疫服务对象；二是引入新的疫苗和技术；三是将预防接种与其他干预和监测项目进行整合；四是保持免疫接种的相对独立性。

2012年，世界卫生大会接受了疫苗十年行动计划（2011—2020）作为实施框架，以通过普及预防接种避免数百万人的死亡，这也是将现有疫苗的预防接种作为最公平的措施加以推广。在全球实施免疫规划的进程中，GAVI在财政经费的支持方面发挥了关键作用，尤其是在73个中低收入国家对提高免疫接种率和加速新疫苗纳入国家免疫规划中发挥了重要作用。截至2013年，GAVI帮助成员国增加了4.4亿人次的疫苗接种服务，避免了600万因疫苗针对疾病导致的死亡。GAVI与WHO、UNICEF合作，相互支持，共同促进了全球免疫规划的发展。GAVI有效地将各政府、国际机构、私营部门和慈善基金汇集起来，在全球范围内大大促进了免疫接种工作中筹资机制和新疫苗纳入国家免疫规划的进程。

根据GAVI和WHO的最新进展报告，自2000年以来，疫苗接种已将报告的麻疹发病率降低了83%，防止了2110万人死亡；截止到2018年，194个国家中有168个国家接种了风疹疫苗，WHO美洲区域已无风疹；截至2019年7月，40个孕产妇和新生儿破伤风的优先消除国家中有28个国家已经根除了这种疾病；自2010年以来，全球百日咳、白喉和破伤风的三联疫苗覆盖率稳定在86%；自2010年以来，超过80%的中低收入国家引入了新疫苗，同时全球儿童死亡率下降了四分之一，并且大部分都与疫苗可预防疾病的减少相关；3个非洲国家启动了疟疾疫苗试点实施研究。总体来说，过去20年，免疫覆盖率取得了巨大进步，特别是在中低收入国家。2000—2018年期间，在这些国家使用疫苗避免了约3500万人的死亡，其中96%为婴儿。这些努力几乎使疫苗可预防疾病的死亡人数减少了一半。在2000—2030年出生的人的一生中，免疫接种可能会避免至少1.22亿人死亡。这些统计数据说明了疫苗的非凡影响。尽管在许多疾病消除与疫苗覆盖的目标上取得了长足的进步，但距离实现其前期愿景仍有不小的差距。地区间的不平等仍然广泛存在，部分地区未能从该计划中受益，一些传染病仍然危害着其人民健康。

解决全球扩大免疫规划的实施，首先要有客观准确的数据帮助决策。其次，EPI的需要有良好的社区参与。最后，每个国家都需要保证疫苗能够及时在接种点获得。要完成这些工作，需要国家、区域和全球对免疫规划都有很好的规划，国家要有强有力的领导机构，能够有计划地实施预防接种服务，开展领导、协调接种工作，进行监测和评估。当前，全球范围内城市化带来的人口流动，使未免疫儿童年龄不断加大，免疫规划的服务模式正在发生变化，需要关注弱势群体的接种工作。探索行之有效的预防接种服务模式，是各国都应开展并践行的工作。用来确保扩大现场疫苗接种和服务的重要行动需求包括找到可以简化现场疫苗接种程序的方式；为覆盖到每位儿童而改进免疫接种服务，尤其是生活在边远和难以抵达地区的儿童；确保疫苗可承受性并加强疫苗供应链；培训更多卫生工作者和有技能的管理者，并提供支持性监督；改进各国收集的数据质量，并将其用于改善免疫规划的行动；应对冲突、自然灾害和其他危机带来的挑战；提高社区对免疫规划的认识和要求；加大履行与免疫接种行动细微计划和明确分工相关的责任。此外，应科学认识疫苗及其不良反应，这不仅需要提升专业人员的知识，也需要开展公众的健康知识宣传，改变他们参与社区的活动。

（三）我国扩大免疫规划的实施进展及效果

新中国成立初期，我国就确立了"预防为主"的卫生工作方针，并于1960年消灭了天花。自1978年起实施儿童计划免疫，于1988年、1990年和1995年先后实现了以省、县、乡为单位儿童"四苗"接种率达到85%的目标，使疫苗针对疾病发病率大幅度下降。2000年顺利实现无脊髓灰质炎目标。2002年乙肝疫苗纳入儿童计划免疫。2007年实施国家扩大免疫规划，把乙脑、流脑、甲肝纳入儿童免疫规划。扩大国家免疫规划按照"突出重点、分类指导、注重实效、分步实施"的原则实施。疫苗接种可预防乙肝、结核病、脊髓灰质炎、百日咳、白喉、破伤风、麻疹、甲肝、流脑、乙脑、风疹、腮腺炎、肾综合征出血热、炭疽和钩体病15种传染病。《扩大内需战略规划纲要（2022—2035年）》提到，要提供多层次医疗健康服务，适时优化国家免疫规划疫苗种类，逐步将安全、有效、财政可负担的疫苗纳入国家免疫规划。

在多年长期的合作中，我国通过了4项瞩目成就的WHO认证：实现WHO西太平洋区降低慢性乙肝发病率；消除新生儿和孕产妇破伤风；成功应对输入性脊髓灰质炎野病毒疫情；大幅度降低麻疹发病率。

中国于2000年实现消除脊髓灰质炎目标，尽管在全国脊髓灰质炎疫苗的覆盖率始终超过95%，但仍面临着输入性病毒的威胁。2011年，输入性脊髓灰质炎野病毒导致21例实验室确诊麻痹型脊髓灰质炎，并且导致人群感染。世界卫生大会规定了评价应对脊髓灰质炎暴发的标准，包括时效性、彻底性、范围以及有效性。2012年11月，WHO西太平洋地区消灭脊髓灰质炎证实委员会评估了中国的应对情况，认为中国达到了应对标准，破纪录性地及时阻断了脊髓灰质炎暴发，并可作为其他国家应对脊髓灰质炎暴发的典范。目前，为了监测可能从脊髓灰质炎流行邻国巴基斯坦输入的脊髓灰质炎病毒，中国定期对重点地区15岁以下儿童进行粪便样本检测。

1. 我国乙型肝炎疫苗的实施进展及效果 乙型肝炎（乙肝）在我国是造成疾病负担最为严重的传染病。为从根本上控制乙肝的传播，我国实施了预防接种为主、防治结合的控制策略。通过推行新生儿优先接种乙肝疫苗的策略，阻断HBV的母婴传播，也预防了儿童后期的传播水平；加强监管，推行一次性注射器具的使用，减少医源性感染的发生；通过献血筛查，减少了输血引起的感染；通过加大诊疗活动，及早发现传染源并给感染者提供健康指导。通过这些措施的实施，我国在控制乙肝方面取得举世瞩目成就。

预防早期感染是控制HBV的关键。由于早期感染主要是母婴垂直传播，实施乙肝疫苗的预防接种，做好新生儿出生后首剂疫苗的接种，是预防HBV母婴阻断的关键措施。我国在1992年将乙肝疫苗纳入计划免疫管理，建议新生儿出生后24小时内接种首针乙肝疫苗，并分别在1、6月龄时接种后续2剂疫苗，但疫苗及接种费用由家长承担。由于疫苗价格相对较高，而且基层卫生机构需收取一定服务费，所以在2002年前新生儿乙肝疫苗接种主要在大城市及相对富裕的东部省份开展。为加速控制乙肝，经国务院批准，2002年起我国将乙肝疫苗纳入儿童免疫规划，预防接种所用的乙肝疫苗免费，但仍收取接种服务费。2005年，随着《疫苗流通和预防接种管理条例》的出台，我国乙肝疫苗的常规免疫预防接种实现免费。

我国确定预防接种的重点人群首先是新生儿，其次为儿童和成人中的高感染风险人群。为确保所有的新生儿都能及时接种乙肝疫苗，我国政府通过激励机制鼓励孕产妇住院分娩，加强常规产妇 HBsAg 筛查，既保证了孕产妇安全，又提高了乙肝疫苗首针及时接种率和全程接种率，促进了乙肝母婴阻断工作，减少了因母婴传播导致的 HBV 感染。模型估计结果显示，2022 年母亲接受相关抗病毒治疗的比例达 26%。通过这些促进接种的措施，2002 年实现乙肝疫苗对适龄儿童免费接种后，接种率进一步提升。2002 年，我国卫生部与 GAVI 合作实施乙肝疫苗免疫及安全注射五年合作项目，为中国中西部地区贫困人口免费提供乙肝疫苗和接种用注射器。这项工作推动了西部省份和中部省份国家级贫困县乙肝疫苗预防接种和安全注射工作，支持了我国乙肝疫苗新生儿预防接种策略的落实，促进了新生儿乙肝疫苗接种纳入国家免疫规划的进程。2009—2011 年，为落实深化医药卫生体制改革、实现公共卫生服务均等化工作，对 15 岁以下人群实施漏补种，连续 3 年在全国范围对 1994—2001 年出生的、未完成全程免疫的 < 15 岁人群实施乙肝疫苗接种，累计补种 6800 余万人。同时，在做好新生儿常规免疫接种的基础上，有些地方已经实施对高危人群进行重点接种。调查结果显示，全国新生儿乙肝疫苗首针及时接种率由 1992 年的 22% 提高至 2002 年的 66.8%，2014 年达到 95% 以上。据估计，2022 年新生儿 12 月龄前三剂疫苗接种率达 99%。

我国于 1979 年、1992 年、2006 年、2014 年和 2020 年开展全国乙肝血清流行病学调查，对于搞清我国乙肝疾病负担分布特征、指导制定乙肝防控策略发挥了重要作用。几次流行病学调查结果的对比分析结果表明，我国通过实施乙肝疫苗接种为主的综合防控策略，人群 HBV 慢性感染率大幅度下降，已由 1992 年的 9.75% 下降到 2014 年的 6.5%，其中 5 岁以下儿童 HBsAg 携带率已下降至 1% 以下，提前实现 WHO 西太平洋地区提出的 2017 年将 5 岁以下人群 HBsAg 携带率降至 1% 以下的目标。研究结果表明，2022 年我国乙肝感染率约为 5.6%。我国控制乙肝的成就得到国际同行和国际组织的高度肯定，在我国积累的公共卫生良好实践已经成为发展中国家的成功案例进行推广，为我国公共卫生领域树立了良好的形象。但是，我们也存在一些未来的挑战，例如，如何将乙肝疫苗的预防接种扩大到成人高危人群，以进一步控制乙肝病毒的感染，同时保证在边疆边远地区落实好预防接种服务和保持高水平的免疫接种率。尽管我们已经预防了绝大部分的新生儿免受 HBV 感染，但每年仍有 3 万～5 万名儿童由于未及时接种疫苗或存在高感染风险而发生突破性感染。为此，需要进一步加强研究和应对，积极加大乙肝预防领域的研究，为相关的政策制定提供证据。此外，还要加强健康教育，减少乙肝歧视带来的各种社会问题。

2. 我国麻疹疫苗的实施进展及效果　全球麻疹发病和死亡已大幅下降，美洲和其他地区的部分国家已阶段性地实现消除麻疹状态，中国当前麻疹发病水平也较疫苗前时代下降 99% 以上。尽管如此，由于麻疹传染性极强，要阻断麻疹病毒持续传播、实现消除麻疹，所需人群免疫力远比消灭天花、脊髓灰质炎更高。消除麻疹仍将是公共卫生领域一项任重道远的工作。

WHO 提出的消除麻疹策略与措施包括：①通过接种 2 剂含麻疹成分疫苗（measles-containing vaccine, MCV），保持较高的人群免疫力；②建立高质量的麻疹监测系统，监测疾病发病特征和消除麻疹进展；③积极应对麻疹暴发疫情，快速采取控制措施并做好病例管理；④向公众宣传，增强其信心，鼓励公众自觉接种疫苗；⑤开展消除麻疹技术研究，开发经济有效的提高疫苗接种率和实验室监测手段等。其中，通过接种疫苗以提高人群免疫力、迅速有效地应对暴发以控制疫情规模、建立高质量的监测系统以反映进展，是消除麻疹的核心策略。

我国在应用麻疹疫苗前每隔一年周期性出现一次麻疹流行高峰，高发年份发病率在 1000/10 万以上。1959 年全国范围发生暴发疫情，报告发病率为有记录以来的最高值（1432.4/10 万）。1965 年，我国开始使用液体剂型麻疹疫苗（measles vaccine, MV），初期仅在温度较低的冬春季在铁路、公路沿线安排突击接种。1978 年实施儿童计划免疫，8 月龄常规接种 1 剂麻疹单价疫苗，

1986年采用冻干MV，并实施2剂常规免疫程序（8月龄和7岁）。随着疫苗的使用，尤其是国家免疫规划的实施，全国报告麻疹发病水平持续下降，20世纪60、70、80和90年代平均发病率分别为572.0/10万、355.3/10万、52.9/10万和7.6/10万。

1998年，我国制定《加速控制麻疹规划指南》，对不同省（自治区、直辖市，下同）分类指导，提出以乡（镇、街道）为单位MV常规免疫接种率达到>90%，加强接种率监测及时甄别低接种率地区，适时开展补充免疫（supplementary immunization activities，SIAs）的免疫策略。2005年，常规免疫MCV，接种年龄从7岁调整为18~24月龄。2006年，卫生部印发《2006—2012年全国消除麻疹行动计划》，提出综合的消除麻疹免疫策略，包括：①提高常规免疫接种率；②一次性完成2~7岁儿童MCV_2接种；③适时开展SIAs，初始SIA覆盖8月龄~14岁儿童，后续SIA一般覆盖8月龄~4岁儿童；④加强接种率监测，及时发现低接种率和免疫空白地区并采取措施；⑤严格执行入托入学查验预防接种证制度，并为未种儿童进行补种。

2010年，全国统一开展SIA，共接种1.0343亿儿童。2011年以来，各省在努力提高常规免疫接种率的基础上，以开展选择性SIA为主。全国麻疹发病率自2005年开始有所反弹，至2008年升至近15年来最高后，从2009年开始连续4年下降，至2012年为历史最低值。从2012年底开始，全国报告麻疹发病水平回升，2013年报告发病率升至2.04/10万，2014年为3.88/10万，2015年开始持续下降，至2018年降至0.28/10万，再创历史新低。

2019年新型冠状病毒感染疫情发生后，MCV第2剂接种率开始出现下降趋势，因此2020年3月国家卫生健康委办公厅印发了《关于统筹做好新冠肺炎疫情防控全面有序开展预防接种工作的通知》，要求各地根据疫情形势变化，科学统筹新型冠状病毒感染疫情防控和预防接种工作。各地疾控部门通过及时调整免疫策略与工作制度，降低了疫情对常规免疫工作的影响。2021年全国（不含香港、澳门特别行政区和台湾省）麻疹报告发病率0.039/10万，与2020年（报告发病率0.061/10万）相比下降了35.74%。全年共报告麻疹突发公共卫生事件1起。2021年报告麻疹发病率为有监测数据报告以来的历史最低水平。

我国免疫规划的挑战主要来自两大方面：距离实现疫苗可预防疾病的有效控制、消除、消灭的国家、区域和全球目标还有一定差距；需要为不断增长的公共健康问题提供持续的疫苗推荐意见。在我国，需要将已经研发和生产，但尚未纳入免疫规划的疫苗，例如Hib、肺炎球菌、水痘病毒、轮状病毒和流感病毒疫苗不断扩大接种覆盖范围，并根据疾病负担纳入免疫规划。这些疫苗极大降低了疾病负担，如果纳入扩大免疫规划项目，就可以保证所有儿童接种疫苗而不受经济条件的影响。通过实现全球目标而进一步强化我国免疫规划，进而实现加强免疫规划的终极目标，使广大儿童更加健康。

第二节 疫苗效果的评价

一、疫苗的免疫效果评价

（一）疫苗的免疫原性评价

1. 疫苗免疫原性的概念 疫苗的免疫原性主要是指疫苗能够引起机体免疫反应的程度，即疫苗在机体内诱导特异性免疫应答的能力，促使机体产生针对特定病原的免疫保护和免疫反应。疫苗的免疫原性是疫苗发挥保护作用的关键因素之一。疫苗免疫原性的大小取决于多种因素，包括疫苗本身的因素和宿主个体的免疫状态等因素。

2. 免疫原性的作用机制 疫苗主要通过诱导机体产生细胞免疫应答和体液免疫应答而使机体获得对特异病原的免疫保护效应。

（1）细胞免疫应答：细胞免疫应答主要是指T细胞介导的免疫应答。疫苗接种后，抗原（即疫苗中的致病微生物或其部分抗原）被摄取并加工，随后在抗原呈递细胞上被呈递给 T 细胞。激活的 T 细胞会产生细胞因子，刺激其他免疫细胞发挥其作用，最终形成针对疫苗所对应抗原的免疫应答。

（2）体液免疫应答：体液免疫应答主要是指 B 细胞介导的免疫应答。疫苗接种后，抗原刺激 B 细胞产生抗体，抗体能够结合病原体表面的特异性结合位点，通过中和病原、激活补体系统、诱导抗体依赖的细胞毒作用等途径，防止病原体侵入机体细胞，进而达到预防特定病原体感染的目的。

3. 免疫原性评价指标及意义 疫苗免疫原性评价是衡量疫苗有效性的重要指标之一，它可以反映出疫苗在宿主体内引起免疫反应的能力和程度。疫苗免疫原性评价方法的选择和优化对于疫苗的研究和开发、疫苗接种计划的制定和评估，以及公共卫生防控工作的开展等具有重要的意义。对疫苗免疫原性的评价贯穿在疫苗上市前研发和上市后持续评价的各个阶段。以下是常用的疫苗免疫原性评价方法。

（1）疫苗抗原性评价：疫苗抗原性评价是指对疫苗中的抗原成分进行分析，以评估疫苗的抗原性能力。疫苗抗原性评价方法主要采用酶联免疫吸附试验（ELISA）、蛋白质印迹（Western blot）、放射性免疫沉淀、质谱分析等方法。其中，ELISA 最为常见，它可以定量分析疫苗中的抗原成分，并评估疫苗的抗原性能力。蛋白质印迹法则为定性分析疫苗中抗原成分的方法。放射性免疫沉淀法可定量和质量分析疫苗中的抗原成分，并评估疫苗的抗原性能力。质谱分析则可以对疫苗中的抗原成分进行定量和质量分析，从而评估疫苗的抗原性能力。

疫苗抗原性评价的意义在于以下几个方面。

1）疫苗效力评估：抗原性评价可以通过实验室测试和临床试验来确定疫苗是否能够引发免疫反应，以及免疫反应的强度和持续时间如何。这些信息有助于判断疫苗是否能够有效预防感染或减轻疾病的症状。

2）疫苗效果改进：通过评估疫苗抗原性，疫苗开发者可以优化疫苗的配方，增强免疫反应的强度和持续时间，从而提高疫苗的效果。这有助于改进疫苗的保护范围，针对新的变异株或新的传播途径等。

3）新病原体研究：对于新出现的病原体或者对已知病原体的变异株，抗原性评价可以帮助了解其免疫特性。这对于及早发现和控制新的疫情或疫情暴发至关重要。

4）免疫水平调查：了解疫苗抗原性还可以用于群体免疫水平调查，即研究人群中的免疫水平。这有助于了解疫苗的普及程度和人群中的免疫缺口，为公共卫生干预提供数据支持。

（2）疫苗细胞免疫原性评价方法：细胞免疫学方法是指通过检测宿主体内免疫细胞的活性和功能，评估疫苗的免疫原性能力。细胞免疫学方法包括淋巴细胞增殖试验、淋巴细胞分泌试验、流式细胞术等。其中，淋巴细胞增殖试验可以评估疫苗中的 T 细胞免疫原性能力，从而评估疫苗的免疫原性能力。淋巴细胞分泌试验则可以评估疫苗中的 T 细胞和 B 细胞免疫原性能力，从而评估疫苗的免疫原性能力。流式细胞术则可以分析宿主体内不同种类免疫细胞的数量和活性，从而评估疫苗的免疫原性能力。测量细胞免疫反应的设计方法主要包括三类：细胞增殖检测、细胞因子检测和细胞毒性检测。除此之外，还有一些其他方法用于测量疫苗的细胞免疫原性，包括细胞凋亡分析、细胞表面标志物分析和细胞介导的免疫识别等方法。

疫苗细胞免疫原性评价对于疫苗研发和应用具有重要意义。首先，它是确保疫苗安全有效的关键步骤。通过对疫苗的免疫原性进行评估，可以发现可能引起不良免疫反应的风险，避免潜在的安全问题，保障接种者的健康安全。其次，细胞免疫原性评价有助于预测免疫相关风险。了解疫苗引发的免疫反应类型和程度，有助于预测可能的免疫相关不良反应，并在疫苗研发早期进行调整和优化，以减小不良反应的风险。再次，通过评估不同疫苗候选者的细胞免疫原性，可以选择最优的疫苗进行后续开发。在面对多个候选疫苗时，对其免疫原性进行比较，有助于选出最具潜力的疫苗，提高研发效率和成功率。从次，细胞免疫原性评价可以帮助确定疫苗的最佳剂量。了解疫苗剂量与免疫反应之间的关系，有助于确定适当的疫苗用量，确保在接种者中产生足够的免疫保护水平。最后，疫苗细胞免疫原性评价对于应对新兴病原体也具有重要作用。当面临新传染病或病原体时，通过对其免疫原性的评价，可以更快速地开发出相应的疫苗，提高公共卫生应对能力，保护公众免受疾病侵害。

1）细胞增殖检测：细胞增殖检测是一种测量细胞免疫反应的常用方法，其原理是通过测量免疫细胞在受到激活后增殖的程度来评估其免疫反应水平。最常用的细胞增殖检测方法是MTT[3-（4,5-二甲基-2-噻唑）-2,5-二苯基-2H-四唑溴化物]法，该方法基于细胞的代谢活性，在细胞内使用MTT试剂时，MTT被还原为紫色的甲醛化物，通过加入溶解液来溶解细胞后，可用光谱仪测量其吸光度值以计算细胞增殖率。

疫苗细胞增殖检测的意义在于深入了解疫苗在免疫系统中引起的细胞免疫反应。细胞增殖是免疫细胞对疫苗抗原的应答，通过增殖和扩增免疫细胞的数量，从而产生更多的效应细胞，如T细胞和B细胞，以应对病原体的侵袭。首先，确定疫苗免疫原性是疫苗研发的核心目标。通过细胞增殖检测，可以验证疫苗中的抗原是否能够有效地刺激免疫细胞增殖，从而证实疫苗的免疫原性。其次，评估疫苗效果对于疫苗的应用和推广至关重要。细胞增殖检测可以帮助确定疫苗接种后是否能够引起免疫细胞的有效增殖，以及产生持久的免疫记忆，有助于评估疫苗的持续保护效果和免疫耐受性。再次，了解免疫应答类型对疫苗研发和应用的优化至关重要。不同类型的免疫应答，如细胞免疫应答和体液免疫应答，对于预防不同类型的感染具有重要意义。通过细胞增殖检测，可以确定疫苗引起的免疫应答类型，有助于选择和优化疫苗设计。从次，比较不同疫苗候选者的细胞增殖能力可以加速疫苗研发过程。在疫苗研发阶段，可能存在多个候选疫苗，通过细胞增殖检测，可以筛选出最有潜力的候选疫苗，减少不必要的时间和资源投入。最后，个体化免疫监测可以更好地了解个体对疫苗的免疫应答水平。通过细胞增殖检测，可以对接种者的免疫状态进行评估，从而为个体化的免疫治疗和干预提供科学依据。

2）细胞因子检测：细胞因子检测是测量免疫细胞分泌的细胞因子水平的方法，可以评估免疫细胞的免疫反应水平。细胞因子检测方法主要包括酶联免疫吸附试验（ELISA）和细胞分泌酶免疫斑点法（ELISPOT）。ELISA方法是利用特异性抗体与细胞因子结合，从而测量细胞因子在体外分泌的水平，常用于评估疫苗对细胞因子的激活能力。而ELISPOT法是一种定量分析细胞因子分泌细胞的技术，该技术通过免疫斑点的形成，可以准确测量细胞因子的分泌数量。

疫苗细胞因子检测是评估疫苗免疫效果的重要方法之一，其意义在于深入了解疫苗在免疫系统中引起的细胞因子产生和调控。细胞因子是一类在免疫应答过程中发挥重要作用的分子信号，能够调节和影响免疫细胞间的相互作用。通过检测疫苗诱导的细胞因子水平，可以帮助研究人员了解疫苗对免疫系统的激活程度、免疫应答类型以及免疫效果。

3）细胞毒性检测：细胞毒性检测是一种测量免疫细胞毒性反应的方法，可评估免疫细胞的杀伤能力。目前最常用的细胞毒性检测方法是MTT法和荧光素酶活性检测法。其中，MTT法可测量免疫细胞对其他细胞的杀伤能力，荧光素酶活性检测法则通过测量细胞释放的荧光素酶活性水平来评估免疫细胞对其他细胞的杀伤能力。

疫苗细胞毒性检测的意义在于评估疫苗对细胞的安全性，确保疫苗在接种后不会对宿主细胞产生有害的毒性作用。该检测方法通过将疫苗与不同类型的细胞接触，观察和测量细胞的形态、生长和代谢等指标，来判断疫苗是否对细胞产生毒性反应。疫苗细胞毒性检测有助于发现潜在的安全风险，防止可能引发细胞损伤或其他不良反应的疫苗进入临床应用，从而确保疫苗接种的安全性和有效性，保障公众的健康。

（3）疫苗体液免疫原性评价方法：疫苗的体液免疫反应也是评估疫苗免疫原性的重要指标。疫苗体液免疫原性评价方法主要包括血清中抗体水平分析和血清中中和抗体分析。血清中抗体水平分析是评估疫苗体液免疫原性的常用方法之一,其主要测量目标是血清中的抗体水平。常用的抗体检测方法包括酶联免疫吸附试验(ELISA)、免疫荧光法(IFA)和放射免疫分析法(RIA)等。这些方法可以用于测量血清中的特定抗体,如病毒抗体、细菌抗体和蛋白质抗体等。

血清中中和抗体分析是评估疫苗体液免疫原性的另一种方法,其主要测量目标是血清中的中和抗体。中和抗体是一种特殊的抗体,能够结合并中和病原体,从而抑制病原体的入侵和繁殖。常用的中和抗体检测方法包括中和试验和溶血素中和试验等。

此外,还有一些其他方法可用于评估疫苗的体液免疫原性,如补体结合试验、免疫印迹和比较免疫原性等。这些方法可以通过测量体液中的免疫分子和免疫反应来评估疫苗的体液免疫原性。

需要注意的是,不同类型的疫苗对应的体液免疫原性评估方法也不尽相同。例如,多糖疫苗的免疫原性评估需要测量抗体水平和中和抗体水平,而蛋白质疫苗的免疫原性评估则需要测量细胞因子水平和抗体水平等。因此,在评估疫苗的体液免疫原性时,需要根据具体情况选择合适的方法。

1)酶联免疫吸附试验(ELISA):是一种用于检测抗体水平的常用方法。该方法通过将已知抗原涂覆在微孔板上,然后加入待检测的样品(通常是血清),使得特异性抗体结合到抗原上。接着,酶标记的二抗加入样品,特异性的酶标记抗体结合到样品中的抗体上,最终加入底物使得酶反应产生发光信号。ELISA的优点是快速、简单、可重复性好,因此被广泛用于血清抗体水平的测定。

2)中和试验:是一种体外测量抗体中和病毒活性的方法。这种试验通过将不同浓度的病毒与一定量的抗体混合,然后将混合物感染细胞,通过细胞存活率的测量来确定病毒中和活性。中和试验可以用于评估疫苗中抗体的中和水平,以及血浆中对不同病毒的中和能力。与其他评估方法相比,中和试验更直接地反映了抗体的保护性,因此被认为是一种较准确的评估方法。

3)凝集试验:是通过测量抗体与病原体的凝集反应来评估疫苗体液免疫原性的方法。该试验中,待检测的抗体与抗原混合后,通过视觉或仪器检测产生的凝集反应程度来评估抗体水平。凝集试验可用于评估血清中的抗体水平,也可以用于评估疫苗中的抗原水平,但是凝集试验不像中和试验直接反映抗体的中和活性。此外,凝集试验需要更多的手动操作,并且结果容易受到操作者的技术水平和环境因素的影响。

4)蛋白质组学:通过对宿主体内产生的抗体和其他免疫蛋白进行分析,评估疫苗的免疫原性能力。蛋白质组学方法包括质谱分析、蛋白芯片技术等。其中,质谱分析法可以分析宿主体内产生的抗体和其他免疫蛋白的种类和数量,从而评估疫苗的免疫原性能力。蛋白芯片技术则可以检测宿主体内对疫苗接种后产生的抗体和其他免疫蛋白的种类和水平,从而评估疫苗的免疫原性能力。

(4)疫苗免疫原性的其他评价方法:除了上述方法外,还有一些其他方法也可以用于评估疫苗的免疫原性能力。例如,基于基因的疫苗免疫原性评价方法,可以通过对疫苗中的基因和宿主体内的基因进行分析,评估疫苗的免疫原性能力。此外,基于传染性疾病动态模拟的方法也可以用于评估疫苗的免疫原性能力。这种方法可以通过建立传染性疾病动态模型,评估疫苗对传染性疾病传播的抑制能力,从而评估疫苗的免疫原性能力。

4. 免疫原性的影响因素 疫苗的免疫原性是疫苗发挥人群及个体保护作用的关键因素,但同种疫苗在不同特征人群、不同类型疫苗针对同一病原体的免疫原性均存在一定差异。且需要强调的是,疫苗的免疫原性并不完全等同于疫苗的真实保护效果。以下是常见的疫苗免疫原性影响因素。

(1)疫苗的类型:当前研究和应用评价结果均显示,不同类型的疫苗在针对同一病原体的免疫原性方面存在差异。其中,灭活疫苗和亚单位疫苗的免疫原性相对较弱,而活疫苗和基因工程疫苗的免疫原性则相对较强。例如,新冠疫情以来,针对新型冠状病毒研发了不同类型的疫苗,研究显示全细胞灭活新冠疫苗的免疫原性相比于第四代研发平台的 mRNA 疫苗较弱。因此，针对不同的免疫需求，应适当调整疫苗种类以确保疫苗的免疫原性。

(2) 疫苗接种剂量和接种次数：疫苗接种剂量和接种次数直接影响疫苗的免疫原性。剂量或接种次数过少可能导致免疫反应不足，而过多则可能导致过度免疫反应，甚至引起严重不良反应。因此，在疫苗接种方案的制定中，需要平衡剂量和接种次数，以提高疫苗免疫原性，同时减少副作用的发生。

(3) 接种时间和间隔：接种时间和间隔对疫苗免疫原性也有影响。在一些疫苗接种方案中，接种时间和间隔的选择可以影响疫苗免疫原性的产生和维持。

(4) 接种者年龄和免疫力状态：接种者的年龄和健康状况也是影响疫苗免疫原性的重要因素。年龄较小的婴幼儿和年龄较大的老年人，由于机体免疫系统功能发育不全或减退，对疫苗的免疫反应能力较弱。而免疫系统受损也可能影响疫苗的免疫原性。因此，在疫苗接种方案的制定中，需要考虑接种对象的年龄和免疫力状态，以调整疫苗剂量和接种次数，提高疫苗免疫原性。

(5) 遗传因素：一些遗传因素可能会影响疫苗免疫原性的产生和维持。例如，人类白细胞抗原（HLA）的基因多态性可能会影响某些疫苗的免疫原性。

(6) 疫苗配方和制备方法：疫苗配方和制备方法的不同可能会影响疫苗的免疫原性。例如，疫苗中添加适当的佐剂可以增强疫苗的免疫原性。因此，在疫苗研究和制备过程中，需要选择适当的疫苗配方和制备方法，以提高疫苗的免疫原性。

(7) 病原体的变异性：一些病原体具有较高的变异性，可能导致疫苗的免疫原性的降低。例如，流感病毒的变异性很高，需要每年按流行株重新搭配设计疫苗。因此，在疫苗研究和制备过程中，需要考虑病原体的变异性，以确保疫苗的免疫原性。

疫苗是预防和控制传染病的重要手段，对于保障人类健康和社会稳定具有重要意义。随着科技的不断进步和研究的不断深入，疫苗的免疫原性将得到进一步的提高，疫苗接种将成为更加有效、安全、方便的健康保障手段。尽管疫苗免疫原性对疫苗的有效性有着至关重要的作用，但是疫苗免疫原性仅仅是疫苗有效性的一个方面。在实际应用中，疫苗的有效性不仅包括免疫原性，还包括疫苗的安全性、保护范围和持续时间等方面。在疫苗接种计划的实施中，需要考虑到人口分布、接种设施的分布和能力、信息传递和宣传等多种因素，以确保疫苗能够覆盖尽可能多的人群。因此，在疫苗研究和接种方案设计中，需要综合考虑这些因素，以确保疫苗安全有效地发挥保护作用。

（二）疫苗的保护效力评价

1. 疫苗保护效力的概念 疫苗保护效力（vaccine efficacy）是指在特定条件下，疫苗预防特定人群特定疾病或健康损害的能力。保护效力一般是通过严格的人群临床随机对照试验所得数据进行计算，并反映出疫苗对于人群的保护功效和能力，是接种疫苗的个体中一种特定疾病的发病率比未接种疫苗的个体降低的百分比。

2. 保护效力评价方法 通常采用随机双盲安慰剂对照试验（Ⅲ期临床试验），比较疫苗接种组和对照组疾病减少的比例以计算疫苗的保护效力。在Ⅲ期临床试验中，评估疾病或感染预防的金标准是保护性疗效的前瞻性随机双盲对照试验。通过控制其他可能影响疾病发生风险的变量，并避免在终点评估中的潜在偏差，而达到研究和试验目的。Ⅲ期临床试验设计最大限度地增加了两组之间的疾病发病率差异是由疫苗的真实效果所导致的可能性。与疫苗免疫原性评价不同，疫苗效力评价的落脚点在于疫苗是否可以成功预防接种者发生相关病原体所致的健康损害。根据病原体、感染症状、传播动力学、潜伏期等的不同，疫苗保护效力评价指标也会出现一定差异。因此，疫苗的保护效力的评估应全面了解数据所代表的环境设定，对数据应结合临床试验背景进行综合分析，而非简单的数字比较。在一些伦理风险等特定条件下，也可采用观察性研究对疫苗的效力进行评估，但需要对潜在偏倚进行严格校正。

(1) 随机双盲安慰剂对照试验（Ⅲ期临床试验）：疫苗的随机双盲安慰剂对照试验是评估疫苗效力的最常用方法之一。在试验过程中，参与者被随机分配至疫苗组或安慰剂组，并接受一系列检查和测试，例如采集血液样本、身体检查、问卷调查等，以评估其接种疫苗后的免疫反应和感染疾病的风险，进而用以计算疫苗对特定健康结局的保护效力。由于随机双盲安慰剂对照试验可以排除人为干扰的影响，因此是评估疫苗效力的最可靠方法之一。此外，该试验的结果也是评估疫苗是否具有安全性的重要依据。随机双盲安慰剂对照试验具有很高的内部一致性，但由于对试验条件和试验对象的严格限制，导致其所获得的疫苗效力结果在外推到其他人群时存在限制。

盲法：对疾病结果和干预措施的双盲评估可以最大限度地减少潜在的确定偏差，最大限度地增加试验组和对照组之间观察到的疾病发病率差异是由于疫苗的真实效果所产生的可能性。

随机化：随机化是必要的，它可以最大限度地避免分组偏倚，且允许在研究的不同组之间进行有效的统计学比较。随机化可较好地平衡试验组和对照组的随机误差及未知的混杂偏倚。随机化的基本单元通常为参与试验的个体，但在某些特定情景下，随机化也可以在群体（如学校、社区等）中进行。

(2) 其他疫苗效力评价方法

1) 续发率研究：续发率研究设计通常在具有相对较高继发率的封闭社区或易感人群中实施。干预的基本单元可以是个人、家庭或社区，但随机化往往难以基于个体，而是基于家庭或社区进行。续发率研究对接触指示病例后的受试者的随访期一般较短，至少应包括指示病例和二次接触的假定潜伏期和感染期。新病例和对照组及其接触者的纳入期应限制在发现第一个病例后的6个月之内。较长的纳入期可能会导致有利于疫苗效力的系统偏倚。

2) 观察性队列研究：如果随机对照试验或续发率研究在伦理上不合理，或由于疾病发病率低、需要长期随访来计算疗效而不可行，则可以从观察性队列研究中获得支持性证据。

3) 病例对照研究：当由于疾病发病率低而导致前瞻性对照试验不可行时，可采用病例对照研究。但在计算疫苗保护效力时，应严格控制相关混杂偏倚。

(3) 疫苗保护效力的影响因素：由于主要评价重点、研究限定人群、安慰剂类型、接种程序、背景风险、暴露持续时间等重要变量在不同的临床试验设计中存在差异，也导致不同疫苗间保护效力的比较存在一定困难。

1) 研究限定人群：研究限定人群是指参与疫苗效力评价试验的人群。不同的人群具有不同的特征，比如年龄、性别、种族、健康状态等，这些特征可能会影响疫苗的保护效果和评价结果。例如，青年人群健康状态或免疫力可能更好，其对于某种传染病的抵抗力更强，更不易感染或出现临床症状，这种情况可能降低疫苗保护效力的评价结果。人群数量对疫苗效力评价结果有影响：样本量越大，评价结果的可靠性就越高。在进行疫苗效力评价试验时，需要充分考虑人群数量的影响，确保样本量足够大，并对人群进行充分的随机分组，以减少评价结果的误差和偏差。另外，在选择人群时，可能会有意或无意地选择一些具有较高或较低风险的人群，这样可能会对评价结果造成影响。因此，在进行疫苗效力评价试验时，需要采取充分的措施，减少人群选择的偏差，确保评价结果的准确性和可靠性。

2) 安慰剂类型：在随机双盲安慰剂对照试验中，安慰剂对照组通常被视为疫苗有效性的基准，如果安慰剂组的效果不准确，则会导致对疫苗效力的评估出现偏差。目前常用的安慰剂类型包括生理盐水、人血清白蛋白、疫苗配方中不包含的其他成分等。使用生理盐水作为安慰剂可以减少试验结果的偏差，因生理盐水不包含疫苗所含的任何成分，不会对疫苗效力评价结果产生影响。生理盐水是评估疫苗效力的最常用安慰剂类型之一。人血清白蛋白是一种血液成分，可作为一种安全的安慰剂。当前研究显示，因人血清白蛋白可以在体内产生一定的免疫反应，使用人血清白蛋白作为安慰剂可能会导致比生理盐水安慰剂组更高的感染率。因此，使用人血清白蛋白作为安慰剂时需要特别注意其对试验结果的影响。另外，研究者也会使用不包含疫苗配方中所含的其他物质作为安慰剂，例如糖水、乳化剂等，但这些成分对疫苗效力评价结果所产生的影响目前并未十分明确。

3）接种程序：接种程序是评估疫苗效力的另一个重要因素，它包括接种剂量、接种时间间隔、接种次数等。不同的接种程序可能会影响疫苗效力评价的结果。接种剂量：接种剂量是指疫苗中所含的抗原或病毒的载量，它直接影响疫苗的免疫效果。通常情况下，接种剂量越高，免疫反应越强。但接种剂量过高，可能会导致疫苗不良反应增加。因此，在进行疫苗效力评价时，需要选择一个合适的接种剂量，以保证免疫效果和安全性的平衡。接种时间间隔：接种时间间隔是指两次疫苗接种之间的时间间隔。根据疫苗接种后机体所产生的免疫反应的不同特点，有些疫苗需要在第一次接种后数周或数月后进行第二次甚至第三次接种，以增强免疫效果，而另一些疫苗则可能仅进行一次接种即可达到良好的免疫效果。因此，在进行疫苗效力评价时，一般会根据疫苗接种后机体的免疫应答水平，选择不同的接种程序。接种次数：一些疫苗需要进行多次接种才能产生充分的免疫反应。接种次数的增加可能会增强疫苗的保护效果，但同时也可能增加疫苗不良反应的发生风险。因此，在设计接种次数时需要综合考虑免疫效果和安全性的平衡。

4）背景风险：背景风险是指在没有接种疫苗的情况下，某一疾病在人群中的发生率。在进行疫苗效力评价时，背景风险对疫苗效力评价结果的影响非常重要。背景风险越高，疫苗效力评价越容易：当背景风险越高时，疫苗的保护效果越明显，也就是说疫苗的效力评价结果越容易观察到。在背景风险高的地区，疫苗的效力评价结果往往更容易证明。背景风险越低，疫苗效力评价越难以证明，因为在这种情况下，疫苗能够预防的疾病发生率非常低，评价结果可能会受到随机变异和抽样误差的影响。因此，在背景风险低的地区，评价疫苗的效力需要更多的数据和更长的时间。背景风险对疫苗效力评价结果精度的影响：背景风险越高，评价结果的精度越高。这是因为高背景风险会导致疾病的流行和传播更广泛，评价结果的误差更小。相反，背景风险低可能会导致评价结果的误差更大，因为在这种情况下，评价疫苗效力需要的数据和样本量更多，评价结果的可靠性更低。

（三）疫苗保护效果评价

1. 疫苗保护效果的概念　疫苗保护效果是指疫苗接种后，接种者对特定病原体产生的免疫应答所带来的防御效果。疫苗的主要目的是激活人体的免疫系统，使其产生特异性免疫应答，从而预防或减轻疾病的发生、传播和严重程度。具体来说，疫苗的保护效果可以分为预防感染、减轻疾病症状及控制疫病传播等方面。疫苗保护效果的评价通常通过临床试验和真实世界评价等方法进行。临床试验在受控条件下评估疫苗的效果和安全性，而真实世界评价则在广大人群中实际应用疫苗，观察其在真实世界中的效果。

2. 疫苗保护效果的Ⅳ期临床试验评价　Ⅳ期临床试验是疫苗上市后的后续临床试验阶段，也称为后期试验。在这个阶段，疫苗已经获得批准上市，Ⅳ期临床试验旨在进一步评估疫苗的长期效果、安全性和持久性。Ⅳ期临床试验的数据仍然来自于研究人员对接种者的监测和观察，但相比Ⅰ、Ⅱ、Ⅲ期临床试验，样本量更大、研究时间更长，可以更好地评估疫苗的长期效果和保护效果的持久性。

Ⅳ期临床试验仍然是在严格控制的试验条件下进行，能够提供较高质量的数据，但因样本量和研究时间限制，可能不能完全反映疫苗在真实世界中的使用情况。Ⅳ期临床试验和真实世界评价是疫苗效果和安全性评估的两种重要方法。Ⅳ期临床试验是在严格控制的条件下进行的后续试验，能够提供较高质量的数据，真实世界评价则是在实际应用情况下进行的评估，更贴近真实情况。两种方法结合使用，能够更全面、准确地评估疫苗的效果和安全性，为疫苗的推广和应用提供科学依据。疫苗的真实世界评价内容请阅读后续章节。

3. Ⅳ期临床试验中对疫苗保护效果评价的相关指标及计算

（1）疫苗有效率（vaccine efficacy，VE）：疫苗有效率是评估疫苗预防特定疾病的效果的重要

指标。计算方法如下:

$$VE = (1 - RR) \times 100\%$$

其中,RR(relative risk)表示接种组与未接种组的发病率比值。RR可以通过以下公式计算:

$$RR = (未接种组中的发病率) / (接种组中的发病率)$$

(2)疫苗保护率(vaccine protection rate,VPR):疫苗保护率表示接种疫苗后,相较于未接种疫苗的群体,感染或患病的风险减少的百分比。计算方法如下:

$$VPR = (1 - AR_{接种组} / AR_{未接种组}) \times 100\%$$

其中,AR(attack rate)表示罹患率,即在一定时间内患病的人数除以接受接种或未接种疫苗的人数。

(3)绝对风险减少(absolute risk reduction,ARR):绝对风险减少表示在接种疫苗后,相较于未接种疫苗的群体,患病风险的实际减少。计算方法如下:

$$ARR = AR_{未接种组} - AR_{接种组}$$

(4)基本需要接种数(number needed to vaccinate,NNV):基本需要接种数表示为了防止一个病例的发生,需要接种多少人次。计算方法如下:

$$NNV = 1/ARR$$

在疫苗Ⅳ期临床试验中,以上指标将根据具体的疫苗和试验设计进行计算和评估。需要收集大量的数据,包括接种组和对照组的感染率、患病率等信息,并进行统计学分析来得出准确的保护效果指标。这些指标可以帮助研究人员和卫生机构全面评估疫苗的效果和安全性,为疫苗的推广和应用提供科学依据。

(四)疫苗的安全性评价

1. 疫苗安全性的概念 疫苗安全性(vaccine safety)是指疫苗在接种过程中或接种后不会引起严重的不良反应,同时保持其预期的免疫保护效果。在疫苗研发、生产和应用过程中,确保疫苗的安全性是至关重要的一环。疫苗安全性的概念涵盖了多个方面。疫苗必须经过严格的实验室研究和临床试验,确保其在动物模型和人体中的安全性。在临床试验中,研究人员会密切监测接种者的健康状况,记录可能的不良反应,并评估疫苗的免疫保护效果。另外,疫苗生产过程必须符合严格的质量控制标准,以确保疫苗批次的一致性和稳定性。制造疫苗时必须遵循严格的生产规范,避免污染或不纯物质的引入,从而保证疫苗的安全性和有效性。疫苗上市后还需要建立有效的监测体系,及时发现和报告可能的不良反应,实时追踪疫苗的安全性,及时采取措施,确保公众接种疫苗的安全性。

2. 疫苗安全性的评价方法 疫苗安全性评价主要分为上市前评估和上市后持续监测两方面。

(1)上市前疫苗安全性评价

1)动物实验:在疫苗研发早期,通常会在动物模型中进行实验,评估疫苗的安全性和免疫原性,初步评估疫苗是否引起不良反应或毒性。

2)临床试验:Ⅰ期临床试验:在疫苗开发的初期,进行小规模的Ⅰ期临床试验。这些试验主要评估疫苗的安全性,确定适当的剂量和接种方法。Ⅱ期临床试验:在Ⅱ期临床试验中,扩大疫苗接种的人群,进一步评估疫苗的安全性和免疫原性。Ⅲ期临床试验:在Ⅲ期临床试验中,将疫苗应用于大规模的人群,评估其安全性、有效性和免疫持久性。免疫学检测:通过检测疫苗接种后免疫系统中产生的抗体水平和细胞免疫应答,来评估疫苗的免疫原性和安全性。

(2)上市后疫苗安全性评价:疫苗上市后的安全性评价是一个持续进行的过程,旨在对疫苗在实际使用中的安全性进行监测和评估。不良事件监测系统：建立完善的不良事件监测系统，及时收集和监测接种者的不良反应报告。这些报告来自于医疗机构、疫苗接种单位和公众，有助于发现和识别潜在的安全问题。被动监测：除主动监测外，还进行被动监测，即鼓励医务人员和公众主动报告疫苗接种后的不良反应和事件。这有助于增加监测的敏感性和全面性。疫苗安全数据库：建立疫苗安全性数据库，集中收集和整理全球范围内疫苗接种的不良事件数据，为安全性评价提供科学依据。疫苗不良事件委员会：成立疫苗不良事件委员会，由专业医学专家组成，对疫苗的安全性进行定期评估和监督。流行病学研究：利用流行病学研究方法，对疫苗接种后的安全性进行调查和分析，发现和确认潜在的安全问题。国际合作：加强国际合作，分享疫苗安全性数据和经验，共同评估疫苗在全球范围内的安全性。

（五）疫苗保护持久性评价

1. 疫苗保护持久性的概念　疫苗保护持久性是指疫苗接种后产生的免疫保护效果在一定时间内能够持续有效，持久地保持对特定病原体的防御能力。疫苗的保护持久性是疫苗有效性的重要指标之一，衡量疫苗接种后免疫系统对病原体的记忆和持续反应能力。

疫苗接种后，人体的免疫系统会产生特异性抗体和免疫细胞，用于对抗病原体。疫苗所含的抗原能够模拟真实感染的病原体，激活免疫系统产生这种特异性免疫应答。当接种者再次遭遇相同的病原体时，免疫系统会迅速启动已建立的免疫记忆，产生快速、有效的免疫反应，阻止病原体进一步感染和复制，从而保护人体健康。然而，不同疫苗的保护持久性可以有所差异。有些疫苗可能需要进行多次接种或定期加强接种来维持持久的免疫保护效果，而其他疫苗则可能提供终生持久性保护。为了评估疫苗的保护持久性，需要进行长期的临床观察和流行病学研究，对接种者进行免疫效果的监测和评估。

保护持久性是确保疫苗在长期应用中持续发挥效果的关键因素，它对于传染病的控制和消灭至关重要。通过研究和评估疫苗的保护持久性，科学家和卫生机构可以优化疫苗接种策略，提供更持久的免疫保护，有效降低病原体的传播和流行风险，最终维护公众的健康和安全。

2. 疫苗保护持久性的评价方法　疫苗保护持久性评价主要基于持续对疫苗效力、免疫原性等方面进行评价，跟踪疫苗接种后对机体的保护持久性，并通过真实世界保护效果评价，不断更新疫苗保护持久性结论。由于疫苗的研发、生产、上市周期有限，疫苗保护持久性也需要随着应用年限进行定期更新和评价，以及时调整疫苗接种策略，保护人群健康。

二、真实世界疫苗效果评价

（一）真实世界疫苗效果评价概述

1. 真实世界证据的定义与特点　真实世界证据（real-world evidence，RWE）是源于在特定研究背景下对真实世界数据（real-world data，RWD）的进一步汇总分析，获得能够证明医药产品安全性或有效性的证据，而这一研究过程称为真实世界研究（real-world study，RWD）。我国国家药品监督管理局对真实世界研究的定义为：针对预设的临床问题，在真实世界环境下收集与研究对象健康有关的数据（真实世界数据）或基于这些数据衍生的汇总数据，通过分析，获得药物的使用情况及潜在获益-风险的临床证据（真实世界证据）的研究过程。并非所有的真实世界数据经分析后都能成为真实世界证据，只有满足适用性的真实世界数据才有可能产生真实世界证据（图6-1）。

2009年，美国复苏与再投资法案对实效比较研究（comparative effectiveness research，CER）起到了巨大的推动作用。基于CER的真实世界环境的背景，真实世界研究（real world research/study，RWR/RWS）得以更广泛的应用。

美国食品药品管理局（FDA）将真实世界证据定义为从传统的随机临床试验以外的其他途径获得的药物使用或其潜在风险-效益的数据。国际药物经济学和结果研究协会则将其宽泛定义为

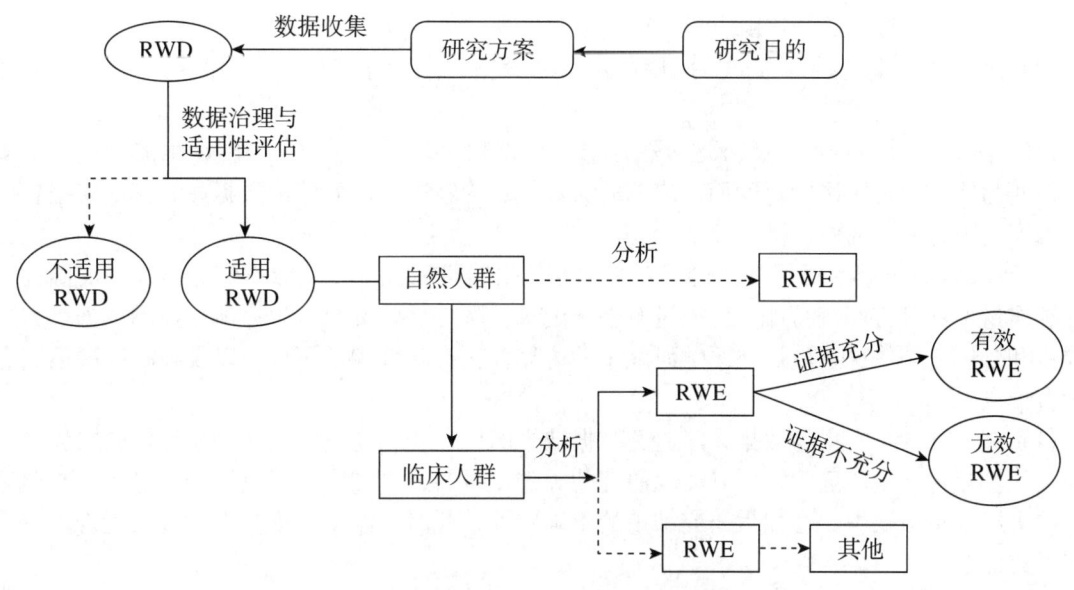

图6-1 支持药物监管决策的真实世界研究路径（实线所示）
注：引自国家药品监督管理局《真实世界证据支持药物研发与审评的指导原则（试行）》

除临床试验以外获得的证据。2017年，欧盟药品局总部与欧盟药品管理局联合成立大数据工作组，旨在使用大数据改进监管决策并提高证据标准。其中RWE是大数据的一个子集，包括电子健康档案、登记系统、医院记录和健康保险数据。日本药品和医疗器械管理局在国际人用药品注册技术要求协调会层面提出更高效利用RWD开展上市后药物流行病学研究的技术要求新议题。

我国系统性开展使用真实世界证据支持药物监管决策的工作尚处于起步阶段。我国国家药品监督管理局2020年发布《真实世界证据支持药物研发与审评的指导原则（试行）》，明确药品申办方应基于适用的真实世界数据进行分析，形成有效的真实世界证据，以回答特定的临床问题，并支持药物监管决策，包括为新药注册上市提供有效性和安全性证据、为已上市药物的说明书变更提供证据、为药物上市后要求或再评价提供证据等。

2. 真实世界数据的来源

（1）卫生信息系统（hospital information system，HIS）：类似于电子健康档案，包括结构化和非结构化的患者记录，如患者的人口学特征、临床特征、诊断、治疗、实验室检查、安全性和临床结局等。

（2）医疗保险系统：包含患者基本信息、医疗服务利用、诊断、处方、结算、医疗付费和计划保健等结构化字段的数据。

（3）疾病登记系统：特定疾病（通常是慢性病）患者的数据库，通常来源于医院的疾病人群队列登记。

（4）国家药品不良反应监测哨点联盟（China ADR Sentinel Surveillance Alliance，CASSA）：利用医疗机构电子数据建立药品及医疗器械安全性的主动监测与评价系统。

（5）自然人群队列和专病队列数据库：国内已经建立或正在建立的自然人群队列和专病队列数据库。

（6）组学相关数据库：采集患者的生理学、生物学、健康、行为和可能的环境相互作用的组学相关信息，如药物基因组学、代谢组学和蛋白质组学的数据库。

（7）死亡登记数据库：由医院、疾病预防控制中心和户籍部门联合确认的死亡登记所形成的数据库。

(8) 患者报告结局数据：由患者自行填报的自我评估或测量的数据。

(9) 来自移动设备端的数据：应用医用移动设备，如可穿戴设备，检测受试者获得的相关数据。

(10) 其他特殊数据源：部分地区医疗机构根据相关政策、法规，因临床急需进口少量境外已上市药品等用于特定医疗目的而生成的有关数据；为特殊目的创建的数据库，如法定报告传染病数据库、国家免疫规划数据库等。

3. 真实世界数据的适用性评价　真实世界数据的可靠性主要从数据的完整性、准确性、透明性和质量保证等方面进行评价，通过对临床记录、医疗保险资料、生命体征监测数据等大数据的收集和分析，评估这些数据在医学研究中的可靠性、有效性和适用性，以及在临床决策制定中的参考价值。

(1) 完整性：真实世界数据无法避免数据缺失问题，包括变量的缺失和变量值的缺失。当数据缺失比例超过一定限度时，尤其涉及研究的关键变量时，例如影响研究结局的诸多重要预后协变量缺失或变量值缺失，会加大研究结论的不确定性，此时，需要慎重考虑该数据能否支持产生真实世界证据。

(2) 准确性：数据的准确性极为重要，通常需要参照较权威的数据来源进行识别或验证。数据元素和转化数据的算法均应保证其正确。数据的准确性还反映在数据的一致性和合理性上，一致性包括数据库内部的相关数据标准、格式和计算方法等必须一致；合理性包括变量数值的唯一性、合理的区间和分布、相关变量的预期依从关系以及时变型变量是否按预期改变等。

(3) 透明性：数据的来源、收集与治理的全过程应透明、清晰，并具有可溯源性，尤其是关键的暴露、协变量以及结局变量等应能追溯到源数据。数据的透明性还包括数据的可及性、数据库之间的信息共享和对患者隐私的保护方法的透明。

(4) 质量保证：真实世界数据的可靠性需考虑数据质量。质量保证的措施包括但不限于：数据收集是否有明确的流程和合格的人员；是否使用了共同定义框架，即数据字典；是否遵守采集关键数据点的共同时间框架；是否建立与收集真实世界数据有关的研究计划、协议和分析计划的时间安排；用于数据元素采集的技术方法是否充分，包括各种来源数据的集成、药物使用和实验室检查数据的记录、随访记录、与保险数据的链接以及数据安全等。

(5) 数据隐私与保护：在真实世界数据的收集和使用过程中，数据隐私保护是一个重要的问题。数据隐私保护评价包括数据收集、存储和使用中对个人隐私信息的保护措施。这些措施包括数据加密、数据去标识化、访问控制等。同时，需要考虑相关的法律和伦理规范，确保数据使用的合法性和合规性。

4. 疫苗保护效果的真实世界研究　在Ⅲ期临床试验评价疫苗保护效力后，应继续通过真实世界研究评价疫苗上市后在常规应用中的有效性，以评估疫苗在人群中的实际保护效果。

真实世界研究目的与设计出发点并不是为了获得疫苗上市许可，而是为了获得真实临床实践中疫苗的风险-效益情况，即疫苗的真实世界证据。真实世界研究可以提供更广泛、更具有代表性的人群数据，因为它反映了真实生活中疫苗的使用情况。此外，它可以提供对疫苗在不同人群中的保护效果的评估，例如不同年龄、性别、地区等。相比于严格控制试验条件及伦理条件的随机对照试验（RCT），真实世界研究可以持续评价疫苗上市后的安全性、有效性及经济性，并不断通过真实世界数据对疫苗保护作用进行修正，并对决策进行动态调整，它可以最大程度地反映不同真实环境下疫苗的真实效果及应用成本，可以较好地满足现代公共卫生决策及临床实践对疫苗评价的要求。

（二）真实世界疫苗效果评价方法

真实世界研究类型多样，按照数据来源的分类，可分为实用性临床试验、观察性研究、登记注册研究、随机对照临床试验补充研究、医保数据库研究、健康普查、患者病历研究等。大部分真实世界研究采用观察性研究方法,但是真实世界研究与干预化、随机化概念是完全兼容的,与随机对照临床试验的主要区别在于证据来源不同,而非研究方法的差异。

1. 真实世界疫苗效果评价试验设计

(1) 实用临床试验(PCT):实用临床试验又称实操临床试验和实效临床试验,是指尽可能接近真实世界临床实践的临床试验,是介于 RCT 和观察性研究之间的一种研究类型。与 RCT 不同的是,PCT 的干预既可以是标准化的,也可以是非标准化的;既可以采用随机分组方式,也可以自然选择入组;受试病例的入选标准较宽泛,对目标人群更具代表性;对干预结局的评价不局限于临床有效性和安全性;PCT 一般使用临床终点,而避免使用传统 RCT 中可能使用的替代终点;可以同时考虑多个对照组,以反映临床实践中不同的标准化治疗;一般不设安慰剂对照;在大多数情况下不采用盲法,但对于如何估计和纠正由此产生的测量偏倚,需给予足够的重视;数据的收集通常依赖于患者日常诊疗记录。与观察性研究不同的是,PCT 是干预性研究。

设计 PCT 时还应考虑以下因素:①收集到的数据是否适用于支持产生真实世界证据;②治疗或干预措施是否符合各种形式的常规临床实践;③是否具有足够的可以用于评价的病例数(特别是临床结局罕见的情况);④参与 PCT 的各试验中心甚至不同的数据库之间对终点的评价和报告方法是否一致;⑤是否采用随机化方法控制偏倚;⑥当盲法不可行时,应考虑非盲对结局变量(特别是患者报告的结局)可能产生的影响,可使用不受治疗分组影响的终点(如脑卒中、肿瘤大小等),以减少非盲可能带来的偏倚。

由于 PCT 需要考虑所有可能的潜在影响因素,包括各种偏倚和混杂因素的影响,故其研究设计和统计分析较为复杂,所需的样本量通常远超 RCT 设计。PCT 如果采用随机化方法,将减小混杂因素的影响,从而提供稳健的因果推断。由于是在更接近真实临床实践的环境下开展的研究,PCT 所获得的证据在多数情况下可以被认为是较好的真实世界证据。

(2) 基于真实世界观察性数据的疫苗效果评价:观察性研究所采集的数据接近真实世界,其最主要的局限在于存在各种偏倚、数据质量难以保证、已知或已测和未知或不可测量的混杂因素较难识别等,使得研究结论具有很大的不确定性。观察性研究所收集的数据是否适合产生真实世界证据,以支持监管决策,关注要点至少应包括:①数据特征:例如,数据来源及其质量、研究的人群、暴露和相关终点的数据采集、记录的一致性、数据治理过程、缺失数据的描述等;②研究设计和分析:例如,有无合适的阳性对照,是否考虑了潜在未测或不可测混杂因素以及可能的测量结果的变异,分析方法是否严谨、透明且符合监管要求等;③结果的稳健性:为保证结果的稳健性,需预先确定敏感性分析、偏倚定量分析和统计诊断方法。

(3) 使用真实世界证据作为外部对照的单臂试验:单臂临床试验也是验证疫苗有效性和安全性的一种方法。例如,针对某些罕见临床结局或病程较长的试验,由于短期内可观察到的病例稀少而导致招募困难;针对某些缺乏有效治疗措施的危及生命的重大疾病,随机对照试验往往存在伦理问题。对以上两种情况可以考虑以自然疾病队列形成的真实世界数据作为外部对照。

外部对照主要用于单臂试验,可以是历史对照,也可以是平行对照。历史外部对照以早先获得的真实世界数据作为对照,需考虑不同历史时期对疾病的定义、诊断、分类、自然史和可用的治疗手段等对可比性的影响;平行外部对照则是将与单臂试验同期开展的疾病登记数据作为对照。采用外部对照需考虑目标人群的可比性对真实世界证据的影响;对于接受其他干预措施的患者的数据,应考虑是否有足够的协变量以支持正确和充分的统计分析。

使用外部对照具有局限性,主要包括医疗环境不同、医疗技术随时间变化、诊断标准不同、结局的测量和分类不同、患者的基线水平不同、干预多样化、数据质量难以保证等。这些局限使得研究对象的可比性、研究结果的精确性、研究结论的可靠性和外推性等均面临挑战。

为克服或减少这些局限,一是要确保所采集的数据符合真实世界数据的适用性要求。二是采用平行外部对照设计要优于历史对照,平行外部对照可采用疾病登记数据,保障数据记录尽可能完整、准确。三是采用恰当的统计分析方法，如合理利用倾向评分（propensity scores，PS）方法、虚拟匹配对照方法等。四是要充分使用敏感性分析和偏倚的定量分析来评价已知或已测的混杂因素和未知或不可测量的混杂因素以及模型假设对分析结果的影响。

2. 真实世界疫苗效果指标与计算方法

（1）直接计算法：直接计算法是疫苗效果最简单、最直接的计算方法。它通过比较接种疫苗的人群和未接种疫苗的人群之间的疾病发生率来计算疫苗的保护效果。这种方法通常用于比较两个时间段或两个地区的疫苗接种率和疾病发生率，来评估疫苗的保护效果。

$$疫苗保护效果（VE）= [1-（接种组疾病发生数 \div 接种组总人数）] \div$$
$$[1-（未接种组疾病发生数 \div 未接种组总人数）] \times 100\%$$

（2）减少风险比（risk reduction，RR）法：减少风险比法是通过比较接种疫苗的人群和未接种疫苗的人群之间的风险比（即两组中发生疾病的比率），来计算疫苗的保护效果。

$$疫苗保护效果（VE）=(1-RR) \times 100\%$$

$$RR = 接种组疾病发生率 \div 未接种组疾病发生率$$

（3）需要接种人数（number needed to treat，NNT）法：需要接种人数法是通过计算需要为多少人接种疫苗才能预防一个疾病的比例来计算疫苗的保护效果。

$$NNT = 1 \div （接种组疾病发生率 - 未接种组疾病发生率）$$

（卢庆彬　黄宁华　曾　静）

第七章

传染病的相关法律法规与政策

第一节 传染病的相关法律法规

一、全球传染病法律法规发展史

人们应对传染病的措施呈现螺旋上升的趋势,法律也经历了逐步完善的过程。从全球角度看,大致可以分为四个阶段。

1. **法律法规空白期** 最早的成文法律出现在古罗马十二铜表法之后,对于传染病形成的环境有所描述。古罗马处于神灵主义医学模式时期,但因帝国庞大的水道系统,而形成了一系列水道保护相关的法律。其中比较著名的有《奥古斯都关于维纳弗鲁姆水道的告示》《关于水道的元老院决议》,文中明确规定了严禁在水道周围施工并堆放污染物,避免污染饮用水。这些法律条文对应了现代医学的"一级预防"。这一阶段,还没有专门成文的卫生法律法规。

2. **法律法规出现期** 1348年,迫于黑死病(即鼠疫)造成的生存危机,意大利米兰实施了最早的隔离制度,使其幸运地躲过了黑死病的阴霾。1377年,意大利拉古萨港开始实行航海船只入境检疫,这也是现代隔离检疫制度的开端。这一阶段的意大利形成了专项的传染病相关法律,如1348年佛罗伦萨通过的《腐败和有害空气法》、1423年元老院通过的《防疫法令》等。甚至在1534年米兰的《卫生法令》中,设立了公共卫生官员。这一阶段标志着传染病相关法律形成。

3. **法律法规体系形成期** 1855年英国医生John Snow通过调查法发现霍乱的传染源,揭示了微生物导致传染病的谜底。英国的公共卫生与传染病防控起步较晚,始于1518年针对伦敦瘟疫蔓延迹象发布的《王室公告》。后续较长时间跨度内,1578年的《防疫条例》与1604年的《防疫法》构成了近代乃至现代英国传染病法律体系的基础。现代传染病法律强调的同一健康原则在这一阶段得以展现,1833年的《清除污染物与预防疾病法》、1846年的《公害去除法》就是很好的例证。

4. **法律法规发展期** 伴随着全球化的推进,世界多极化格局形成,这导致传染病不只局限于地区、国境范围内。欧盟、世界卫生组织等应运而生,以世界卫生组织为例,1903年的国际卫生会议制订了《卫生公约》。1948年,世界卫生组织成立3年后拟定了《国际卫生公共条例》,并于第22届世界卫生大会正式决议为《国际卫生条例》,这标志着传染病立法的国际化、全球化逐渐成为大势所趋。

二、世界卫生组织的传染病指南

20世纪50年代，WHO开始着手制定全球性的计划，以控制疟疾、肝炎、霍乱和其他热带病等重大传染病的传播。此后，WHO还发展出了世界性的疫苗接种计划，以防范一些通过疫苗可以得到控制的传染病，例如脊髓灰质炎等。随后，随着科学技术的进步和各种新病毒的出现，WHO的传染病指南也逐渐发生了变化，例如1990年WHO发布了第一个艾滋病相关的指南，这也表明逐渐有新的病毒和传染病被人类发现并感染人类，应对传染病暴发的紧急状况的能力则成为了一个巨大考验；2003年，传染性非典型性肺炎（SARS）暴发，WHO紧急发布了一系列指南，以应对该疾病的流行与传播，随后在中东呼吸综合征（MERS）和埃博拉病毒病的流行中，WHO同样发布了一系列指南来控制疾病的传播；而在COVID-19大流行期间，WHO则更是发布了全方位的指南，针对监测、检测、防控、治疗等多方面，覆盖范围广，内容详实，可操作性强，以应对该疾病的传播。

《国际卫生条例》（International Health Regulations，IHR）是一个控制传染病在全球蔓延的国际条约，2005年5月23日签署，2007年6月15日生效，由WHO管理，并由其193个成员国遵守。IHR主要是规定遵守协议的国家，需要为严重传染病的暴发向世界卫生组织进行通报。过往的通报范围只适用于霍乱、黄热病和鼠疫等，但新修订已要求扩大通报范围至任何新发现的传染病及辐射、化学引发的事件。IHR的目的和范围是"以针对公共卫生风险，同时又避免对国际交通和贸易造成不必要干扰的适当方式，预防、抵御和控制疾病的国际传播，并提供公共卫生应对措施"。由于IHR（2005）不只限于特定疾病，而且适用于新的和不断变化的公共卫生风险，所以其意图是要与针对疾病出现和传播的国际应对措施长期相关。IHR还为适用于国际旅行和运输以及国际机场、港口和陆路口岸使用者的卫生保护措施的重要卫生文件提供了法律基础。

WHO成立以来，发表了多篇与传染病相关的指南，占到WHO发布指南的三分之一左右，几乎涵盖了与传染病相关的各领域，也涉及了在全球产生大流行的所有传染病，如艾滋病、结核病、埃博拉病毒病等。WHO发表传染病指南的目的是加强各成员国对不同传染病的认识，完善各自的公共卫生体系，加强传染病的防控能力，能够及时遏制传染病在全球范围内的大流行。WHO的指南覆盖范围广、内容详细、发布速度快，并且能够做到及时更新，这为WHO成员国乃至全世界各国的传染病防控提供了一个良好的指引。

2021年，第七十四届世界卫生大会同意启动制定关于大流行预防、防范和应对的历史性全球协议的进程，根据《世界卫生组织组织法》起草和谈判一项公约、协定或其他国际文书，以加强对大流行的预防、防范和应对。本次卫生大会召开了一次特别会议，这是自1948年世界卫生组织成立以来的第二次特别会议，并通过了题为"全球团结合作"的唯一决定。大会决定设立一个政府间谈判机构，负责起草和谈判世界卫生组织关于大流行预防、防范和应对的公约、协定或其他国际文书，以期根据《世界卫生组织组织法》第19条或政府间谈判机构认为合适的其他组织法条款予以通过。2023年，第七十六届世界卫生大会审议了进展报告，并要求WHO将结果提交给2024年的第七十七届世界卫生大会审议。

三、美国传染病法规框架

美国联邦政府的公共卫生系统主要由九大联邦机构组成，包括卫生与人类服务部、国立卫生研究院（National Institutes of Health，NIH）、食品药品管理局（Food and Drug Administration，FDA）、疾病预防控制中心（Centers for Disease Control and Prevention，CDC）、毒物与疾病登记管理局、印第安人卫生服务局、卫生资源与服务管理局、物品滥用与精神卫生服务管理局和卫生保健研究与质量局，其中最为重要的是卫生与人类服务部、国立卫生研究院、疾病预防控制中心和食品药品管理局。美国还设有各州和地方政府的公共卫生系统,主要由各州自我设定和分配资源,所以州与州之间有着很大程度的差异。主要有三种形式:"自上而下"的集中式,即州一级的公共卫生机构对市和县的下属机构具有直接管辖和监管权,在美国有7个州实行这样的公共卫生系统;"自下而上"的分散式,即地方政府直接行使公共卫生权力,而不需要受到州一级公共卫生机构的管辖,在美国有17个州实行这样的公共卫生系统;混合式,即上述两种形式均采用,有22个州为混合模式下的公共卫生系统。美国联邦和各州的法律也有区别,联邦政府为三权分立制度,其中联邦国会具有立法权,总统具有最高行政权,联邦法院具有司法权。联邦级别的法律均由联邦国会制定,包括各种传染病法。《联邦宪法》作为美国的最高法,规定了各州政府在不与《联邦宪法》相抵触的前提下,可以自行制定和修改各州宪法。在传染病法律体系方面,美国主要是联邦国会制定联邦范围内通用的传染病法,各州根据自身公共卫生系统和实际情况制定自己的传染病法。

四、欧盟传染病法律框架

欧盟(EU)在公共卫生方面发布了多项与传染病防控有关的法律法规,其多样化性质涉及从现实情况中提取知识而制定相应措施的众多领域,如流感防治、抗生素使用和资源配置等。这些法规的目标是提高公共卫生,加强预防控制和应对紧急事件的能力。2006年,欧盟颁布了《流感防控战略》,旨在加强欧洲各国监测和报告系统,提供应对不同类型流感(包括H5N1禽流感和甲型H1N1流感)的指导。2009年的《联合行动计划:加强反生物恐怖主义和生物风险管理的框架》是针对生物恐怖主义和生物风险实施采取措施的框架。同年的《伦敦声明》是在甲型H1N1流感疫情期间,欧盟和世界卫生组织迅速响应并制定的法规。它号召全球国家共同合作,加强公共卫生基础设施、强化保护措施,并支持新型流感疫苗的研究和开发。2011年出台《人类用抗生素的战略》,旨在提高公众意识、防治抗生素滥用。2012年出台《危害物质事故应急预案》,旨在增强欧盟成员国的灾难管理能力。2013年的《公共卫生安全:对跨境健康威胁的反应》是改善欧盟卫生安全与保护公民免受各种健康威胁的重要一步,它规定了欧盟在应对跨境传染病威胁时的运作模式,补充了国家政策在传染病防控领域中的不足。欧盟的法条非常细致,修订版非常多,废除更新速度快。

五、英国传染病法律框架

英国的卫生体系是由国家卫生服务体系(National Health Service,NHS)负责管理和提供医疗服务。NHS成立于1948年,是世界上第一个覆盖整个国家的国家卫生服务系统。该系统为所有英国居民提供免费的医疗服务,包括诊断、治疗、预防和康复等方面的医疗服务。NHS的管理机构分为四个部分,英格兰、苏格兰、威尔士和北爱尔兰各自负责本地区的卫生服务。每个区域都有自己的卫生监管局(Care Quality Commission,CQC)来监督医院和诊所等医疗机构的运作情况。NHS还在全国范围内拥有多个特别医院和研究中心,以提供高级和综合性医疗服务。NHS的医疗服务涵盖了所有领域,包括一般医疗保健、牙科、眼科、精神健康和老年护理等。NHS还提供紧急医疗服务和家庭医生服务以及儿科和妇科等专科医疗服务,以满足不同患者的需求。英国的卫生监督系统由一系列互相协作的机构组成,旨在促进公共健康和医学创新,同时确保医疗服务的安全性和有效性。由以下几个组成部分:国家医疗保健服务(NHS)、国家卫生服务委员会(NHSC)、英国药品和医疗保健产品监管局(MHRA)、国家医学研究院(NIHR)和国家医学伦理委员会(NMEC)。

英国传染病法律起步较晚,最早可以追溯到1518年沃尔西针对伦敦瘟疫蔓延迹象发布的《王室公告》。1578年枢密院颁发的《防疫条例》与1604年的《防疫法》构成了英国公共卫生法律的基础。1864年通过的《英格兰和威尔士传染病法案》规定了在某些情况下强制对感染者进行隔离，此后一些相关法规陆续出台，如1889年通过的《传染病（扩散）法案》、1907年的《预防传染病法案》等。随着医疗技术的不断发展和社会变革的加速，传染病法律也不断更新，如2020年新型冠状病毒感染疫情暴发后，英国政府迅速制定了一系列应对措施，并出台了相关的法律。

六、俄罗斯传染病法律框架

俄罗斯卫生体系是由联邦、地方政府和私营组织等共同构成的大型卫生保健系统。俄罗斯卫生体系的一项重要目标是与其他国家进行合作，交换新技术和先进经验，并为需要医疗援助的国家提供支持。联邦级卫生部门主要涉及国家层面的法律执行和卫生标准制定，确保各类卫生规章制度符合国际水平。地方政府则需保证卫生政策在实践中得到落实。俄罗斯还设立了一系列专业委员会，负责对卫生保障体系进行评价，以根据评估结果采取相应改进措施。

俄罗斯传染病法律发展史可归纳三个时期：第一阶段是19世纪初至20世纪初，该时期是俄罗斯传染病法律的起步阶段，主要针对当时肆虐的霍乱、鼠疫等烈性传染病暴发，相应出台《关于防止霍乱的法令》等法律，禁止市内集会、限制人员流动等。1892年颁布的《关于防疫的法令》，建立了全国性的传染病监测系统，同时开展全国性的传染病监测，规定各级政府和医疗机构在控制传染病方面的职责和义务。第二阶段是1917—1991年，该时期的俄罗斯经历了苏联政权的建立和解体，传染病法律也随之发生变化。除了采取紧急措施应对霍乱、鼠疫等传染病外，这一时期传染病防治手段比较严厉，例如强制隔离患者等措施。第三阶段是1991年至今。开始建立现代健康法律体系，如1998年颁布的《关于传染病预防和控制的联邦法律》，是俄罗斯传染病控制的基础法律，规定了传染病的分类、传染病预防控制工作的组织和实施，包括传染病的预防接种、监测报告、治疗和隔离等方面。俄罗斯还陆续颁布了一系列传染病法律法规，如《健康保护基本法》和《医疗与公共卫生法》等。

七、中国传染病法律发展史

中国公共卫生体系分为四级：国家级、省级、地方级和区县级。四级卫生部门各自履行各自的职责，为中国的卫生服务包括传染病相关的内容提供有效的保障。全国人民代表大会、国务院、最高人民法院和最高人民检察院负责统领，全国人民代表大会为立法机构，负责设立卫生法律，包括传染病法律。国务院则作为中央政府发布政策并统领全局，最高人民法院和最高人民检察院则承担司法作用。国家卫生健康委员会在卫生系统中起着枢纽的作用，其职责包括贯彻执行国民健康政策和卫生健康法律法规，拟定和卫生工作相关的实施细则，统领和组织卫生资源的配置等。中国最基本的传染病法律由全国人民代表大会设立，国务院则对传染病防控的政策做出一定的指示，卫健委细化全国人民代表大会颁布的法律，提出实施细则的同时，还要对传染病的防控做出进一步的指示，其他国家级部门则配合传染病法律的实施和防控政策的开展，省级、地方级和区县级部门则根据上级部门的安排和指示，贯彻落实传染病法律和政策。从上到下，各司其职，构建了完整的传染病法律体系。

与传染病法律体系相伴行的是监督体系的发展。卫生监督体系与传染病法律史一样经历了从无到有、由点到面的转换，逐步从无法可依转变为法律完备的监督法律体系。我国的卫生监督起源于卫生防疫，阶段划分也与传染病法律史基本相同，了解其发展对于我国传染病法律发展史也有重要意义。新中国成立前，尤其是中央苏维埃政府时期颁布的一系列法令如《卫生运动纲要》《苏维埃区暂行防疫条例》涉及了伤员管理以及卫生防疫监管，是我国卫生监督法治最早的基础。1949—1978年，第三届全国卫生行政会议明确提出了卫生监督这一概念。爱国卫生运动时期的《关于发动秋季种痘运动的指示》、20世纪50年代的《交通检疫暂行办法》标志着我国开始逐步建立针对患者、环境、媒介三维的卫生监督制度。1978—2003年，随着改革开放，医药食品职业卫生领域的卫生监督呈现欣欣向荣的态势。2003—2012年期间卫生部出台的《卫生监督机构建设指导意见》，促进了卫生监督执法部门操作的合规性。

中国在古代时期就有"疫""时疫""疠气""疫毒"等概念，这是中国传染病发展最悠久的溯源。现代中国（1949年至今）的传染病法律发展大致可以分为四个阶段：第一阶段为初步创建阶段（1949—1978年），这一阶段新中国医疗卫生发展落后，血吸虫、鼠疫、疟疾、结核等传染病高发。当时是全民参与的一级卫生保健体系，除四害、改水改厕、居民健康教育活动以及群众动员的模式大大促进了此阶段传染病法律的发展。具代表性的法律有1951年的《中央关于加强卫生防疫和医疗工作的指示》、1955年的《传染病管理办法》、1957年的《中华人民共和国国境卫生检疫条例》等。第二阶段为快速发展阶段（1978—2003年），这一阶段伴随着改革开放，计划经济转型为市场经济，催生了更多的传染病法律，如1978年的《关于加强计划免疫的通知》、1982年的《全国计划免疫工作条例》、1982年的《中华人民共和国进出口动植物检疫条例》、1986年的《中华人民共和国国境卫生检疫法》、1991年的《中华人民共和国进出境动植物检疫法》等。第三阶段为逐步完善阶段（2003年至今），"非典"疫情的冲击揭示出我国公共卫生系统尤其是传染病相关法律的短板，催生了《突发公共卫生事件应急条例》，以及2005年的《疫苗流通和预防接种管理条例》《重大动物疫情应急条例》等。第四阶段为逐步全球化阶段（2012年至今），这一阶段与SDG相辅相成的《"健康中国2030"规划纲要》，促进了我国传染病法律的国际化。2020年，国务院及卫健委快速颁布了《新型冠状病毒肺炎防控方案》以及《新型冠状病毒肺炎诊疗方案》。

《中华人民共和国传染病防治法》是我国关于预防传染性疾病的日常传播、控制可能出现的疫情和处理重大公共卫生突发事件措施的专门法律。本法共九章，八十条。1955年，国务院批准颁布了《传染病管理办法》，1978年国务院又将《传染病管理办法》修订为《急性传染病管理条例》。1988年12月18日，国务院提请全国人大常委会审议《中华人民共和国传染病防治法（草案）》。该草案于1989年2月21日由第七届全国人民代表大会常务委员会第六次会议通过。2004年8月28日，第十届全国人民代表大会常务委员会第十一次会议对该法进行了全面修订，2013年6月29日，第十二届全国人民代表大会常务委员会第三次会议对该法进行了修正。2020年10月2日，国家卫生健康委员会发布《中华人民共和国传染病防治法》修订草案征求意见稿。该法将传染病划分为三类，这种分法意味着，对于不同类别的传染病，卫生防疫部门及其他有关政府部门会采取不同级别的防控措施。根据该法第四条之规定，乙类传染病和突发原因不明的传染病需要采取甲类传染病的预防、控制措施的，由国务院卫生行政部门及时报经国务院批准后予以公布、实施，以加大防控力度，例如2002—2003年的"非典"，以及2019年的新冠病毒感染疫情。根据该法第三条之规定，甲、乙、丙三类传染病分别包括：

甲类：鼠疫、霍乱。

乙类：传染性非典型肺炎、艾滋病、病毒性肝炎、脊髓灰质炎、人感染高致病性禽流感、麻疹、流行性出血热、狂犬病、流行性乙型脑炎、登革热、炭疽、细菌性和阿米巴性痢疾、肺结核、伤寒和副伤寒、流行性脑脊髓膜炎、百日咳、白喉、新生儿破伤风、猩红热、布鲁菌病、淋病、梅毒、钩端螺旋体病、血吸虫病、疟疾、人感染H7N9禽流感、新型冠状病毒感染、猴痘。

丙类：流行性感冒、流行性腮腺炎、风疹、急性出血性结膜炎、麻风病、流行性和地方性斑疹伤寒、黑热病、包虫病、丝虫病、除霍乱、细菌性和阿米巴性痢疾、伤寒和副伤寒以外的感染性腹泻病、手足口病。

国务院卫生行政部门根据传染病暴发、流行情况和危害程度，可以决定增加、减少或者调整乙类、丙类传染病病种并予以公布。

八、生物安全相关法规内容

生物安全是指保护人类、动植物以及生态系统免受有害生物如病原体、有害昆虫及杂草等的危害和威胁，避免由此造成的经济、社会、环境损失的一种综合性安全措施。生物安全是生态安全的一部分，也是国家安全的重要组成部分，《中华人民共和国生物安全法》提出生物安全是指"国家有效防范和应对危险生物因子及相关因素威胁，生物技术能够稳定健康发展，人民生命健康和生态系统相处于没有危险和不受威胁状态，生物领域具备维护国家安全和持续发展的能力"。因此，传染病防控、动植物疫情防控、生物技术的安全性、病原微生物实验室安全管理、防范生物恐怖袭击等活动都属于生物安全的范畴。

WHO 颁布的生物安全指南包括《实验室生物安全指南》《生物安全和双重用途研究指南》《生物安全紧急事件处置指南》等，旨在指导各成员国加强生物安全监管和应急处置能力，预防和控制生物安全风险，保障人民健康和生态安全。2004 年，WHO 颁布《生物和化学武器的公共卫生应对指南》和《实验室生物安全指南》，规定了实验室生物安全管理的基本原则、实验室分级、实验室建设和设计、实验室操作和管理、实验室生物安全培训和监测的标准和程序等方面的内容。2006 年颁布《生物安全和双重用途研究指南》，规范生物技术研究和应用，规定了生物安全和双重用途研究的基本原则、生物安全风险评估、生物安全风险管理、生物安全监测和报告等方面的内容。2012 年颁布《结核病实验室生物安全指南》，规定与结核病相关的实验室生物安全的具体细则。2020 年颁布《与冠状病毒病相关的实验室生物安全指南（新冠肺炎）：临时指导》，对可能涉及 SARS-CoV-2 的实验室生物安全进行指导。

美国生物安全法律体系完善，重点围绕防范恐怖主义活动和保护公共健康展开，体现了对生物安全的高度重视。2002 年，美国联邦政府颁布《公共卫生安全和生物恐怖主义防范和应对法》，其宗旨是预防和打击生物恐怖袭击，确保生物制品不会成为生物恐怖主义活动的工具；2010 年，美国颁布《大规模杀伤性武器预防和准备法案》，以防止大规模毁灭性武器扩散；同年颁布的《国际生物安全法》旨在改进美国监测体系、减少生物风险的国际战略；2015 年颁布《边境健康安全法》，旨在改善边境地区居民的健康，为边境地区的所有危害做好准备，包括生物恐怖主义、传染病和非传染性威胁；2018 年颁布《军事生物防御准备和保护法》，该计划由负责卫生事务的助理国防部长制定，以应对新发的和蓄意的传染病威胁；2020 年颁布《公共卫生反种族主义法案》，旨在消除公共卫生领域的结构性种族主义和警察暴力。

欧盟的生物安全法律法规主要包括《欧盟生物安全条例》和《欧盟转基因食品和饲料法规》等。《欧盟生物安全条例》是针对基因改造生物体的管理法规，统一了欧盟内部标准和程序，确保生物安全，保护人类健康和环境。欧盟还颁布如控制传染性动物疾病的法规，以及禁止使用某些危险农药和化学品的生物安全法规。这些法规都旨在管理生物体并降低它们对环境和人类健康的潜在影响，促进食品、饲料和其他生产资料的高质量和安全性。英国最重要的公共健康和环境安全的法规是 2000 年的《生物安全法》，目的是保证实验室、工厂和其他场所的任何使用或处置活性物质的工作能正确进行，从而预防疾病或事故。

俄罗斯最核心的生物安全法律法规是 1995 年通过的《生物安全法》，目的也是确保生物实验室、生产企业以及其他单位在使用或处置活性物质时的规范实施，避免事故发生。还有一系列与之相关的法规、指导方针和标准，如《卫生和流行病防控法》和《植物检疫法》等。这些法规明确了各个行业应遵守的标准，规定了相应的惩罚措施和行政处罚，同时还设立了专门的监管机构来监督和管理。俄罗斯法规对生物技术产业、医学实验和基础科学研究都进行了规范，包括伦理准则和道德方针等。同时，针对近几年出现的新兴传染病和全球流行性疫情，俄罗斯也加强了对国家生物安全威胁的防范能力。总体而言，俄罗斯的生物安全法律法规旨在保护人民健康和环境安全，加强紧急应对能力并建立科研人员安全意识，从而最大化地降低生物威胁，维护公共的健康与安全。

《中华人民共和国生物安全法》是中华人民共和国生物安全领域的一部法律，共有 10 章 88 条，于 2020 年 10 月 17 日由第十三届全国人民代表大会常务委员会第二十二次会议审议通过，

2021年4月15日正式实施。该法涉及完善与重大传染病防控和动植物疫情有关的法律制度、规范生物技术发展、阻止中华人民共和国国外的机构非法采集中国人类遗传资源、阻止中国珍稀物种及其遗传资源流出、阻止外来物种入侵等内容。

第二节　传染病防控政策和其他政策的整合

一、防控措施的政策融合

新中国成立初期，医疗资源匮乏，传染病几乎随处可见，根据1950年卫生部的统计，在每年因疾病死亡的人口中，半数以上是因可预防的传染病而死亡，包括鼠疫、霍乱、天花、痢疾等具有重大危害的疾病。在那时，由于医疗水平有限，国家和社会对传染病的应对措施就变得更加重要，因此确立了"面向工农兵，预防为主，团结中西医，卫生运动与群众运动相结合"的卫生工作方针，在方针指引下，开展了一系列防控疫情的工作。首先，自上而下确立了卫生行政机构，包括中央人民政府卫生部、地方病领导小组等中央级别的卫生行政机构，随后在地方也设立了卫生厅、卫生局等地方卫生行政机构，建立起自上而下的防疫体系。其次，中央政府、卫生行政机构、铁道部、交通部等部门联合起来，颁布了多项法律，从多个方面对传染病提出防控的要求，如1950年发布《关于发动秋季种痘运动的指示》《关于预防霍乱流行的指示》，对天花和霍乱的预防提出了指导性意见，同年发布《交通检疫暂行办法》《铁路检疫实施办法》，对传染病的检疫提出了要求。1955年发布《传染病管理办法》，作为新中国第一部综合性卫生防疫法规，将传染病分为甲、乙两类18种，并且对隔离和报告流程也提出了详细规定。类似的法律还有很多，多部门、多政策协同合作，初步建立起中国的传染病法律体系。除此之外，中央积极组织爱国卫生运动，开展大规模群众性卫生运动，发动广大人民群众的力量，齐心协力防控传染病，例如除四害运动是20世纪五六十年代的重点运动，全国各城乡纷纷开展卫生大扫除，减少"四害"带给人们的危害，环境改善了许多，有效减少了传染病的传播。并且，卫生宣传与教育也是不可或缺的一方面，由于当时人民群众文化水平有限，帮助群众认清传染病的真相有助于他们更加了解科学，同时也有助于群众积极参与到爱国卫生运动中来。在多部门、多政策防控的不懈努力下，传染病工作取得了非常大的进展，有效减少了鼠疫、霍乱等传染病的传播，并且消灭了天花病毒，是防控措施政策融合成功的结果。

政策工具是政府治理的具体手段和途径，也是研究公共政策的一种有效手段。在实践中，政府会通对采取政策工具来调节社会资源，进而影响人们的经济和社会行为。对政策工具的研究最早开始于西方。1964年，荷兰经济学家科臣整理了64种一般化的政策工具；1983年，英国学者胡德基于政府拥有的四种社会资源，对政策工具类型进行具体界定。此后，国内外学者从不同视角、不同分类依据对政策工具维度进行了划分，例如，罗斯威尔（Rothwell）和泽格维尔德（Zegveld）根据政策工具的产生着力方面及影响领域的不同将政策工具分为环境型、供给型和需求型工具；加拿大学者豪利特（Howlett）和拉梅什（Ramesh）根据政府介入程度，将政策工具分为强制型、混合型和自愿型三种；麦克唐纳（McDonnel）和埃尔莫尔（Elmore）根据对政策目标对象造成的影响将政策工具分为命令型、激励型、能力建设型、系统变化型等。可以说，这些不同维度的分类为进一步认识政策工具和开展研究奠定了基础。

当前基于政策工具视角对公共危机治理相关领域的研究文献非常稀少，在疫情防控领域更是罕见。在中国公共危机治理的相关研究中，唐庆鹏等根据公共危机治理的多重目标要求，将政策工具分为管制性工具、经济性工具、社会性工具和信息性工具四种，而这种分类方法更加关注工具本身的功能性，忽略了公共危机治理中的多主体参与。在参考国内外学者普遍认同的政策工具分类方法的基础上，结合疫情防控政策的特点，考虑到在中国单一制的政治体制下，推进国家治理体系和治理能力现代化是打赢疫情防控阻击战的强大保障，而国家治理现代化表现出以政府为主导、其他利益相关主体广泛参与的多中心治理的特征，郑烨等从政府介入程度入手，采用豪利特和拉梅什对政策工具的分类方法，将新冠疫情防控政策工具分为强制型、混合型和自愿型三类。

2020年初暴发的新型冠状病毒感染疫情（COVID-19，以下简称"新冠疫情"）严重威胁到了全球公众的安全，被世界卫生组织认定为"国际关注的突发公共卫生事件"。为阻击新冠疫情对本国民众的威胁，许多国家开始采取减少人员流动等防控措施应对这场灾难，但受到制度体系、治理体系、医疗体系等多方面因素的影响，各国的防控举措和疫情发展形势表现出很大的差异。目前，很多学者的研究聚焦于"疫情防控与国家治理体系""疫情防控与经济发展"两个方面，并提出一些观点和看法。疫情过后，如何从中国疫情防控政策工具选择中获取经验以及如何选择适合各自国家的疫情防控政策工具，是最为迫切的重大公共危机管理问题。解决这一问题的出发点是如何正确地解释和理解中国的新冠疫情防控政策工具选择以及从中能得出哪些经验教训和启示。

2019年底到2022年底，面对新冠疫情，中国防控政策工具的设计与选择几乎涵盖政策工具的全部谱系，即从自愿型工具、混合型工具到强制型工具，政策决策者无一例外地予以采用。

二、监测和干预措施的融合

分析中共中央部委发布的新冠疫情防控政策，结合中国疫情防控的相关经验，针对国内外疫情防控中政策工具的选择和使用，监测与干预策略融合总结如下。

第一，强制型政策工具在中国疫情防控政策中起着主导作用。各国在应对疫情等重大突发公共卫生事件时，表现出来不同的组织形式，从中国防控经验看，以政府为主导的强制型政策工具直接、高效。政府是具有权威和公信力的组织，在应对重大疫情时，扮演好风险沟通者、应急主导者、资源协调者和创新促进者的角色，是迅速控制疫情的关键。强制型政策工具中的"执行落实"和"组织领导"使用得最多，通过强化组织引领，可以形成集中一切资源战胜疫情的强大"合力"，保证相关政策的执行落实。

第二，保持强制型政策工具占一定比例，兼顾混合型和自愿型政策工具的协同使用。政府在疫情处置上，既要全盘协调统筹，也要调动发挥混合型政策工具的作用，通过财政补贴、税收减免等方式降低疫情中的企业运营成本，最大限度地减少疫情对企业的冲击，推动企业复工复产。积极发挥自愿型政策工具的特征，注重政策目标与个人意愿的协同，在各界社会力量自愿、自觉的基础上，通过政府引导、宣传教育、舆论思想等手段推动政策目标的实现。

第三，根据不同的适用对象，差异化地使用疫情防控的政策工具。在疫情防控过程中，要充分发挥政府相关部门的主导作用，迅速制定应急决策，促进物资、资金、信息网络等各类资源的合理配置。在制定相关政策时应该充分考虑不同政策对象面临的需求和问题。对于社区和非营利组织而言，一方面要完善社区的信息支撑、服务供给等举措，通过组织领导等手段推动落实社区疫情防控网格化、精细化管理，另一方面要积极发挥非营利组织在有效整合各类社会资源、积极搭建群众参与公共平台等方面的枢纽作用，强化与其他利益相关主体之间的协同合作，为疫情防控做出积极贡献。

第四，保障民生，保障企业发展。在疫情不同阶段采取不同应对措施，如疫情刚出现苗头时，做好货物消毒和抽样检测以及相关人员健康监测等，疫情暴发期阶段，在加强行业运作规范的基础上，优化人力、物资等资源配置，同时强化问责机制，实现部门、区域联动，做好协同保障工作。疫情不同阶段对不同产业和行业的影响不同，因此可以从需求侧入手，实施偏向性政策以稳定市场经济主体的投资和消费，有效减缓疫情对各产业和行业的负向冲击。首先，政策应有偏向性地重点针对疫情暴发期内受挫严重的行业及产业，在把控行业、产业特征的基础上，层次性地推动其可持续发展；暴发期内依靠政府力量对"受伤"企业进行集中救助，针对性地出台减税、减负等政策组合，适当增加财政金融支持力度和监管容忍度，降低企业经营成本，为受冲击行业纾困蓄能；衰退期内营造企业间自由、公平竞争的外部环境，发挥市场在资源配置中的决定性作用。其次，稳定消费与投资预期。一方面，多措并举促进消费扩容提质，提升消费产品和服务供给质量，支持提升传统消费、培育新型消费、提倡健康消费，鼓励线上消费发展以弥补线下聚集性、流动性、接触式消费的不足，同时，消费政策更多地向特定地区和人群倾斜，提高居民消费能力和水平，增加消费总量。另一方面，提升投资的精准性和针对性，积极发挥其对稳定经济增长的重要作用。短期看，减税降费和放贷以救急为目的；长期看，积极构建各部门协同应对重大公共卫生事件政策，增强财税政策和金融、产业、公共服务等政策之间的协同应对能力。

第五，打好舆论引导主动仗，提升应对风险能力。在当前移动互联网背景下，面对价值多元、传播高速的全新媒体环境，传统的舆情引导手段已难以在舆情处置中发挥有效作用，甚至会事与愿违。政府应坚持以实事求是回应社会关切，尝试以人格魅力提升媒介黏性，探索以艺术创作增加信息温度，温和而持续地引导舆论逐渐回归理性。事实证明，在疫情初期的恐慌舆论环境中，单一正面辩解、反驳毫无效果，更容易让群众产生反感情绪。普通大众之所以容易被舆论左右，是因为他们往往缺乏严谨的科学素养，在心理情绪不稳定的时候，很难保持理性思考。因此，只有及时、全面、准确、深入的报道才能有理有据地向群众条分缕析，才能打破争论和质疑。另外，要确保信息发布途径的统一、权威、正当。群众参与舆论争端的领域，恰恰是论坛、贴吧、朋友圈这样任意性、弱责任性的平台，信息的源头追溯困难。只有利用权威官方媒体，通过信息发布审核机制，在各大通过认证的官方平台统一发声，确保信息源头科学、权威，才能避免负面情绪。新冠疫情期间，国务院新冠疫情联合发布会是政府提供平台，专家发表科学结论，成为稳定群众情绪的定海神针。可从以下几方面掌握舆论主动权。

（1）树立开放科学的危机公关意识，培养专业化舆情应对人才。面对网络舆情，舆情应对人员不仅要具备专业的危机公关知识，还需要了解国家和地方的社情、民情；不仅要具备一定的法律知识、新闻传播知识、危机管理知识，还需要拥有处理问题的实践经验，并且对舆情应对人才的身体和心理素质也有一定的要求。融媒体环境，还会要求专业化的舆情应对人才能够筛选关键的舆情信息进行编辑、发布和回应。

（2）主动融入非官方媒体圈层。本次"战疫"过程中，许多非官方的行业媒体和自媒体，自发性地参与到疫情防控过程中来，为宣传科普防疫知识、消弭舆论攻击起到了积极作用。例如"丁香医生"微信公众号发布的"疫情地图"获得大量网友的关注转发，收获了人民日报、学习强国等主流媒体的合作支持。许多自媒体、企业开发的疫情地图和查询服务，其数据来源也正是各级政府提供的公共数据。知乎、B站上的网民自制大量理性、正能量的稿件和视频，客观上助力了舆论的引导。因此，政府融媒体的建设可主动融入非官方媒体圈层，学习先进经验，寻求合作共赢，不可高高在上、闭门造车。只有形成官方和非官方媒体的传播合力，才能最大效率地应对好舆情危机。

（3）提升舆论引导科研含量。要加强与专业医疗机构、医学专家和科研团体的沟通协作，增强舆论引导的针对性和有效性。本次新冠疫情防控过程中，钟南山先后多次对疫情进行了研判，都在不同程度上影响着各级政府先后制定推出的疫情防控方案。例如，针对新冠病毒人传人的特性，武汉市政府采取进出交通管控措施。针对疫情初期网上流传的诸多关于如何预防新冠肺炎的谣言，也是通过专业医学人士发声辟谣才得以控制。总之，公共卫生事件因其独特的性质，其中产生的舆情危机，必须借助专业力量的参与，才能得到有效的化解。

（4）把握国际舆论话语权，增强传播能力。本次新冠疫情在全球范围内蔓延，对世界各国而言，都是一场前所未有的危机。疫情无国界，命运共相连，但是以美国为首的西方国家基于国际力量的博弈，利用我国现代化治理能力的短板不断对中国发动舆论攻击，大力否定中国抗疫成果，不断抹黑中国国际形象。对此，要在抗击疫情的同时，打赢打好抗疫国际舆论宣传战，变危机为转机，展现中国负责任、有担当的良好国家形象。一要积极迎战舆论攻击，坚决正面回应和有力驳斥。二要牢牢占据国际道义制高点，以人类命运共同体的理念引领和支援世界各国团结一致抗击疫情，重塑中国形象。在坚决驳斥国外错误言论的同时，要积极打好宣传主动仗，最大程度地展示中国政府和人民在全面抗击新冠疫情中付出的诸多努力和取得的大量成果。此外，尽可能地对其他国家抗击新冠疫情给予物资、人力或情感的援助，分享抗疫的经验做法，讲述抗疫的感人故事，在共同对抗疫情的同时塑造中国政府友善负责的形象，获取国际舆论的支持。三要团结一切社交力量，增强中国声音的国际传播力。"民间外交是政府外交的有力支撑和重要补充，是国家间友好交流的重要基石。日益频繁的民间外交能推动两国的良好沟通和互动，在国家间外交中发挥着重要的稳定器和压舱石的作用。"因此，当中国和西方国家在政府外交因为误解和猜忌而变得不那么通畅的时候，要鼓励一些民间机构、公益组织和个人迅速行动起来，积极融入中西社交平台，让中国民间的声音与其他国家的民间声音实现互动交流，助力政府外交的释疑破冰。

(5) 加快舆论引导法制化进程，完善网络立法，全面提高依法治理网络舆论的能力。习近平总书记针对疫情网络舆论治理明确提出要求，治理疫情网络舆论，必须要秉承依法治理的基本原则，严格做到依法施策、科学施策、精准施策。各级政府有关部门必须要以高度负责的精神，千方百计想方设法地积极促进疫情的网络舆论引导工作，始终在法制轨道上运行，要持续发力、全面发力，切实落实工作责任，不断提高依法治理疫情网络舆论的能力。要努力实现疫情网络舆论引导的制度化、程序化、规范化和法治化。当前我国有关网络治理的法律法规还不够完善，急需制定一套约束力强、可行性高的法律法规，以实现对网络开放性的有效管理。国家立法部门要根据新时代互联网发展态势加快推进网络立法进程，完善媒体监管和信息公开等方面的法律，作为规范政府、企业、个人等网络行为的准绳，让互联网空间成为法内之地，对网络舆论构成规范约束，从根本上保证舆论引导朝着积极、健康、正确的方向发展。同时，相关部门要统筹线上线下，开展网络普法宣传，增强社会的法治意识，倒逼网络媒体提升自身素养，构建形成全民知法、懂法、遵法、用法的良好社会氛围。

在新冠疫情期间，我国监测和干预措施的融合对疫情的防控起到了重要的作用。首先在疫情于湖北武汉暴发初期，医疗机构及时监测到新发传染病的出现，并通过公共卫生信息网络直报系统及时上报，为干预措施的实施争取了时间，减少了风险，因此对武汉市采取封城、地毯式排查和集中救治等干预措施时，才能较为成功地将病毒尽可能阻断。并且随着新冠疫情的持续进展，在对该疾病的防控过程中，我国采用了联防联控的防控方式，利用较为成熟的核酸检测、抗原检测等方法，对流动人口中的确诊患者、疑似患者、确诊患者的密切接触者进行了监测，并在疫情暴发区域实施大面积区域性核酸检测，及时发现新冠患者并控制传染源的传播。在监测疾病的同时，也实施了许多干预措施，包括严格的交通管控、公共场所暂停开放或减少人流量、积极督促流动人口佩戴口罩、发现患者和密切接触者及时实施隔离治疗等。这些干预措施和监测行为密切配合，监测是为了更好地干预，而干预则使监测更为有效，两者密切融合，是新冠疫情防控成功不可或缺的因素。

（贾忠伟）

第八章

新技术在防控传染病方面的应用

第一节　数字健康技术和数学模型在防控传染病中的应用

随着数字健康技术、生物检测技术、电子信息技术和计算机技术的快速发展，传染病防控过程中产生越来越多的健康医疗大数据，涉及传染病的监测预警、流行病学调查、病原体发现与溯源、诊断鉴定、临床救治、干预处置、效果评估等各方面，并由此产生多种类型的大数据数据处理分析技术。大数据目前尚无统一定义，2001年麦塔集团（META Group，现为 Gartner）的分析员道格·兰尼（Doug Laney）用"3Vs"来描述大数据的特征被广泛认可，"3Vs"分别指大量（volume）、高速（velocity）和多样（variety）。高德纳公司（Gartner）于2012年修改大数据的定义为"大数据是大量、高速及（或）多变的信息资产，它需要新型的处理方式去促成更强的决策能力、洞察力与最优化处理"。TechAmerica 基金会（TechAmerica Foundation）也提出了相似的定义："大数据是一个描述大量、高速、复杂和可变数据的术语，这些数据需要先进的技术来实现信息的捕获、存储、分发、管理和分析"。

随着对大数据理解的不断深入，研究者陆续提出添加其他"V"来描述大数据，产生了"4Vs""5Vs"和"6Vs"。健康数据的描述常用"6Vs"，即大量（volume）、高速（velocity）、多样（variety）、价值（value）、准确（veracity）和可变（variability）。大量：数据量大，即采集、存储和计算的量都非常大，超过传统数据处理应用软件的存储和处理能力。目前，大数据体量正在从 TB、PB、EB、ZB、YB 向更高级别增长。高速：大数据高速的生产和处理能力足以支持数据实时或近乎实时地生成和访问。在如此高的数据产生量下，需要不断开发先进的分析工具和技术保证大数据具备"高速"的特征。多样：数据种类和来源多样。传统数据大多为结构化数据，但现在的数据由不同的来源（如物联网和传感器等）产生，并具有多样的格式（如文本、音频、视频、图片、地理位置信息和传感数据等）。价值：通过提取和转换数据可以获取有价值的信息，从而获得一些见解或经济效益。同时，大数据也具有价值密度低的特点，需要业务逻辑与强大的机器算法相结合来挖掘数据价值。准确：数据质量和数据价值真实可靠。大数据通常为客观记录与收集，反映真实世界的情况，但由于大数据普遍存在缺失、错误、模糊、延时、高噪声现象，所以数据必须可靠，才能在分析中获取价值。在使用前，需要从多个方面对数据的准确性进行评价，包括明确数据来源及可获得性，结合研究目的评估当前数据是否满足使用需求，评价数据的真实性,了解收集数据的意义和背景,并通过交叉验证分析现有数据的可信度。可变:数据持续且快速变化。由于时间的推移和情境的变化,数据的价值和意义也会发生变化。

2008年,维克托·迈尔-舍恩伯格(Viktor Mayer-Schönberger)和肯尼斯·库克耶(Kenneth Cukier)在被誉为"大数据研究的先河之作"的《大数据时代》一书中指出大数据针对所有数据进行整体分析处理,而不是采用随机分析法(抽样调查)进行分析。随着大数据的发展,这个术语趋向于对预测性分析、用户行为分析或者一些从数据中抽取有价值信息的数据分析方法的使用,而较少涉及数据集的大小。与传统数据相比,大数据能够对不同结构、不同来源的数据进行集成和存储,在无假设的前提下进行价值挖掘,处理的数据更多且不过度关注数据的精准度,允许一定程度的错误和模糊,而且更关注相关关系而非因果关系。

一、大数据的利用

大数据的发展改变着人们生活的方方面面。大数据的诞生归功于约翰·格兰特(John Graunt)在1663年伦敦瘟疫期间关于数据分析的首批报告,随后多种硬件处理和存储设备的发展也为数据管理铺平了道路。1942年,约翰·阿塔纳索夫(John Vincent Atanasoff)和其学生克利福特·贝瑞(Clifford Berry)发明了世界上第一台电子数字计算机ABC。1943年,英国研制出了第一台大型电子计算机"巨人"(Colossus),可用来编程。1956年,"人工智能"的概念首次被提出,3年后阿瑟·萨缪尔(Arthur Samuel)提出"机器学习"的概念,1983年阿尔温·托夫勒(Alvin Toffler)所著的《第三次浪潮》中首次提到"大数据",并称"大数据将是第三次浪潮中的华彩乐章"。1996—1999年,Google.com和NoSQL等大量存储系统相继出现,且关系型数据库得到广泛应用。随着互联网时代的到来,数据量越来越大,大到单机已经无法存储和处理,从某种程度上说,无法处理的数据就是一堆垃圾。第一个解决这个问题的公司是谷歌,2003—2006年,谷歌相继发布了3个大数据处理系统,分别是GFS、MapReduce和BigTable:GFS解决了数据大规模存储的问题;MapReduce解决了数据大规模计算的问题;BigTable解决了在线实时查询的问题,即使数据量很大,用户也能快速查询到数据。道格·卡廷(Doug Cutting)受到启发并开发出自己的HDFS和MapReduce系统,被命名为"Hadoop",由此企业不再依赖于昂贵的硬件机器,廉价的计算机也能完成大规模数据的存储与处理,并且由于其开源,很多开源爱好者和企业不断改进和完善,形成了Hadoop生态圈。Hadoop中用到的分布式计算也为云计算的发展提供了支持。

随着技术的飞速发展,各国也发布相关文件鼓励大数据应用。2012年,美国签署并发布"大数据研究发展创新计划",日本发布《面向2020年的ICT综合战略》,并提出在国家层面制定大数据发展战略,联合国发布白皮书《大数据促发展:挑战与机遇》,我国科技部也制定了"十二五国家科技计划信息技术领域2013年度备选项目征集指南",把大数据列在首位,大数据在各个领域都进入蓬勃发展时期。2013年,大数据行业飞速发展,产生了一大批大数据公司。金融、电信、公安等行业意识到大数据的重要性,开始着手建设大数据平台。2015年,大数据进入监测阶段,通过数据大屏等可视化方式监测业务活动,实现跨部门数据整合。同年,我国国务院印发《促进大数据发展行动纲要》,系统部署大数据发展工作。2017年,大数据平台建设基本完善,开始使用统计分析、预测分析及数据挖掘等手段来发现数据价值,并将成果应用到现有的业务流程中。随后,大数据开始被应用于决策,由人根据机器产生的数据报告进行决策变成机器直接给出决策建议,例如美团和滴滴的系统直接推送最佳路线。随着自然语言处理(natural language processing,NLP)和知识图谱等认知技术的成熟,数据驱动决策、数据驱动业务发展已经成为时代的新需求。在卫生健康领域,目前多个国家已建立自己的大型医学数据库,基于云的大型平台来存储、处理和管理大量医学数据,如北欧全民登记数据库、美国医疗保险数据、英国生物样本库Biobank等。

大数据分析的处理流程（图 8-1）主要包括明确分析目的，梳理数据源，采集数据并进行预处理，数据存储、处理分析与展示/可视化，数据应用等环节，而其中的每一步都离不开数据治理。例如，采集到的数据往往来自独立自治的数据源，存在缺少顶层设计、难以实现互联互通和共享、缺少质量保障等问题，所以可用性不高，通过数据治理可以建立数据内部使用规则，增加数据价值，方便数据的管理。数据治理是有效且高效使用大数据的关键。因此，本章将先介绍大数据治理，然后重点介绍流程中的数据采集、数据存储和数据分析。

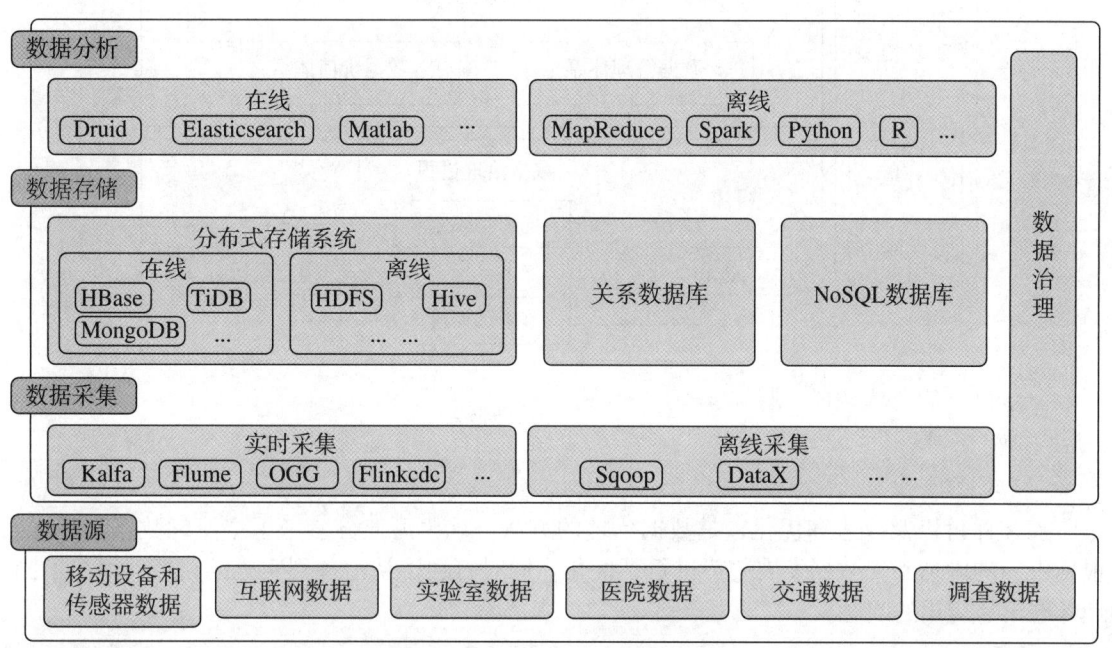

图 8-1　大数据分析的处理流程

（一）数据治理

1. 定义　数据治理没有统一的、标准的定义。国际数据管理协会（Global Data Management Community，DAMA）定义数据治理为对数据资产行使权力和控制的活动集合，包括计划、监控和执行等。国际数据治理研究所（Data Governance Institute，DGI）认为数据治理是指在企业数据管理中分配决策权和相关职责。DGI 认为数据治理描述了谁在何时何种情况下采取什么样的行动、使用什么样的方法。数据治理委员会（Data Governance Council，DG Council）定义数据治理为一种质量控制规程，用于在管理、使用、改进和保护组织信息的过程中添加新的严谨性和纪律性。IBM 认为数据治理是组织管理其信息知识并回答问题的能力，如数据来自哪里、数据是否符合公司政策及规则。虽然数据治理的定义多种多样，但对于"数据资产管理的决策权分配和职责分工是数据治理的核心"已形成基本的共识。

2. 国家标准框架　目前世界主要的数据治理模型有 DAMA 数据管理知识体系（DMBOK，于 2017 年更新并被命名为 DMBOK2）、DGI 数据治理框架、IBM 数据治理流程。我国在 GB/T34960.5—2018 国家标准中也提出了自己的数据治理框架（图 8-2）。国家标准数据治理框架包含顶层设计、数据治理环境、数据治理域和数据治理过程四大部分。顶层设计包括战略规划、组织构建和架构设计，是数据治理实施的基础；数据治理环境包括内外部环境和促成因素，是数据治理实施的保障；数据治理域包括数据管理体系和数据价值体系，是数据治理实施的对象，数据管理体系包括数据标准、数据质量、数据安全、元数据管理和数据生存周期五个治理域，数据价值体系包括数据流通、数据服务和数据洞察三个治理域；数据治理过程包括统筹和规划、构建和运

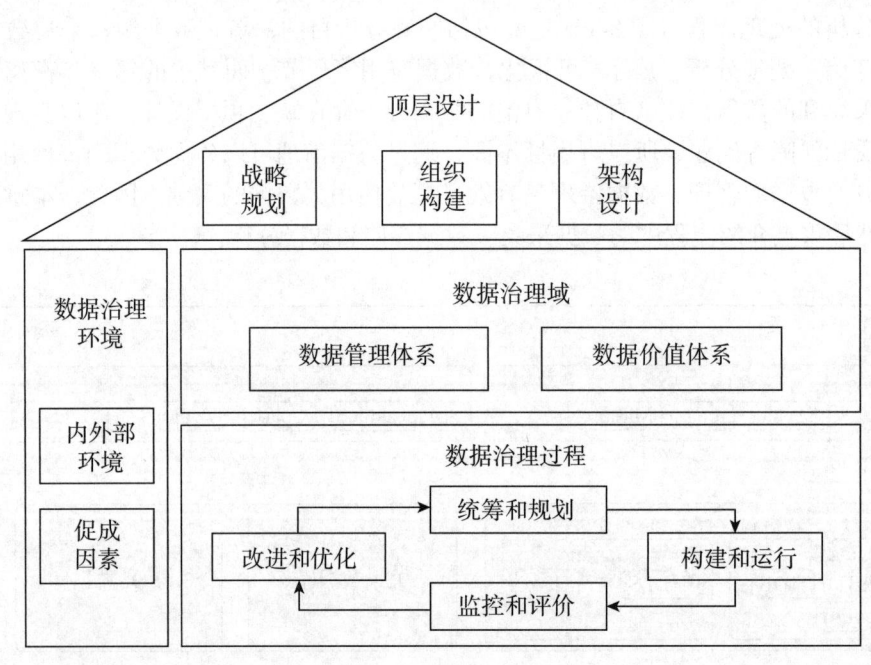

图 8-2 数据治理框架

行、监控和评价以及改进和优化,是数据治理的方法。该模型充分参考了主流的数据治理框架,并根据中国的国情和大数据发展趋势进行了优化,同时打通了从治理到实施的路径,解决了国际治理标准不易应用的问题。

3. 对象

(1) 数据标准:由于数据来源非单一,整合到一起需要数据间匹配关联,所以构建一套通用标准,统一规范管理尤为重要。应首先明确数据标准的内涵和范围,制定通用的数据规范,包括数据分类、数据类型、数据格式和编码规则等,建立数据标准体系及其管理机制,以支撑数据的标准化建设,保障数据在应用过程中的一致性。

在健康医疗领域,国际上应用较为广泛的标准体系包括 ISO/TC 215、CEN/TC 251 及 IEEE 部分标准。我国也形成了比较完善的健康医疗数据标准体系框架。2015 年提出了全民健康信息标准体系框架,由基础类、数据类、技术类、安全与隐私类和管理类 5 大类标准组成,于 2018 年提出了健康医疗大数据标准体系框架,新增应用与服务类标准(图 8-3)。

(2) 数据质量:为保证数据质量,通常非实时性的定期或不定期对数据源或数据库进行的数据质量评价,包含了数据的获取、维护、处理和有关的角色建立、部署、策略、职责和流程。数据质量管理通常以数据生存周期的管理为核心,其实施机制包括质量评估、质量设计、质量转换和质量监控 4 个阶段。美国健康信息管理协会(American Health Information Management Association,AHIMA)提出医疗保健信息治理原则(Information Governance Principles for Healthcare,IGPHC)™来指导美国健康医疗数据质量管理,该模型明确了数据质量的特征,即数据准确性:数据没有可识别的错误;数据可访问性:合法获取数据的便利性和效率;数据全面性:收集整个范围内所有必需数据的程度,记录预期的排除;数据一致性:数据可靠和统一的程度,以及跨应用程序的不同用户可重现;数据普及性:数据的最新程度;数据定义:数据的具体含义;数据粒度:定义数据质量的属性和特征的详细程度;数据精度:测量的精细程度支持其研究目的;数据相关性:数据对收集目的的有用程度;数据及时性:在有用的、有效的或指示的时间内获得最新数据。

(3) 数据安全:数据安全指在数据采集、存储、挖掘、应用、运营、传输等多个环节中管理

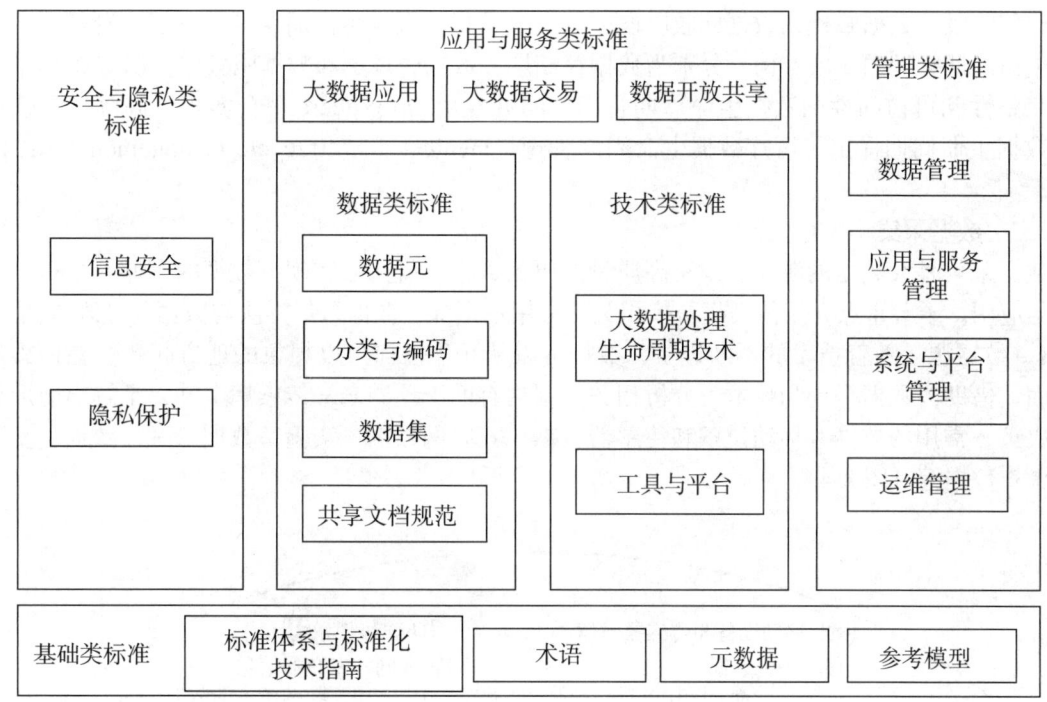

图 8-3 健康医疗大数据标准体系框架

数据安全。我国制定了《信息安全技术 个人信息安全规范》《信息安全技术 数据安全能力成熟模型（草案）》《信息安全技术 个人信息去标识化指南（草案）》《信息安全技术 大数据安全管理指南（草案）》及《信息安全技术 数据出境安全评估指南（草案）》等国家标准来规范数据安全管理。数据安全管理可以考虑具备的功能如下。

数据分类分级：根据数据的价值、内容敏感程度、影响和分发范围对数据和信息进行敏感分级管理，并根据各级别生成对应的数据安全策略。

数据加密：对原本的文件或数据（明文）按某种算法进行处理，使其成为不可读的一段代码（密文），防止数据被泄露或篡改。

数据脱敏：对敏感数据进行变形处理，保护隐私数据。业界常见的脱敏规则有替换、重排、加密、截断、掩码等，用户也可以根据期望的脱敏算法自定义脱敏规则。

日志审计：通过集中采集信息系统中的系统安全事件、用户访问记录、系统运行日志、系统运行状态等信息，经过规范化、过滤、归并和告警分析等处理之后，以统一格式的日志形式进行集中存储和管理，结合日志统计汇总及关联分析功能，实现对信息系统日志的全面审计。

（4）元数据管理：元数据通常被定义为"关于数据的数据"。元数据管理指对数据采集、存储、加工和展现等数据全生命周期的描述信息，帮助用户理解数据关系和相关属性。建立信息资源目录元数据库有助于管理数据资源，我国国家质量监督检验检疫总局和国家标准化管理委员会发布了《政务信息资源目录体系》，提出政务信息资源目录体系的关键标准。王霞等构建了健康医疗大数据资源核心元数据模型，并以摘要形式进行元数据的属性描述；孟群等从资源内容、资源表示、资源管理、资源责任和资源获取 5 个维度构建了我国健康医疗大数据信息资源目录元数据库。

（5）数据生命周期：数据生命周期指管理数据在整个生命周期内的流动，从创建和初始存储到最终被删除的过程。目前数据生命周期理论常用的理论有数据存储管理理论和分层模型。数据存储管理理论将生命周期管理划分为 6 个阶段。数据创建阶段、数据保护阶段、数据访问阶段、数据迁移阶段、数据归档、数据回收阶段。分层模型指对数据生命周期进行分层式管理，定义了数据生命周期管理的 3 层架构，分别为数据存储层、数据管理层和数据服务层。IBM 提出了维护数据完整性和可访问性的数据生命周期管理策略并经由 InfoSphere 平台实现。高汉松等依据医疗大数据生命周期提出了医疗数据生命周期管理（medical data lifecycle management，MDLM）模型。

（二）数据采集

数据采集是大数据的源头。没有高质量的原始数据，就无法实现大数据的存储、分析、价值发现与应用。本节重点介绍传染病防控相关的常用数据源、数据采集方法与数据预处理方法。

1. 数据源 随着技术的不断进步，数据可以从几乎任何可以想象的地方收集。在传染病防控方面，借助大数据平台和技术，分析相关数据将有助于预测未来传染病事件、了解当前形势并做出决策。常用的数据有移动设备和传感器数据、互联网数据、实验室数据、医疗数据、交通数据和调查数据等（图 8-4）。

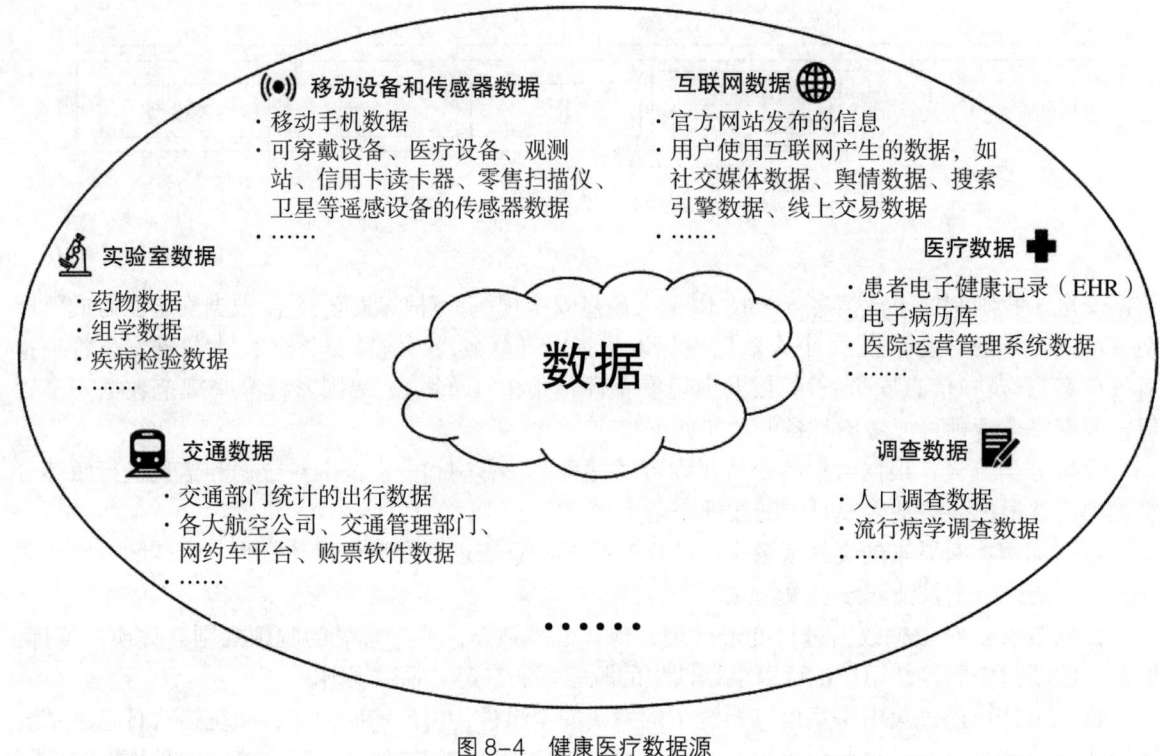

图 8-4　健康医疗数据源

（1）移动设备和传感器数据：移动设备数据主要指通过手机产生的数据，由此跟踪人们的活动。随着手机的普及，流行病学家开始利用手机数据来阻止传染病的传播，如利用移动手机数据绘制肯尼亚、纳米比亚等非洲地区的疟疾暴发情况图并模拟了 2010 年海地霍乱疫情期间的人口流动。谷歌移动指数（Google mobility trends）通过搜集谷歌地图等应用程序的匿名数据，获取在整个新冠疫情大流行期间的人口流动数据。

传感器包括可穿戴设备、医疗设备、观测站、信用卡读卡器、零售扫描仪和卫星等遥感设备的传感器收集到的数据，传感器数据有实时状态数据、定位数据、个人数据、用户反馈数据和线下交易数据等。在新冠疫情大流行期间，内置在衣服内的射频识别（radio frequency identification，RFID）芯片与人脸识别技术相结合开发的医护人员健康管理系统可以实时获得医护人员的状态，同时射频识别技术也被用于医院内医疗资源的管理。

(2) 互联网数据：互联网产生的数据包括官方网站发布的信息，如政策、流行病学监测数据等，也包括用户每日使用互联网产生的数据，如社交媒体数据、舆情数据、搜索引擎数据、线上交易数据（来自电子商务、电子银行等）等。Facebook、Twitter、微博、微信等社交媒体平台已经成为人们不可或缺的日常生活工具，通过分析这些社交平台上的实时数据，可以分析疾病传播的时间和地理位置，如 Gomide 等分析了巴西的登革热疫情如何在 Twitter 推文中反映，并且提出了一个通过分析推文中登革热演变情况而推测疾病传播情况的登革热监测系统。浏览记录、搜索记录和交易记录等虽然无法用于疾病诊断或医学治疗，但其中的潜在信息可以反映疾病的发展以及人们的关注程度。在新冠疫情暴发的初期阶段，基于搜索数据的百度指数被认为与新确诊的新冠病例数具有一定的相关性，并且"84 消毒液""温度计""N95 口罩""试剂盒"等搜索词和其电子商务数据，也为疫情期间的物资配置与资源调配提供了参考。

(3) 实验室数据：实验室每日产生多种数据，主要是生物标本和基因测序的信息，包括药物数据（如设计、研发、临床实验数据等）、组学数据（基因组学、微生物组学、蛋白质组学、代谢组学等）、疾病检验数据等。通过基因测序，能够从人体组织、细胞、血液或唾液中测定基因全序列，积累大量遗传数据，及时掌握病原体的变异情况，从而有助于寻找病毒来源、揭示疾病机制、开发药物和疫苗以及临床诊断。如 Nextstrain.org 等平台允许研究人员实时共享和追踪基因组序列。

(4) 医疗数据：医疗机构产生的数据来源于其常规临床诊治、科研和管理过程，主要来源为患者电子健康记录（EHR）、电子病历库和医院运营管理系统。EHR 系统和电子病历库内的数据包括患者人口统计数据、ICD-9 诊断代码、药物处方、手术记录、住院记录、医保数据等结构化数据，也包括病历记录、医嘱、影像、随访记录等非结构化数据；医院运营管理数据产生于医院日常运营和业务开展，包括病床管理、医生管理、药物管理等。

(5) 交通数据：航空、铁路、公路、轮渡等交通部门统计的出行数据在一定程度上可以描述人群移动情况，从而观察到各城市的人口流入、流出状况，尤其是重点疫区的人口流出方向。同时，各大航空公司、交通管理部门、网约车平台（如滴滴出行、Uber）、购票软件（如 12306、Booking）能够获取每个用户的行程信息，根据用户位置信息和同行程人员查询能够精准控制疫情传播。

(6) 调查数据：调查数据指通过线上或线下的方式进行人口调查、流行病学调查等直接从调查对象获取的数据。调查的途径多种多样，传统的手段主要为面对面调查、电话询问、开调查会、现场观察等，现在为保证调查数据的全面性和准确性，也会采取查阅相关信息、大数据排查、临床流行病学调查、查看监控记录、查看消费记录和其他特殊技术侦查或调查，充分利用间接途径获取前五类数据来全面掌握患者的行踪。此处的调查数据主要指直接从调查对象获取的一手数据。

2. 数据采集方法 传统的数据采集来源单一，且存储、管理和分析的数据量也相对较小，大多采用关系型数据库和传统的并行数据仓库即可处理。但随着数据呈爆炸式增长，生活的方方面面每时每刻都在产生大量数据，它们分散在不同的网络环境和存储平台中，大量数据难以利用、复用和产生价值。为了更好地应用数据产生价值，可以考虑将数据采集到同一目的地。从时效性和应用场景来分，数据采集可以分为离线采集和实时采集。

(1) 离线采集：离线采集主要用于大批量数据的周期性迁移，对时效性要求不高。离线采集分为全量采集和增量采集。全量采集又分为表全量采集和库全量采集两种方式。表全量采集指每次读取表中的全部数据并写入指定目的地；库全量采集指把数据库内所有表的全部数据分别写入指定目的地。增量采集指按照指定的规则追加采集新增数据，如按照时间字段每隔一段时间采集一次新增数据。疫情数据的采集大多使用离线采集。离线采集常见的采集工具有 Sqoop 和 DataX 等。

(2) 实时采集：实时采集主要面向低延迟的数据采集场景，对时效性要求较高，要求数据一旦产生，即立刻被采集到指定目的地，如智能穿戴设备实时采集数据才能及时预警。实时采集常见的采集工具有 Kalfa、Flume、OGG、flinkcdc 等。

3. 数据预处理 采集到的数据往往存在不完整和不一致的问题，为了后续分析的准确性和高效性，希望通过数据预处理使之变成"干净"的数据，常用的方法有数据清洗、数据转换和数据集成等。

(1) 数据清洗：数据清洗是将采集到的"脏数据"经过检查和清洗变为"可用数据"的过程。根据数据的实际情况，不同的数据需要不同的清洗方法进行处理。常见的清洗对象和方法为：

1) 有缺失的数据：根据该字段的重要性和缺失率，选择忽略、删除或补全。

2) 格式或内容有错误的数据：对不符合要求的格式和内容进行清洗，处理成一致的、符合要求的格式，删除内容中不应该存在的字符，修改与该字段应有内容不符的数据。

3) 存在逻辑错误的数据：删除重复值，并用统计分析方法识别错误值或异常值，如偏差分析、识别不符合分布或回归方程的值，也可以用简单规则库检查数据值。根据具体情况，选择删除、不处理、值替换等。

4) 关联性验证：当数据有多个来源时，需要进行关联性验证，即根据数据之间的关联性判断数据是否合理。如果发现数据之间互相矛盾，对相关数据进行调整或去除，使数据保持一致性。

(2) 数据转换：数据转换指将数据转换、统一成适合处理和分析的形式。在很多情况下，直接衡量测定的数据并不适合直接用于数据分析，需要经过标准化变成可以比较的数据，或者当需要增加新的数据时，希望通过转换数据使其与其他数据兼容，以及将数据迁移到新的数据存储系统等情境下，都需要数据转换以保持数据的一致性与统一性。数据转换通常包括的处理内容为：

1) 数据类型转换：不同来源的数据可能出现数据类型不兼容的问题，导致系统报错，需要将不同数据源的数据类型统一转换为兼容的数据类型。

2) 数据标准化：将数据按比例缩放，映射到特定的小区间，去除数据单位和大小的限制，将其转化为无量纲的纯数值，便于不同单位或量级的指标能够进行比较和加权。常见的方法有 min-max 标准化、z-score 标准化等。

min-max 标准化：对原始函数做线性变换，把数据变为 [0, 1] 之间的小数。公式为 $x' = \dfrac{x - x_{\min}}{x_{\max} - x_{\min}}$

z-score 标准化：基于原始数据的均值和标准差对数据进行标准化，使数据符合正态分布。公式为 $x' = \dfrac{x - \mu}{\sigma}$，其中 μ 为所有样本数据的均值，σ 为所有样本数据的标准差。

3) 数据离散化：将连续的数据进行分段，使其变为一段段离散化的区间，从而满足后期分析过程中算法或运算的需要。常见的方法有等距离散法、等频率离散法、分位数离散法等。

等距离散法：将属性值分为具有相同宽度的区间，较好地保留数据的完整分布性。

等频率离散法：根据数据的频率分布进行排序，按照频率进行离散，使数据变为均匀分布，但是会更改原有数据的分布状态。

分位数离散法：利用四分位、五分位、十分位等分位数进行离散。

4) 数据泛化：用更抽象的概念来取代低层次或数据层的数据对象，如用青年、中年、老年来表示年龄属性。

(3) 数据集成：数据集成指将不同来源、格式、性质的数据在逻辑或物理上有机地集中，通过一种一致的、精确的、可用的表示法对数据做整合的过程，从而提供全面的数据共享，并经过数据挖掘产生有价值的信息。根据集成方式的不同，可以分为传统数据集成和跨界数据集成。

1) 传统数据集成：为了数据共享，利用模式映射、数据匹配、实体识别等技术，通过统一模式访问多个数据集的数据。通常采用联邦数据库、数据仓库和 Mediator 等方法来构造数据集成系统。

联邦数据库：是最简单的数据集成模式，在每对数据源之间创建映射和转换的软件。

数据仓库：将来自几个数据源的数据复制存储在单一数据库中。当从数据源复制数据时，需要对数据进行筛选、建立连接或聚集关系以使所有数据符合数据仓库的模式。一旦数据存储在数据仓库中，用户就可以进行查询。

Mediator：使用虚拟的数据模式，本身不保存数据，数据仍然存储在数据源中，数据映射和传输在查询时才真正发生。Mediator将用户查询翻译成一个或多个数据源的查询，分别发送到各个数据源，由各个数据源执行这些查询并返回结果。Mediator对各个数据源的结果进行合并，返回给用户。

2）跨界数据集成：将不同领域相关联的数据进行集成，即基于不同领域产生的多个集中数据对象的隐含关联性来融合数据。对来自不同数据域的数据进行集成时不能简单地通过模型映射和实体识别实现，而需要用不同的方法从每个数据集中提取信息，然后把这些信息有机地整合到一起。按照集成方法的不同，跨界数据集成可以分为三类：①基于阶段的方法：在数据分析挖掘的不同阶段使用不同的数据集；②基于特征的方法：从不同数据集合中提取出来的原始特征中学习出新的特征，把这种新的特征应用于分类、预测等数据分析挖掘任务；③基于语义的方法：与基于特征的方法不同，基于语义的方法需要理解每一个数据集语义。

（三）数据存储

大数据从获取到分析的各个阶段都可能会涉及数据存储。由于大数据的数据量非常的大，要求对数据进行实时、快速的处理，同时数据的种类也多种多样，传统的关系型数据库受限于必须预先定义和可扩展性，所以大数据存储需要一些新技术。目前的大数据存储一般通过分布式系统、NoSQL数据库（非关系型数据库）等方式。相比起关系型数据库，分布式系统指通过网络将数据按照特定的策略划分成多个片段分散存储在多台机器上。从时效性来分，可以分为在线业务型分布式存储和离线分析型分布式存储。

在线业务型分布式存储常见的工具有HBase、TiDB、MongoDB等。HBase（Hadoop Database）以谷歌公布的BigTable为原型，建立在Hadoop分布式文件系统（HDFS）之上，适合存储海量稀疏的简单数据，与Apache MapReduce整合可以进行海量数据的并行计算。TiDB高度兼容MySQL，常用于金融行业、海量数据及高并发的OLTP（联机事务处理）场景、实时数据处理的HTAP（混合事务分析处理）场景。MongoDB的数据以BSON（Binary-JSON）文档的格式存储在磁盘上，因此可以存储比较复杂的数据类型。

离线分析型分布式存储不适合要求低时间延迟数据访问的应用，更关注高数据吞吐量，常见的工具有HDFS、Hive等。HDFS（hadoop distributed file system）是基于流数据模式访问（"一次写入，多次读取"）和处理超大文件的需求而开发的，可以运行于廉价的商用服务器上。Hive架构在Hadoop之上，将结构化的数据文件映射为一张数据库表，并提供SQL查询功能，能将SQL语句转变成MapReduce任务来执行。

（四）数据分析

大数据的一个重大挑战是如何从海量数据中发现数据的潜在价值，从而做出数据驱动的决策。大数据分析能够揭示数据中的隐藏规律，帮助洞察问题，为决策分析提供数据支持，使决策和运营管理更加科学与智能。本节将从大数据分析方法和分析工具两个方面介绍，分析方法提供了在分析工具上开展何种分析的思路与流程，工具为方法提供技术实施的平台，两者缺一不可。

1．大数据分析方法

（1）结构化数据分析：数据分析主要基于数据挖掘和统计分析，近年来，机器学习算法得到飞速发展与广泛应用。机器学习根据学习方法分为监督学习、无监督学习和半监督学习。

1）监督学习：指数据集中的每个数据都带有标签，如小时候根据周围人的指导分出猫和狗。常见的监督学习方法有：朴素贝叶斯（适用于属性相关性较小的分类问题，常用于文本分类。利用贝叶斯公式,根据某特征的先验概率计算出其后验概率,然后选择具有最大后验概率的类作为该特征所属的类,所以对假设的先验模型设置要求较高)、决策树[适用于有明确的分类结果的分类问题和目标变量(结果)。决策树的每个节点都有具体的意义,具有可解释性;是很多算法(如随机森林、GBDT 等)的基石]、支持向量机(support vector machine,SVM)(适用于小规模数据集的分类问题。样本中少数支持向量决定了最终结果,有助于抓住关键样本、"剔除"冗余样本)模型。

2)无监督学习:指数据集中的数据都不带有标签,如小时候没有周围人的指导,但通过自己对它们外形的观察,认为猫和狗是两样不同的生物。常用的无监督方法有 K-means 聚类(适用于数据量较大的数据集。将样本点划分为 k 个簇,使得相似的样本尽量被分到同一个聚簇。易于解释,处理球形簇时效果很好,但受初始值和异常值影响大,且只能保证得到局部最优)、层次聚类[适用于小体量的数据集。一层一层地进行聚类,既可以由下向上对小的类别进行聚合(凝聚法),也可以由上向下对大的类别进行分割(分裂法)]。层次聚类可以在不同粒度水平上对数据进行探测,发现类之间的层次关系,但效率低。

3)半监督学习:介于两者之间。目前较为流行的深度学习是特例,它源于人工神经网络,有些算法属于有监督学习,有些属于无监督学习。深度学习也因其既可以处理结构化数据,也能够处理图片、音频、文本等非结构化数据而被广泛应用。虽然其可解释性差,但能够解决很复杂的问题且往往表现非常好。

此外,为了获得更好的结果,也会组合多个学习器来完成任务,被称为"集合算法"。常用的算法有 Bootstrap、Bagging、Boosting 和随机森林等。

(2)非结构化数据分析

1)文本分析:文本分析指通过统计分析和机器学习,从文本中抽取特征词进行量化来表示文本信息。文本分析常用的方法如下。

信息抽取(information extraction)可以通过实体识别和关系提取从非结构化文本中提取结构化数据,实体识别在文本中识别人名、组织、日期、位置、基因等,关系提取抽取文本中实体之间的语义关系。

文本摘要(text summarization)可以自动生成单个或多个文档的简洁摘要,分为抽取式摘要(直接从原文中抽取一些句子来组成摘要)和生成式摘要(通过理解原文的意思来生成摘要)。

情感分析(sentiment analysis)可以自动判断带有主观描述的文本的情感倾向,将其分入所属的类别,主流的两种方法为基于词典的方法(根据预先制定的情感词典和规则,拆解文本、提取关键词,计算得到情感值)和基于机器学习算法的方法(利用机器学习抽象特征,避免人工提取)。

2)音频分析:音频分析指从音频文件中挖掘有用的信息,在医疗保健领域中可以用于在线诊疗、分析用户的实时状态等,两种常见的方法分别为大词汇量连续语音识别(LVCSR)和基于语音的方法。

3)视频分析:视频分析指运用各种技术来监视、分析和从视频中提取有意义的信息,在传染病防控领域可以应用于流行病学调查等场景,识别患者的流行病学轨迹,及时发现密接,从而控制疾病的传播。人工审查视频成本高且效率低下,视频分析可以自动检索出需要的信息和实时监控。视频分析技术有目标检测技术、目标跟踪技术、动作行为识别技术、时序动作定位技术和视频内容检索技术等。

2. 数据分析工具 根据应用场景可以分为离线数据分析工具和在线数据分析工具。

离线数据分析最常见的工具是 Hadoop,这是一个对大量数据进行分布式处理的软件框架。核心组件是 HDFS、MapReduce 和 Hive。HDFS 完成数据存储,Mapreduce 进行数据计算,Hive 构建数据库表和进行数据查询。因为 MapReduce 耗费时间较长,加州大学伯克利分校的 AMP 实验室开发了 Spark 来代替 MapReduce。除此之外，常用的数据分析工具（Python、R、SAS 等）也被用于大数据分析。

在线数据分析常用的工具有 Druid、Elasticsearch、Matlab 等。Druid 常被用作数据库来支持实时摄取、高性能查询和高稳定运行的应用场景，Elasticsearch 常被用作具有复杂搜索功能和需求的应用的底层引擎或者技术，能够通过全文搜索、倒排索引实现快速、高效的搜索功能。Matlab 也通过提供大量工具箱来实现大数据分析。

二、大数据在传染病防控方面的应用

随着智能手机、移动互联网、5G 网络等技术的发展，大数据的分析和应用越来越广泛，改变了人们生活的方方面面。在传染病防控领域，大数据技术也发挥了巨大作用，以下以预防医学、临床医学和病原学三个方面的应用为例，介绍大数据在传染病防控领域的重要应用。

（一）预防医学

大数据在疾病预防和健康促进方面有着广泛的应用，对通过减少疾病发生率和死亡率来改善公共卫生有重大意义。最常用的应用是预测预警，还有现状调查、溯源、疫苗接种、疾病科普和演练模拟等。

1. 预测预警　预测预警是大数据在传染病防控方面最常见的应用，包括预测疾病的暴发、发展趋势、医疗资源使用情况的预警等，帮助政府制定精确、高效的干预措施。常用的数据源有疾病特征数据、健康数据、互联网搜索数据、社交媒体数据、移动设备数据、交通卡数据、太空数据等。

最著名的应用莫过于 2008 年谷歌推出的谷歌流感趋势（Google Flu Trends），该服务基于互联网搜索词（如流感、发热、咳嗽等）来预测流感活动，比传统的卫生系统快约 2 周，与早期疾病发现近乎同时。但随后有研究表明，该算法一直高估了流感患病率，尤其是 2012—2013 年，因此谷歌放弃了这项服务，但谷歌趋势（Google Trends）仍被用来监测传染病活动。在中国，百度指数和新浪微博指数也能够提前 1 周预测疾病的暴发。除此之外，百度也曾推出百度疾病趋势（Baidu Disease Trend）服务，从省—市—县维度，提供对肝炎、结核病、性病和流感等疾病的患病率分析，现已关闭。

除搜索记录外，Twitter、Facebook 等社交媒体数据和移动设备数据也被用于疾病的预测预警，如 Gomide 等发现巴西登革热病例数量与同一时间段相关 Twitter 推文数量高度相关，从而提出登革热监测系统，追踪推文中登革热流行变化；纽约和芝加哥使用社交媒体数据来监测食源性疾病；Twitter 数据还被用来识别美国潜在 HIV 感染者；美国更新 Flusight 流感预测的方法，加入搜索引擎和社交媒体的数据改善预测效果；FluOutlook 集成 Twitter 和 Influweb 的数据，为美国、加拿大、意大利等 7 个国家预测季节性流感；利用手机数据绘制肯尼亚和纳米比亚等非洲国家的疟疾疫情地图。

持续监测的系统会综合考虑以上多种来源。加拿大公共卫生署（Public Health Agency of Canada）开发了全球公共卫生情报网络（GPHIN），为公共卫生机构和世界卫生组织（WHO）提供全球疫情警报和响应网络，收集检索到 9 种语言的在线信息（如在线新闻、社交媒体推文），经过人工快速风险评估和机器学习、自然语言处理发现公共卫生威胁。该网络在 2003 年严重急性呼吸综合征（SARS）暴发期间首次展示了其强大的能力，比世界卫生组织的官方报告早 2 个月。HealthMap 由波士顿儿童医院的研究人员研发，整合来自多种来源的数据，包括新闻、专家精选的账户（如 ProMED Mail）以及经过验证的官方警报（如世界卫生组织公告），对信息按照疾病和位置进行自动分类，通过"healthmap.org"和移动 app"Outbreaks Near Me"发布各种新发传染病的实时信息。该网站在世界卫生组织发出埃博拉病毒病警告前 7 天左右，预警了几内亚境内暴发的"神秘出血热"。除此之外，ProMED Mail、MedISys、Argus、EpiSPIDER 等都是利用非正式的电子数据集获取疾病暴发信息。

以韩国为例，禽流感、口蹄疫等动物传染病几乎每年都发生，给国家造成巨大的经济和社会损失。由于韩国人口密集，联系紧密，彻底防止传染病传播十分困难，所以了解疾病的发生，对明确的诊断对象快速进行流行病学调查，并在传播之前采取措施尤为重要。韩国 KT 公司与科学技术信息通信部共同开展了一个大数据项目，利用与牲畜相关的车辆流动数据，使用基于回归的预测模型，后使用逻辑回归、LASSO、支持向量机（SVM）和随机森林等机器学习算法构建了更准确的预测模型，2017 年添加饲料厂和屠宰场等设施的信息及鹌鹑和鹅的信息，最终形成一个基于牲畜相关车辆移动、农场和环境大数据构建的动物传染病预防系统，来预测动物传染病暴发的原因、暴发地点，为未来感染可以采取的行动提供支持。

2. 现状调查 现状调查指深入认识疾病发展的现状，以指导调查方法与方向，包括调查优先级、接触者追踪等。

传统流行病学调查耗时耗力，需要大量人力和物力资源的支持。大数据和人工智能可以通过流行病学调查人员收集的对话记录，将语音转换为文本，并利用自然语言处理（NLP）快速获取其中有价值的信息。

为提高调查效率，新冠疫情大流行期间，许多国家都开发了接触者追踪应用程序。新加坡使用 TraceTogether，通过蓝牙技术来识别与被确诊新冠病毒感染的患者密切接触的个人，只获取用户之间的相对距离，不收集或使用任何现实世界的地理位置。在中国，不同省份有自己的健康码系统，展示对人们的旅行史和健康状况信息的风险评估结果，如香港推出 LeaveHomeSafe，该 APP 无权接触任何隐私信息，用户在进入需要该 APP 的场所（如餐厅）时，可以选择主动提供个人信息（无人验证），且 APP 仅向用户发送接触通知。德国的 Corona-Warn-App 会在用户暴露在阳性患者旅居史地点时发出提醒和指示。苹果在智能手机中加入基于蓝牙技术的 Exposure Notification 功能，协助接触者追踪和接触通知。韩国国土交通部和科技信息通信部合作收集城市数据用于智慧城市项目，开发了 EISS，后由于新冠疫情出现，被韩国疾病预防控制中心传染病控制中心用作预防流行病。流行病学调查员申请调取 COVID-19 确诊病例的信息，移动网络公司和信用卡公司根据病例基本信息在自己的数据库中搜索并将数据上传至 EISS，系统根据公司上传的数据在地图上标记病例轨迹并根据轨迹和接触时间报告接触者。此外，EISS 还可以用信息图表展示确诊病例流行病调查所确定的感染途径。

为了及时应对外来跨界动物疾病的入侵，Bingham 等开发了疾病调查标准分析工具（SADI），以便在发现病例后快速客观地评估疾病传播模式和控制措施的有效性。该工具以综合实时信息系统（IRIS，由新西兰的 EpiSoft 公司开发，该系统通过 Web 服务，存储几乎任何类型的数据，包括但不限于文本、图像、矢量和栅格空间数据，具有用户权限功能）为数据仓库，使用流行病学数据、农场的地理空间数据以及动物的注册数据与移动数据，也可以纳入实验室数据等其他数据，通过审查文献和收集 MPI 工作人员的意见创建标准分析框架，除前向追踪外，还通过反向追踪寻找潜在的感染源，实时显示处于不同状态（感染、可疑、追踪、未知、风险）的农场的地理位置与它们之间的活动，尽可能接近实时地描述疾病传播，并评估应对控制措施的有效性。该工具已完成对各种模拟的新西兰口蹄疫入侵场景的测试，并于 2017 年被用于新西兰牛结核分枝杆菌的真实暴发场景。

3. 溯源 溯源指找到病毒的传播源头，明确初始传播途径，从而尽早发现突变规律和潜在风险，从病毒源头为疫情防控提供重要的科学依据，防止以后类似疫情的发生。

在新冠疫情期间，冷链物流渠道是 COVID-19 的一项重要传播途径，尤其是从海外进口的冷链食品，为防止 COVID-19 病毒的传播，需要监测和追溯每一种食品。郑苗苗等提出了一种基于射频识别（RFID）技术和物联网大数据存储技术的食品安全追溯管理系统，该系统利用二维条形码和 RFID 技术获取和记录食品的基础数据并上传至大数据中心，利用网络爬虫技术和机器学习来从互联网上获取食品的更多信息并对收集到的信息进行分类,物流环节、仓储环节和销售环节的数据也上传至数据库存储,通过 Zigbee 无线通讯技术进行数据传输,消费者可以通过扫描食品包装上的二维码追溯食品的来源,目前该研究已在大米追溯应用中完成测试。

4. 疫苗接种 大数据能够帮助研究人员发现和设计疫苗,候选疫苗数据库,如 MalVac 或 Vaxar,以及用来预测抗原或疫苗佐剂(一种疫苗成分,用于改变或增强机体对疫苗中抗原的特异性免疫应答)的软件工具,如 Vaxjo、VIOLIN、NEURO、Vaxign、Vaccee、Jenner-predict 服务、EpiToolKit、iVax 和 VaxiJen。例如,Özgür 等收集 PubMed 所有文章摘要和标题,应用基于机器学习的软件 Genia Taggel 来识别句子中的基因名称并进行规范化处理,然后使用支持向量机(SVM)和自然语言处理(NLP)的依存分析得到相互作用的基因对之间的语义关系及基因和疫苗的关系,基于社群发现算法识别疫苗 - 疫苗关联网络,基于文献的知识发现(LBD)方法鉴定与人类 IFN-γ(基因符号:IFNG)相关的基因,从而发现新基因的相互作用,更好地了解疫苗诱导的免疫机制。

大数据技术能够实时监测疫苗的储存、运输和交付过程。疫苗的储存和运输过程中必须使用冷链技术,将温度保持在一个精确的范围内,否则其质量和效力将会受到影响。为了解决这一问题,默克集团与微软合作,利用 Microsoft R Server for Hadoop 来分析、监控和预测可能影响冷链的变量,包括始发地、目的地和交付路线以及外部天气和物流供应商,利用特殊的热量保护容器并配备温度记录传感器和温度敏感疫苗瓶来实时监测温度变化。

大数据能够确定疫苗接种覆盖率不高的地区并有针对性地制定疫苗活动。使用搜索引擎数据(如谷歌趋势等)、社交媒体数据(如 Facebook、Twitter 等)和新闻数据(如 HealthMap 等)实时监控公众对传染病暴发的反应,并跟踪可预防该传染病的疫苗接种情况,有助于及时组织疫苗运动并监测疫苗运动的效果。浙江省宁波市鄞州区建立了一个综合健康大数据平台(IHBDP),该平台整合了多个数据源,包括鄞州区 95% 以上常驻居民从出生到死亡的几乎所有居民健康相关信息。该系统在传染病管理方面的应用除了监测和筛查登革热和肺结核的可疑病例外,还将疫苗受种者的基本信息与免疫数据库结合分析,及时发现疫苗空白的流动儿童。例如,研究者利用这个系统,收集 2013—2015 年流动儿童数据,通过系统聚类分析儿童迁入分类情况,寻找潜在的免疫空白儿童的重点地区,采取针对性的免疫规划措施。

大数据能够跟踪和监测疫苗接种意愿,以降低疫苗犹豫(指可获得疫苗接种的情况下对安全接种疫苗的延迟或拒绝)。Goldlust 等通过美国大规模医疗索赔数据构建了一个空间广义线性混合模型来生成州级地图以监测免疫接种不足和确定疫苗犹豫的决定因素(如收入、教育、家庭等),并开发了一个贝叶斯建模框架来区分疫苗犹豫在该研究中和在社区中的真实潜在比率,从而识别免疫接种不足的地理集群和流行病学因素与疫苗接种之间的关系,为疫苗接种政策的制定提供理论支持,优化疫苗接种策略。

5. 疾病科普 疾病科普指通过机器学习和自然语言处理(NLP)等方法分析挖掘大量传染病相关文献来促进知识发现和指导科研活动,以及通过实时问答、精准辟谣等方式向大众进行传染病科普、宣传活动。

Esteva 等开发了一个多阶段的语义搜索引擎 CO-Search,旨在处理对 COVID-19 文献的复杂查询(如自然语言问题)。CO-Search 首先融合 Siamese-BERT 语言模型和两个基于关键字的模型(TF-IDF 和 BM25)的结果返回与查询问题最相关的前 1000 篇文档,然后结合问答(QA)和抽象式文本摘要技术(abstractive summarization)得到的两个分数进行加权计算,得到按相关性重新排序的文章列表,帮助科研人员快速获取相关文献。另一个例子是 COVID-KG 框架,研究人员通过规整的知识图谱,可以从大量科学文献中快速获取新冠相关的知识。

除了主要服务于科研人员的工具外,在 COVID-19 流行期间,也出现了大量大众科普的工具。印度尼西亚、印度、土耳其、叙利亚等国家都提供了远程医疗服务,以解决医院过度拥挤的问题和部分地区医疗设施不完善的问题。一些科研机构和公司也开发了基于文本或语音的人工聊天机器人，向大众提供疾病知识、防疫建议和医疗信息。

大众和社交媒体能够通过影响人们的行为和思维，进而影响疾病传播，所以探索媒体和舆论如何影响人们有助于诱导人们采取积极的健康行为习惯，从而降低感染的可能性，控制疾病传播。Collinson 等研究 H1N1 流行期间大众媒体对疾病流行的影响，并提出了媒体疲劳的概念（媒体的大量报道可能导致大众对媒体报道的脱敏，对疾病的负面情绪减弱，对疾病报告的敏感随时间的推移而降低）。Ghenai 等收集了 2016 年寨卡病毒病暴发时期 Twitter 的推文，梳理出 WHO 和 Snopes 中令人担忧的谣言，集合专家知识并使用 Crowdflower 数据标注众包平台和机器学习（监督学习），判断推文中是否含有谣言。该研究发现谣言相关话题具有短期大量的特点，一旦发现有问题的话题，自动识别带有该谣言的推文，从而快速识别社交媒体上的潜在有害信息，有助于卫生研究人员有针对性地及时做出应对。中国新闻资讯平台"今日头条"也推出了"精准辟谣"功能，通过"机器算法＋用户反馈"的方式，高效识别虚假信息，优先复审，一旦确认为谣言，立即阻止谣言的传播，并对已阅读过的用户进行定向辟谣，降低谣言的负面影响。

6．演练模拟 演练模拟指通过主题研讨、实战操练、桌面演练、功能性演练和全方位演练等方式进行应急演练，以加强突发卫生公共事件的应对能力。

由于目前大量紧急数据的来源越来越多样，且实施救援、分析等工作的专业团队分布在多个地理位置，所以出现了多种虚拟情境室，Kamel Boulos 等提出了 3D 虚拟世界的概念，允许专家实时获取多源的事件数据（如带有地理位置标记的环境传感器数据、用户反馈的数据等），通过自动分析收集的社交网络信息、团队成员间的文字和语音信息、3D 模拟动画等，用户能够在虚拟情景室内获取当地发生的变化，并且在虚拟环境中探索和测试各种"假设"场景，进行实时应急和灾难管理，如流感大流行时期规划和协调全球、区域和地方各级的行动。将虚拟情景室与地球仪或 3D 镜像世界（如谷歌地球 http://earth.google.com/）和 3D 虚拟世界（如第二人生 http://secondlife.com/ 和 OpenSim http：//opensimulator.org/）相结合，平台将把来自不同来源的数据和服务实时融合成一个完整的"数据景观"，以更易于理解和管理的视觉方式更好地反映当前情况。

大量流行病模拟系统被开发出来，用于在大流行发生前模拟传染病传播情况，通过大量模拟加强卫生应对能力和辅助决策，如 epiDMS 可以生成大量模拟实例来模拟地方或全球传染病的传播情况以及不同时间采取不同干预措施的效果，并将大量模拟结果进行存储，在大流行应对过程中可以通过查询相似的模拟数据辅助决策；GLEaMviz 使用随机元种群方法生成新出现的人际传染病的传播模拟，并探索药物、疫苗等干预措施的有效性。

（二）临床医学

大数据在临床医学中的应用十分广泛，几乎涉及临床医疗的各个环节，包括早期筛查、检查诊断、治疗、监测与随访、预后评估等。本节重点介绍大数据技术在筛查、诊断、治疗和预后四个方面的应用。

1．筛查 筛查指识别健康人群中患有疾病但尚未出现症状的人，确定他们患有疾病的可能性。筛查并不能诊断疾病，还需要通过进一步的诊断和测试进行评估。通过筛查早期发现危险因素和早期诊断能够有效降低疾病的发病率和死亡率。

在大规模传染病流行期间，大多数国家和地区都会采取边境措施来控制疫情，对入境人员进行病例筛查。新冠疫情早期，台湾省融合台湾健康保险数据库（NHIRD）与移民和海关数据库的数据，根据入境者的航班或游轮来源地和过去 14 天的旅行史来对入境人员的传染风险进行分类，对低风险人群发放健康申报边境通行证，并根据健康保险数据库的信息，主动寻找流感检测呈阴性的严重呼吸道症状患者重新进行新冠病毒检测。

新冠疫情期间，为减轻医疗卫生系统的负担，丰富的可穿戴设备（如智能手表、Fitbit、Apple Watch 等）可以收集人体健康数据以预测是否患有疾病。Mishra 等的研究提出静息心率和心率步数比异常检测（HROS-AD）可以用来识别新冠感染的早期阶段，通过可穿戴设备进行的活动跟踪和健康监测可用于大规模、实时检测呼吸道感染（通常是在症状前）。Mishra Sood 等的研究发现可穿戴物联网传感器收集健康数据、环境数据、药用数据、位置数据和气象数据，通过模糊 C 均值（FCM）对用户健康状况进行分类，识别基孔肯雅病毒感染。Maghdid 等提出了在智能手机中加入内置传感器来跟踪使用对象的活动，相机获取肺部 CT 扫描图像和视频跟踪观察，惯性传感器测量 30 秒坐立测试的结果，麦克风记录咳嗽的声音信号，指纹传感器测量体温，然后将传感数据输入机器学习模型以预测 COVID-19，分类模型计划使用卷积神经网络（CNN）或循环神经网络（RNN）。该框架被认为是 COVID-19 监测的低成本解决方案。在线医疗"聊天机器人"可以通过对话帮助患者进行早期诊断，提供注重手部卫生等建议，并在病情恶化时提示需要医学治疗，以减轻医生的临床负担。基于识别和记录患者数据（如体温和症状）的电话软件可以分离出轻度流感症状的患者，防止他们进行不必要的医院咨询，占用医疗资源。Sareen 等提出了一个集成系统，使用模糊 K 最近邻算法（FKNN），通过用户的症状将其分为未感染和受感染，跟踪可能受感染用户的位置。

2. 诊断 传染病诊断的一般流程为医生通过患者的症状和潜在的流行病学暴露等做出初步判断，再根据体格检查、实验室检查和影像等收集到的数据，判断患者患有的疾病。

由于临床实际情况的限制，大数据技术往往被应用于辅助疾病诊断，而非决策。在新冠疫情期间，大量研究运用机器学习算法对影像学数据或体征和症状进行分类，如利用无监督一致性学习检测异常或感染区域，使用神经网络对整个肺部进行分类等，但未被完全应用于临床，因为人工智能虽然可以帮助减少错误诊断，但呼吸系统疾病可能呈现重叠的症状，这些症状可能出现相似的临床表现，但具有不同的根本原因，并且对不同的治疗反应不同。因此，机器学习在疾病诊断方面的进步可以通过提供与患者照护和病史相关的大量变量来帮助临床医生快速诊断。

值得一提的是，2023 年 3 月，ChatGPT 的出现给人们的认知和生活带来了巨大的冲击，也有望给医疗领域带来巨大的变革。《医学中的人工智能革命》一书的作者艾萨克·科哈恩（Isaac Kohane）说，OpenAI 最新人工智能模型 GPT-4 的表现优于他在医疗环境中观察到的许多医生，回答美国执业医师考试（USMLE）问题的准确率超过 90%。GPT-4 等大语言模型可以利用人类分析太耗时或难以分析的大量患者数据，从而辅助医护工作者做出更加明智的决策。微软研发主管彼得·李（Peter Lee）介绍 GPT-4 能够根据患者症状诊断可能的疾病并对疾病的可能性排序，在实际场景中应用就像医生询问同事对患者所患疾病的看法。GPT-4 能够生成类似人类的响应，微软公司和 Epic 医疗保健软件公司计划将 GPT-4 模型引入医疗保健领域，用于起草医护人员给患者的回复消息，并用于分析医疗记录。

3. 治疗 治疗指通过药物、护理、手术等方法消除疾病。大数据记录和监测治疗的完整过程，以提高治疗效果。在每年艾滋病患者数量都位于美国前列的南卡罗来纳州，为响应美国的"结束 HIV 流行计划"（Ending the HIV Epidemic：A Plan for America，EtHE），一项关于人工智能辅助临床决策的系统正在研发中。该团队整合分析 2005—2020 年期间在南卡罗来纳州被诊断为艾滋病病毒携带者（PLWH）的电子健康记录（EHR）数据与来自多个公开数据源的社会环境数据（如社会经济数据、医疗保健专业人员、医院和医疗保健机构的数量），并使用卷积神经网络模型识别病毒载量（VL）模式，多任务学习（multi-task learning）框架下的长短期记忆递归神经网络（LSTM）识别多个 VL 指标的预测因子，整合个人因素、结构层面的因素和社会经济因素来解释病毒载量。基于对完整的艾滋病治疗过程的认识，开发一个基于风险预测模型的多因素决策系统，以帮助降低患者在临床期间病毒学失败（VF）或病毒反弹（viral rebound）的风险。

针对疾病的有效药物治疗对降低疾病发病率和死亡率至关重要，Yan 等提出使用知识图谱技术来识别潜在的新冠病毒感染候选药物。该研究使用了 14 个公共生物信息数据库，每个节点代表特定的蛋白质、基因、药物、病毒、疾病或症状，并找到二者间的关系，从生成的知识图谱中可以提取用于 COVID-19 药物再利用的候选药物，并根据 Motif 分数（使用 Motif 发现算法提取感兴趣的目标关系）、PageRank 分数（根据共享链接的数量和长度量化候选药物与 COVID-19 之间的关联强度）和嵌入分数（使用 TransE 模型预测候选药物与 COVID-19 之间存在潜在关联的概率），最终得到了 50 种可以用于 COVID-19 再利用的候选药物，包括心血管疾病药物、抗感染药物、激素药物和类固醇等药物，可以作为优先考虑候选药物，在临床试验或观察性研究中进一步评估其治疗 COVID-19 的有效性。知识产权是生物制药行业的重要内容，临床试验数据的共享主要通过公共资助的研究机构和私营生物制药公司之间的公私合作制。为了实现知识共享，Evangelatos 等提出了一个建议框架，即构建一个基于 Web 的平台用作虚拟知识库（VBK），共享临床试验的数据，公司或研究人员被允许下载与他们上传数量相同的定量或定性数据。如 BioGrid Australia 平台是使用云存储的医学和生物学联合的数据共享平台，包括一系列疾病的临床、生物标本、遗传和影像数据，对数据进行去识别化处理且对用户实施权限管理，研究人员可以在该平台上完成数据收集、分析、审计和报告，以及获取来自其他来源的临床项目数据。

由于人口过于密集、身处偏远地区或医疗条件差等原因，许多地区的患者无法接受良好的治疗。远程医疗在一定程度上解决了"看病难，看病贵"的问题，尤其是新冠疫情大流行期间，为很多重症患者提供了救治。基于 ChatGPT 开发的聊天机器人可以突破时间和空间的限制，为患者提供远程的指导和支持，从而减轻医生的负担。同时，ChatGPT、LaMDA（谷歌）等大语言模型有望向医疗工作者提供实时的治疗建议，提出适当的治疗方案，标记潜在的药物相互作用，通过分析不同治疗方案的有效性并预测最可能的结果来优化患者的治疗计划，为医疗工作者提供相应的临床指南，从而帮助临床医生节省时间、减少错误并改善患者的治疗效果。除此之外，ChatGPT 还能够帮助患者管理他们的药物，包括用药提醒、剂量说明、潜在的副作用、有关药物相互作用和禁忌证等信息，保证治疗效果。但微软研发主管彼得·李也表示，虽然 GPT-4 聊天机器人在医疗健康领域有着巨大的潜力，但受到用户情绪和需求等的影响会出现错误的反应，错误的解答通常以令人信服的说法陈述，以至于提问的用户可能会相信其真实性，即生成看起来像事实的错误回答。这种错误在医疗场景中是十分危险的，因此 OpenAI 的使用政策指出："OpenAI 的模型没有在提供医疗信息方面进行微调。您永远不应该使用我们的模型为严重的医疗状况提供诊断或治疗服务"。目前大语言模型的应用都离不开医护工作者。

4．预后 预后指对疾病发病后病程的预测，即疾病的可能结果（例如死亡、康复、复发）以及这些结果预期发生的概率。通过衡量预后因素可以预测哪些患者可能随着时间的推移而变得更好或更差。

综合考虑有关疾病、风险因素、生活习惯、药物使用、合并症、病理学信息、住院或死亡的信息、影像学和其他医学评估的临床数据，利用算法，基于患者相似性创建患者组，并根据个体诊断、风险因素、药物等进一步分层，形成患者相似性网络。针对特定患者找到他的相似组（与最相似的患者队列），以及子相似组（基于各种合并症/药物等的优先级患者最相似的患者子组），辅助临床决策。使用与患者最相似的患者数据可以预测预后和轨迹，如研究人员开发了用于大规模患者索引的自适应半监督递归树分区框架，已被用于预测充血性心力衰竭的风险，为医生判断预后提供支持。

（三）病原学

大数据加速了病原学研究的进展，例如高通量测序能够产生和利用大量复杂的生物信息数据，大数据技术为高通量测序数据的深入挖掘和利用提供了有力的工具，有助于病原体的进化与分类学研究、致病机制探索以及新诊疗方法的研发，为传染病防控提供了分子水平的理论支撑。

GenBank 是美国国家生物技术信息中心（NCBI）的一个国际核苷酸序列数据库，包含超过 340 万个物种的核苷酸序列，与日本 DNA 数据库（DDBJ）、欧洲核苷酸序列数据库（ENA）每日交换数据来确保覆盖全球。Genbank 中存储了大量病原体的基因组序列数据，这为病原体的检测、分类、进化与致病机制研究等提供了信息基础，对新发传染病的快速识别和防控策略的有效性判断至关重要。全球共享流感数据倡议组织（Global Initiative on Sharing All Influenza Data，GISAID）数据库为一个全球性的基因序列数据库，收集并共享全球人群和动物的各种病原体基因序列数据，涵盖人类和动物常见的病毒、细菌和寄生虫病原体，以及新兴传染病病原体，是传染病的监测、控制、预防以及研发工作的基础。除此之外，还有基因组序列 Ensembl、蛋白质数据库 UniProt 和 PDB（protein data bank）等。丰富的数据库为大数据的病原学分析提供了基础。

全基因组关联分析（genome wide association study，GWAS）检测遗传突变和表型之间的相关性，在人类全基因组范围内筛选出与疾病相关的序列变异，即单核苷酸多态性（single nucleotide polymorphism，SNP）。GWAS 能够帮助检测疾病相关的人类基因变异，了解哪些宿主因素对疾病具有良好的保护作用，哪些会增加易感性或疾病严重程度。这有助于识别高危人群；比较不同病毒毒株与宿主的相互作用，可以揭示病毒选择宿主的分子机制；研究 SNP 与抗病毒药物效应的关联。但 GWAS 的生物学功能筛选出的 SNP 尚不清楚，因为许多 SNP 位于基因间区域，且疾病致病基因很难被完全确认。表达数量性状位点（eQTLs）可以帮助解释疾病与 SNP（通过基因表达调控发挥作用）关联的机制。大型 eQTL 数据库不断被开发，如 seeQTL、Geneva 和 GTEx，且机器学习开始被用来研究基因型和基因表达之间的关联。

三、传染病时空模型的建立和应用

传染病时空模型是从在时间和空间尺度探究传染病流行、分布、扩散、传播等规律，进而研究其影响因素、进行预测预警和针对性防控的过程。传染病的三间分布是指传染病存在地区（空间）、时间、人群（人间）的分布特征，传染病在不同时间、不同地区、不同人群中的频率和分布的规律。掌握传染病的三间分布，有助于了解传染病流行的基本特征，为合理安排防治工作提供数据支撑，可以有效地利用有限的医疗资源，科学地制定疾病预防策略与措施等，有助于揭示传染病的危险因素，为传染病的病因推断提供线索等。

目前，可以根据传染病时空模型构建维度将传染病时空模型分为传染病时间序列模型、传染病空间模型和传染病时空模型。传染病时间序列模型指是从时间序列维度进行传染病流行特征的分析和模型构建；传染病空间模型指从空间（地区）尺度进行传染病流行特征的分析和模型构建；传染病时空模型是指综合从时间和空间（地区）维度进行传染病流行特征的分析和模型构建工作。另外，从传染病模型构建的不同方法，又可以将传染病模型细分为统计学模型和动力学模型等。

传染病时空模型的构建过程一般是一个多次迭代的过程，需要根据防控的目的和分析需求，针对传染病流行的问题进行抽象、简化和建设，明确参数和变量，明确模型分析的时间和空间尺度，建立对应的简化模型，进行模型求解、演算，并且针对模型的结果进行解释、分析和验证等工作。

（一）时间序列模型

生物个体（传染病）的标志状态（发生）一般与时间有关，与其对应的随机变量 X 表现为时间 t 的函数，例如基于一定数量的群体，记录不同的时间尺度下某些疾病的发生情况。时间序列（time series）是等时间间隔对随机变量的观测结果。时间序列模型是根据时间序列的观测值（等间隔时间序列样本）进行模型统计分析的过程。

传染病的发病情况会随着时间的推移而发生变化，也就是说传染病在时间上的分布不是静止不变的，有的由散发而流行，有的则消亡。从时间序列角度观察，传染病的流行和传播时间分布形式包括暴发、季节性、周期性和趋势性等。传染病时间序列模型是一种利用时间序列数据对传染病的流行趋势进行建模和预测的方法。该模型通常基于统计学或机器学习算法，通过对历史数据进行分析和建模，预测传染病未来的流行趋势和规律。

时间序列模型的分析主要包括时域分析和频谱分析。常见的传染病时间序列模型包括 ARIMA 模型（自回归移动平均模型）、Holt-Winters 模型、自回归分布滞后（ADL）模型、偏回归分布滞后（PDL）模型、神经网络模型和分布滞后非线性模型（DLNM）等。这些模型可以根据历史数据中的趋势、季节性和周期性等特征，对传染病未来的流行趋势进行预测和分析。另外，一些新兴的机器学习算法，如深度学习和随机森林等也被应用于传染病时间序列模型中，以提高预测的准确性和可靠性。频谱分析主要侧重于在频域上分析时间序列数据，一般采用傅里叶分析方法，将时域信号转换到频域，并从频域中找出信号频谱的变化规律，常用的方法主要有小波分析等。传染病时间序列模型的应用范围广泛，可以帮助公共卫生部门和政策制定者更好地了解传染病的流行趋势和规律，为疫情的防控和治疗提供科学依据。

示例 1

腺病毒感染是由腺病毒引起的急性传染病，以侵犯呼吸道、消化道黏膜、眼结膜和淋巴结为主。主要表现为急性上呼吸道感染（急性呼吸道感染由腺病毒引起者占 2%～4%），其次为眼部和胃肠道感染。人群普遍易感，多见于儿童。约半数患者为隐性感染。婴幼儿易患腺病毒肺炎，病情重，病死率高。人腺病毒的传染源为患者和隐性感染者，腺病毒感染后潜伏期即具有传染性，无症状感染者及胃肠道腺病毒携带者都可能起传染源作用。潜伏期一般为 3～8 天，潜伏期末至发病初期传染性最强。腺病毒感染基本上都是通过直接接触、粪-口途径和偶尔水性传输感染。

2019 年，广西南宁武鸣区发生一起腺病毒感染暴发疫情，通过绘制时序发病曲线，构建时间序列模型，可以明确该起疫情的暴发情况，具体结果如图 8-5 所示。结果表明，首发病例于 7 月 22 日出现发热症状，至 7 月 27 日发病人数逐渐增多，7 月 29 日达到高峰，7 月 31 日当地疾控部门介入调查，8 月 3 日后报告病例逐渐下降，8 月 13 日后无再发病例，其原因在于同源持续暴露于同一游泳馆。

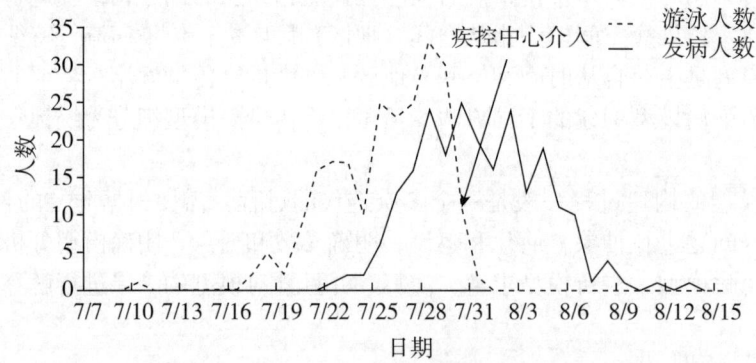

图 8-5　2019 年 7 月 22 日—8 月 13 日武鸣区腺病毒感染病例游泳时间与发热时间流行曲线

示例 2

2020 年初暴发了新型冠状病毒感染疫情，引发了广泛关注，成为全球重大公共卫生事件之一。随着病毒传播和变异，先后产生了 Alpha、Beta、Gamma、Delta、Lambda 和 Omicron 等变异株，其中 2021 年 11 月在南非等地报道的 Omicron 变异株具有较高的传播速度和免疫逃逸能力。由于新冠病毒可通过飞沫或者气溶胶传播，容易在密闭的空间内引起暴发，引发超级传播事件。2022年6月，北京地区暴发了酒吧相关的新型冠状病毒肺炎疫情，其可能是由于感染人员进入酒吧，在密闭环境内引发气溶胶或者飞沫传播共同暴露，随即在家庭成员或者共同居住者之间进行传播，引发了该起疫情。其中，2022年6月9日首先报告了感染情况，随即感染人数增多，6月13日达到高峰。随着病例追踪、风险区划定、区域大规模核酸筛查、重要场所管控等防控措施的实施，感染人数迅速下降，6月29日此次暴发疫情终止（图8-6）。

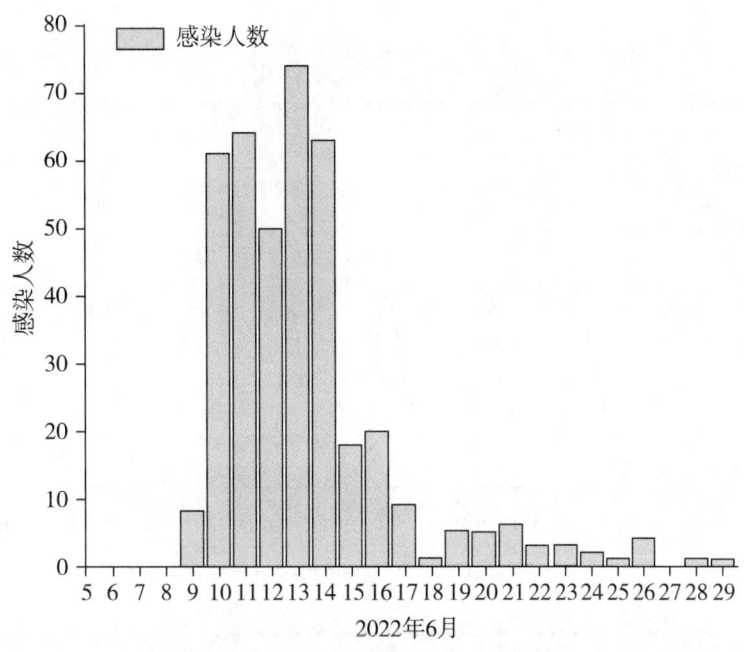

图8-6　2022年北京市酒吧相关新型冠状病毒肺炎疫情流行曲线
数据引自北京市卫健委网站：http://wjw.beijing.gov.cn/

示例3

森林脑炎（forest encephalitis）是由森林脑炎病毒（forest encephalitis virus）所致的一种以侵袭中枢神经系统为主的自然疫源性急性传染病。森林脑炎病毒属于黄病毒科黄病毒属。人感染森林脑炎主要是由于被蜱叮咬而引发感染，大多数病例都有进入林区的蜱叮咬史。在我国东北，主要是全沟硬蜱。以我国东北地区吉林省森林脑炎发病流行情况为例，为了研判该地森林脑炎疫情的季节性、趋势性等，可以通过收集和整理月尺度上的病例报告数据，按照发病日期绘制月流行曲线、年发病流行曲线（图8-7）。通过观察发现，在该地区，森林脑炎发病具有较为明显的季节性，一般发病集中在4—10月，发病高峰为5—7月，占到总发病病例的93.1%。另外，收集整理了当地同时期月尺度上的气象数据，包括平均温度、相对湿度、降雨等指标，也绘制了流行曲线，通过观察发现，具有一定的关联性，通过相关分析（Spearman rho correlations）显示，发病曲线和平均温度、相对湿度、降雨存在相关性，相关系数分别为0.656（$P < 0.001$）、0.258（$P=0.003$）和0.639（$P < 0.001$）。从长期趋势上看，森林脑炎发病在该地区从2006年到2016年存在逐渐上升的趋势，通过直线趋势拟合结果可得 $y=13.736x-5.5091$，R^2 为0.6578。

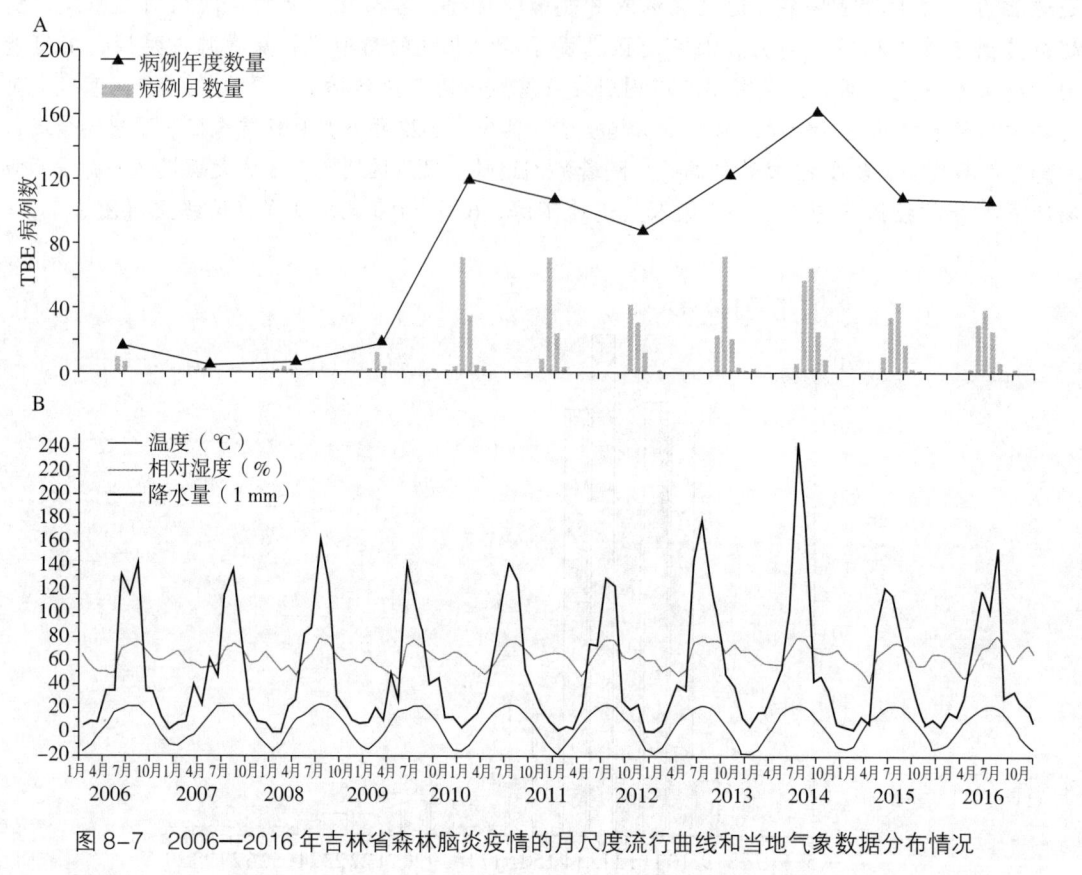

图 8-7 2006—2016 年吉林省森林脑炎疫情的月尺度流行曲线和当地气象数据分布情况

示例 4

肾综合征出血热（hemorrhagic fever with renal syndrome，HFRS）是由汉坦病毒引起的一种自然疫源性疾病。鼠类是 HFRS 的自然宿主和主要传染源，根据其主要传染源的种类，该病可分为姬鼠型和家鼠型两种主要类型，其中，黑线姬鼠为姬鼠型出血热的主要宿主动物和传染源，褐家鼠为家鼠型出血热的主要宿主动物和传染源。研究表明，我国存在着姬鼠型、家鼠型和家鼠姬鼠混合型 3 种疫区，具有一定的空间异质性，另外，部分研究表明，全球变暖等气候变化事件有可能加剧该病的流行与疾病负担。因此，明确气候因素在 HFRS 流行中的作用十分重要。

通过综合收集我国 2008—2020 年基于传染病报告系统的发病数据、文献中关于肾综合征出血热相关血清型数据、GenBank 相关的数据、我国肾综合征出血热血清型监测数据等，根据发病流行区县、血清学实证等数据，将我国主要出血热疫区（在地市尺度上，研究期间累计病例超过 500 例以上地区）分成姬鼠型（Ⅰ类）、家鼠型（Ⅱ类）和家鼠姬鼠混合型（Ⅲ类）3 种疫区，具体如图 8-8、图 8-9 所示。

通过构建单个 DLNM 模型和多元荟萃分析来综合评价气象因素及其滞后效应对我国不同类型 HFRS 疫区的影响。综合前述研究，纳入的气象因素包括月平均温度（temperature）、月平均相对湿度（RH）、月累计降雨（rainfall）、标准化降雨指数（estimation of standardized precipitation index，SPI，该指标由降雨指标反衍得到，可用于反映干旱和洪涝灾害情况），其结果如表 8-1 和图 8-10 ~ 图 8-12 所示。

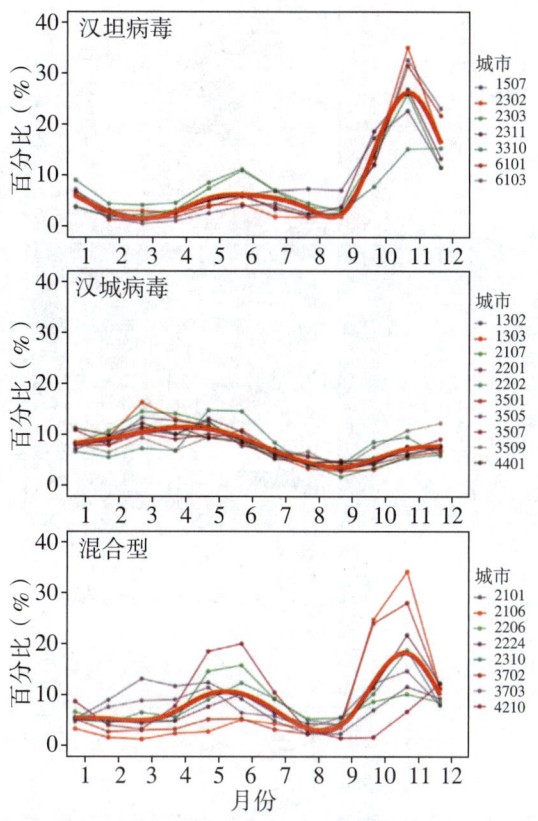

图 8-8 2008—2020 年我国 HFRS 三种血清型的发病季节曲线

结果表明，对于姬鼠型（Ⅰ类）疫区，月累计降雨量为双向效应，月累计降雨量从 45.738 mm 增加到 90.581 mm，HFRS 的风险降级 13%，滞后为 1~2 个月。但是降雨量达到洪涝水平式，月累计降雨量和感染风险为正相关效应，相对风险增加 16%~23%，滞后为 1~2 个月。持续降雨和洪涝灾害效应与感染 HFRS 风险在家鼠姬鼠混合型（Ⅲ类）相类似。在姬鼠型（Ⅰ类）和家鼠型（Ⅱ类）疫区中，温度对 HFRS 发病率的影响遵循抛物线的线性模式。相对湿度也有类似的效应，在姬鼠型（Ⅰ类）疫区中，呈现负相关，滞后效应为 1~3 个月。在家鼠型（Ⅱ类）疫区中，相对湿度较高时，相对湿度和 HFRS 发病为负相关，滞后周期为 1~2 个月。在家鼠姬鼠混合型（Ⅲ类）疫区，温度和相对湿度对 HFRS 的影响与姬鼠型（Ⅰ类）疫区类似。

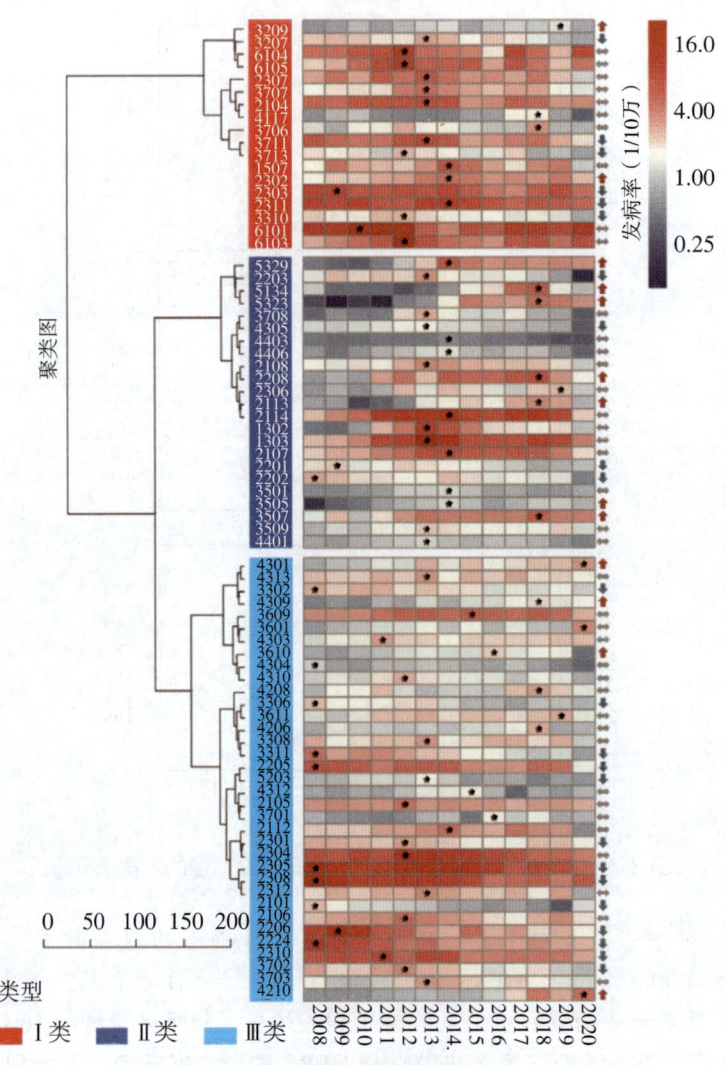

图 8-9 三类疫区的动态分布情况

A. 通过分层聚类的方法将 75 个地市分成 3 种疫区类型；B. 每个城市年均发病率变化趋势

表 8-1 基于 DLNM 和多元 meta 的气象及其滞后效应对三类疫区的影响

指标	滞后效应（月）	Ⅰ类（95%CI）		Ⅱ类（95%CI）		Ⅲ类（95%CI）	
		相对危险度 (P25)	相对危险度 (P75)	相对危险度 (P25)	相对危险度 (P75)	相对危险度 (P25)	相对危险度 (P75)
月累计降水	1	1.039 (0.918，1.176)	0.871 (0.777，0.976)	1.019 (0.952，1.090)	0.906 (0.830，0.989)	1.013 (0.967，1.060)	0.921 (0.859，0.988)
	2	0.993 (0.904，1.089)	0.912 (0.819，1.016)	1.012 (0.944，1.084)	0.979 (0.893，1.074)	1.016 (0.956，1.080)	0.932 (0.863，1.007)
	3	0.861 (0.763，0.971)	1.103 (0.975，1.247)	1.017 (0.942，1.099)	1.010 (0.915，1.116)	0.978 (0.913，1.047)	0.999 (0.915，1.091)
		SPI=-1	SPI=1	SPI=-1	SPI=1	SPI=-1	SPI=1

续表

指标	滞后效应（月）	Ⅰ类（95%CI）		Ⅱ类（95%CI）		Ⅲ类（95%CI）	
		相对危险度（P25）	相对危险度（P75）	相对危险度（P25）	相对危险度（P75）	相对危险度（P25）	相对危险度（P75）
标准化降水指数	1	0.854 (0.791, 0.921)	1.114 (1.016, 1.222)	0.972 (0.898, 1.051)	0.982 (0.922, 1.045)	0.922 (0.865, 0.983)	1.133 (1.053, 1.220)
	2	0.803 (0.723, 0.893)	1.126 (1.022, 1.240)	0.951 (0.857, 1.055)	0.978 (0.921, 1.037)	0.866 (0.810, 0.927)	1.166 (1.063, 1.279)
	3	0.848 (0.758, 0.949)	1.009 (0.900, 1.131)	0.945 (0.849, 1.051)	0.952 (0.883, 1.026)	0.916 (0.843, 0.996)	1.113 (1.004, 1.235)
		SPI=-1.5	SPI=1.5	SPI=-1.5	SPI=1.5	SPI=-1.5	SPI=1.5
标准化降水指数	1	0.826 (0.747, 0.914)	1.158 (1.030, 1.303)	0.973 (0.883, 1.073)	0.977 (0.907, 1.052)	0.900 (0.836, 0.970)	1.241 (1.132, 1.360)
	2	0.688 (0.575, 0.823)	1.226 (1.073, 1.401)	0.961 (0.835, 1.106)	0.977 (0.907, 1.052)	0.850 (0.780, 0.926)	1.338 (1.184, 1.511)
	3	0.680 (0.544, 0.851)	1.113 (0.935, 1.324)	0.962 (0.812, 1.140)	0.973 (0.888, 1.066)	0.896 (0.797, 1.007)	1.296 (1.130, 1.487)
月平均温度	1	1.358 (1.040, 1.774)	0.149 (0.113, 0.197)	1.201 (0.990, 1.457)	0.659 (0.547, 0.795)	0.881 (0.675, 1.150)	0.412 (0.331, 0.512)
	2	0.752 (0.555, 1.021)	0.232 (0.142, 0.379)	1.218 (1.081, 1.372)	0.651 (0.578, 0.734)	0.595 (0.483, 0.731)	0.560 (0.431, 0.728)
	3	0.392 (0.248, 0.618)	0.516 (0.339, 0.785)	1.253 (1.091, 1.438)	0.710 (0.656, 0.768)	0.358 (0.254, 0.506)	0.732 (0.567, 0.946)
月平均相对湿度	1	1.091 (1.003, 1.186)	0.841 (0.777, 0.910)	1.023 (0.967, 1.082)	0.968 (0.903, 1.036)	1.076 (1.037, 1.116)	0.858 (0.808, 0.912)
	2	1.053 (0.990, 1.119)	0.896 (0.817, 0.983)	1.045 (0.977, 1.117)	0.908 (0.850, 0.970)	1.033 (0.993, 1.074)	0.963 (0.922, 1.006)
	3	1.134 (1.061, 1.211)	0.872 (0.772, 0.984)	1.034 (0.970, 1.101)	1.004 (0.937, 1.077)	1.057 (1.010, 1.107)	1.002 (0.955, 1.053)

月平均温度、月平均相对湿度、月累计降水用的是相对值，标准化降水指数用的是绝对值，滞后效应分别取1、2、3个月。

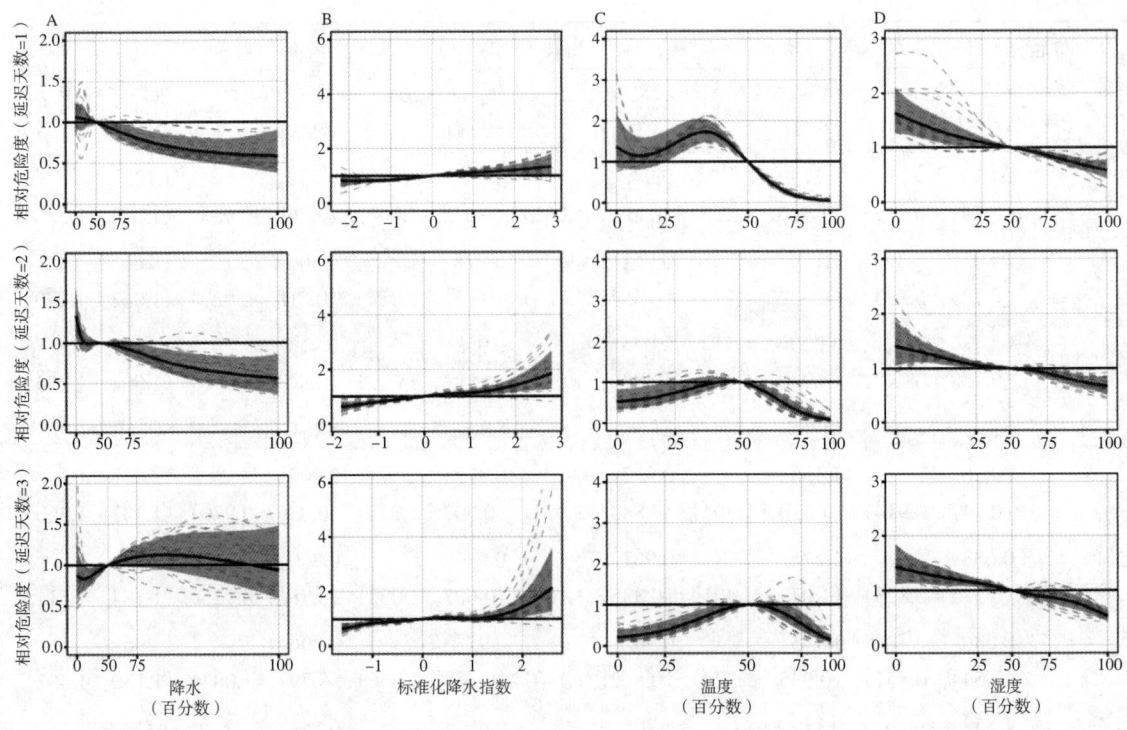

图 8-10　基于 DLNM 和多元荟萃分析的气象及其滞后效应对姬鼠型（Ⅰ类）的影响
其中黑色曲线为荟萃分析的平均值曲线，灰色区域为 95% 置信区间，灰色虚线为单个城市的效应曲线

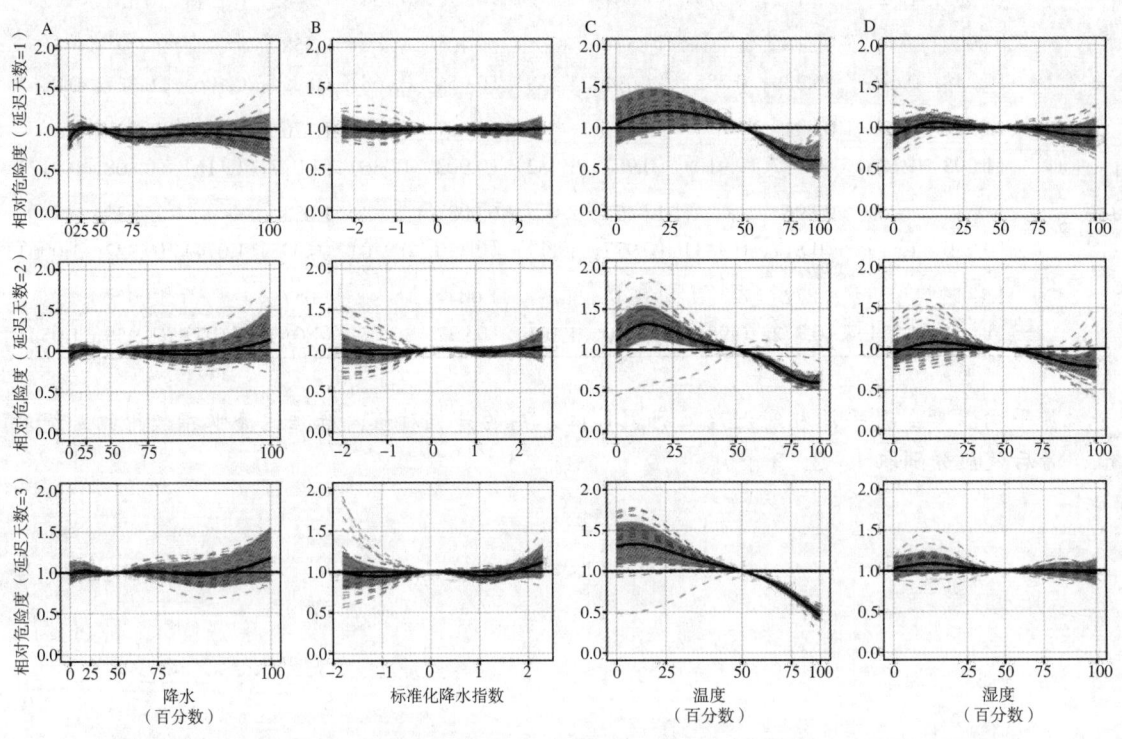

图 8-11　基于 DLNM 和多元荟萃分析的气象及其滞后效应对家鼠型（Ⅱ类）的影响
其中黑色曲线为荟萃分析的平均值曲线，灰色区域为 95% 置信区间，灰色虚线为单个城市的效应曲线

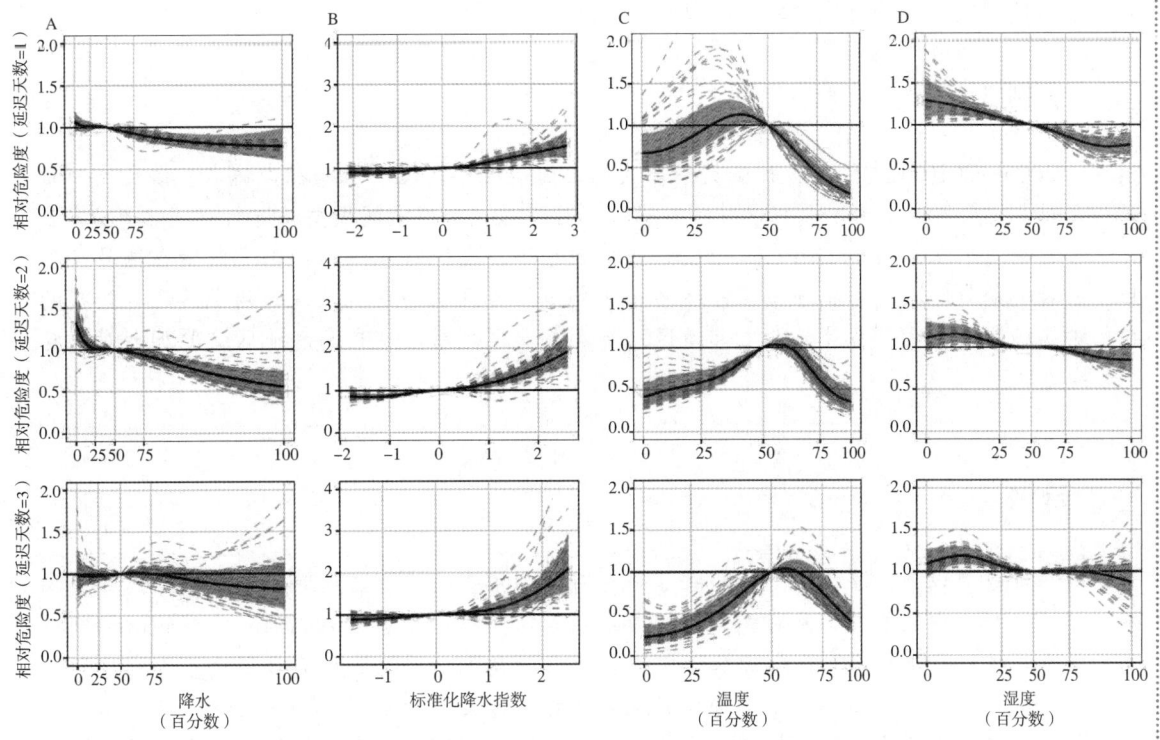

图 8-12 基于 DLNM 和多元荟萃分析的气象及其滞后效应对家鼠姬鼠混合型（Ⅲ类）的影响
其中黑色曲线为荟萃分析的平均值曲线，灰色区域为 95% 置信区间，灰色虚线为单个城市的效应曲线

（二）空间模型

由于自然环境和社会经济等因素的影响，使得传染病在不同地区表现为不同的分布特征。研究传染病的空间分布，通常能够为传染病的病因和流行因素研究提供线索，便于制定防治对策。

传染病空间模型主要是从传染病空间分布维度，通过数理统计等方法，进行传染病分布和流行特征挖掘，传染病危险因素推断、探究及风险研判的过程。传染病空间模型主要是从空间分布角度构建传染病流行、趋势和过程，其中，传染病的空间尺度划分极为重要。空间尺度通常按照省、市、县、镇、村等行政区划的方式划分，这样便于获取该地区的人口学资料等；另外，有时候研究传染病空间分布，可以按照自然环境地理进行划分，如按照自然环境特征，可划分为山区、丘陵、平原、湖泊、草原、森林等，这种划分方法对于研究受自然环境影响的传染病较为显著，能够很好地反映不同地区疾病的分布情况；另外，还可以根据社会环境特征进行空间划分，例如按照城市、农村等进行空间划分。近年来，随着遥感和地理信息系统等空间信息技术在传染病领域的应用，进行大尺度、大范围的传染病空间建模时，基于空间格网的空间划分的方法越来越得到推广和应用。从建模的目的来讲，传染病空间模型一般包括分布模式模型、空间影响因素模型和预测预警模型。

空间分布模式模型，主要在于探究传染病在空间结构分布中的聚集和离散情况，常用的模型有空间聚集性模型，主要统计学方法包括莫兰指数（Moran's I）、空间扫描性算法或空间热点分析（Getis-Ord Gi* statistic）。

空间影响因素和预测预警模型，主要探究传染病空间分布和影响因素之间的关联关系，进行针对性的早期预测等探究，其对应的流行病学研究设计相当于横断面研究，常用的模型即包括空间数理统计模型如逻辑回归、泊松回归或贝叶斯模型，也包括机器学习算法，另外，单纯考虑空间扩散或者传播的偏微分方程模型也可以看作空间模型的范畴。

示例 5

以 2006—2016 年吉林省森林脑炎疫情为例。通过观察发现,该病在吉林省乡镇尺度分布上具有一定的聚集性。为了探究这种分布模式,可以通过构建空间模型,进行空间热点分析。

通过空间热点（Getis-Ord Gi* statistic）模型分析,发现吉林省森林脑炎疫情在区县尺度上存在两个聚集区域,主要分布在吉林省东北部边界地区和南部地区,这两个区域是该病的主要发病和影响区域。另外,在中部地区,有两个低发聚居区。在高发地区需要加大对该病的防控力度。

示例 6

2013 年 2 月以来,在上海等地报告了一种可能由甲型流感病毒所导致的不明原因肺炎病例,3 月 24 日,中国疾病预防控制中心病毒病所国家流感中心在接到上海市疾病预防控制中心送检的不明原因肺炎病例临床标本后,3 月 28 日分离到病毒并迅速完成了全基因组序列测定,确定该病原为一种新型重配 H7N9 禽流感病毒。传染源为携带 H7N9 禽流感病毒的禽类或者感染者及其分泌物或排泄物。主要经呼吸道传播,也可通过密切接触感染的禽类分泌物或排泄物等被感染,直接接触病毒也可被感染等。

作为一种新发传染病,在疫情的早期,依据已有针对其他禽流感如 H5N1 禽流感风险研判的经验,针对 H7N9 禽流感的潜在环境驱动因素、风险地域研判等十分重要。可以通过传染病建模的方法来实现,收集和整理早期（2013 年 2 月 19 日—5 月 30 日）我国报告的人感染 H7N9 禽流感病例数据,通过空间制图的方式,可以在空间尺度上构建基于集成学习的模型,从而探究引发疫情的可能的空间影响因素,以便进行早期的预测。

通过构建基于一种集成学习的算法（增强回归树,boosted regression trees,BRT）,相关空间因素的贡献度如表 8-2 所示。结果表明,在区县尺度上,人感染 H7N9 禽流感的分布与活禽市场的数量、人口密度、灌溉地百分比、建筑用地百分比、温度和相对湿度相关。

基于有限的人感染 H7N9 禽流感病例分布情况,在构建了空间模型的基础上,可以预测更大范围内的该病的传播风险,结果表明,在接下来的时间内,应该广泛关注长三角地区和珠三角地区的 H7N9 禽流感疫情的风险。

表 8-2 基于 BRT 模型的人感染 H7N9 禽流感的结果

变量*	BRT 模型的贡献度	
	平均值	方差
活禽市场的数量	28.57	7.13
家禽养殖密度	2.39	0.99
猪养殖密度	2.14	0.95
人口密度	8.23	2.99
到高速路的距离	3.34	1.77
到国道的距离	2.16	0.90
湖泊	3.26	2.23

续表

变量*	BRT 模型的贡献度	
	平均值	方差
河流	2.02	0.98
水库	0.84	0.83
灌溉地百分比	11.76	4.81
旱地百分比	2.85	1.51
建筑用地百分比	8.55	3.95
湿地	3.18	1.45
相对湿度	8.38	3.23
平均温度	12.32	3.93

*变量中贡献度大于5认为有统计学意义。

(三) 时空模型

传染病时空模型是综合从时间和空间维度进行传染病建模的过程，以便探究传染病时空分布规律、驱动影响因素，进行针对性的预测预警，为综合防控提供依据。传染病既有时序上的变动，又有空间上的分布特征，因此在实际工作中，对传染病的模型分析往往是综合性的，只有这样，才能全面展示疾病的分布特征，为病因的探讨及疾病的防治提供科学依据。

一般根据研究目的，传染病时空模型包括时空分布模型、时空影响因素模型和时空预测模型。在构建模型的方法上，既有传统的时空扫描性算法，又有时空数理模型和时空贝叶斯等建模方法，还包括时空动力学模型等。另外，随着新的分析方法如机器学习的兴起和广泛应用，这方面也有不少的模型构建方法。

示例 7

发热伴血小板减少综合征（severe fever with thrombocytopenia syndrome, SFTS）是由隶属于 Bunyavirales 目、Phenuiviridae 科、Bandavirus 属的 *Dabie bandavirus*（又被称为发热伴血小板减少综合征布尼亚病毒, severe fever with thrombocytopenia syndrome bunya virus, SFTSV）感染引起的。长角血蜱为主要传播媒介，在山羊、牛、绵羊、狗、猪、鸡、水貂等家养动物中均可检测出病毒抗体。其中，山羊和牛的抗体阳性率最高，可能是主要的中间宿主。也可通过密切接触病例血液或体液感染发病。临床表现为发热、血小板减少、白细胞减少，部分病例病情进展较快，可发生多器官功能衰竭，甚至死亡，死亡率高达 12%~30%。目前全球共有 5 个亚洲国家（中国、韩国、日本、越南、缅甸）报道了确诊病例。全球范围内的大部分病例分布于中国，截至 2019 年底，中国共有 25 个省份报道 13 824 例 SFTS 病例，其中实验室确诊病例 8 899 例。在全年龄人群中均可发生感染，高龄者易感。2010—2019 年全国最新数据显示，确诊病例中位年龄为 63 岁，93.3% 的病例发生在 40~84 岁人群中，＜10 岁儿童病例仅占 0.4%。女性病例略多于男性。SFTS 发病具有明显季节性，主要分布于 4—10 月之间，高峰集中发生在 5—7 月。

例如，在 2011—2016 年湖北省发热伴血小板减少综合征疫情分析研究中，为了探究引起发热伴血小板减少综合征的湖北省分布流行的时空驱动影响因素，可以通过构建一种基于时空数理统计模型的面板泊松回归（panel Poisson regression）算法来实现。

其时空模型的结果的单因素和多因素如表 8-3 所示，从时空尺度来看，牛的养殖密度、灌溉农田、建筑用地、温度和相对湿度等驱动着疾病的分布和流行。

表 8-3　基于面板泊松模型的湖北省 2011—2016 年发热伴血小板减少综合征疫情的环境驱动因素

变量（单位）	单因素分析		多因素分析	
	粗 IRR（95% CI）	p 值	校正 IRR（95% CI）	p 值
牛的密度（连续变量，每平方千米 100 头）	5.63（3.06 ~ 10.38）	< 0.001	2.03（1.38 ~ 3.00）	< 0.001
山羊的密度（连续变量，每平方千米 100 头）	1.57（0.63 ~ 3.93）	0.338		
人口密度（连续变量，每平方千米 100 人）	0.98（0.98 ~ 0.99）	< 0.001		
森林覆盖率（连续变量，10%）	1.10（0.94 ~ 1.28）	0.226		
灌溉农田的覆盖率（连续变量，10%）	1.30（1.23 ~ 1.38）	< 0.001		
雨养农田的覆盖率（连续变量，10%）	0.70（0.65 ~ 0.75）	< 0.001	0.71（0.66 ~ 0.76）	< 0.001
草地的覆盖率（连续变量，10%）	1.02（0.83 ~ 1.27）	0.820		
草地覆盖率的二次百分比（连续变量）	0.99（0.96 ~ 1.02）	0.433		
建设用地的的覆盖率（连续变量，10%）	0.62（0.52 ~ 0.74）	< 0.001	0.59（0.50 ~ 0.69）	< 0.001
建设用地二次覆盖率（连续变量）	0.96（0.95 ~ 0.98）	< 0.001		
温度（连续变量，2 ℃）	0.78（0.66 ~ 0.92）	0.003	0.83（0.71 ~ 0.97）	0.022
相对湿度（连续变量，10%）	1.89（1.29 ~ −1.77）	0.001	1.72（1.18 ~ 2.50）	0.005
降水（连续变量，100 mm）	1.14（1.05 ~ 1.23）	0.001		
二次沉淀（连续变量）	1.04（1.01 ~ 1.07）	0.001		
海拔（连续变量，100 m）	0.95（0.86 ~ 1.06）	0.347		

示例 8

甲型 H1N1 流感首次于 2009 年 3 月在墨西哥、美国等地暴发，随后迅速在全球范围内蔓延。WHO 初始将此型流感称为"人感染猪流感"，后将其更名为"甲型 H1N1 流感"。与以往或季节性流感病毒不同，该病毒毒株包含有猪流感、禽流感和人流感三种流感病毒的基因片段。人群对甲型 H1N1 流感病毒普遍易感，并可以人传染人，人感染甲流后的早期症状与普通流感相似，包括发热、咳嗽、喉痛、身体疼痛、头痛、发冷和疲劳等，有些还会出现腹泻或呕吐、肌肉痛或疲倦、眼睛发红等。主要通过空气飞沫传播，也可通过口腔、鼻腔、眼睛等处黏膜直接或间接接触传播。接触患者的呼吸道分泌物、体液和污染病毒的物品也可能引起感染。有研究报道流感病毒也可通过气溶胶经呼吸道传播。

在 2009 年甲型 H1N1 疫情防控中，该疫情由航班等交通工具实现跨域传播，输入病例进入我国后引发本地感染。如图 8-13 所示，2009 年 5 月 9 日，我国报告了首例输入病例，截至 2009 年底，我国累计报告超 12 万病例。

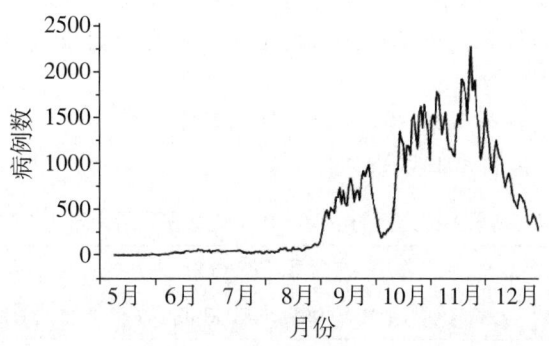

图8-13 2009年中国大陆甲型H1N1流感日报告数据

我国几个主要省、直辖市（广东省、上海市、陕西省、西藏自治区、北京市）甲型H1N1流感的流行曲线如图8-14所示，结果表明，每个省市的本地流行模式都不同。

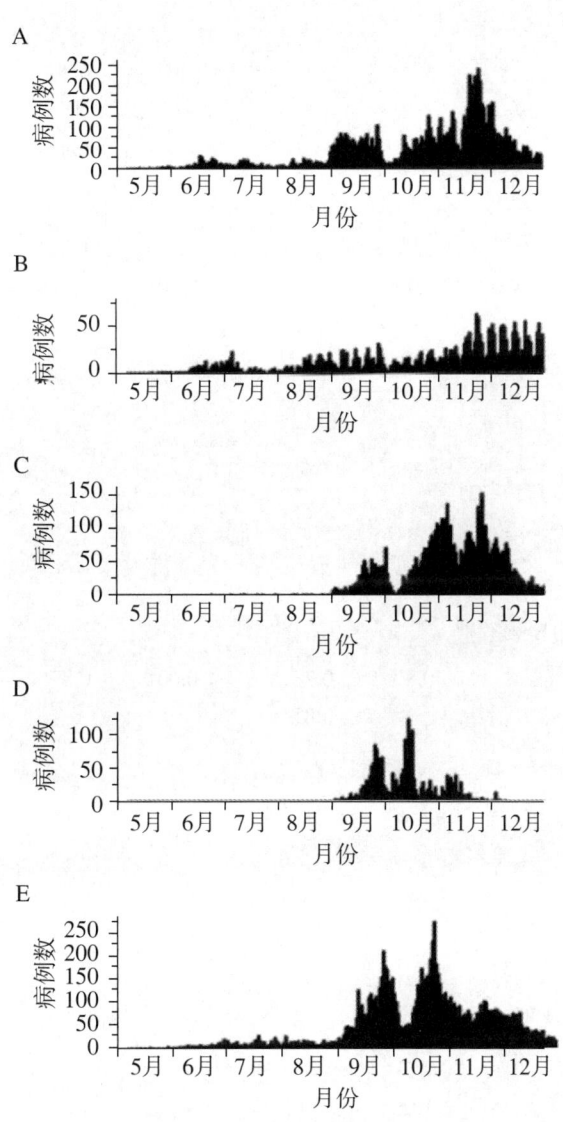

图8-14 几个主要省份（自治区）本地甲型H1N1流感的发病曲线
A. 广东省；B. 上海市；C. 陕西省；D. 西藏自治区；E. 北京市

另外，为了探究甲型H1N1流感在我国大陆的扩散模型，结果显示存在由部分重点城市和区域向周边扩散传播的模式，为了探究引发这种扩散和传播模式的影响因素，可以构建基于生存分析的时空模型。

基于生存分析模型的结果如表8-4所示，结果显示，靠近机场、高速、国道等旅行相关的空间要素是该病在我国扩散的驱动因素。

表8-4 基于生存分析的甲型H1N1流感在我国大陆的扩散因素

变量和单位	持续时间的中位天数（IQR）	多因素Cox分析			单因素Cox分析		
		粗HR	95% CI	P值	校正HR	95% CI	P值
国道交汇							
否	172（130至>237）	1.00			1.00		
是	161(126~195)	1.32	1.21<1.44	<0.001	1.25	1.14<1.37	<0.001
铁路交汇							
否	173（133~212）	1.00					
是	159（124~198）	1.19	1.09<1.29	<0.001	NS（排除）		
高速公路交汇							
否	171（134~215）	1.00					
是	140（118~187）	1.45	1.33<1.58	<0.001	1.21	1.10,1.32	<0.001
到最近机场的距离（分类变量），km							
<40	130（96~171）						
40~79	168（128~205）						
80~120	170（133~204）						
>120	177（146到>237）						
到最近机场的距离（连续变量），50 km		0.80	0.77,0.83	<0.001	0.87	0.84,0.91	<0.001
人口密度（分类变量），每km²							
<120	180（160到>237）						
120~299	172（135~203）						
300~700	159（126~205）						
>700	128（91~168）						
人口密度（连续变量）每平方千米1000人	1.08	1.08	<1.09	<0.001	1.08	1.07<1.09	<0.001

续表

变量和单位	持续时间的中位天数（IQR）	多因素 Cox 分析			单因素 Cox 分析		
		粗 HR	95% CI	P 值	校正 HR	95% CI	P 值
医疗设施密度（分类变量）							
<每1000人							
<0.6	159（124~199）						
0.6~0.9	165（127~199）						
1.0~1.4	164（128~201）						
>1.4	167（130到>237）						
医疗设施密度（连续变量）<每1000人	0.93	0.91	<0.95	<0.001	0.98	0.95, 1.00	0.068

示例 9

狂犬病（rabies）是由狂犬病毒（rabies virus，RABV）引起的一种嗜中枢神经的烈性人兽共患传染病。狂犬病毒通过被感染的家畜或野生动物，经过抓伤或咬伤人，或者通过密切接触感染动物分泌物而感染人，也可通过吸入包含有病毒粒子的气溶胶而感染人。根据世界卫生组织的统计，全球每年死于狂犬病的人数超过5.5万人，其中95%以上的狂犬病人类死亡病例发生在亚洲和非洲。狂犬病毒是高度致死性病原，至今没有治愈狂犬病的药物，一旦出现狂犬病症状，病死率几乎是100%。狂犬病死亡数一直位于我国传染病报告死亡数的前三位，对我国人民的健康构成严重威胁。为了研究2004—2013年我国狂犬病的时空分布和扩散模式，高发热点区能给传染病提供针对性的防控信息。为了展示我国近十年来狂犬病的高发热点区分布动态，利用 SaTscan 软件对我国2004—2013年逐月各县区的发病情况进行 Kulldorff 时空扫描统计分析，构建基于扫描算法的时空模型。

其时空聚类结果如表8-5所示，可以得到高发热点区数量，每个高发热点区的县区总数、人口总数、半径、时间长度、相对危险度（relative risk，RR）、最大似然比（LLR）和显著性检验 P 值等。通过关联地图，可以展示每个高发区域的时空分布情况。

表 8-5 基于时空扫描算法模型的狂犬病高聚集区结果

高发热点区	开始时间	结束时间	县区总数	观察病例数	预期病例数	最大似然比	RR
HS-Ⅰ	2004/1/1	2012/11/30	281	8769	1966.48	7573.78	6.65
HS-Ⅱ	2004/5/1	2007/11/30	217	1577	776.13	332.00	2.11
HS-Ⅲ	2006/8/1	2008/10/31	146	872	355.31	272.23	2.51
HS-Ⅳ	2004/3/1	2010/12/31	61	796	340.36	225.32	2.39
HS-Ⅴ	2012/1/1	2013/11/30	1	79	1.86	219.26	42.68
HS-Ⅵ	2012/1/1	2013/12/31	1	53	1.73	130.31	30.79
HS-Ⅶ	2004/1/1	2005/1/31	40	186	59.46	85.94	3.15

续表

高发热点区	开始时间	结束时间	县区总数	观察病例数	预期病例数	最大似然比	RR
HS-Ⅷ	2012/1/1	2013/8/31	5	72	9.65	82.45	7.48
HS-Ⅸ	2012/1/1	2013/11/30	1	32	1.52	66.99	21.04
HS-Ⅹ	2010/10/1	2013/12/31	1	45	4.42	63.91	10.21
HS-Ⅺ	2006/7/1	2007/1/30	66	184	72.91	59.51	2.54
HS-Ⅻ	2012/2/1	2013/12/31	1	29	1.99	50.70	14.59
HS-ⅩⅢ	2012/6/1	2013/12/31	1	25	2.21	37.91	11.34
HS-ⅩⅣ	2012/1/1	2013/10/31	6	71	22.23	33.73	3.20
HS-ⅩⅤ	2004/5/1	2004/8/31	23	52	13.57	31.47	3.84
HS-ⅩⅥ	2004/6/1	2005/1/31	1	19	1.60	29.62	11.89
HS-ⅩⅦ	2012/2/1	2013/12/31	1	25	3.21	29.57	7.81
HS-ⅩⅧ	2011/6/1	2011/12/31	9	28	4.65	26.94	6.03
HS-ⅩⅨ	2006/6/1	2006/11/30	9	32	6.17	26.87	5.20
HS-ⅩⅩ	2004/8/1	2006/12/31	8	54	17.70	23.96	3.06
HS-ⅩⅪ	2012/2/1	2013/9/30	1	12	0.79	21.50	15.28
HS-ⅩⅫ	2004/1/1	2004/2/29	8	10	0.53	19.94	18.94
HS-ⅩⅩⅢ	2012/5/1	2013/10/31	2	18	2.58	19.57	6.99

*$P < 0.05$ 代表显著聚类；
HS-Ⅰ～HS-ⅩⅫ：次级高发热点区；
县区总数：涵盖高发热点区的县区数量；高发热点区与其他地区相比的相对危险度。

示例 10

埃博拉病毒病（Ebola virus disease，EVD），是由埃博拉病毒（Ebola virus，EBOV）引起的一种病死率极高的急性烈性出血性传染病，人主要通过接触患者或感染动物的体液、排泄物以及分泌物等而感染。该病的临床表现主要有高热、体虚、全身关节疼痛、腹部疼痛和头痛等症状，这些症状可进一步发展为呕吐、腹泻、结膜炎、肝和肾等器官损坏、蛋白尿及内外出血等。在6～10天内，患者就会死亡或者康复。埃博拉病毒病的病死率高，最高可达90%。目前该病的传染源和宿主仍未能明确，尚无有效的治疗手段。埃博拉病毒病主要分布在非洲地区，果蝠被认为是EBOV的自然储存宿主。

2013年末，西非地区暴发了自1976年发现该病以来规模最大的一次EVD疫情，发病数和死亡数在短短数月内均超历史最高水平。鉴于本次疫情扩散迅速、发病人数上升快、病死率高，尚无有效的疫苗和治疗药物，世界卫生组织于2014年8月8日宣布此次疫情为"国际公共卫生紧急事件"。国际社会针对西非的暴发疫情采取了一系列援助措施，引起全球媒体和公众的广泛关注。此次疫情波及几内亚、利比里亚、塞拉利昂、尼日利亚、塞内加尔、美国、西班牙、马里、英国和意大利10个国家，上述国家除英国在1976年报告1例由于污染针头引起的实验室感染外，其他9国之前从未报道过人类EVD疫情。本次疫情一直持续到2015年底才基本结束，截至2016年1月20日，全球累计报告发病人数达28 638人，其中11 316人死亡，是历史上发病和死亡人数最多、影响范围最广、持续时间最长的一次EVD暴发疫情。由于EVD的强传染性、最长可达3周的潜伏期以及部分患者在痊愈后一段时间内仍可能具有传染性的特点，使得该病易于跨境、跨区域进行传播，给出入境口岸检疫造成困难。随着全球化进程的加快，我国与非洲国家在贸易、劳务、医疗、教育、旅游等领域的合作紧密，人员往来密切，而且多批次派出专家和医务人员抵达EVD疫区参与疫情的防控，使得我国面临着输入EVD的潜在风险。

塞拉利昂是西非EVD疫情中受灾最严重的国家，该国于2014年5月25日报道了东部地区的首例确诊EVD病例，经过数天的流行病学调查，共确认了14例EVD患者，这些患者被怀疑由于参加一名巫医的葬礼而感染，而该名巫医发病前曾参加过塞拉利昂与几内亚边界地区的EVD患者诊治工作。随后，塞拉利昂自6月份开始在东部地区出现EVD的流行，并逐步扩散到全国其他地区，引起大规模的EVD暴发。为了控制EVD疫情，塞拉利昂政府在2014年8月6日就宣布国家进入紧急状态，培训了大约28500名社区工作者和志愿者开始挨家挨户进行EVD预防宣传，并派遣军队到疫情的重灾区执行强制隔离政策，还在2014年9月19—21日实施了为期3天的全国宵禁措施。2014年10月初，EVD疫情愈发严重，联合国埃博拉应急处置任务分队（United Nations Mission for Emergency Ebola Response，UNMEER）和塞拉利昂政府开始联手实施全国战略性防控计划，主要措施包括开始积极主动地寻找患者和追查接触者，隔离所有的报告病例，增加医疗中心床位数量，对死者实行安全、庄严的葬礼等。随后，在其他国家的援助下，塞拉利昂陆续建立了多个医疗卫生机构和检测实验室，并提升了社会动员能力和社区保障能力，逐步减缓了EVD疫情的流行态势。塞拉利昂的EVD疫情整体持续了将近1年半的时间，世界卫生组织于2015年11月7日宣布塞拉利昂EVD疫情终止，并公布整个疫情中的累计EVD确诊病例8 704例，死亡3 589例。

通过收集本次塞拉利昂埃博拉疫情数据、基础地理环境数据、干预措施等数据，构架时空数据库，通过时空模型构建工作，开展塞拉利昂EVD的传播动态及干预措施效能评估研究，系统地评价本次疫情期间EVD的流行动态及其干预的有效性，为后期的防控策略的制定和埃博拉病毒病的预测预警提供关键数据信息。收集和整理的疫情数据、干预措施数据等绘制的流行曲线如图8-15所示。

结果表明，本次疫情期间共有8 358例EVD确诊患者和3 545例疑似患者，发病时间范围为2014年5月—2015年9月，涵盖了整个疫情的流行周期。基于发病时间绘制的确诊病例和疑似病例发病曲线，表明疫情的流行程度在前3个月相对比较低缓，但到了2014年8月中旬，每日新发的确诊病例数开始急速增加，并在2014年11月早期达到了发病高峰，随后的疫情开始呈缓慢下降的流行态势，同时伴随着一些小的流行高峰来回波动。结合发病曲线和干预措施实施的时间节点来看，塞拉利昂在2014年10月初期开始实施了以"隔离患者""增加床位"和"执行安全葬礼"为主的全国战略性防控计划，该措施实施几周后，EVD的流行就开始有所减缓，发病数开始逐日下降，而在2015年3月中旬开始的为期1个月的"零埃博拉"运动中，每天只有极少数的新发确诊病例，且2015年9月6日后，就再无新发的确诊病例，这些很好地提示了干预措施可能对疫情的流行趋势和程度具有重大影响。另外，发现疑似病例的流行曲线很不符合一般的流行病学规律，尤其是疫情的结束后期，仍有很多疑似病例出现，这可能是由于全国的监测力度及实验室检测数量和质量在2015年有了很大提升，从而导致疑似病例出现前期少、后期多的现象。尽管疑似病例数占总病例数的百分比逐月上升，尤其是疫情后期，但总体来说，确诊病例和疑似病例叠加的总发病趋势与确诊病例的发病趋势基本是一样的（两者移动平均发病曲线动态很类似）。在全国150个首长领地中，共有114个报告了EVD确诊病例，EVD发病率较高的地区主要是一些位于Bombali、Port Loko、Moyamba和Western Rural市的首长领地，另外还有个别位于Kenema和Kono市，它们的发病率都超过了400/10万。首长领地的发病数分布表明Western Urban和Western Rural的发病总数最高。

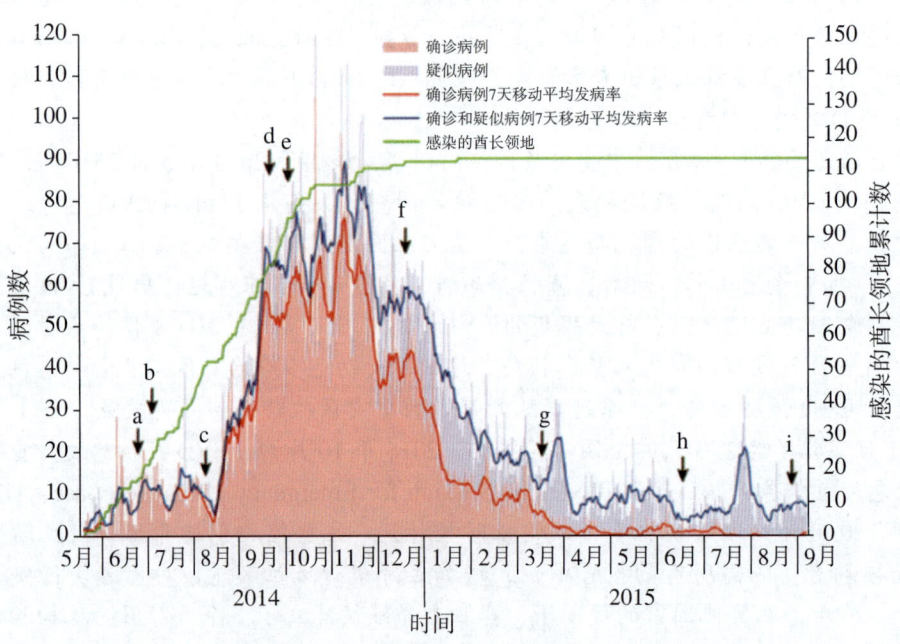

图 8-15　塞拉利昂 EVD 确诊病例和疑似病例的流行曲线

黑色箭头表示关键干预措施实施的时间节点。a：2014 年 6 月 24 日，在 Kenema 市建立了首个 ETC；b：2014 年 7 月 2 日，在 Kenema 市建立了首个移动检测实验室；c：2014 年 8 月 6 日，塞拉利昂宣布全国进入了紧急状态；d：2014 年 9 月 19—21 日，实施了为期 3 天的全国宵禁政策；e：2014 年 10 月 1 日，UNMEER 和塞拉利昂政府开始实施全国战略性防控计划；f：2014 年 12 月 17 日，执行"西部大会战"战略；g：2015 年 3 月中旬，开启为期 1 个月的"零埃博拉"运动；h：2015 年 6 月 16 日，发起向北推进活动；i：2015 年 8 月底，开始实施"周边疫苗接种"计划

为了评估塞拉利昂埃博拉病毒病的流行模式及其分布情况，可以通过构建流行趋势热图（图 8-16），发现这些酋长领地的流行状况复杂多样，既有散发流行，也有小暴发流行，还有长期暴发流行，流行的强度也各不相同。为了科学系统地划分和明确酋长领地的流行模式，通过进一步的加权平均聚类分析，结果显示这些酋长领地的流行状况可大致划分为六种模式，比较这六种模式的流行周期和流行强度等流行特征，可将这六种流行模式概况如图 8-17 所示：模式 I 包括了 31 个酋长领地，这些酋长领地只有个别的散发病例；模式 II 包括了 16 个酋长领地，流行模式为连续 2～3 周内出现了小部分病例；模式 III 包括了 27 个酋长领地，流行模式为短期内出现了小尺度疫情暴发；模式 IV 包括了 24 个酋长领地，流行模式是在较长的流行周期中，重复出现了多次小尺度疫情暴发或一直保持连续的低水平流行态势；模式 V 包括了 11 个酋长领地，流行模式是保持较长时间的、连续的中等水平流行态势；模式 VI 包括了 5 个酋长领地，流行模式是持续很长时间的高水平流行态势。总的来说，流行模式的等级越高，其流行的周期越长，强度越高，发病情况越严重。通过展示这六种流行模式的空间分布地图，发现其空间分布具有明显的异质性，属于流行模式 IV、V、VI 的酋长领地主要位于西部或中部的发达地区，而属于流行模式 I、II、III 的酋长领地大部分位于不发达或偏远的地区。通过进一步统计每种流行模式的人口学特征，发现流行模式的等级越高，酋长领地、它们的平均人口总数越多，平均人口密度越高，这表明了疫情的暴发程度与当地的人口分布密切相关。

通过时空交互地图模型，绘制了塞拉利昂 EVD 确诊病例的时空分布地图，结果提示

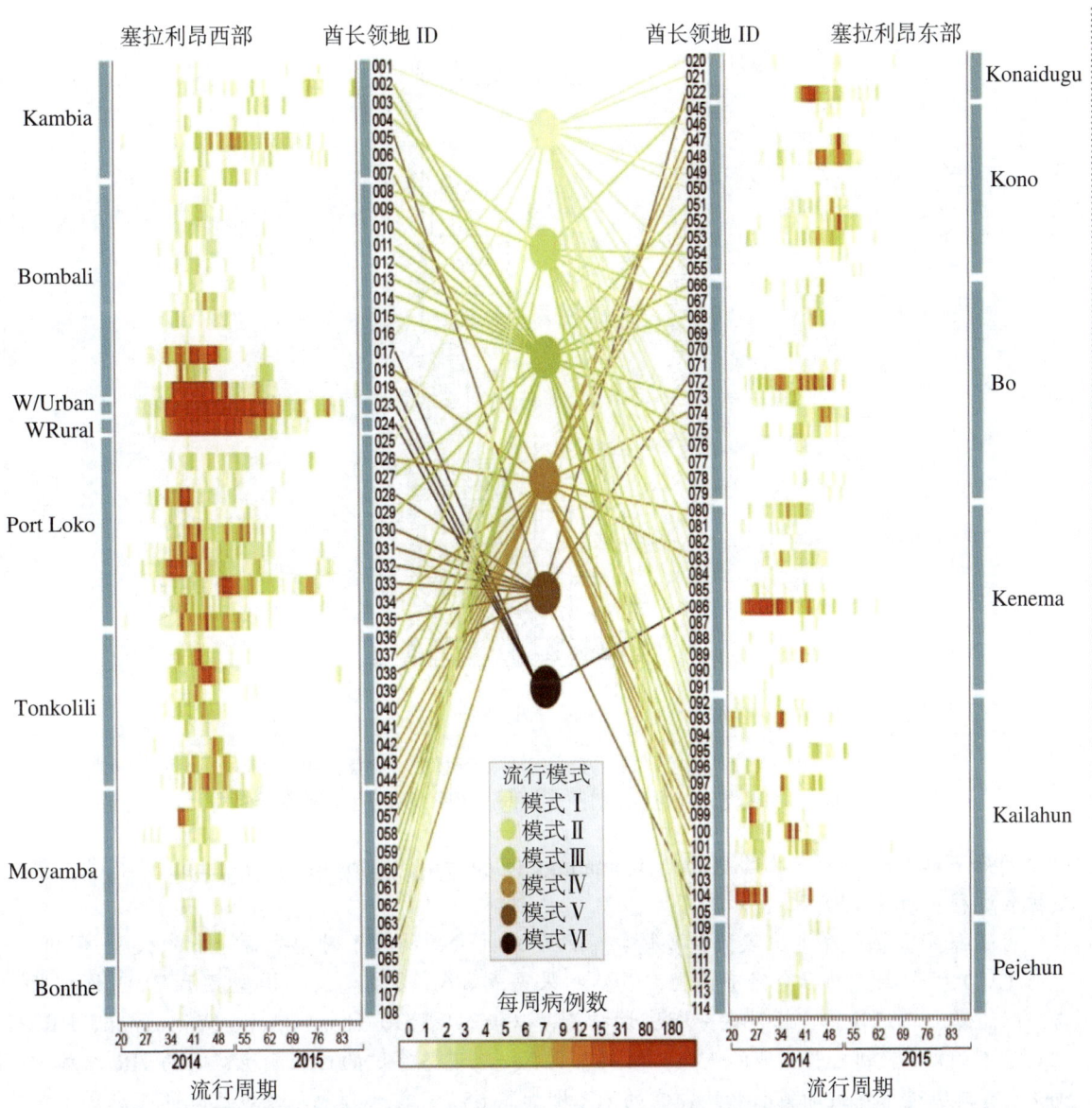

图 8-16 塞拉利昂 114 个受胁酋长领地每周 EVD 确诊病例数的分布热图

左边代表塞拉利昂西部的 54 个酋长领地，右边代表塞拉利昂东部的 60 个酋长领地，中间圆圈表示加权平均聚类分析结果的六种流行模式；每个酋长领地属于哪种流行模式都用不同颜色的线直接连起来，酋长领地的排列是按照它们的纬度进行排序的，从北到南，先排市的顺序，再排酋长领地的顺序；酋长领地的名称用编号 ID 表示

EVD 首先在东部地区出现，逐步扩散到周边地区，当病例输入西部地区后，全国就开始大规模流行和扩散，进入 2015 年后，东部地区的疫区逐渐减少，2015 年 4 月，发病地区只集中在西部地区和北部地区的个别酋长领地。为了更好地明确塞拉利昂 EVD 疫情的扩散动态，可以通过构建空间趋势面模型，分析模拟塞拉利昂的空间扩散模式。

结果显示，此次疫情存在着两种空间扩散模式：第一种起源于东部地区的 Kailahun 市，它在 2014 年 5 月 18 日报道了首例病例，该病例主要感染于邻国几内亚的 EVD 疫情中心区；第二种起源于西部的 Western Urban 和 Western Rural 市，它在 2014 年 6 月 25 日报道了首例病例，该病例是由东部地区输入而来的。这两种模式都是首例病例出现后，疫情就马上影响了周边邻近的 Port Loko 和 Kenema 市，并迅速扩散到了中部的 Bo 和 Tonkolili 市，随后扩散

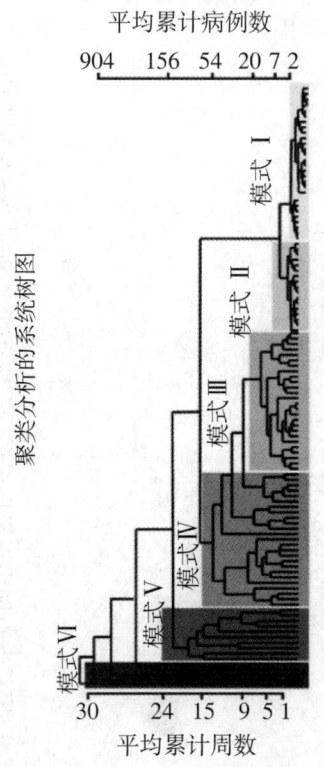

图 8-17 塞拉利昂 EVD 的六种流行模式的聚类结果
表示加权平均聚类分析的系统树图，根据该树图，划分了六种流行模式

速度开始下降，逐步向东北的 Kono、Koinadugu 市和西南的 Moyamba、Pujehun 市扩散，整个扩散过程经历了 120 天。

为了探究塞拉利昂本次埃博拉疫情扩散的影响因素，构建了时空生存分析的模型，评估了与 EVD 扩散相关的社会经济因素，具体结果见表 8-6。多变量最优模型显示 EVD 的扩散与一级道路、二级道路、医院的分布密切相关，以侵入风险比（hazard ratio of invasion，HR）来表示 EVD 扩散到酋长领地的概率，结果表明有一级道路穿过的酋长领地，它的 HR 增加了 50%；有二级道路穿过的酋长领地，它的 HR 增加了 65%；酋长领地与最近医院的距离每增加 10 千米，其 HR 就降低 29%。

表 8-6 基于时空生存分析估计引发埃博拉疫情扩散传播的影响因素结果

变量（单位）	侵入次数中位数（25%，75%四分位数间距）	单因素分析		多因素分析	
		HR（95% CI）	P 值	HR（95% CI）	P 值
主干道交汇		1.62（1.09，2.40）	0.016	1.51（1.01，2.25）	0.044
否	124（82，301）				
是	66（28，166）				
次要道路交汇		1.73（1.16，2.56）	0.007	1.62（1.09，2.42）	0.018
否	135（96，301）				
是	100（52，143）				
铁路交汇		2.15（1.17，3.95）	0.013		
否	120（66，301）				

续表

变量（单位）	侵入次数中位数（25%，75%四分位数间距）	单因素分析		多因素分析	
		HR（95% CI）	P值	HR（95% CI）	P值
是	71（55，108）				
到最近医院的距离（10 km）		0.69（0.62，0.77）	<0.001	0.71（0.64，0.78）	<0.001
<2.20	60（42，113）				
2.21~3.90	110（48，144）				
≥3.91	301（123，301）				
到最近ETC的距离（10 km）*		0.84（0.78，0.92）	<0.001		
<2.50	95（63，151）				
2.51~4.50	111（52，141）				
≥4.51	133（82，301）				
人口密度（每平方千米）		1.02（1.004，1.03）	0.01		
<50	198（131，301）				
50~100	115（74，152）				
≥100	66（36，119）				
建筑物覆盖率（10%）		7.58（0.40，143.4）	0.177		
<0.01	114（65，188）				
≥0.01	145（63，301）				
农耕地覆盖率（10%）		1.001（0.98，1.03）	0.907		
<4.00	200（111，301）				
4.01~7.60	112（57，158）				
≥7.61	88（42，130）				
森林覆盖率（10%）		0.86（0.79，0.94）	<0.001		
<1.60	94（47，141）				
1.61~4.50	100（56，128）				
≥4.51	178（109，301）				
灌木覆盖率（10%）		0.85（0.72，1.01）	0.063		
<0.20	115（49，192）				
0.21~0.70	109（48，182）				
≥0.71	120（79，301）				

为了评估本次塞拉利昂埃博拉疫情中各项防控措施的效能，可以通过构建Poisson传播模型，来拟合估计相邻酋长领地的输入、非相邻酋长领地的输入、酋长领地内部传播这三种传播方式在整个疫情流行过程中的贡献。

为了系统科学地评价干预措施，以UNMEER实施全国战略性防控计划的开始节点和目标达成的节点,将干预措施的实施分成了三个阶段:参考干预阶段(战略计划未实施)、干预阶段Ⅰ(战略计划实施过程中,即隔离患者、增加床位和执行安全葬礼等)、干预阶段Ⅱ(战略计划目标达成,即基本实现100%的患者隔离和100%的安全葬礼执行)。根据模型拟合的结果,使用传播风险(即一个病例每周能感染的新病例数)作为衡量干预措施效能的指标,与参考干预阶段相比,干预阶段Ⅰ能有效地降低43%(95% CI:30%~52%)的传播风险,干预阶段Ⅱ能有效地降低65%(95% CI:57%~71%)的传播风险。除了评价干预措施效能,还评估了其他影响因素的作用效应。宗教的发病率具有明显的差异,其他宗教的发病率比Mende宗教的发病率高出了40%~50%。模型的影响因素反应曲线如图8-18所示,结果表明人口密度、与最近ETC的距离、农耕地的覆盖面积、温度这些变量与EVD的传播风险不再是简单的线性关系。总的来说,人口密度越高、与最近ETC的距离越小、农耕地的覆盖面积越大,EVD的传播风险越高。而温度与EVD的传播风险呈二次曲线作用,即温度越高或越低,传播风险越高,当温度为27.1℃时,其传播风险达到最小值。相对湿度这个变量没有纳入最优模型中,因为其与温度具有很高的共线性,在最优模型中被排除掉,只保留温度这个变量。以往研究发现相对湿度对EBOV的活性具有比较大的影响,为了评估相对湿度与EVD的关系,将相对湿度这个变量一起纳入模型进行分析,结果显示相对湿度的纳入对其他变量并无多大影响,相对湿度与EVD传播风险的关系与温度类似,相对湿度越高或越低,传播风险越小,当相对湿度为79.2%时,传播风险达到最大值。

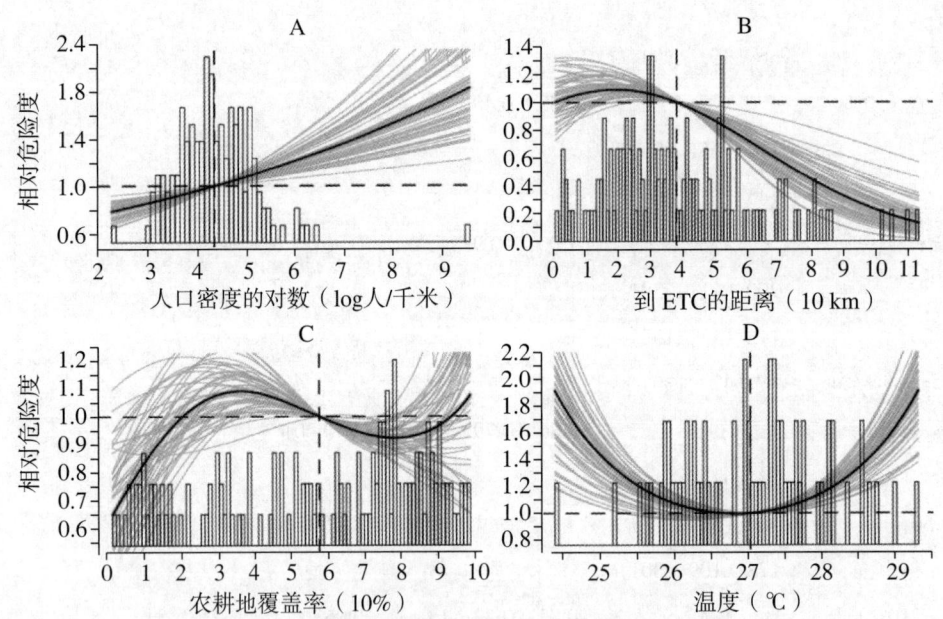

图8-18 社会经济因素的分布与估计RR值的关系曲线

A. 表示人口密度;B. 表示与最近ETC的距离;C. 表示农耕地的覆盖面积;D. 表示温度;黑色线代表估计的平均RR值曲线,灰色线代表从1000次重复中随机抽取的50次RR值曲线;柱状图表示社会经济因素的频率分布;两条虚线的交叉点代表RR=1时,社会经济因素的平均取值

示例 11

2020年初，暴发了新型冠状病毒疫情，引起了世界瞩目，为了应对疫情，我国在武汉地区实施了"封城"、暂停交通、关闭娱乐场所等措施。为了评估防控措施的效果，通过收集病例报告、人口流动和防控措施等，构建时空模型，可以量化疫情的传播模式和干预措施效能。

从疫情首发病例报告到2020年2月10日的重要的疫情信息的时间线如图8-19所示，历史人口流动数据和疫情数据相关图如图8-20所示，结果表明，武汉封城以后，相比较2017、2018年的武汉流出人口情况，武汉封城1周以内，各省从武汉流入人口和当地报告病例数相关性高。

另外，可以通过构建时空的SEIR（susceptible-exposed-infectious-recovered）模型来构建不同的仿真模型，量化不同的防控等级、措施引发的累计报告病例的情况，具体结果见图8-21。

结果表明，由于有效的防控措施，延缓了疫情的蔓延，减少了疫情的暴发规模和感染人数。

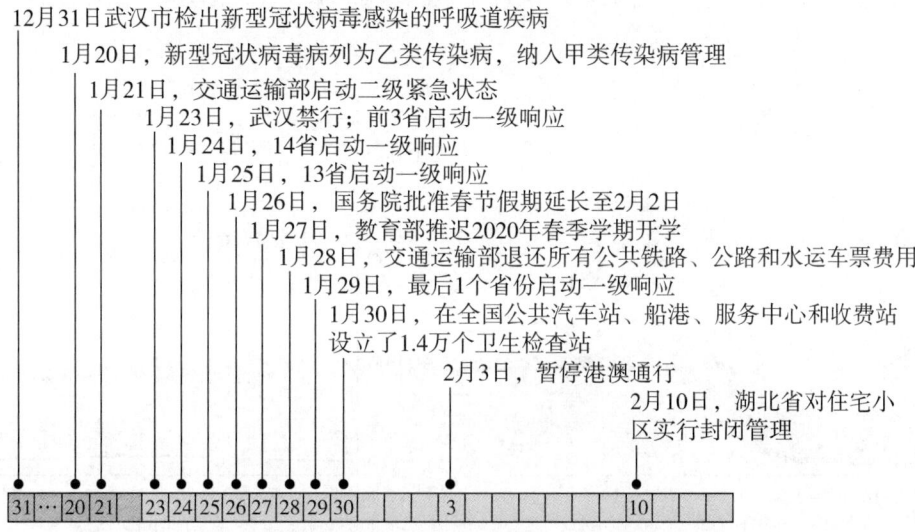

图8-19 疫情防控措施的主要时间线

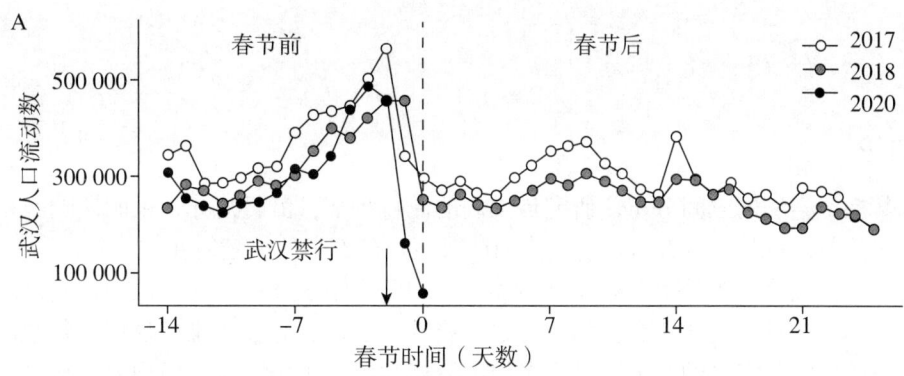

图8-20 历史人口流动数据和疫情数据相关图
A. 2017年、2018年和2020年人口流动数据的时间序列图

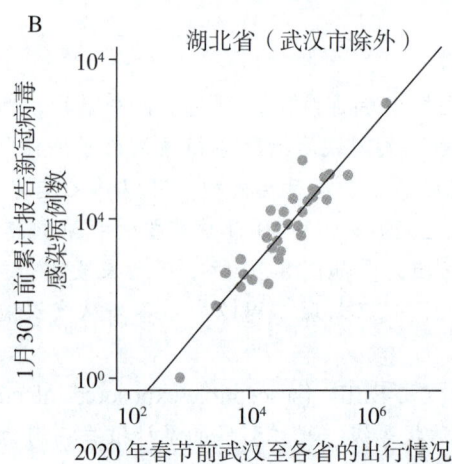

图 8-20（续） 历史人口流动数据和疫情数据相关图
B．2020 年各省农历春节前武汉流入人口流动和累计报告病例数的散点图和拟合曲线图

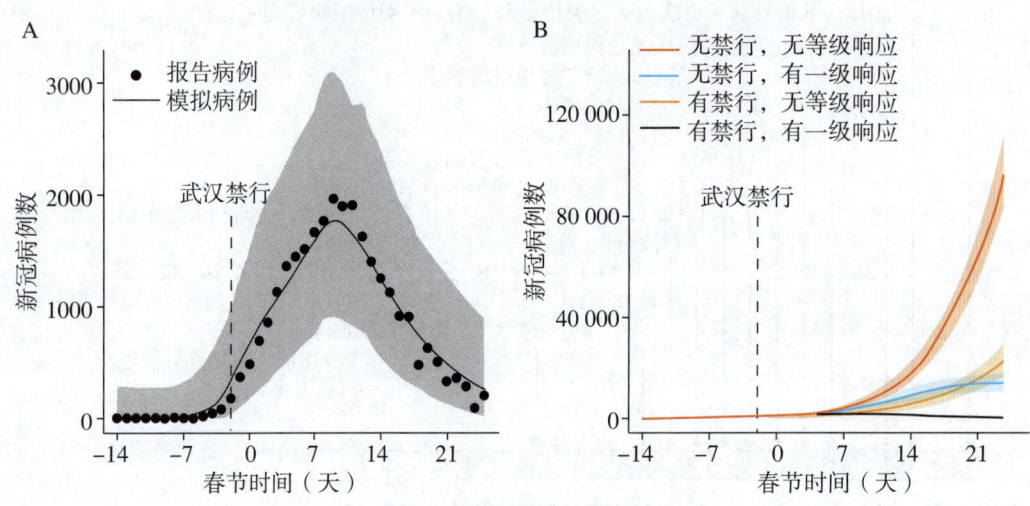

图 8-21 不同的防控措施和疫情报告

A．全国 31 个省区市（湖北去除武汉）的日报告病例及其仿真情况；B．不同的防控措施和累计报告病例的仿真结果

四、讨论

描述和掌握传染病的三间分布，研究传染病的流行特征、流行规律，推断影响因素，进行早期研判和预测预警，是制定传染病防治策略和针对性防控方案的关键所在。

由于传染病的发生、发展和传播的规律复杂，涉及的描述和统计资料数据量大且关系复杂，大量的传染病数据兼具时间序列和空间位置数据属性特征，因此在传染病疫情研判中面对大量的时空数据，需要按照需求目的，进行多维多尺度分析和建模工作，这些模型要么从时间序列分析在特定区域上传染病或者疫情流行的动态变化，要么从空间尺度研判疫情的分布特征和异质性，要么综合时间和空间维度研判传染病的动态变化。这些方法和模型都是根据实际需求和分析的目的来综合使用的，在模型的构建上没有相对固定的模式和边界，都是围绕疫情防控的目的来开展的。同时也应该看到，传染病模型分析实质上更多的是一种思维方式，无论是传染病流行规律的分析，还是影响因素的探究、病因的推断研究，或者针对性的预测预警评估，都需要进行不同层次、不同尺度的建模分析，因此，传染病时空建模贯穿整个传染病研判的全流程。

随着遥感和地理信息系统、信息通讯、5G技术、数字孪生、电子病历、Web3.0技术、大数据等的兴起和不断迭代推新，传染病时空建模带来的第一个挑战就是建模数据已经实现量级跃升，传染病时空建模中涉及的数据量已经从传统的kB级，突破到MB、GB级层级，朝着TB、PB级方向不断迈进。传染病数据已经突破传统的病例报告数据、实验室诊断数据、病媒生物捕获数据等，不断融合着多源的高分辨率、多时相的遥感传感器数据反演的地理环境数据，社会经济发展和变迁数据，可穿戴技术采集的行为、身心数据，数字孪生获取的过程数据等，另外，一些可量化的或者间接手段获取的情绪、心理、认知等数据也构成了传染病研判的数据源。数据量大带来的第二个挑战就是数据价值密度相对较低，而传染病研判的时机往往是稍纵即逝的，因此需要大量的数据理论和实践支撑，特别是大数据和人工智能等技术理论和方法在传染病领域的推广和应用，从传统的传染病因果关系数据向更广泛的相关关系探究延伸。另外，传染病数据的维度较以往还有量级的跃升，信息的质量和信噪比也有了很大变化，这些都是传染病时空建模应该面临的挑战问题。

新发传染病不断出现，一些已经控制的传染病死灰复燃，一些传染病疫源地不断变迁，特别是2020年初暴发的新型冠状病毒感染疫情仍然在全球范围内流行。近年来，全球气候变化，植被覆盖率上升，世界范围内的自然灾害频发，引发生态破坏和局部环境改变。生态环境保护力度增加，人类更加频繁地亲近自然，引发更多病原体突破物种界线，都有可能造成传染病的流行和扩散。在应对疫情过程中，各种流行病模型为政策制定起到了重要的参考作用。因此，不断地将理论模型和传染病防控实际相结合，是传染病时空模型应用和推广的关键所在。

五、问题与展望

当新的病毒出现时，卫生工作者需要快速分析病毒类型、分子机制（如受体类型等）、如何感染个人、如何在人群中传播等，所以需要快速将病原数据、临床数据和流行病学数据等多源数据汇总并联系起来。但目前各类大数据散落在不同机构，数据整合不仅需要考虑多源数据融合技术，还需要考虑数据所有权和数据安全性等问题，极大限制了数据共享与连接。因此，在不断发展数据融合技术的同时，平衡数据共享与安全保护也需要相关规定与协议以及标准和流程的制定，以在面对突发公共卫生事件时能够迅速开展调查分析与应对。

尽管大数据在新冠疫情和埃博拉病毒病暴发期间发挥了重大作用，但也引发了公众对数据安全和隐私问题的日益关注。部分用户不希望应用程序或网站获取或记录他们的位置信息或其他相关信息，这也成为利用大数据防控传染病的重大障碍。从个人隐私的角度而言，用户产生的数据具有累积性和相关性，如果攻击者利用大数据关系抽取和集成等有关技术对某人的多点信息进行汇总分析，则很可能泄露个人重要隐私；从政府和企业的角度，大数据安全标准体系尚不完善，隐私保护技术和相关法律法规也并不健全，数据公开和隐私保护并未找到合适的平衡。数据的合法使用者利用大数据技术收集、分析和挖掘信息时，攻击者也同样能够获取数据和信息，大规模的数据泄露事件也时有发生，包括保险巨头Anthem（8000万条有风险的记录）、加州大学洛杉矶分校卫生系统（450万条有风险的记录）、美国得克萨斯州的Baptist Medical Center医疗中心和Resolute Health Hospital附属医院（高度敏感的患者数据）等事件。尽管人们努力对敏感医疗信息进行去标识化以广泛传播，但数据重新识别的威胁仍然存在。即使在保障数据安全性的条件下，仍然有可能通过年龄、性别等个人信息和特定入院信息等识别出具体的患者，从而暴露其个人隐私信息。因此，在如今个人信息安全仍未全面得到法律保护的时期，个人信息采集、使用、管理、方面仍然缺乏明确的标准和完善的体系，很多用户会选择尽可能切断数据采集的源头。为了解决这一矛盾，各国也在积极完善隐私保护的法律法规，英国信息专员办公室（ICO）和欧洲数据保护委员会（EDPB）、以色列和韩国等相继发布了COVID-19期间个人数据使用的说明或修订了使用移动数据跟踪病例的立法。

除此之外,关于人工智能技术的可解释性也一直争论不休。理论上,疾病是不可预测的。大数据和人工智能存在对协变量设置基本假设和使用复杂的模拟模型来避免搜集部分基本流行病学信息的特点,导致结果缺乏可靠的疾病暴发过程推导,以及难以快速调整或理解用于决策的复杂精确的时空模型。在应用方面,其不透明性阻碍了非专家对关键假设的可解释性或健全性检查。大数据在传染病防控方面研究结果的可靠性难以验证,不能保证结果的临床意义,所以如何评价大数据研究结果在临床应用上的有效性和可靠性也亟待解决。

虽然大数据在传染病防控领域的应用中仍然存在许多问题,但不断改善与优化的脚步并未停止。一些发达国家已建成健康医疗大数据管理和共享平台,来打通共享跨机构、跨领域、跨平台的数据库以解决"数据孤岛"问题,如美国国家生物技术信息中心(NCBI)、欧洲生物信息学研究所(EBI)和日本DNA数据库(DDBJ)。2019年,我国成立国家生物信息中心(CNCB),建立生命与健康大数据汇交存储、安全管理、开放共享与整合挖掘研究体系,研发大数据前沿交叉与转化应用的新方法和新技术,建成支撑我国生命科学发展、国际领先的基因组科学数据中心(NGDC)。

大语言模型的爆发式涌现也有望为传染病防控带来重大变革。除了前面提到的ChatGPT和GPT-4,谷歌的"PaLM"、Anthropic的"Claude"、必应的"Bing Chat"、百度的"文心一言"等通用领域的模型,在医疗领域的方方面面都能够发挥作用:面向卫生工作者能够辅助临床决策,提供临床指南,保存和分析、更正和润色大量医疗记录和医学报告,提出趋势预测;面向科研工作者实时监测全球健康数据,及时发现潜在的疫情,寻找合适的临床试验参与者,从海量文献中快速提取有价值的信息,为新研究提供方向和思路,追踪药物的最新信息,实时提供最新的学习材料和资源;面向患者能够筛查有潜在健康问题的患者,提出可以采取的自我护理措施,并根据病情的紧迫性和严重程度分诊,如需去医院就医则提供导诊、预约等服务,全程跟踪患者的治疗流程,提供个性化治疗建议、健康指导和用药提醒等,分析可穿戴设备、传感器等监测设备的数据,实时了解患者的健康状况,及时预警。虽然很多专家坚持此类模型有时会出现难以发现的错误,但针对特定用途对模型微调有望提高模型在该领域的表现。剑桥语言技术实验室开发了一个专用于生物医学领域的模型Visual Med-Alpaca,该模型基于LLaMa-7B并借鉴了斯坦福大学的Alpaca,具有令人惊叹的根据X线、CT和MRI等影像识别疾病和异常的能力,也能对复杂的临床问题提供解答。微软研发主管彼得·李认为,正如人类会犯错误,模型也会犯错误,也会发现自己的错误,只是可以接受的阈值仍有待回答,即用户在多大程度上可以信任模型?模型在多大程度上可以帮助完成任务?毫无疑问,此类模型在医疗领域的使用率持续升高,也被公认有广泛的应用领域,但也伴有巨大的风险,因此应保持谨慎的态度使用。

第二节　多组学技术在传染病防控中的应用

组学(omics)是研究细胞、组织或整个生物体内某种分子的所有组成内容的学科,其主要涵盖基因组学、转录组学、蛋白质组学、代谢组学、微生物组学和免疫组学等多个组学内容。随着科学研究的进展,人们发现单纯研究某一方向无法解释全部生物医学问题,科学家就提出从整体的角度研究人类组织细胞结构、基因、蛋白质及其分子间的相互作用,通过整体分析反映人体组织器官功能和代谢的状态,为探索人类疾病的发病机制和临床治疗提供新的思路。

仪器性能提升及组学技术进步拓展了组学研究的深度。组学研究发展迅速,主要得益于最新高通量测序技术的发展、高灵敏度和高分辨质谱仪的应用、新的统计学工具和计算方法的出现,以及组学数据库的不断丰富,从而实现从系统生物学角度去解析生物体功能和机制。

一、组学技术概况及发展历程

按照数据类型的不同,组学可以大致分为两种,分别是以测序技术为基础的基因组学、转录组学、表观遗传组学与微生物组学,以及以质谱技术为基础的蛋白质组学和代谢组学。测序技术的发展使测序通量提升、序列读长增加、测序时间和测序成本降低,质谱技术的发展也使得数据准确度和通量增加,这促进了组学技术在科研及临床中的大规模应用。

(一)基因组学概述及发展历程

1. 基因组学的基本概念　基因组(genome)一词最初是由 GENs 和 chromosOME 组合为"genome",用于表示生物的全部基因和染色体组成的概念,是指生物的整套染色体所含有的全部 DNA 序列。现在一般认为,基因组即生物所具有的携带遗传信息的遗传物质的总和,包括所有的基因和基因间区域。基因组的结构主要指核酸分子中不同的基因功能区域各自的分布和排列情况,其功能是储存及表达遗传信息。不同种类生物储存的遗传信息量迥异,其基因组的结构和组织形式也不同。

所谓基因组学(genomics)就是对所有基因进行作图(包括遗传图谱、物理图谱、转录图谱)、核苷酸序列分析、基因定位和基因功能分析的一门科学。简而言之,就是在基因组水平上研究基因结构和功能的科学。基因组学研究的内容包括基因的结构、组成、存在方式、表达调控模式、基因的功能及相互作用等,是研究与解读生物基因组所蕴藏的生物全部性状的所有遗传信息的一门前沿科学。

基因组学是在人类基因组计划的实施影响下逐步形成的一门具有很强理论性和实用性的交叉学科,对于整合生命科学各学科分支、深化与开拓生命科学新的研究方向具有极其重大的意义。

2. 基因组学发展历程　从 19 世纪发现 DNA 开始,人类开始逐渐接触生命的本质,但是受当时认知所限,DNA 的作用被认为是储存磷并将其提供给细胞内其他分子合成使用,这一时期,人们一直认为遗传物质是蛋白质,毕竟氨基酸的种类繁多,足以包含足够的遗传信息。进入 20 世纪 30 年代,英国科学家开始使用不同类型的肺炎双球菌探索遗传物质的化学本质,并在此基础上证实遗传物质是 DNA,而不是蛋白质或其他大分子。随后著名的噬菌体实验更是进一步证实了这一点。由此,科学界正式接受 DNA 是遗传物质这一观点。DNA 的序列测定成为一个极其基础且关键的内容,无论是基因的鉴定、分离及定位,还是基因的功能与结构,都依赖于 DNA 的序列信息。

1986 年首次提出了基因组学的概念,随着 1990 年人类基因组计划启动,生物学研究进入基因组学时代,开始真正系统地研究基因组、解码生命。2000 年,中、美、日、德、法、英 6 国科学家联合宣布成功绘制出人类基因组草图。2001 年以后,随着功能基因组学、蛋白质组学的兴起,生物学研究进入后基因组学时代。此后开展了 HapMap 计划、ENCODE 计划、国际癌症基因组计划等后续计划。

基因组学的目的是对一个生物体所有基因进行集体表征和量化,并研究它们之间的相互关系及对生物体的影响。基因组学还包括基因组测序和分析,通过使用高通量 DNA 测序和生物信息学来组装和分析整个基因组的功能和结构。基因组学同时也研究基因组内的一些现象,如上位性(一个基因对另一个基因的影响)、多效性(一个基因影响多个性状)、杂种优势(杂交活力)以及基因组内基因座和等位基因之间的相互作用等。

表观遗传组学是研究 DNA 和组蛋白修饰的科学。表观遗传修饰是对细胞 DNA 或组蛋白的可逆修饰,在不改变 DNA 序列的情况下影响基因表达。两个最具特征的表观遗传修饰是 DNA 甲基化和组蛋白修饰。表观遗传修饰在基因表达和调控中起着重要作用,并参与许多细胞过程,如分化/发育和肿瘤发生。直到最近,通过基因组高通量分析,才可能在全基因组范围研究表观遗传学。DNA 修饰及组蛋白修饰能够改变基因组信息的读取和书写,在不改变 DNA 序列的前提下,调控染色体结构、基因活性和基因表达。表观遗传调控基因表达的研究可以追溯到 20 世纪 70—80 年代，但直至 21 世纪才出现在全基因组水平研究表观遗传修饰的方法。随着 DNA 测序技术的进步，亚硫酸氢钠测序法、染色质免疫沉淀测序法的发展及高度特异性识别组蛋白修饰抗体的产生，都为描绘细胞特异的表观遗传地图提供了契机。

3. 基因测序技术　基因组测序的目标是获取目标生物基因组的完整 DNA 序列。

（1）第一代测序技术：第一代测序技术是 20 世纪 70 年代中期开创的 DNA 测序方法，包括以链终止法和化学降解法为原理的测序方法。第一代测序技术的主要特点是以待测 DNA 为模板，采用 DNA 聚合酶体外合成新链，并在新链中掺入带有标记的碱基类似物。这些末端带有标记的 DNA 单链在凝胶电泳时可以形成彼此仅差一个碱基的梯形条带，根据末端碱基的特有标记就可以读取待测 DNA 的序列组成。

双脱氧核苷酸末端终止测序法，简称链终止法或 Sanger 法，核心原理是利用双脱氧核糖核苷酸（ddNTP）的 2′- 和 3′- 碳原子不含羟基，在 DNA 的合成过程中不能形成磷酸二酯键的特性，中断 DNA 合成反应，让合成的互补 DNA 单链可以在任意一个碱基位置终止。在 4 个 DNA 合成反应体系中分别加入一定比例带有放射性核素标记的 ddNTP，每个反应体系都会产生所有长度的对应模板链在所用双脱氧核苷碱基位置终止的新链。通过凝胶电泳和放射自显影，可以根据电泳带的位置确定待测分子的 DNA 序列。

随着 DNA 测序规模的日益扩大，第一代测序技术存在的缺点也显露出来。由于 Sanger 测序法的技术关键是终止 DNA 单链的合成，决定了不能做到连续测序。由于判读测序碱基是依靠 DNA 单链最末端的双脱氧核苷酸的分辨识别，对于较长的 DNA 单链，仅差一个核苷酸的 DNA 单链就难以通过凝胶电泳彼此分开，从而限制了 Sanger 法的测序长度。

（2）第二代测序技术：第一代测序技术成本高、通量低等方面的缺点，严重影响了其真正大规模的应用。因而许多新颖的不依赖链终止法的 DNA 测序方法大量问世，这些新技术统称为第二代测序技术，即下一代测序技术（next-generation sequencing，NGS），又称为高通量测序技术。

其中最有代表性的为焦磷酸测序，技术原理为在合成互补 DNA 单链时，每延伸一个核苷酸，都会发出一次特别的荧光，可由计算机直接判读记录。该方法首先要进行 DNA 待测文库的构建，将待测的 DNA 样本利用超声波打断成 200～500 bp 的小片段，并在这些小片段的两端添加上不同的接头，构建出单链 DNA 文库。测序方法采用边合成边测序的方法。向反应体系中同时添加 DNA 聚合酶、接头引物和带有碱基特异荧光标记的 4 种脱氧核苷酸。这些 dNTP 的 3′-OH 被化学方法所保护，因而每次只能添加一个 dNTP。发生聚合反应后，选中的核苷酸连接前一个核苷酸，释放一个焦磷酸 PPi。焦磷酸在腺苷三磷酸硫酸化酶的催化下与反应池中的 dATP 类似物 5′- 磷酸化硫酸腺苷反应生成 ATP，荧光素酶催化 ATP 与荧光素反应发光。可用光电倍增管或电荷耦合装置检测该荧光信号强度，最后利用计算机分析将光学信号转化为测序碱基。荧光信号记录完成后，再加入化学试剂淬灭荧光信号并去除 dNTP 3′-OH 保护基团，以便能进行下一轮的测序反应。这种测序技术每次只添加一个 dNTP 的特点能够很好地解决同聚物长度的准确测量问题，它的主要测序错误来源是碱基的替换。第二代测序技术在大大降低测序成本的同时，还大幅提高了测序速度，并且保持了高准确性。

然而，NGS 测序中的构建文库过程因为 PCR 引入的扩增错误导致的测序质量问题以及测序序列的读长限制（通常小于 500 bp），使得 NGS 技术难以满足一些现代生物学问题的更高要求，例如 DNA 上较长的重复片段的测定、DNA/RNA 甲基化修饰问题的测定等应运而生。第三代测序技术能够测定更长读长的序列，且无需复杂的文库构建过程，近年来受到学界的广泛关注。

（3）第三代测序技术：第三代测序技术是以单分子测序（single-molecule sequencing，SMS）为目标的边合成边测序技术，不需要经过 PCR 扩增，实现了对每一条 DNA 分子的单独测序。第三代测序技术也称从头测序技术，即单分子实时 DNA 测序。关键技术是荧光标记核苷酸、纳米微孔和激光共聚焦显微镜实时记录微孔荧光。存在三种技术路线：基于单分子DNA合成的实时测序、纳米孔单分子DNA电流阻遏测序、纳米孔单分子DNA碱基序列的电子阅读。

常见的测序方法有单分子实时（single molecular real time，SMRT）DNA测序技术和纳米孔单分子测序技术。第三代测序技术最大的特点就是单分子测序，测序过程无需进行PCR扩增。SMRT技术以SMRT芯片为测序载体，布满了微小的阵列小槽，小槽底部金属片上有小孔，可过滤直径小于600 nm波长的激光，使其无法到达小槽内部激发背景荧光，称为零模式波导。测序时，一个纳米孔固定一个DNA聚合酶分子和一条DNA模板。按照模板链核苷酸顺序进行DNA聚合反应时，相应的dNTP进入DNA模板链，同时通过检测dNTP荧光信号，获得荧光信号图像，经过分析计算获得DNA的碱基序列。

纳米孔DNA实时读序平台利用了纳米孔测序技术原理：当多聚有机分子通过纳米孔时，可以短暂地占据纳米孔道，并对穿越纳米孔道的离子电流产生阻遏效应，干扰离子电流信号。根据电流阻遏信号的变化可以用来分析纳米孔内靶分子的特征、浓度、结构及其动态。在充斥着电解液的容器中，放置镶嵌有纳米孔蛋白的分子膜，膜上只有纳米孔可以使离子通过。首先利用外加电源在纳米孔两侧提供稳定的电势差，使得纳米孔中通过稳定的电流。然后在相关蛋白质和酶的辅助下，DNA分子以较为稳定的速度通过纳米孔，当纳米孔内被特定的核苷酸占据时，会对过孔的电流产生扰动。较为直觉的解释是，较大的核苷酸占据纳米孔时，可供离子流过的空间变小，观测到的电流降低，实际过程中因为纳米孔为某种过膜蛋白，会和某些DNA分子发生偶联反应，对电流的影响机制更为复杂。最终，测序仪记录DNA分子过孔过程中产生的电流信号，再将这一特异性的电信号序列利用算法软件翻译为核苷酸序列。

纳米孔测序技术的几大主要研究方向是basecaller算法的开发、甲基化检测和蛋白质纳米孔测序技术。basecaller算法开发的需求是来自于DNA分子在过孔蛋白酶的帮助下通过纳米孔时，传感器所检测到的由占据孔的核苷酸序列的差异引起的电流信号变化具有复杂性。因为纳米孔有一定厚度，电流信号的变化通常是由占据孔内的3~6个核苷酸长的序列共同决定的。使用basecaller算法将获取的这些离子电流变化信号序列翻译为3~6个核苷酸长的碱基序列。因为电流信号的高噪声以及生物蛋白质纳米孔的差异性和纳米孔与核苷酸序列相互作用的复杂性，如何精确地将纳米孔测序技术生成的原始电信号翻译为序列信息一直是科学家们关注的重点。近年来也诞生了多种用于精确翻译电信号的basecaller工具。

第三代测序技术能够检测DNA分子自身的物理化学特性，因此生物基因组上的修饰信息也可以在电信号中反映，也就可以实现对甲基化位点的检测。甲基化修饰是指甲基化酶作用于DNA分子上，形成带有甲基化功能基团或羟甲基化功能基团的核苷酸分子，比较常见的甲基化修饰有在胞嘧啶环的5号位置上加入甲基化功能基团的5-甲基胞嘧啶等。DNA分子上的甲基化修饰具有非常强的细胞特异性和细胞周期特异性，对表观遗传学研究有着重要的意义。研究表明，带有甲基化修饰的核苷酸和不带修饰的相同核苷酸通过纳米孔时会产生不同的电信号特征，因此通过深度学习模型捕获甲基化修饰分子的特殊电信号模式可以发展出基于第三代测序信号的DNA/RNA分子甲基化修饰检测工具。基于这样的思想，2019年出现了基于深度学习网络架构的甲基化位点检测算法DeepSignal和DeepMod，可以在人类基因组和细菌 *E. coli* 基因组上实现甲基化位点的检测。

第三代测序技术的优势：相比于第二代测序技术，第三代测序技术的仪器更加小巧便携、成本较低且构建测序文库的过程更加简单。快速、实时的测序技术在多种临床应用中有着非常重要的意义。此外，第三代测序技术能够检测核苷酸序列上的物理化学性质，因此该技术可以直接应用于序列甲基化修饰等DNA修饰的检测，能够为研究者提供物种的表观遗传学修饰信息，大大扩展了测序技术的应用场景。这些优势使得第三代测序技术可以应用于快速、实时的DNA/RNA测序。因为第三代测序技术超长的测序读长（超过100 kbp），该技术能够用于测定第二代测序技术无能为力的人类基因组上的长重复片段，能够填补原本利用第二代测序技术测定的人类基因组图谱上一些仍未精确测定的区域。在基因组结构变异的检测问题上，第三代测序技术也提供了非常好的技术支持，该技术超长的读长使得其可以较为容易地检测出序列上的基因插入、删除、复制、位移等异常。目前在 RNA 表达量分析、非整倍体检测等领域的应用上，第三代测序技术也比传统第二代测序技术有着更加广阔的前景。

总而言之，相比于第二代测序，第三代测序技术能够产生远长于第二代测序技术的序列读长，可以测甲基化的 DNA 序列，也可以直接测 RNA 序列，在表观遗传学研究中具有巨大潜力。

第三代测序技术最大的缺点是单读长错误率偏高，需要重复测序纠错，且随机出错，需要进行多次测序纠错，增加了测序成本。目前它的应用率没有第二代测序普遍，其生物信息分析软件也不够丰富，积累较少。

（4）单细胞测序技术：单细胞测序（single cell sequencing，SCS）是指在单个细胞水平上，对基因组、转录组、表观组进行高通量测序分析的一项新技术，能够弥补传统高通量测序的局限性，揭示单个细胞的基因结构和基因表达状态，反映细胞间的异质性。该技术已在肿瘤细胞的遗传异质性分析、免疫细胞和生殖细胞基因型研究等领域中广泛应用。由于单细胞中 DNA 拷贝数极低，常规的 DNA 测序方法难以进行全基因组基因型分析，因此单细胞测序技术着力于解决 DNA 拷贝如何大量扩增以及确保 DNA 测序保真度的问题。

通过将单细胞基因组扩增技术与高通量测序技术结合起来，单细胞全基因组测序应运而生。随后陆续涌现出了很多扩增技术，极大丰富了单细胞测序的适用性，如单细胞全外显子组测序、多重退火环状扩增循环技术等。伴随着测序技术的不断迭代，单细胞的研究也向高通量、多维度、标准化的模式发展。从简单地分离研究单个细胞，到大规模、大范围地研究群体细胞。基于多细胞分离技术与微流控技术的结合，为未来研究提供了可能。

SCS 技术旨在通过下一代测序识别单个细胞的基因组序列信息，并获取细胞之间遗传物质和蛋白质差异的信息，从而更好地了解单个细胞在微环境中的功能。SCS 主要涉及以下四个步骤：单细胞分离、核酸扩增、高通量测序和数据分析。其中，单细胞分离和核酸扩增是核心技术。

4. 基因组学在医学中的应用 高通量测序（high-throughput sequencing）技术在人类肿瘤表征中的应用为了解不同癌症类型的生物学基础、开发靶向疗法和干预措施、发现药物反应和耐药性的基因组生物标志物、指导有关治疗的临床决策提供了前所未有的手段。除了上游样品制备方法的多样性外，高通量测序分析的多功能性还有助于整合表征癌症基因组、转录组和表观基因组的研究。高通量测序技术可以揭示肿瘤 DNA 样品中的单核酸变异（single nucleotide variation，SNV）、小的插入和缺失（insertion-deletion，INDEL）、拷贝数变异（copy number variation，CNV）、结构重排及杂合性丧失。DNA 和（或）组蛋白的化学修饰及高级染色质结构的变化也可以更高的精确度进行定位；还可以通过早期检测血液测试进行癌症的筛查，识别癌症的组织起源。

在临床日常诊疗中，越来越多的基因医学应用被接受，其中包括评估疾病风险、诊断罕见病和疑难杂症及改善药物安全和疗效。基因型 - 表型关联性研究不仅可以确定复杂性状和疾病的遗传结构，还能为生理学和疾病病理生理学提供新的理解。

随着高通量测序技术的发展、大数据分析处理水平的提升、以高通量测序技术为基础的组学数据逐渐应用到诊疗过程中。组学研究的广泛开展与应用，产生和积累了大量的数据，通过对这些数据的整合分析，在各个方面加深对疾病和药物作用机制的认识，可为疾病的精准预防和精准治疗提供个性化方案。

面对传染病对人类健康的巨大威胁，基因组学技术逐渐成为防控传染病的高效工具。例如传统的病毒检测方法主要包括基于病毒基因的各类 PCR 和基于病毒抗原抗体的血清学检测，但这些方法的局限性是需要提前预知病毒的基因序列或蛋白质序列信息，因此只能用于检测已知病毒或变异幅度较小的毒株。近年来，随着病毒分子生物学和下一代测序等技术的不断发展，新的病毒高通量检测方法被应用到未知新型病毒的挖掘中。这揭示了基因组学技术在新病毒的发现、病毒基因组的重新测序及病毒基因突变等方面具有巨大的研究前景。

基因组学技术也可以运用到临床样本检测病原体并对其分类。急性疾病的住院患者发生感染时往往没有得到充分诊断，而导致治疗延误或不足，增加不良结局和死亡风险。一些患者由于癌症、遗传性综合征或移植而免疫力低下，极易受到一些常见和不常见的病原体的感染。临床微生物学中使用的各种诊断检测方法具有明显缺点。传统检测方法的一个共同关注点是检测病原体的广度受到限制，临床医生往往只能得到阴性的结果。由于早期使用广谱或预防性抗菌药物，常规培养检测的效果是有限的。分子检测如 PCR，可以对特定目标的生物体进行大量的单独检测，但可能使用了不匹配的引物，漏掉罕见的病原体，从而降低检测的灵敏度。以高通量测序为代表的技术可以广泛地识别常见和罕见的病原体，是一种可能检测几乎所有生物体的无假设诊断方法，可以给病原微生物诊断检测模式带来巨大转变。此外，基因组学技术还可用于预测和毒力因子测定、谱系追踪、病毒或培养物分离株的耐药性测试等领域。

（二）转录组学概述及发展历程

1. 转录组学的基本概念 转录组学（transcriptomics）是一门在整体水平上研究细胞中基因转录情况及转录调控规律的学科。简而言之，转录组学是从 RNA 水平研究基因表达的情况。转录组即一个活细胞所能转录出来的所有 RNA 的总和，可以分为狭义转录组和广义转录组两种，前者是指直接参与翻译蛋白质的 mRNA 总和，后者指所有参与基因转录和加工的 RNA 分子，包括编码 RNA 和非编码 RNA。

随着测序技术的发展及人类和其他物种基因组测序的完成，多种组学如转录组学、表观遗传组学、蛋白质组学竞相出现，在这些研究手段中，转录组学具有较简易的实验技术、成熟的数据分析模式及能反映核酸与蛋白质之间紧密的联系等优点，因此较其他技术率先发展并得到广泛的应用。

2. 转录组学发展历程 从 19 世纪末发现了核酸并命名为核素后的半个多世纪，核酸并没有得到重视，直到 20 世纪初，科学家们已经确定自然界中有 DNA 和 RNA 两种核酸，并阐明了核苷酸的构成。1961 年，Jacob 和 Monod 将由编码蛋白质的基因经转录产生的短暂存在的 RNA 命名为信使 RNA，即 mRNA，随后"受体"RNA 即转运 RNA（tRNA）和参与蛋白质合成的核糖体 RNA（rRNA）也相继被发现。

在 20 世纪末，基因芯片技术与早期的检测方法相比，具有方便、快捷、准确等特点，尤其是在获取细胞内基因的表达谱信息层面具有很大的优势，因此得到了大量应用。基因芯片又称为 DNA 芯片，是早期基于杂交技术获得和分析转录组数据的主要方法。芯片技术是将大量的寡核酸或者 DNA 排列在硅片等固相支持物上作为探针，将提取的 mRNA 经过扩增和荧光标记后与上述探针进行杂交，在激光的激发下根据不同反应表现的荧光信号不同得出基因表达的信息。芯片技术具有实时性、较高的灵敏度及准确度等优点，因此快速发展并商品化，被广泛应用于表达谱分析、不同基因型细胞的表型分析及其基因诊断、药物设计等领域。之后基因芯片技术逐渐被高通量测序技术所替代。

3. 转录组学在医学中的应用 转录组学研究为人们认识产前遗传、发育和环境所导致的疾病生理状态添加了新的思路，增加了人们对新生儿发育的认识，揭示了与孕龄相关的基因表达的动态变化，为正常和异常新生儿转录组的分析和产前诊断提供了方法。

在恶性肿瘤诊疗中，通过转录组学发现的新的基因突变可作为潜在生物标志物在癌症的临床诊断和靶向治疗过程中发挥重要的作用。在神经性疾病中，转录组分析已经成功应用于帕金森病和阿尔茨海默病的研究，一些研究对阿尔茨海默病患者的额叶、颞叶进行转录组分析，发现了已知的致病基因和以前未注释的表达区域的差异表达。

在传染病研究中，一些转录组学相关研究为开发新型传染病防治技术提供了重要的理论基础。通过转录组学的方法研究了白花丹素对结核分枝杆菌的抑制机制，发现经白花丹素处理后，结核分枝杆菌醇二分支菌酸相关基因的表达下调，结核分枝杆菌外膜的通透性增加，从而在一定程度上导致该菌活性变低，同时三酰甘油合成酶基因也受到了抑制，促使结核分枝杆菌的应激能力降低，最终结核分枝杆菌的生长受到抑制。一项研究应用转录组学手段研究黄连对致病性大肠埃希菌抑制作用的分子机制，结果表明有1428个基因发生明显的差异表达，黄连主要通过引起大肠埃希菌的细胞壁损伤，影响脂肪酸代谢、氨基酸代谢、蛋白质的转录和翻译、破坏DNA复制过程等多个方面发生作用，最终导致菌体生长被抑制，甚至死亡。鼠疫耶尔森菌可以引发鼠疫传染病的发生和流行，而目前该菌对一些常规的抗生素不敏感，该研究为开发新的有效杀菌剂提供了鼠疫耶尔森菌的抑制机制。

（三）蛋白质组学概述及发展历程

1. 蛋白质组学的基本概念 蛋白质组学（proteomics）是指应用各种技术手段研究蛋白质组的一门新型学科，其目的是从整体的角度分析细胞或生物内蛋白质的组成成分、表达水平、修饰状态、相互作用及动态变化，进而探索蛋白质功能与细胞生命活动规律的关系，获得在蛋白质水平上关于疾病发生、细胞代谢等过程的整体而全面的认识。一个生物系统所表达或产生的全部蛋白质即为蛋白质组。由于同一基因组在不同细胞、不同组织中的表达情况各不相同，因此，蛋白质组是一个动态的、变化着的整体。

2. 蛋白质组学发展历程 蛋白质组是指一个细胞或一个组织基因组所表达的全部蛋白质总和，是对应于一个基因组的所有蛋白质构成的整体。20世纪80年代末，质谱分析领域中的重大突破极大地提高了蛋白质的检测能力。

20世纪90年代，"人类基因组计划"完成以后，医学迎来了极大的发展和进步。由于基因组学仅在基因活性和疾病相关性方面提供了依据，而大部分疾病并不是基因改变引起的，同时基因的表达方式错综复杂，同样的基因在不同条件下、不同时期内可能会起到完全不同的作用。此后众多"组学"如雨后春笋般蓬勃兴起。蛋白质组学作为其中最重要的研究领域之一，受到广泛关注。

2002年首批启动了肝、血浆蛋白质组计划，之后又陆续启动脑、肾和尿液、心血管等器官组织蛋白质组计划。从此，蛋白质组学研究进入一个快速发展的阶段，各种新技术、新方法层出不穷。尤其是质谱技术的快速发展，使得单次蛋白质组分析中鉴定获得的蛋白质组数目与日俱增。随着定量蛋白质组学研究技术、修饰蛋白质组学研究、蛋白质生物信息分析等技术的进步，蛋白质组学的研究范畴也日益广泛，从最初的蛋白质定性与相对表达量分析逐步拓展到了蛋白质绝对丰度定量、蛋白质-蛋白质相互作用、翻译后修饰蛋白质的组织器官空间定位以及在特定生理病理条件下的蛋白质或修饰动态变化等方面。

3. 蛋白质组学在医学中的应用 蛋白质组学研究不仅能更加系统地揭示生命活动规律，而且能有效阐明疾病发生发展的内在分子机制和网络，并为最终攻克这些疾病提供理论依据和解决途径。例如，通过分析比较正常和疾病状态下的蛋白质组差异，可以找到某些"疾病特异性"的蛋白质，它们既可能成为新药设计的分子靶点，也会为疾病的早期诊断提供潜在的生物标志物。因此，蛋白质组学研究不仅将帮助人们从"系统论"的视角探索生命奥秘，而且能为人类健康尤其是"精准医疗"的发展提供直接的线索和重要手段。

蛋白质组学可用于基础和应用医学研究。在基础研究和临床诊断领域揭示疾病的发展过程，并发现生物标志物和治疗靶点。迄今为止，蛋白质组学的价值主要体现在作为探索工具应用于基础研究领域。蛋白质组学已经为核仁、核糖体和其他细胞器中蛋白质复合物的研究以及与主要生化调控路径有关的蛋白质鉴定方面提供了有价值的结果。通过与生物信息学的结合，蛋白质组学已在鉴定和分类致病微生物及细胞组成方面显示出较强的能力，包括细胞膜、细胞核和其他结构单元中的蛋白质。

(1) 蛋白质组学与心血管疾病：蛋白质组学已被广泛用于心血管疾病领域，可以进行蛋白质表达的检测、明确疾病的生物标志物、推断缺血性心脏病的分子机制。有研究根据冠状动脉旁路移植术患者动脉平滑肌细胞的蛋白质组和分泌蛋白质组，鉴定出83种胞内蛋白质和18种分泌蛋白质。这些蛋白质大部分是细胞的骨架蛋白，其他蛋白质则是参与蛋白质的生物合成、分解、细胞免疫和代谢通路等功能的功能蛋白质。这些研究结果对于确定心脏病的复杂发病机制具有一定的参考价值。

(2) 蛋白质组学与神经退行性疾病：神经退行性疾病蛋白质组学研究的目标是检测与疾病相关的蛋白质表达和翻译后修饰与正常对照组之间的差异。这些差异的发现有利于探讨神经退行性疾病的潜在分子机制，筛选潜在的诊断标志物及治疗靶标。阿尔茨海默病是老年性痴呆的主要形式，有的研究通过蛋白质组学方法分析阿尔茨海默病患者大脑的不同区域，并与未发病的对照组比较，从而发现表达水平有差异的蛋白质。结果发现在病变区域出现能量代谢减少、氧化应激增加、细胞凋亡失调、蛋白质错误折叠、神经递质失衡、参与神经细胞增殖的蛋白质下调，而引起神经突起加速生长或突触可塑性的蛋白质上调等问题。

(3) 蛋白质组学与肿瘤：癌症是多基因变化引起的异常。癌细胞的重新编码和机体对癌症的反应会导致蛋白质组的变化。基于蛋白质组学方法，能够在诊断、术后、监测疗效等不同水平上研究癌症，并且可以筛选出与癌症的预防和治疗相关的靶标。研究人员采用不同的蛋白质组学研究方法探讨癌症的生物学特征，以期找出上调或下调显著的蛋白质。基于对照组织和癌组织的比较，发现在某一状态或不同状态之间蛋白质翻译后修饰变化的特异性。当前在肿瘤蛋白质组学研究中主要采用两种研究方法：生物标志物的筛选和蛋白质组表达谱。

(4) 蛋白质组学与传染病：生物质谱技术在SARS-CoV-2病毒颗粒的鉴定和生物标志物研究中发挥重要作用。一项研究应用血浆蛋白质组学，对处在不同疾病发展阶段的血浆样本进行了蛋白质定量质谱分析，鉴定出11种血浆蛋白标志物以对患者的不同临床结局进行预测，从而揭示了COVID-19的生物标志物及发病机制。这揭示了蛋白质组学技术在生物标志物、发病机制和药物靶标等研究中可以发挥的重要作用。

（四）代谢组学概述及发展历程

1. 代谢组学的基本概念 代谢组（metabolome）是一些参与生物体新陈代谢、维持生物体正常生长功能和生长发育的小分子化合物的集合，主要是分子量小于1000的内源性小分子，包括氨基酸、脂肪酸、有机酸、酮体、糖类、核苷酸等，是基因组的下游产物，也是最终产物，小分子的产生和代谢能够准确地反映生物体系的状态。代谢组分析有助于了解人体内代谢的情况，例如人体在生理和病理状态下的代谢变化，还可以进行早期疾病诊断和治疗，甚至进行人种鉴定等。目前，代谢组学已经成为了生物医学研究的重要组成部分。

代谢组学是20世纪90年代中期继基因组学和蛋白质组学之后新近发展起来的一门新兴学科，是研究细胞和生物体的所有代谢中间体和终产物（即代谢组）的一门新兴科学，是对生物体内所有代谢物进行定性和定量分析，并寻找代谢物与生理病理变化的相对关系的研究方式。代谢组学是生物基质中的代谢物图谱，是发现生物标志物和个性化药物的关键工具。它以内源性代谢物分析为基础，以高通量分析检测与统计学数据处理为手段，通过定性定量分析及研究生物体系受刺激或扰动后产生的内源性小分子代谢物整体及其变化规律，来探明生物体系的代谢途径。代谢途径或细胞过程中的代谢物可作为生物标志物，用于疾病诊断，预测患者对化学疗法的反应和（或）常见疾病复发。利用代谢组学技术，可以对代谢物进行全面的分析，探索生命体内复杂的代谢调控网络，并从中发现新的代谢标志物或靶点，作为诊断、治疗、预防疾病或监测环境等方面的工具。

基因组学和蛋白质组学分别从基因和蛋白质层面探寻生命的活动，而实际上细胞内许多生命活动是发生在代谢物层面的，如细胞信号释放、能量传递、细胞间通信等都受代谢物调控。与其他组学相比，代谢组处于生命网络调控的下游，可反映环境和基因交互作用的末端效应，更接近于反映基因组、转录组和蛋白质组受内外环境影响后相互协调作用的最终结果，更接近于反映细胞或生物的表型。

代谢组学的应用非常广泛，包括临床医学、药物研发、农业科学、食品科学以及环境科学等多个领域。在医学领域，代谢组学着重研究生物体、器官、组织或细胞中内源性代谢物受内在或外在因素影响的变化规律。通过测量和比较生物样品中存在的大量代谢物，可以指示细胞、组织或器官的生化状态，协助阐释新基因或未知功能基因的功能，并揭示生物各代谢网络间的关联性。

2．代谢组学发展历程 代谢组学的起源可以追溯到20世纪70年代，当时科学家主要使用纸层析和气相色谱技术来分析代谢产物，但这些技术鉴定和分析的代谢产物比较少。在来自不同领域的科学家们的共同努力下，在20世纪90年代末期得到迅猛发展，形成以核磁共振（nuclear magnetic resonance，NMR）和色谱-质谱为核心的两大技术平台，并逐渐得到广泛应用。随着质谱技术的发展，代谢组学实现了重大突破。质谱技术使代谢产物的鉴定和分析更为高效、准确，实现了代谢组学的高通量分析。同时，生物信息学技术的发展也使代谢组学的数据分析和解释变得更加便捷。核磁共振、电化学和毛细管电泳等新技术的出现和普及，扩大了代谢组学的应用领域，同时，越来越多的代谢组学数据库和代谢组学软件的开发，也提升了代谢组学的数据分析和挖掘能力。

代谢组学的快速发展得益于近十几年来仪器联用技术和数据挖掘技术的迅速发展。目前常用的有3个技术平台：NMR、气相色谱-质谱（gas chromatography-mass spectrometry，GC-MS）和液相色谱-质谱（liquid chromatography-mass spectrometry，LC-MS）。

一般而言，核磁共振技术无需提取等预处理步骤即可检测样本中存在的代谢物，但与色谱-质谱方法相比启动成本高，灵敏度较差；气相色谱-质谱法灵敏度较高，成本较低，但局限于检测小分子挥发性物质，不适用于检测热不稳定或难挥发的化合物；液相色谱-质谱法灵敏度高，检测物质分子量范围广，尤其适用于高沸点、大分子、强极性或热稳定性差的化合物。

质谱成像技术是使用质谱仪检测组织内代谢物并将其响应绘制成成百上千种分子的空间排列的技术。以往的代谢物分析通常只能在均一化的样品或提取物中进行，但是某些特定的细胞和组织却具有与其他组织完全不同的代谢物特征，因此经典的代谢分析方法并不能很好地检测到这些差异。而质谱成像技术的像素是根据不同分子的种类或质谱峰强度，通过红、绿、蓝3种颜色的密度叠加而成，将这些不同的通道互相覆盖，便可以产生一个针对组织分子（包括蛋白质、神经肽、代谢分子或脂质等）、组织构成和空间分布的彩色绘图，呈现类似数码照片的结果。目前，最常用的方法有基质辅助激光解吸电离质谱成像技术、次级离子质谱、纳米结构启动质谱、实时直接分析技术和解吸电喷雾电离技术。

代谢组学检测有靶向和非靶向两种方法。靶向方法采用内标化合物定量一组预先确定的代谢物，该方法具有较高的特异性和准确性，被广泛应用于不同生理状态下特定代谢产物的分析和比较。非靶向方法理论上是对样品中所有可测代谢物的综合检测，包括未知代谢物，因此在广泛识别新的代谢途径和生物标志物方面具有强大的潜力。早期流行病学研究大多采用靶向方法，近年来在大规模队列研究中应用非靶向方法的情况有所增加。

代谢组学的平台技术凭借分析技术的更新升级及与多种分析方法的结合得到了进一步提升。不同的样本类型和研究问题需要使用不同的代谢组学方法，因此代谢组学领域中既有针对单个细胞的研究，也有广泛应用于组级别、个体级别或群体级别的研究。根据研究目标和研究对象不同，代谢组学分为全谱定量代谢组学、单细胞代谢组学、药物代谢组学及具有中国特色的中医方证代谢组学等众多分支。

单细胞代谢组学是指对单个细胞进行代谢组学分析，以了解细胞内代谢反应和代谢通路的变化，反映了细胞异质性变化。除了单细胞测量之外，还需要空间信息，将单个细胞的相对位置与其代谢组学谱相关联，为研究细胞之间和细胞内的细胞通讯提供了独特的机会，空间单细胞代谢组学应运而生。近年来随着单细胞技术的发展，单细胞代谢组学的应用越来越广泛，并为人们提供了更高分辨率和更全面的代谢组学信息，对于诊断和治疗肿瘤、研究肿瘤的药物耐药性以及了解在特定环境中的微生物生长和代谢等领域都有着重要的作用。

非单细胞代谢组学是一种广义的代谢组学研究领域，涉及非单细胞生物体、组织器官以及环境的代谢组学研究。这一分支主要研究非单细胞样本的代谢物组成和变化规律，包括但不限于血浆、组织、细胞培养上清液、粪便等。在非单细胞代谢组学中，研究者通常采用了多种技术手段，包括质谱、核磁共振、气相色谱-质谱等。通过这些技术，可以对非单细胞样本中的代谢物进行分析，得出代谢组的构成，发现特定代谢物，以及代谢通路的调节机制，广泛应用于诊断、预测和治疗疾病，营养评估，环境监测等方面。全身代谢组学研究的是整个生物体的代谢物组成和变化规律，是应用最广泛的代谢组学分支之一，用于寻找与疾病相关的生物标志物、发掘药物作用通路等。组织代谢组学分析的是组织中的代谢物组成和变化规律，用于研究组织代谢调节机制、寻找和发现组织特异性的生物标志物。尿液代谢组学研究的是尿液的代谢物组成和变化规律，可以用于研究肝病、糖尿病等疾病的生物标志物的寻找和预测。血液代谢组学研究的是血液中的代谢物组成和变化规律，主要用于研究心血管疾病、代谢性疾病、肿瘤和免疫系统等方面的生物标志物的发现。临床研究是非单细胞代谢组学的重要研究领域之一。例如，非单细胞代谢组学可以将代谢物组和疾病相互关联，以从血液、组织和尿液中发现新的生物标志物，发现和防治疾病，评估疗效和解释药物机制。环境代谢组学也是一个非常重要的领域，可以利用非单细胞代谢组学技术对各种环境条件中的微生物、植物和动物的代谢反应进行研究和分析。这种方法可以帮助解释一些生态学问题，如碳循环、重金属和有机物污染控制等问题，并可能用于寻找新的解决方案。

时间序列代谢组学是一种将时间作为变量，分析生物体中代谢产物分布与含量变化的代谢组学方法。它主要侧重于对代谢组的时序变化的研究，以理解生物体在不同生理状态下的代谢特征，探索各种疾病的代谢组学变化规律，以及药物作用的代谢组学反应。通常使用高通量技术，如质谱分析技术和核磁共振技术等进行数据获取，并将数据与时间进行对应，以获得代谢组在时间上的变化趋势。可应用于研究结构和功能类似的生物体在不同时间点的代谢状态变化趋势，比如细菌培养、动植物代谢物变化等；探索代谢特征与代谢反应之间的相互关系、代谢与调节机制；寻找具有生物标识特性的代谢子；构建生物体锁链反应机制，每个反应都需要较长时间，从而使代谢物组得以定性和定量。目前已经广泛应用于疾病研究领域，例如癌症、心血管疾病、代谢性疾病、神经退行性疾病等，以及生理调节、营养代谢、体育训练等方面的研究，为深入了解代谢机制和发现代谢标志物提供了有力的手段。

空间分辨代谢组学是一种以空间为基础的代谢组学方法，通过将组织中的代谢物与特定的空间位置联系起来，以研究空间位置与代谢物的相关性。通常使用成像质谱技术、荧光显微镜等技术，以多个空间位置为基础进行代谢物分析。由于这种方法能够得到各种组织中的代谢物分布图，有助于分析代谢物的分布图像，对代谢通路和代谢途径进行研究、分析，以及预测和识别潜在的生物标志物。应用空间分辨代谢组学技术，可以在细胞和组织水平上获得代谢物的图像分布，有助于研究生物成像和组织显微医学的发展；同时，空间分辨代谢组学可用于研究代表不同疾病的组织中代谢物水平的变化，例如，肿瘤中新陈代谢物的变化和改变、情绪障碍及神经退行性疾病的神经元代谢物变化和发展。治疗疾病通常需要足够的代谢物信息，因此空间分辨代谢组学凭借其能够提供的空间解析度，可向患者提供更具体的治疗建议。

3. 代谢组学在医学中的应用 代谢物的众多功能和代谢组学的重要性及其测试技术的适用性使代谢组学成为系统生物学中继基因组学、转录组学、蛋白质组学后的一个重要的组学平台，被广泛地应用于医学、药学、动植物学、微生物学、环境科学和食品科学等生命科学的各个研究领域。

代谢组学在疾病研究中的应用主要包括病变标志物的发现、疾病的诊断、治疗和预后的判断。最广泛的应用是发现与疾病诊断、治疗相关的代谢标志物，通过代谢物谱分析得到的相关标志物是疾病的分型、诊断、治疗的基础。对由疾病引起的代谢产物的响应进行代谢组学分析，能帮助人们更好地理解病变过程及机体内物质的代谢途径，有助于疾病的生物标志物的发现以及辅助临床诊断。

在患病个体中观察代谢物变化一直是临床实践的重要组成部分。在过去的十几年中，代谢组学已经被越来越多地用于疾病早期诊断、药物靶点发现、疾病机制研究等，目前被认为是非常强大的工具，具有巨大的临床转化潜力。许多代谢物已被确定为各种疾病的生物标志物，在临床实践中经常被用于反映疾病的严重程度，并提供与生存相关的基本预后信息。此外，还携带有关疾病部位及发病机制的信息。代谢组学研究通过观察患病个体与健康个体之间的代谢物水平变化，识别与疾病机制相关的代谢物。目前，代谢组学研究已经确定了一些疾病潜在的生物标志物或揭示了疾病的病理生理学特征，如癌症、中枢神经系统疾病、心血管疾病、糖尿病和肥胖等。人群的代谢表型将极大地促进评估每个患者对治疗的代谢反应，使个性化的临床治疗成为可能。

近年来国内外学者开展了多项代谢组学研究，涉及糖尿病、心脑血管疾病、恶性肿瘤等常见疾病，在复杂疾病的预测、诊断、治疗监测中发挥精准而重要的作用。

（1）代谢组学与慢性病：代谢组学技术已被广泛应用于研究各种慢性病的发病机制，其中包括糖尿病、肥胖症、心脏病、肝病、肾病、肺病和癌症等。

代谢组学能够鉴定糖尿病患者血中非糖类代谢物的变化，识别出伴随代谢物的变化，了解机体糖代谢途径的病理生理变化情况。鉴定非糖类代谢物变化和其相关的代谢途径，有助于为糖尿病患者提供更为个性化的治疗方法，并推动新型药物的研发。目前已有不少研究报道了糖尿病代谢组学研究成果。在美国弗雷明汉心脏研究后代队列的1150名参与者中，研究者前瞻性分析了LC-MS靶向检测的220个血浆代谢物与糖尿病发生率的关联，发现甘氨酸和牛磺酸水平升高与糖尿病的发生风险降低有关，而苯丙氨酸增加糖尿病的风险。

美国哈佛大学研究团队通过运用LC-MS非靶向代谢组学技术对西班牙和美国的多个队列进行研究，采用弹性网络回归方法从302个血浆代谢物中鉴定到67个代谢物与地中海饮食评分显著相关；较高评分相关的代谢物（如高不饱和脂质）与较低心血管病风险有关，较低评分相关的代谢物（如谷氨酸）与更高心血管病风险有关；孟德尔随机化分析支持上述代谢特征与心血管风险的关联。因此，血浆代谢组可用于评估个体对地中海饮食的代谢反应，有助于预测未来患心血管疾病的风险。中国慢性病前瞻性研究项目团队采用NMR靶向测定了巢式病例对照研究中4660名研究对象的225个代谢物，发现脂蛋白和脂质与心肌梗死和缺血性脑卒中的关联相似，但与出血性脑卒中无关；高密度脂蛋白颗粒与心肌梗死呈负相关，而三酰甘油与心肌梗死呈正相关；糖蛋白乙酰、酮体、葡萄糖和二十二碳六烯酸与上述疾病均相关，结果有助于深入研究心脑血管发病机制及鉴定相关生物标志物。

上海女性健康研究队列相关的研究中采用LC-MS非靶向检测了非吸烟女性275名肺癌病例和289名对照的尿液代谢组，发现高水平5-甲基-2-呋喃甲酸与肺癌发病风险降低相关；通路分析提示一碳代谢、核苷酸代谢、氧化应激和炎症可能参与非吸烟女性肺癌的发生。此外，针对美国安德森癌症中心的386例肺癌患者和193例对照的研究采用非靶向和靶向相结合的方法发现血清胆红素水平在两组中存在差异，继而在42万余名参与者的前瞻性队列中进行验证，发现较低水平的胆红素与男性吸烟者肺癌发病率和死亡率风险升高有关。

（2）代谢组学与传染病：许多研究证明了代谢组学作为一门新技术，在传染病学研究中可以起到重要作用。基于LC-MS/MS的代谢组学方法对发热伴血小板减少综合征患者血清中代谢物进行检测分析，发现精氨酸代谢途径的变化最为显著，精氨酸缺乏使血小板内一氧化氮浓度降低，血小板减少，从而揭示精氨酸分解代谢是发热伴血小板减少综合征感染及死亡的重要途径，也证明了代谢组学在寻找传染病新的治疗靶点方面的潜力值得探索。

多项研究根据表明疾病进展的各种标准探索新型冠状病毒病（coronavirus disease 2019，COVID-19）代谢组，例如病理严重程度、结局、严重疾病的危险因素、对新冠病毒感染者的纵向评估，以及不同类型的治疗，确定的候选生物标志物可识别 COVID-19 的存在，预测或检测临床进展，识别疾病进展高风险的个体，并可能生成有关发病机制的信息。一项研究报告了从 COVID-19 患者身上收集的血浆的靶向代谢组学谱，发现 5 种血浆代谢物［苹果酸、天冬氨酸、D- 木酮糖 -19- 磷酸、鸟苷单磷酸（GMP）、氨基甲酰磷酸酯］在重症 COVID-19 中下调。唾液中缬氨酸、亮氨酸、苯丙氨酸、酪氨酸和脯氨酸的浓度可以区分轻度和重度 COVID-19 患者。一项关于呼出气代谢组的研究发现丰富的脂肪酸（1- 单肉豆蔻素和单月桂酸甘油酯）可用于区分 COVID-19 患者与健康人。这些局部或全身代谢组建立了一组候选代谢物，为 COVID-19 的进展和预后提供潜在的生物标志物。

基于非靶向代谢组学和靶向代谢组学，明确了 HAdV-7 型感染的血清代谢轮廓，发现胆汁酸的改变是 HAdV-7 型感染者的代谢特征，可抑制其复制，从而使机体减少发病的风险。采用基于 LC-MS/MS 分析的非靶向代谢组学方法检测肺炎患者呼出的冷凝液，筛选出来 25 种差异代谢物，主要为脂类及类脂分子、苯类等，其关键途径是牛磺酸代谢和次牛磺酸代谢，提示低牛磺酸 / 牛磺酸代谢途径可能在肺炎的发生发展中发挥作用。

（五）微生物组学概述及发展历程

生活在人体内或表面的全部数以万亿计的微生物（细菌、真菌、病毒、原生动物等）及其编码的遗传信息被称为人体微生物组（microbiome）。微生物组学（microbiomics）是研究微生物组的结构与功能、内部群体间的相互作用和作用机制，以及其与环境或者宿主的相互关系，并最终调控微生物群体生长、代谢等的一门学科。微生物组学是继基因组学后，生命科学与生物技术研究领域的重大突破之一，在医疗健康、农业、生态环境和工业制造方面具有广阔的应用前景。

1. 微生物组学发展历程 数个世纪以来，生活在人体内或体表的微生物或微生物群（microbiota）一直是科学研究的热点。早在 19 世纪 80 年代，人类首次观察到在健康儿童和腹泻儿童的肠道菌群中存在一种细菌（大肠埃希菌）。此后，科学家继续从鼻腔、口腔、皮肤、胃肠道和泌尿生殖道中分离出新的微生物，并且把这些微生物定义为人类微生物群的一部分。微生物组一词直到 2001 年才出现，用于形容在人类共生的微生物的生态群落。自人类基因组计划完成后，诸多人类微生物组计划项目相继开展，包括人类微生物组计划（2007 年）、人类微生物组整合计划（2014 年）、中国科学院微生物组计划（2017 年）等。这些微生物组项目旨在描述人类微生物组的构成并分析其在人类健康和疾病中的作用。

人体微生物种类高度复杂，到目前为止，人们对微生物的认识和研究还很有限，其中对细菌特别是肠道菌群的研究较为深入和广泛。据估计，细菌占人体细胞的比例约为 90%，而在所有基因中，这一比例超过 99%。微生物体积都很小，它们的体重只占人体体重的 1%～3%。这些微生物大多是无害的，事实上它们对维持机体健康必不可少，对人类生存至关重要。例如，有些微生物能产生一些人体自身不能合成的维生素，分解食物以提取人体所需的营养物质以及产生抗炎复合物抵抗其他致病微生物等。

微生物组学主要的研究技术有扩增子基因测序技术、宏基因组学技术、宏转录组学技术、宏蛋白质组学技术及宏代谢组学技术等。以下简要介绍几种常用微生物组学的技术：

（1）16S rRNA 扩增子测序：16S rRNA 基因测序方法是迄今为止微生物组研究领域中应用最多的方法。16S rRNA 基因位于原核细胞核糖体小亚基上，包括 10 个保守区和 9 个高变区。16S rRNA 基因可以作为分类鉴定的标记，以不依赖培养的方式分析微生物群落，可以鉴定出对基于培养的检测方法难以分辨的微生物群。16S rRNA 通常选择 1～2 个高变区域，利用保守区设计通用引物进行 PCR 链式扩增，然后对高变区进行测序分析和菌种鉴定。16S rRNA 基因测序的一个显著优势是成本较低，可以在相对适度的预算下进行大规模微生物群分析。16S 基因在各种微生物中普遍分布，其丰度高于其他细菌基因，从而便于测序和测量不同微生物种群之间的关系。使用 16S rRNA 基因测序的缺点是无法检测某些菌株和亚菌株之间的变异，还存在 PCR 扩增偏差的风险，导致过度夸大或不准确的物种多样性估计。由于 16S rRNA 基因变异有时不足以区分种水平的微生物，因此与全基因组测序或宏基因组测序相比，它可提供的信息有限。

（2）18S rRNA 扩增子测序：18S rRNA 基因是真核生物基因组中的一个保守基因，它既包含保守区，也包含可变区（V1～V9），可以反映真菌等真核生物物种之间的差异。16S rRNA 基因测序可以深入了解细菌的多样性，而 18S rRNA 基因测序可以深入了解真菌的多样性。

（3）宏基因组测序：是指对剪切的 DNA 片段进行随机测序，然后重新排列，通常可以对病毒、细菌和真核微生物群的整个基因组进行更全面的分类和功能分析的测序方法。这种方法是以特定环境中的整个微生物群落作为研究对象，提取环境样本总 DNA，获得环境微生物基因信息总和，而不是专注于 16S rRNA 基因的片段。因此，宏基因组方法提供了关于噬菌体、病毒、古细菌、真菌和其他真核生物的信息，具有通量高、速度快、信息全等特点，在鉴定低丰度的微生物群落、挖掘更多基因资源方面具有很大优势。

2. 微生物组学在慢性病领域的应用 人体微生物组不仅具有早期诊断生物标志物的潜力，而且在疾病治疗方面也有重要作用。

肺部微生物组与肺健康直接存在复杂的相互作用。研究发现哮喘、慢性阻塞性肺疾病等肺部疾病往往伴随着肺部微生物组的改变。有研究报道，在儿童早期发育过程中，肺部和肠道微生物群的组成可能在哮喘的发生中起着关键作用。成年哮喘患者下呼吸道微生物群发生改变，其典型特征是微生物群多样性增加，变形菌门的成员富集。非嗜酸性粒细胞哮喘患者与嗜酸性粒细胞哮喘患者相比，急性发作发生频率更高，对糖皮质激素治疗反应更差。有研究人员最近提出哮喘的这种表型可能是由紊乱的微生物群驱动的。

微生物群、免疫和肿瘤之间存在复杂的联系。许多研究表明，微生物群与胃癌、结直肠癌、食管癌、口腔癌、肺癌等多种肿瘤的发生发展存在密切关系，微生物群可能通过多种机制增加或降低癌症的易感性和进展。人类微生物群中的多种微生物已被确定为病原体，在癌症的发生发展过程中发挥着重要作用。以胃癌为例，幽门螺杆菌是人类最常见的慢性细菌感染，也是引起胃炎最常见的病因，并与消化性溃疡和胃癌的发生密切相关。幽门螺杆菌已被世界卫生组织列为胃癌的一级致癌物，其可能通过诱导胃黏膜上皮细胞增殖、炎症反应和凋亡导致胃癌的发生。幽门螺杆菌根除疗法可改善胃黏膜中性粒细胞浸润和肠化生，抑制新发肿瘤的发生，显著降低胃癌的复发率。微生物组还被认为是一个潜在的可预测肿瘤免疫治疗效果的生物标志物。越来越多的证据支持，癌症患者肠道微生物群和抗癌疗法之间存在着复杂的相互关系。有多项研究表明，微生物组在调节免疫治疗的反应中可能起着关键的作用，肠道菌群与免疫检查反应之间存在很强的相关性，影响癌症免疫治疗的疗效，调节肠道菌群可以增强治疗反应。

3. 微生物组学在传染病领域中的应用 微生物组学在传染病防控领域具有巨大潜力和发展空间。核酸提取、高通量测序和数据分析等关键技术方法的不断发展，推动着新突发传染病病原的快速识别、分型、耐药及溯源分析等领域不断进步，使微生物组学成为新突发传染病防控的重要研究方向。传统病原检测方法难以应对已知变异较大病原或未知病原，基于高通量测序的宏基因组学研究给病原识别鉴定带来了新的方法和思路。例如，使用宏基因组方法，对急性呼吸窘迫综合征症状患者的支气管灌洗样本提取核酸，并进行二代测序，快速确定了致病病原是鹦鹉热衣原体，得以对患者进行针对性的抗生素治疗。在治疗方面，研究发现肠道微生物通过分泌 IgA 和适当激活 Th1 细胞和细胞毒性来调节免疫以对抗呼吸道流感病毒，为研发新型治疗方法提供了基础。研究发现抗生素的使用会消耗敏感的微生物群，导致机体对艰难梭菌的免疫力减弱，容易发生感染。粪便微生物群移植是治疗艰难梭菌感染的一种新型治疗方法,它将健康供体的粪便液体滤液引入患者的胃肠道,治疗复发性艰难梭菌感染明显比口服万古霉素抗生素治疗更有效。艰难梭菌感染也是第一批通过合理补充微生物实现有效治疗的传染病之一。

二、多组学技术在传染病中的应用

多组学(multi-omics)也称为集成组学、泛组学和跨组学,是一种探究机体多种物质相互作用的技术,旨在整合两个或多个组学数据集,进行数据分析、可视化和解释,以明确某种生物过程的分子机制。根据数据类型的不同,多组学大致分为两种,分别是以测序技术为基础的基因组学、转录组学、表观遗传组学和微生物组学,以及以质谱技术为基础的蛋白质组学和代谢组学。

近年来,组学技术蓬勃发展,为生命科学研究方法带来了重大突破。各类组学研究新技术的不断涌现,实现了生命科学从个体研究到系统研究的策略改变,让人们认识到分子之间存在着复杂精细的相互作用和调控机制。随着多种组学技术在生命科学研究中的应用不断深入,生物系统的复杂性使得单一组学研究的局限性渐趋明显,每个组学学科独立研究只能提供有限的信息,无法全面理解生物系统的整体特征和功能。它只能简单地研究某一层次的生物分子变化,而无法从整体上揭示生物体功能,以及阐明生物和环境因素的关系。单一组学呈现的通常是变异或差异与表型之间的相关性或者反应性,而不是因果关系。而多组学的分析能够从因果两个方向挖掘生物学问题,有利于全面系统地阐明疾病或健康状态背后的分子机制,更科学地理解生物系统的运作和疾病发生机制。

以世界范围内传播最广泛、目前仍未消除的传染病之一疟疾为例。目前,以单组学技术为支撑的相关研究已经奠定了疟疾生物学的基础,每一层面的组学数据都提供了与疟疾不同的关联,不仅为疟疾诊断提供了分子标志物,而且还提供了许多潜在的新靶点。然而,迄今为止,对疟疾生物学的认识仍然不足,仅使用一种"组学"技术可能导致疟疾生物学结果不完整或存在偏倚。因此,需要利用多组学技术更加全面地了解疟原虫和受感染宿主中的细胞和分子信息流。目前,多组学方法已成功应用于疟疾研究。一些基于先验知识的研究利用先进的计算方法,通过多组学从高信息量的数据集中揭示隐藏的结构,这些结构以前被忽视或没有被认识到。一些研究还在蚊中实施了多组学方法。综合网络分析,将组学数据与数学模型结合起来,有助于阐明疟疾背后未被探索的生物过程。揭示个体差异的多组学数据可能为疟疾的个性化临床管理指引新的方向,从而通过开发新的药物和疫苗来克服当今的耐药性问题。

由此可见,单组学就像盲人摸象,只能通过手的触摸去猜测所摸到的东西,而多组学是拿着望远镜通过整体全面地观察得到的结论。因此,多组学技术应运而生,它有利于对生物医学数据进行全面深入的研究,获取更全面的生物信息,甚至可以补充任何单一组学中缺失或不可靠的信息,弥补单一组学数据的片面性,同时实现从因和果两个方向探究生物学问题,相互间的验证作用更明显,从而能够全面阐述分子调控-表型间的关联机制,系统地解析生物分子功能和调控机制,促进精准医疗发展。作为一种新兴的系统研究生物学的方法和技术,多组学技术整合基因组学、表观基因组学、转录组学、蛋白质组学、代谢组学及微生物组学等单组学数据,以系统地解析复杂的生物过程和功能。多组学技术平台主要包括测序平台、质谱平台和多组学整合分析平台:基于测序技术的测序平台,主要支撑的组学包括基因组学、表观基因组学、转录组及宏基因组等;基于质谱技术的质谱平台,支撑的组学包括蛋白质组学、代谢组学及修饰组学等;基于测序数据及质谱数据的多组学整合分析平台。多组学技术平台除了核心设备测序仪及质谱仪外,还包括其他配套设备,如样品制备、分离纯化等设备,用于代谢组学研究的核磁共振波谱仪,用于结构蛋白质组学领域的冷冻电镜等。

基于高通量测序技术、高分辨质谱技术及数据整合分析技术的多组学技术的发展,推动了以多组学为特征的系统生物学研究的新突破,颠覆了传统生命科学研究模式,即从传统的各自分离的单组学层面的生物化学反应和代谢途径模式，向对整体细胞系统进行大规模研究的多组学整合分析模式转变，从系统生物学角度去全面解析生物体功能、解决生物医学和合成生物学等领域的关键技术问题和关键科学问题。

（一）多组学整合分析方案流程

多组学整合分析是指将不同组学数据，如来自基因组、转录组、蛋白质组、代谢组和微生物组等不同组学层次的批量数据进行归一化处理、比较和相关性分析，系统地在不同层面上获得对生物体内过程的理解，全面地解析生物分子功能和调控机制。如何将多个单组学数据组合进行交叉整合分析，从繁多且复杂的多组学数据中找到不同数据间的内在关联，是当前多组学整合分析的重点和难点。现对多组学整合分析流程进行梳理，为多组学研究提供方案参考。多组学数据是使用不同的平台生成的，多是异质的，数据存储和格式有很大差异，因此难以整合。多组学整合分析工具大多要求数据为特定格式，如 Feature X 样本矩阵，因此需要对单个组学数据进行预处理。

1. 数据预处理　多组学整合分析所使用的大量组学数据来自于不同的测量方法和测量标准，各种测量方法的局限性和其所带来的测量误差使得最终得到的组学数据中存在许多噪声和缺失值。这些噪声数据和缺失值分布在不同样本的不同组学特征中，若不对噪声进行过滤并对缺失值进行相应的处理，会严重影响后续的数据挖掘和分析结果的可靠性。另外，不同组学数据有不同的特征意义和量纲，在将组学数据整合到机器学习模型之前，需要对各组学数据进行标准化处理。

（1）数据过滤：对于多组学数据而言，若某个样本缺少任何一种组学数据，则其无法参与后续的数据整合研究，在分析之前需要对这些组学数据不完整的噪声样本进行过滤，仅保留同时具有多种组学特征的样本。针对某个特征缺失值较多的数据，需根据研究目的对其进行过滤。这些特征数据多不满足后续分析的要求，并会影响最终模型的性能。如基因组学数据由于受到测序技术等因素的限制和影响，部分基因的表达量并不能被有效地检出，在大多数样本中都存在缺失，仅在少部分样本中具有表达值，不具备后续分析的统计学要求。因此，需考虑过滤缺失较多的特征数据。

（2）缺失值填充：若一些重要特征存在部分缺失，按照数据过滤的原则，直接过滤掉这些特征信息将会导致后续分析无法继续开展。因此，需要采用合适的数据填充方法来预测并填充缺失值。此外，对于数据中的部分离群值，通常也需要采用数据缺失的填充方法对其进行处理。组学数据常用的数据填充方法有样本均值填充法和 k 近邻法等。样本均值填充法是最简便易行的缺失数据填充方法。对于连续性组学数据，样本均值填充法采用该特征所有样本数值的均值来填充缺失值。但有时样本均值对含有离群值的数据较敏感，此时多采用样本中位数来补齐。对于离散型组学数据特征，通常采用该特征在所有样本数值的众数来填充缺失值。k 近邻法是先寻找和有缺失值的特征具有较高相似度的其他特征，然后根据这些特征与缺失特征的相似度大小，通过对近邻特征加权来补齐缺失值。

（3）数据标准化：各类组学数据有不同的量纲，将数据标准化，可使不同量纲的数据转化到同一个特定的数值区间，便于不同单位的特征指标合并进行相关比较和计算分析。组学数据标准化的方法多种多样，常用的方法有 Z 分数标准化、对数标准化等。

2. 数据整合　理想的多组学整合分析是将来自同一组样本的大组学数据进行整合，然而这样的方式耗时久、花费高，在研究中难以实现。实际研究中，各类组学数据多采用不同的方法进行测量，具有不同的数值分布情况。不同组学层次的数据相结合使得生物组学大数据具有多元高维、多源异质性和信息互补的特性，给数据的处理和分析带来了巨大的挑战。直接合并多组学数据将会进一步增加数据的维度并且降低数据的信噪比。解决生物组学数据的异质性是进行多组学整合分析的前提。

数据整合是指通过整合不同类型和不同来源的数据，并将它们合并为可分析的数据。数据整合分析的方法多种多样，可按照整合时机和数据类型进行分类。

（1）按整合时机分类：根据整合时机，多组学数据整合可分为早期整合、中期整合和晚期整合（图 8-22）。

1）早期整合是最简单的方法，其可直接合并原始或降维处理后的不同数据，组合为一个数据作为机器学习方法的输入。该整合方法可以分析多组学特征之间存在的任何类型的相关性，但是它无法考虑各原始数据集的独特分布。

2）中期整合方法是在机器学习过程中合并各类数据集，能够保留数据集的多样性。但目前的分析软件尚未能较好地实现中期整合方法，需要开发新的算法进行数据整合。

3）晚期整合先对不同的组学数据集分别构建模型，然后将各个第一级训练模型整合的结果作为最终决策。这种整合方式既保留了数据的多样性，又能将各类组学数据组合在一起使用，但是无法分析组学间的相互作用，可靠性较低。

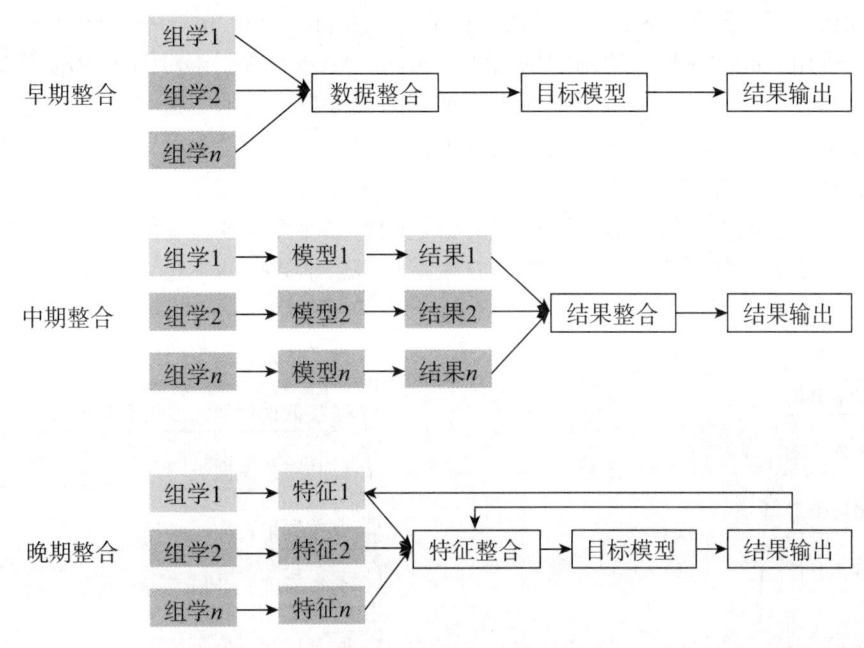

图 8-22　按整合时机分类的多组学数据整合方式

（2）按数据类型分类：根据数据的来源和类型，可将组学数据整合方法分为垂直数据整合和水平数据整合（图 8-23）。垂直数据整合是把来自同一实验的不同组学数据进行整合，水平数据整合是指整合来自不同实验的同一组学数据。

3. 整合分析

（1）特征提取与特征选择：各类组学数据大多具有高维特征变量，但只有部分特征对于研究目标有意义。将所有特征变量都纳入数据分析容易造成过拟合，严重影响最终模型的性能。因此，需要根据研究目标，从高维特征变量中筛选出有意义的特征，提高分析的准确性。目前常用的特征降维方法主要是特征提取与特征选择。特征提取是从原始变量中提取关键信息来实现降维，如主成分分析。特征选择是直接从原始变量中选择信息，如 F 检验、方差最大法。

（2）整合分析方法：多组学研究多集中于利用多组学概况进行疾病分型和分类，根据多组学特征识别和预测生物标志物，并阐明病理生理机制（图 8-24）。不同研究目的采用不同的整合分析方法，现对各常见整合方法进行介绍。在多组学整合分析研究早期，为整合多组学数据，研

图 8-23 按数据类型分类的多组学数据整合方式

究者们采用了多种统计方法进行整合分析，如多组学因子分析的统计方法（multi-omics factor analysis，MOFA）、基于正交偏最小二乘法（orthogonal projection to latent structure，OPLS）等。各类统计方法运用不同的原理，适用的场景亦不相同。MOFA 适用于对因子贡献度进行统计，并对缺失值进行估计，能够从隐藏因素推断出可解释的低维数据表示，最终能有效地识别疾病变异的主要驱动因素。OPLS 在处理高维组学数据方面效果好，能够去除无效信息，挖掘潜在因素。基于统计方法整合多组学数据一方面提高了单一组学研究的准确性和效率，另一方面能够从不同层次阐明生物机制。但由于统计方法所存在的稳定性差、计算速度慢等问题，多数情况下只能用于中小规模的组学数据集。为解决基于统计方法整合多组学数据的不足，机器学习等方法也被应

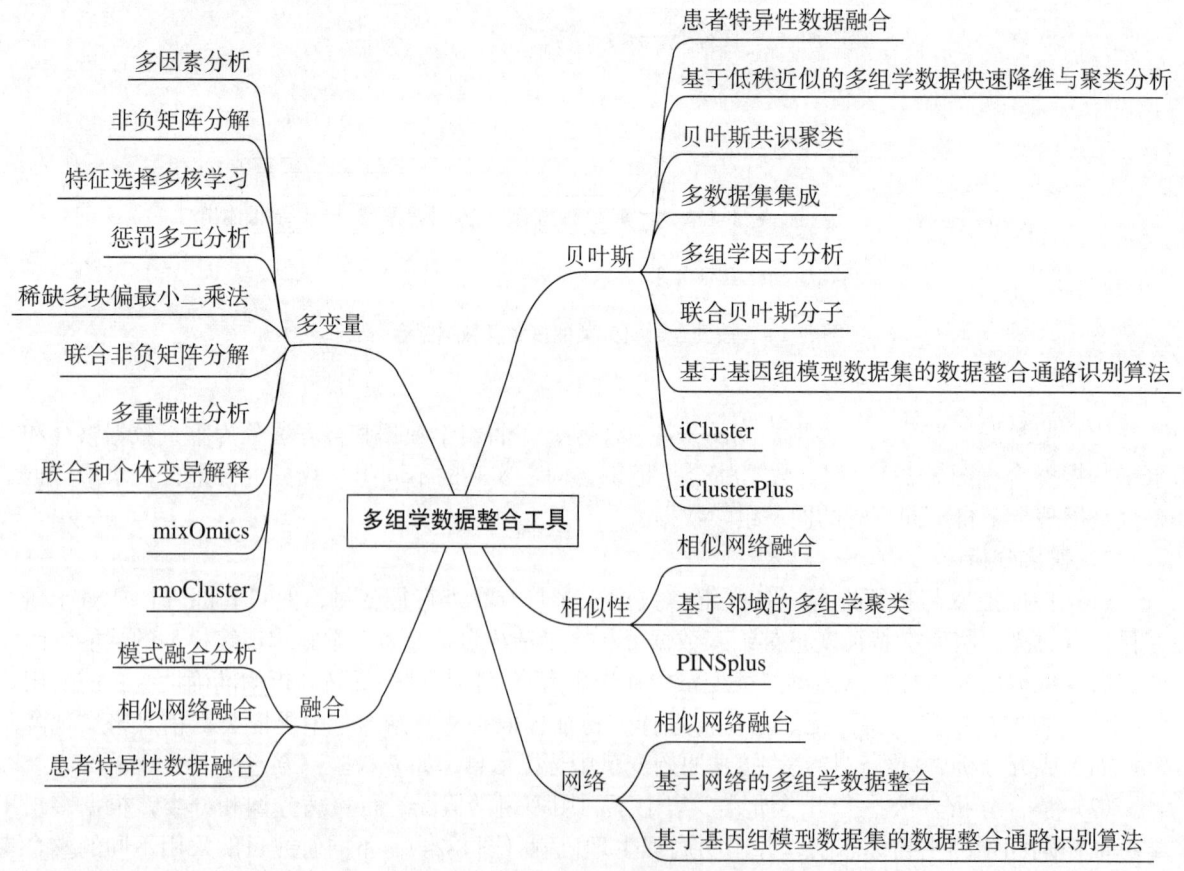

图 8-24 多组学数据整合分析方法

用于多组学数据的整合分析中。层次聚类是机器学习中常用的聚类算法之一,在对疾病进行分型和精准医疗等方面运用较多。通过计算不同数据点之间的相似度,创建一棵分层嵌套的聚类树,从而实现数据聚类。k 均值(k-means)聚类适用于几何形状平坦、聚类数量不多的组学数据集分析,其时间复杂度低,较为常用。多因素分析(multiple factor analysis,MFA)是另一种通过将组学数据投影到低维变量空间来帮助整合组学数据集的方法,其允许整合数值变量和分类变量,能够对数据进行灵活分析。

综上所述,多组学数据整合分析方法多种多样,近年来,各种工具、方法和平台被开发并被广泛使用,为多组学数据分析、可视化等方面提供支持。实际研究中,需根据研究目的、数据类型选择合适的分析方案。

(二)多组学整合分析平台/方法介绍

多组学整合分析平台是整个多组学技术平台的核心子平台,从测序平台和质谱平台等获得的单组学数据在该平台同步进行交叉整合分析,典型的多组学整合分析平台(软件包)应满足 3 个标准:可同步处理多组学数据,而不是先后处理;必须整合分析不少于 2 个的组学数据;必须以软件包的方式处理任意格式的数据。较为经典的多组学整合分析平台如 Galaxy 和 O-Miner,但是其能整合分析的组学类型有限,多针对基因组学、转录组学、蛋白质组学和代谢组学,目前尚无覆盖面较广的多组学数据整合分析工具或方法。

1. O-miner O-miner(http://www.o-miner.org)是可用于基因组学和转录组学整合分析的平台或工具。它可以使用原始的标准 Affymetrix 文件格式(从扫描仪获得的 CEL 图像文件)或部分处理格式[标准化、细分和(或)二进制]快速分析最流行和广泛使用的 Affymetrix 基因组学和转录组学阵列类型,只需很少的设置工作。分析在专用服务器上执行,消除了最终用户机器上的内存或磁盘空间需求。所有的分析途径都是基于完善的和最近开发的统计方法,透明可靠且记录良好。结果可以在线查看动态 HTML 报告,交互式界面对用户友好,轻松导航,或下载为文本、Excel 或图形文件。

2. Galaxy Galaxy(https://galaxyproject.org)是一个基于网络的多组学分析平台,可用于分析大型生物医学数据集,比如基因组学、蛋白质组学、代谢组学和成像。Galaxy 计划开始于 2005 年,在 2007 年将该框架部署到公共领域。Galaxy 计划的目的是为研究人员提供一个开放的数据分析环境,允许并鼓励许多生物信息学研究人员参与。Galaxy 是一个基于 web 的系统,允许在自定义云环境中部署,其框架增强了非专家用户级别的计算生物学研究的可访问性。Galaxy 平台包括 GUI 工作流编辑器,用户可以通过拖放图标来创建自动化的多步骤分析。它提供了交互式脚本平台,如具有可视化的 Jupyter,以便用户可以实时检查过程,从而能够运行完整的分析。Galaxy 平台还提供了交互式指南,解释用户界面及如何运行工作流等。该平台注重于生物医学的三个关键挑战,即所有研究人员都能获得分析结果、确保分析结果完全可复制、分析结果易于沟通以便能够重复使用和扩展,因而提高了生物信息学分析的生产力。

(三)多组学技术在传染病中的应用

目前,多组学技术在癌症研究中应用居多,在其他慢性疾病及传染病中的应用也逐渐增加。而传染病一旦发生流行甚至大流行,防控难度将大大增加。正如 COVID-19 暴发后迅速成为全球重大公共卫生问题,其波及范围之广、速度之快,给全球卫生事业带来了巨大挑战,促使全球卫生领域深刻认识到创新发展传染病诊疗技术的重要性。对于传染性疾病,阐明致病微生物的致病机制、影响预后的危险因素、有效改善预后的干预措施和干预药物极其重要,特别是新发传染性疾病,快速确定致病微生物显得尤为重要。多组学技术的发展与应用无疑为以上目标的实现提供了有力支持。

多组学技术在传染病中的应用主要分为 3 部分:①临床诊断和标志物预测:基于大样本量对传染病患者与健康对照的组学数据进行比较,可发现用于诊断和预测传染病的生物标志物,之后可扩大人群，从宏观角度进行验证，还可以通过实验动物或细胞系从微观角度进行结果验证；②病因与病理机制：应用 GWAS、转录组、蛋白质组、代谢组、微生物组、免疫组等组学技术比较传染病患者及健康人群，通过筛选易感单核苷酸多态性位点、差异转录组蛋白质、差异代谢物、特征微生物以及免疫细胞或分子等，共同阐明疾病相关病因与病理机制，并在此基础上提出创新可行的干预或治疗措施；③临床用药指导：通过用药前后及用药过程中转录组分析、代谢组分析、免疫组分析等，可为治疗监控、疗效评价、药物毒副作用、手术及预后评价、个体化治疗方案制订等提供科学依据。

多组学技术在新发传染病中的应用日渐广泛。一项基于多组学技术的研究发现嗜黏蛋白阿克曼菌（A. muciniphila）在发热伴血小板减少综合征（SFTS）方面有潜在的保护作用。该研究通过 16S rRNA 测序和非靶向代谢组学分析了 SFTS 患者的粪便和血清样本，发现存活者的 A. muciniphila 明显多于死亡患者，A. muciniphila 及其代谢产物骆驼蓬碱可以抑制机体产生的全身炎症反应，从而降低 SFTS 的严重程度和病死率。代谢组学和其他组学的联合研究有望为其他新出现的传染病找到新的治疗靶点，体现了多组学技术在临床研究和新型治疗靶点发现研究中也可以起到重要作用。

在近年来对全球影响深远的 COVID-19 研究中，多组学技术的应用也提供了至关重要的技术支持。COVID-19 暴发后，患者的早期发现和有效治疗一直是全球医疗卫生事业的重大挑战，多组学技术在探索 COVID-19 背后的机制和危险因素以及寻找干预时机或干预措施的相关研究中发挥了不可或缺的作用。一项研究基于蛋白质组学和代谢组学分析病毒感染后 COVID-19 重型患者血清中发生的特征性分子病理变化，为 COVID-19 血清学特征表达谱呈现了一个全景式的描述。研究人员通过机器学习训练模型，筛选出含有 22 个蛋白质和 7 个代谢物的分子组合，建立了可区分 COVID-19 重症和非重症患者的蛋白质和代谢分子模型，这对 COVID-19 重症患者早期识别与治疗具有非常重要的意义；同时，该研究筛选得到一组重症患者与非重症患者之间的差异性变化分子，这些特征变化分子经过通路分析和富集分析后，50 种蛋白质和 80 种代谢物主要富集于血小板脱颗粒、补体系统信号通路和巨噬细胞失调 3 个信号通路，这为 COVID-19 的发生发展机制研究提供了新的思路。另一项研究通过整合分析 139 名不同严重程度的 COVID-19 患者的临床数据、单细胞转录组学、蛋白质组学以及淋巴细胞抗原受体库等数据，检测了不同严重程度 COVID-19 患者的疾病状态、细胞水平、分子水平的改变情况，解析了轻度和中度 COVID-19 之间代谢过程和免疫细胞方面的急剧变化特征，提出了在 COVID-19 中度疾病状况下进行临床干预是最有效的。研究还对数百名 COVID-19 患者队列和健康对照进行了多组学分析，以促进对 COVID-19 急性后遗症的了解。

（四）展望

在生命科学研究中，多组学作为一种新兴技术，可以将单一组学的信息进行整合，提供各层面可以相互验证、相互校正的证据，从而更加科学、有效地解析疾病机制，为传染病的机制研究和治疗开发提供新思路。在多组学技术应用迅速增加的同时，其发展也面临着诸多挑战。首先，传统生物信息学方法已经不能满足后基因组时代大数据的采集、存储及计算分析要求，针对包括传染病在内的疾病多组学研究迫切需要强大的数据整合、分析的人工智能技术，如机器学习及深度学习的方法等提供技术动力。目前，有效的整合分析计算方法开发已成为生命科学研究中多组学大数据整合分析的核心任务。其次，多组学整合分析方法和数据库类型逐渐增加，目前有一些公开的患者的多组学数据库，但有关传染病的相关公开数据库尚未建立。同时，数据类型的异质性、数据库冗余以及缺乏统一的数据描述标准的困难随之而来，迫切需要制定相关的统一标准评估或控制数据的异质性、对数据库及整合分析方法进行评估和分类，使其能够更加科学地应用到精准医学。最后，临床信息是一个可以为多组学数据解释增加价值的维度，但目前还没有可靠的方法将组学数据与临床数据等非组学数据进行整合，多组学数据综合分析的进一步发展必须旨在简化多个数据集的交互操作性,并开发一个有助于多组学数据无缝分析的框架。

(五)案例思考

【背景】埃博拉病毒是一种十分罕见的烈性传染病病毒,其引起的埃博拉病毒病(Ebola virus disease,EVD)的发病机制很复杂。已有研究表明,EVD 发病特征包括高水平的病毒复制和全身传播、免疫反应失调、广泛的组织损伤和器官功能障碍以及凝血紊乱,但是导致 EVD 的宿主反应机制尚不明确。

【目的】全面评估 EVD 患者血浆和外周血免疫细胞中宿主分子的变化,揭示 EVD 发病的新机制并预测 EVD 潜在的生物标志物。

【样本】20 名 EVD 患者(11 名幸存者,9 名死者)和 10 名健康对照者的外周血单核细胞和血浆。

【思考】如何利用样本和多组学技术揭示埃博拉病毒病的发病机制并预测生物标志物?

(戚晓鹏　卢庆彬　方立群)

第九章

不明原因传染病的防控

近年来，新发传染病不断出现，对人类健康、经济发展均带来了严重影响。新发传染病出现的原因既有一些对原生宿主无害的毒株跨越物种屏障感染人类，也有生态和环境改变促进了病毒的"进化"，进而产生全新的病毒，或在致病性、抗原性、传播途径、感染宿主的类型和流行区域等方面发生变化。在新发传染病确定致病病原体之前，均被称为不明原因传染病。

第一节　不明原因传染病的分类

一、不明原因传染病的定义与分类

不明原因传染病是指经县级及以上医院组织专家会诊，不能诊断或解释病因，有重症病例或死亡病例发生的疾病，且具有群体性、临床表现相似性、发病人群聚集性、流行病学关联性、健康损害严重性的特点。不明原因传染病按照症状集中出现的部位或者症状可以分为：不明原因急性呼吸道感染、不明原因急性腹泻、不明原因脑炎脑膜炎、不明原因发热伴出血，以及其他不明原因发热。

（一）不明原因急性呼吸道感染

呼吸道是临床最常见的感染部位之一，根据所累及的呼吸器官，分为上呼吸道感染和下呼吸道感染。上呼吸道感染为外鼻孔至环状软骨下缘（包括鼻腔、咽或喉部）急性炎症的总称。临床表现为打喷嚏、流涕、咽痛、乏力、发热等一般呼吸道症状，通常病情较轻、病情短、可自愈且预后良好。多发于冬春季节，多为散发，但亦可在天气突变等情况下发生人群中的暴发流行。下呼吸道感染为气管、主支气管及肺内的各级支气管急性炎症的总称，包括急性气管炎、急性支气管炎、慢性支气管炎、肺炎等，临床表现为呼吸急促、乏力、高热、咳嗽等症状。下呼吸道感染是全球范围内导致严重疾病和死亡的一个重要原因，尤其是对婴幼儿。据WHO统计，2010年全球范围内由下呼吸道感染而导致的死亡病例约有280万，占总死亡人数的5.3%。

不明原因急性呼吸道感染的病例至少符合以下标准：急性感染特征1项[①发热；②白细胞升高或降低，或白细胞分布异常；③寒战；④体温降低（考虑年龄）]和呼吸道疾病临床特征1项[①咽部不适、咽干或咽痛；②鼻塞、流涕；③鼻/咽/喉明显充血、水肿；④新发咳嗽或咳嗽加重；⑤咳痰；⑥气短；⑦听诊呼吸音异常（湿啰音、干啰音、哮鸣音、浊音）；⑧胸痛]。其中，肺炎病例应具备急性感染表现，呼吸道疾病临床表现以及肺炎影像学证据（胸部X线片提示肺部炎性改变）。

呼吸道感染性疾病中70%～80%为病毒感染引起，常见的呼吸道病毒包括流感病毒、呼吸道合胞病毒、鼻病毒、副流感病毒、人偏肺病毒、腺病毒、博卡病毒、冠状病毒和多瘤病毒等。剩余的20%～30%为细菌性感染所致，可为原发细菌感染或病毒感染后的继发性细菌感染。常见的呼吸道细菌包括肺炎链球菌、流感嗜血杆菌、金黄色葡萄球菌、卡他莫拉菌、铜绿假单胞菌、肺炎克雷伯菌、军团菌等。近年来，肺炎衣原体和肺炎支原体引起下呼吸道感染也呈现明显增加的趋势。

根据已有报道，急性呼吸道感染的病原谱存在明显的人群差异和季节性差异，并随地区发生变化。例如在温带地区，甲型流感病毒冬季流行；而在热带地区，则见于春夏季。又如呼吸道合胞病毒，在温带地区主要是冬季发病流行，而在热带亚热带则夏季流行。鼻病毒在温带地区全年发病（春季和秋季发病率上升）；而腺病毒则与季节不相关。

在国家"十一五"到"十二五"期间，我国实施了"艾滋病和病毒性肝炎等重大传染病防治"科技重大专项。建立并开展了"五大症候群监测技术平台"项目的实施。在此项目的支持下，首次获得了我国急性呼吸道感染的病原谱，并进一步提供了不同年龄段和不同地区等详细分组的病原谱构成。通过在1106个城市的277家哨点医院和92家实验室纳入的231107名急性呼吸道感染患者中开展8种呼吸道病毒和9种呼吸道细菌的实验室监测（表9-1），发现流感病毒、呼吸道合胞病毒和人鼻病毒是最主要的三种呼吸道病毒。除流感病毒外，所有病毒的检出率均随着年龄的增长而下降。肺炎链球菌、肺炎支原体和肺炎克雷伯菌是急性呼吸道感染最主要的细菌性病原体。将人群分为儿童（＜5岁）、学龄儿童（5～17岁）、成人（18～59岁）、老年人（≥60岁）等不同年龄组进行比较，发现儿童患者的总体病毒阳性检出最高，并随年龄逐渐下降。学龄儿童患者中总体细菌阳性率最高。儿童患者的总体复合感染率最高，其次为学龄期儿童。

"不明原因肺炎"（unexplained pneumonia，UP）是继传染性非典型肺炎（SARS）之后提出的一个名词。根据我国卫生部《全国不明原因肺炎病例监测、排查和管理方案》要求，不明原因肺炎病例指同时具备以下4条且不能做出明确诊断的肺炎病例：①发热（≥38℃）；②具有肺炎或急性呼吸窘迫综合征（ARDS）的影像学特征；③发病早期白细胞总数降低或正常，或淋巴细胞分类计数减少；④经抗生素规范治疗3～5天，病情无明显改善。大多数情况下，不明原因肺炎指在医院外获得的感染性肺实质炎症，即社区获得性肺炎（community-acquired pneumonia，CAP）。国内外开展的肺炎病原谱研究中，儿童和成人存在差异，不同地域存在差异。基于我国五大症候群监测技术平台的数据显示，通过对14种呼吸道病原体，包括8种病毒性病原体和6种细菌性病原体的监测，显示我国CAP病例最常见的病毒病原体是流感病毒，其次是呼吸道合胞病毒、鼻病毒、副流感病毒、腺病毒、冠状病毒、博卡病毒和偏肺病毒。CAP病例最常见的细菌性病原体是肺炎链球菌，其次是肺炎克雷伯菌、铜绿假单胞菌、肺炎支原体、流感嗜血杆菌和金黄色葡萄球菌。

表9-1 发热呼吸道症候群监测病原体种类

种类	病原体名称
细菌	金黄色葡萄球菌
	肺炎克雷伯菌
	A组乙型链球菌
	铜绿假单胞菌
	流感嗜血杆菌
	肺炎链球菌

续表

种类	病原体名称
细菌	军团菌
	结核分枝杆菌
	卡他莫拉菌
	鲍曼不动杆菌
病毒	流感病毒
	呼吸道合胞病毒
	腺病毒
	副流感病毒
	偏肺病毒
	冠状病毒
	博卡病毒
	鼻病毒
	中东呼吸综合征冠状病毒
其他	肺炎支原体
	肺炎衣原体

（二）不明原因腹泻

腹泻是由多种因素引起的以肠道运动频率加快、粪便含水量增加为主要临床表现的一组临床症状的总称。按照病程长短，腹泻可分为三类：急性腹泻（＜14天）、顽固性腹泻（14～28天）和慢性腹泻（＞28天）。按照病因可分为两类：细菌、病毒、寄生虫等导致的感染性腹泻病和包括生理性腹泻、饮食性腹泻、过敏性腹泻、药物/化学性腹泻等的非感染性腹泻病。我国曾开展的腹泻病疾病负担研究绝大部分使用WHO国际肠道病协作研究组织推荐使用的感染性腹泻的病例定义：24小时内排稀便≥3次或24 h内出现任一次呕吐，并排除以腹泻为症状的其他慢性病（溃疡性结肠炎、改道性结肠炎、肠易激综合征、癌症和囊性纤维化）和具有明确原因的非感染性腹泻（妊娠呕吐、食物过敏、饮酒、药物）等。

目前的病原学研究中，已经明确可以导致人类腹泻的主要常见病原体包括：霍乱弧菌、志贺菌、致泻性大肠埃希菌、沙门菌、小肠结肠炎耶尔森菌与假结核耶尔森菌、空肠弯曲菌与结肠弯曲菌、副溶血弧菌等其他致病性弧菌、嗜水气单胞菌、类志贺邻单胞菌、艰难梭菌、轮状病毒、诺如病毒、星状病毒、肠道腺病毒、溶组织内阿米巴、蓝氏贾第鞭毛虫、孢子虫等。除了上述已经明确对人致泻的病原体外，尚有一些与腹泻病密切相关，尤其是对婴幼儿、老年人或免疫低下者致病的条件致病病原体，如肺炎克雷伯菌或产酸克雷伯菌、铜绿假单胞菌、阪崎肠杆菌、博卡病毒、细小双RNA病毒、正呼肠孤病毒、环曲病毒、人芽囊原虫、脆弱双核阿米巴等。

全球疾病负担评估报告（2022年）指出，导致全球人群死亡负担较为严重的肠道病原体为轮状病毒、志贺菌、ETEC和隐孢子虫。对国内外开展的病原谱研究分析发现，在不同国家和地区，腹泻病的病原谱不同。在发达国家，由于轮状病毒疫苗的常规接种和对食源性疾病干预措施的加强，病原谱在不同发展水平的国家之间差异十分显著，例如诺如病毒和弯曲菌属细菌已成为欧美等发达国家导致腹泻病发病的主要病原体，伤寒沙门菌则是导致住院和死亡的主要病原。而在发展中国家，轮状病毒、隐孢子虫、致泻大肠埃希菌（尤其是肠毒素性大肠埃希菌）和志贺菌是腹泻发病和死亡的主要病原体，霍乱弧菌O1/O139群、气单胞菌和空肠弯曲菌则在亚、非部分国家呈现区域性高发流行的态势。

2007—2011年，WHO在撒哈拉以南非洲地区和南亚的7个发展中国家的5岁以下儿童中开展了中度-重症腹泻病（mild-severe diarrhea，MSD）的疾病负担研究，其主要病原为轮状病毒、隐孢子虫、肠毒素性大肠埃希菌和志贺菌。在部分国家，气单胞菌、霍乱弧菌和空肠弯曲菌呈区域性高发流行。不同年龄段的儿童病原谱不同，1岁以下新生儿MSD以轮状病毒和隐孢子虫为主，随着年龄的增加，轮状病毒和隐孢子虫在腹泻患者中的检出率逐渐下降，而志贺菌和肠毒素性大肠埃希菌的检出率则逐年上升。

基于我国五大症候群监测技术平台的数据显示（表9-2），我国急性腹泻病例最常见的病毒病原体为A组轮状病毒，其次是诺如病毒、腺病毒、星状病毒、札如病毒、B组轮状病毒、C组轮状病毒等。最常见的细菌病原体致泻性大肠埃希菌，其次是非伤寒沙门菌、志贺菌、副溶血性弧菌、嗜水气单胞菌、空肠弯曲菌、类志贺邻单胞菌、霍乱弧菌等。溶组织内阿米巴是最主要的寄生虫性病原体，其次为蓝氏贾第鞭毛虫和隐孢子虫。5岁以下患者病毒性病原体阳性检出率最高，而18～45岁患者细菌性病原体阳性检出率最高，且不同的细菌性病原体发生腹泻的年龄风险不同，因此，小于5岁的儿童更容易患病毒性腹泻，18～45岁成年人更容易患细菌性腹泻。

表9-2 腹泻症候群监测病原体种类

种类	病原体名称
细菌	致泻大肠埃希菌
	非伤寒沙门菌
	志贺菌
	弯曲菌
	小肠结肠炎耶尔森菌
	假结核耶尔森菌
	霍乱弧菌
	副溶血弧菌
	嗜水气邻单胞菌
	类志贺邻单胞菌
	副溶血弧菌
	拟态弧菌
	河弧菌
病毒	A组轮状病毒
	B组轮状病毒
	C组轮状病毒
	诺如病毒
	札如病毒
	星状病毒
	肠道腺病毒
寄生虫	溶组织内阿米巴
	蓝氏贾第鞭毛虫
	隐孢子虫

（三）不明原因脑炎/脑膜炎

脑炎（encephalitis）指脑实质的激惹和炎症，包括头痛、呕吐、发热，以及偏瘫、失语等脑功能紊乱的临床症状，常伴有脑膜的相关症状，即脑膜脑炎（meningoencephalitis）。单纯脑膜炎主要表现为脑膜刺激征，如发热、头痛、萎靡不振、呕吐和嗜睡等征兆。脑炎/脑膜炎存在多种病因，包括病原体感染、自身免疫性炎症、昆虫叮咬等，有时也可能原因不明。病毒、细菌、真菌、寄生虫和立克次体均可引起脑组织炎症，最常见的病因是病毒（表9-3）。全世界每年每10万人中约有12.6人受到脑炎的影响，其中儿童报告的发病率最高。全世界每年报告的脑膜炎病例总数也超过了 130 万例。急性脑炎/脑膜炎的病原谱构成在不同类型人群、不同地理范围和不同监测时间等方面有很大的差异。

表 9-3　脑炎/脑膜炎常见致病病原体

病原体	英文名称	缩写
病毒		
乙型脑炎病毒	Japanese encephalitis virus	JEV
肠道病毒	enterovirus	EV
腮腺炎病毒	mumps virus	MuV
单纯疱疹病毒	herpes simplex virus	HSV
细菌		
脑膜炎奈瑟菌	*Neisseria meningitidis*	*N. meningitidis*
肺炎链球菌	*Streptococcus pneumoniae*	*S. pneumoniae*
金黄色葡萄球菌	*Staphylococcus aureus*	*S. aureus*
B 型流感嗜血杆菌	*Haemophilus influenzae* B	Hib
猪链球菌	*Streptococcus pneumoniae*	*S. suis*
结核分枝杆菌	*Mycobacterium tuberculosis*	*M. tuberculosis*
大肠埃希菌	*Escherichia coli*	*E. coli*
真菌		
新型隐球菌	*Cryptococcus neoformans*	*C. neoformans*

基于我国五大症候群监测技术平台的数据显示（表 9-4），在常见的致病病原体中，肠道病毒的检出率最高，其次为乙脑病毒、单纯疱疹病毒和腮腺炎病毒。不同病毒检出率在各个年龄组中具有显著性差异，儿童和青少年中肠道病毒、单纯疱疹病毒和腮腺炎病毒检出率较高，老年人中乙脑病毒检出率最高。细菌检出率最高的病原体为脑膜炎奈瑟菌，其次为肺炎链球菌、金黄色葡萄球菌、大肠埃希菌、猪链球菌、B 型流感嗜血杆菌和结核分枝杆菌。病原谱在不同年龄间存在差异，儿童和青少年的病原谱构成为：肠道病毒＞单纯疱疹病毒＞腮腺炎病毒＞乙脑病毒。而成年人中，单纯疱疹病毒占比最高，其次为肠道病毒、乙脑病毒和腮腺炎病毒。乙脑病毒在老年人中占比最高，其次为单纯疱疹病毒、乙脑病毒和腮腺炎病毒。儿童占比最高的三种细菌为肺炎链球菌、大肠埃希菌和脑膜炎奈瑟菌。青少年病原谱中占比最高的三种细菌为脑膜炎奈瑟菌、大肠埃希菌和金黄色葡萄球菌。成年人病原谱中占比最高的三种细菌为金黄色葡萄球菌、肺炎链球菌和脑膜炎奈瑟菌。老年人病原谱中占比最高的三种细菌为金黄色葡萄球菌、脑膜炎奈瑟菌和猪链球菌。

表 9-4　脑炎/脑膜炎症候群监测病原体种类

种类	病原体名称
细菌	脑膜炎奈瑟菌
	B 型流感嗜血杆菌
	金黄色葡萄球菌
	肺炎链球菌
	猪链球菌
	大肠埃希菌

续表

种类	病原体名称
细菌	B 族链球菌
	单增李斯特菌
病毒	乙脑病毒
	腮腺炎病毒
	肠道病毒
	单纯疱疹病毒
	脊髓灰质炎病毒
	麻疹病毒
	呼吸道合胞病毒
	西尼罗病毒
	蜱传脑炎病毒
其他	恶性疟原虫
	弓形虫
	带绦虫
	新型隐球菌
	肺吸虫
	并殖吸虫
	旋毛虫
	广州管圆线虫
	裂头蚴

（四）不明原因发热伴出血

发热伴出血指机体病理性体温升高并伴有出血的症状，一般是由重症感染、血液病（如过敏性紫癜、白血病等）或恶性肿瘤等引起的全身性疾病，出血性疾病根据发病机制和临床特点等不同可分为很多种类：血管壁异常导致的过敏性紫癜、维生素 C 缺乏症、遗传性毛细血管扩张症和血管性假血友病；血小板异常导致的特发性血小板减少性紫癜、各种原因引起的继发性血小板减少症、血小板无力症和血小板病等；凝血功能异常导致的凝血因子缺乏和循环中抗凝血物质增多，后者罕见，前者中常见的疾病有血友病 A、血友病 B、血友病 C、新生儿出血症、低纤维蛋白血症等。

病原体感染引起的出血大多表现为皮肤出血点或紫癜、黏膜出血点、鼻出血、咯血、呕血、血便、贫血、血小板低于正常水平且持续减少以及其他出血表现。感染相关的出血性疾病要与慢性疾病或者慢性感染性疾病，例如肝炎、过敏性紫癜、白血病、败血症等引起的出血进行鉴别诊断。

在感染性疾病中，许多病原体可引起血管损伤，产生出血的临床表现，甚而导致败血症的发生，如大肠埃希菌、假单胞菌、变形杆菌、不动杆菌、沙门菌、志贺菌、脑膜炎双球菌、立克次体、部分厌氧菌等数量众多的细菌，鼠疫耶尔森菌、猪链球菌、钩端螺旋体和立克次体等，汉坦病毒、登革病毒、新疆出血热病毒和新布尼亚病毒等出血热病毒，以及巴贝西亚原虫。

病毒性出血热是最常见的引起发热伴出血疾病的病原体，病情从发热、出血和毛细管脆性增加直至严重休克、迅速致命，轻重不等。病理改变以病毒在淋巴样细胞内复制，继以发热、肌痛，随后引起出血和低血容量性休克为特征。目前已知至少 18 种 RNA 病毒可引起人类出血热，这些病原体基本属于黄病毒科、布尼亚病毒科、沙粒病毒科和丝状病毒科，大多数为节肢动物媒介病毒和啮齿动物相关病毒（表 9-5）。

表 9-5 病毒性出血热常见致病病原体

病原体			传播途径	病死率
丝状病毒科	丝状病毒属	马尔堡病毒	直接接触传播为主，可通过注射传播，有性传播的可能性，有通过气溶胶感染动物的报道	23%～91%
		埃博拉病毒	病毒从野生动物传播到人，然后发生人-人传播。人间以直接接触传播为主，其中医源性传播占很大比重，存在性传播。动物实验表明埃博拉病毒可通过气溶胶传播	50%～90%
副黏病毒科	亨尼帕病毒属	尼帕病毒	皮肤伤口与感染猪的血液、尿液及分泌液等直接接触	意识水平下降者1/3死亡
汉坦病毒科	汉坦病毒属	旧世界汉坦病毒中的汉坦病毒、汉城病毒、普马拉病毒、多不拉伐病毒、阿穆尔病毒和图拉病毒	以带菌动物源性传播为主，包括经气溶胶、伤口和消化道途径；另外尚可经螨媒传播和垂直传播	我国报告病死率为0.76%～11.46%。
内罗毕病毒科	正内罗毕病毒属	新疆出血热病毒	蜱的叮咬；接触带毒动物血液或急性期患者血液	发病者10%～50%死亡
白纤病毒科	班达病毒属	大别班达病毒	蜱叮咬为主，直接接触患者血液或血性分泌物亦可导致感染	报道为4.97%～12%
	白蛉病毒属	裂谷热病毒	直接接触为主，另外还可经气溶胶、蚊虫叮咬、经口和垂直传播等	表现为出血热者50%死亡
沙粒病毒科	沙粒病毒属	胡宁病毒	经气溶胶、破损皮肤、污染食物等感染	30%
		马秋波病毒	经气溶胶、破损皮肤、污染食物等感染	5%～30%
		瓜那瑞托病毒	接触带毒鼠排泄物或气溶胶途径感染	34%
		沙比亚病毒	接触带毒动物排泄物或气溶胶途径感染	15%～30%
		拉沙病毒	存在鼠-人传播和人-人传播2种途径。其中人可通过直接接触或食用鼠类感染，或通过接触患者的分泌物、血液等传播	住院患者死亡率为15%～20%
黄病毒科	黄病毒属	黄热病毒	城镇型的唯一传播媒介为埃及伊蚊，以人-蚊-人的形式传播，丛林型以猴-非洲伊蚊、趋血蚊属、煞蚊属-猴的方式传播	2%～25%，其中重症患者为20%～50%
		登革病毒	带毒伊蚊的叮咬	5%
		鄂木斯克出血热病毒	革蜱、蚤及巨蚊的某些种可能参与传播。带毒蜱终生具有传染性，麝鼠可通过直接接触传染人类，家畜可通过奶制品传播	病死率低，为0.5%～3%
		科萨努尔森林病病毒	蜱叮咬，尤其是距刺血蜱、野鸽血蜱和巴布亚血蜱。尚未发现人传人	2%～20%

二、不明原因聚集性病例

群体性不明原因疾病是指一定时间内（通常是指 2 周内），在某个相对集中的区域（如同一个医疗机构、自然村、社区、建筑工地、学校等集体单位）内同时或者相继出现 3 例及以上相同临床表现，经县级及以上医院组织专家会诊，不能诊断或解释病因，有重症病例或死亡病例发生的疾病。群体性不明原因疾病具有临床表现相似性、发病人群聚集性、流行病学关联性、健康损害严重性的特点。这类疾病可能是传染病（包括新发传染病）、中毒或其他未知因素引起的疾病。

按照疾病发生的规模，将其严重程度分为三级：Ⅰ级，特别重大群体性不明原因疾病事件：在一定时间内，发生涉及两个及以上省份的群体性不明原因疾病，并有扩散趋势；或由国务院卫生行政部门认定的相应级别的群体性不明原因疾病事件。Ⅱ级，重大群体性不明原因疾病事件：一定时间内，在一个省的多个县（市）发生群体性不明原因疾病；或由省级卫生行政部门认定的相应级别的群体性不明原因疾病事件。Ⅲ级，较大群体性不明原因疾病事件：一定时间内，在一个省的一个县（市）行政区域内发生群体性不明原因疾病；或由地市级卫生行政部门认定的相应级别的群体性不明原因疾病事件。

三、不明原因输入性传染病

输入性传染病是指凡本国原不存在或尚未发现或已消灭而由国外传入的传染病。近年来，随着经济全球化以及旅游、贸易等的迅速发展，输入传染病日益成为一个备受关注的公共卫生问题。输入性传染病病例筛查方式包括入境体温检测、交通工具运营者报告、医学巡查发现、旅客主动申报、口岸区域内报告等方式。

按病原种分类，可以分为：病毒性传染病，如寨卡病毒病、基孔肯雅热、中东呼吸综合征、西尼罗病毒病、猴痘等，这类传染病多会出现发热或伴神经系统、出血、皮疹等症状；细菌性传染病，如 O104 大肠埃希菌感染，这类传染病多出现恶心、呕吐、腹泻等肠道症状；寄生虫传染病，如疟疾、曼氏血吸虫病等，这类传染病发病感染时间较长，如治疗不规范，可持续数年；其他病原体引起的传染病，如莱姆病、克-雅病等。

2014—2018 年全国入境人群的传染病主动监测数据分析显示，常见的旅行中输入传染病中，呼吸道病原体以流感病毒和鼻病毒最为常见，腹泻病原体以诺如病毒和大肠埃希菌最常见，媒介传播疾病中以疟原虫和登革病毒最为常见。血液/性传播疾病中以 HIV 感染和梅毒最为常见；皮肤黏膜病以 EB 病毒感染和肠道病毒感染最为常见（图 9-1）。多数输入性疾病具有季节性，如黄热病主要在 3 月输入，疟疾在 4—8 月输入较高，5—6 月达到高峰，日本脑炎病毒在 6—9 月输入，而登革热通常在 10 月输入达到顶峰。

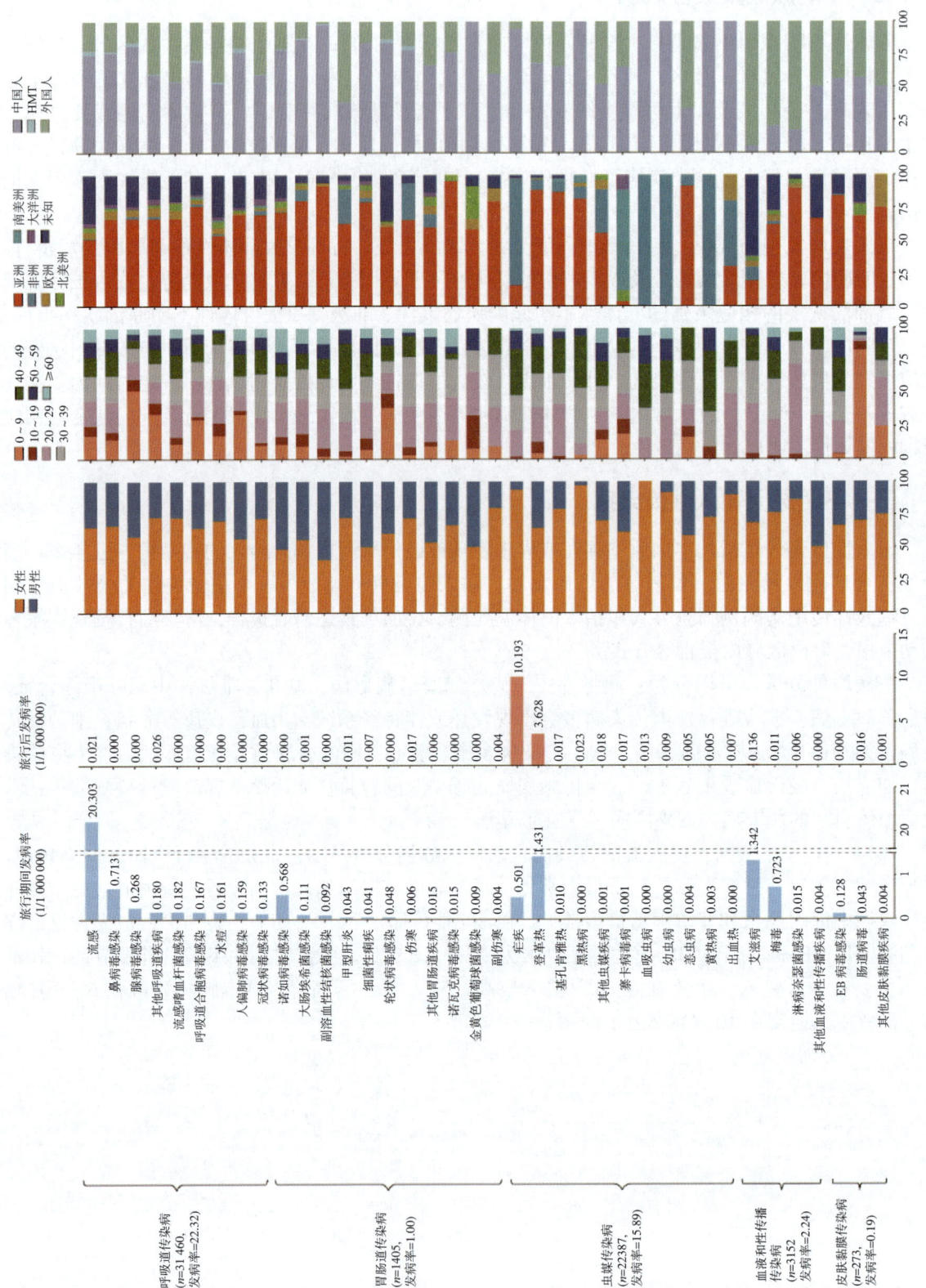

图 9-1 各种输入传染病旅行后和旅行期间的基本特征

第二节　不明原因传染病的诊断和检测

发现可能的疾病感染甚至暴发之后，对致病原因的认知是采取有效公共卫生措施的前提。相似的症状模式可由不同的病原体引起，甚至由非传染性原因引起。因此，诊断是否为传染病并且开展病原体的检测、识别溯源是诊断不明原因传染病的核心。本节以不明原因发热传染病与非传染病的诊断和检测为例进行介绍。

一、不明原因发热传染病与非传染病的鉴别诊断

在多数情况下，发热症状出现的病因是非常明显的，如伴随呼吸道症状、腹泻等引发的发热症状。但在少数病例中，发热持续存在，且不容易诊断出病因，这种发热被称为不明原因发热（fever of unknown origin，FUO）。

FUO可由各种疾病引起，目前已经报道了200多种FUO的病因。1961年，Petersdorf和Beeson首次将FUO定义为三次不同场合口腔温度＞38.3℃、持续3周以上的发热性疾病状态，在医院接受标准检查和治疗1周后仍无法明确病因的发热性疾病。1991年，Durak和Street将FUO重新定义为四类：经典型FUO、医院相关型FUO、中性粒细胞减少型FUO和HIV相关型FUO（表9-6）。感染、肿瘤、非感染性炎症性疾病和其他疾病是FUO的四个主要病因。FUO的标准诊疗流程尚未提出，但在进行检查和诊断时应按照特定的顺序进行（图9-2）。引起感染的病原体鉴定对靶向抗感染治疗至关重要。

表9-6　不明原因发热的四种亚型定义及主要特征

分类	经典型不明原因发热	医院相关型（医疗保健相关）不明原因发热	中性粒细胞减少型（免疫缺陷）不明原因发热	HIV相关型不明原因发热
定义	＞38.3℃，＞3周，＞2次就诊或住院3天	＞38.3℃，＞3周，＞3天，未入院或无潜伏期	＞38.3℃，＞3天，48小时后阴性培养	＞38.3℃，＞3周门诊，＞3天住院患者，HIV感染者确诊
患者的位置	社区、诊所或医院	急症护理医院	医院或诊所	社区诊所或医院
主要原因	癌症，感染，炎症，未确诊，习惯性高热	医疗相关感染、术后并发症、药物热	大多数是由于感染，但有记录原因的只有40%~60%	HIV（原发感染），典型和非典型分枝杆菌，巨细胞病毒，淋巴瘤，弓形体病，隐球菌病，虹膜
暴露史	旅行，接触，接触动物和昆虫，药物，免疫，家族史，心脏瓣膜疾病	手术和操作，设备，解剖学考虑，药物治疗	化疗阶段，用药情况，潜在免疫抑制障碍	药物，暴露，危险因素，旅行，接触，HIV感染阶段
检查重点	眼底，口咽，颞动脉，腹部，淋巴结，脾，关节，皮肤，指甲，生殖器，直肠或前列腺，下肢深静脉	伤口，器械，输尿管，鼻窦，尿液	皮肤褶皱，静脉注射点，肺，肛周区域	口腔，鼻窦，皮肤，淋巴结，眼，肺，肛周区域
调查重点	影像，活检，红细胞沉淀率，皮肤测试	成像，细菌培养	CXR，细菌培养	血液和淋巴细胞计数；血清学测试，CXR；粪便检查；肺活检，骨髓和肝培养，细胞学检测，脑成像

续表

分类	经典型不明原因发热	医院相关型（医疗保健相关）不明原因发热	中性粒细胞减少型（免疫缺陷）不明原因发热	HIV相关型不明原因发热
管理	观察，门诊体温表，调查，避免经验型药物治疗	视情况而定	抗菌治疗方案	抗病毒和抗菌方案，疫苗，治疗方案的修订，良好的营养
疾病时间进程	几个月	几周	几天	几周到几个月
调查进度	几周	几天	几小时	几天到几周

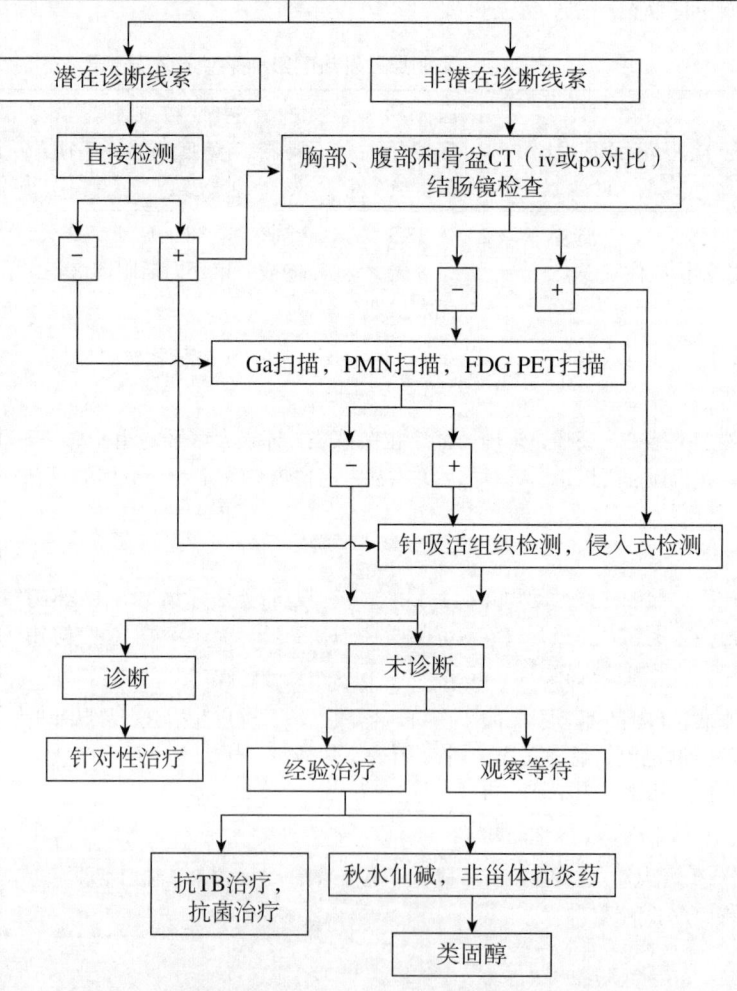

图 9-2　FUO 的诊断和治疗流程（Harrison's Infectious Diseases, 2010）

(一)经典型 FUO

经典型 FUO 主要可分为 5 类：感染、恶性肿瘤、结缔组织疾病、包括人为性发热和习惯性高热在内的多种疾病及未确诊的病例。经典型 FUO 的主要病因是腹腔内感染、复杂性尿路感染、结核病和感染性心内膜炎；主要的恶性肿瘤是淋巴瘤、白血病和一些实体瘤，包括腺癌和肾癌；主要的结缔组织疾病是血管炎，包括颞动脉炎-多肌痛综合征、斯蒂尔病、系统性红斑狼疮和风湿热等（表 9-7）。在可能导致 FUO 的各种疾病中，酒精性肝炎和肉芽肿性疾病（如结节病或肉芽肿性肝炎）也很重要。

在所有导致儿童出现 FUO 的病因中，感染性病因的比例更高，恶性肿瘤所占比例较低。泌尿系统、呼吸道感染在儿童患者中较为常见。斯蒂尔病和风湿热在儿童中较成人更易引起 FUO。导致婴儿典型不明原因发热的疾病不同于年龄较大的儿童和成年人，呼吸道感染在婴儿中引起典型的不明原因发热的频率比 12 个月以上的儿童或成年人更高。引起婴儿尿路感染的相对频率很高，因为结缔组织疾病和癌症在这个年龄段很少见。川崎病主要发生在 5 岁以下的儿童。虽然结缔组织疾病很少见于 12 个月以下的儿童，但斯蒂尔病是年龄较大的儿童和年轻人不明原因发热的主要原因。不明原因发热儿童的关节病通常意味着一种严重的潜在疾病，如结缔组织疾病、心内膜炎或白血病。

在 65 岁以上的患者中，腹腔内脓肿（包括肝脓肿）、恶性肿瘤和血管炎引起的 FUO 比例较高。老年人群中，未确诊的 FUO 比例较低，仅为儿童和年轻成人的一半左右，且潜在恶性肿瘤的发生率较高。颞动脉炎-风湿性多肌痛综合征多见于老年人，其许多非特异性症状容易被漏诊或误诊，因此对该疾病进行准确诊断显得尤为重要，如果红细胞沉降率超过 100 mm/h，则容易怀疑这一诊断，但如果没有检查红细胞沉降率，则很容易忽视这一诊断。该病的另一个提示是血小板计数高。细菌性前列腺炎及相关尿路感染在老年男性中更常见。在发达国家，感染性心内膜炎在老年患者中更为常见。在鉴别诊断时也应考虑隐匿性肺栓塞。

表 9-7 经典型 FUO 的发病诱因

感染	肿瘤
局部化脓性感染	**恶性**
阑尾炎	结肠癌
猫抓热	胆囊癌
胆管炎	肝癌
胆囊炎	霍奇金淋巴瘤
牙脓肿	免疫母细胞性 T 细胞淋巴瘤
憩室炎/脓肿	白血病
小囊脓肿	淋巴瘤样肉芽肿病
肝脓肿	恶性组织细胞增生症
肠系膜淋巴结炎	非霍奇金淋巴瘤
骨髓炎	胰腺癌
胰腺脓肿	肾细胞癌
盆腔炎	肉瘤
肾周/肾内脓肿	**良性**
前列腺脓肿	心房黏液瘤
肾软化斑	Castleman 病

续表

感染	肿瘤
鼻窦炎	肾血管平滑肌脂肪瘤
膈下脓肿	**习惯性高热**
化脓性血栓性静脉炎	（异常的昼夜节律）
输卵管卵巢脓肿	**胶原血管疾病/过敏性疾病**
血管内感染	成人斯蒂尔病
细菌性主动脉炎	白塞病
细菌性心内膜炎	多形红斑
血管导管感染	结节性红斑
全身性细菌感染	巨细胞动脉炎/风湿性多肌痛
巴尔通体病	过敏性肺炎
布鲁菌病	过敏性血管炎
弯曲杆菌感染	混合结缔组织病
猫抓病/杆菌性血管瘤病（汉氏巴尔通体）	结节性多动脉炎
淋球菌血症	复发性多软骨炎
军团菌病	风湿热
细螺旋体病	类风湿关节炎
李氏杆菌病	Schnitzler 综合征
莱姆病	系统红斑狼疮
类鼻疽	大动脉炎
脑膜炎球菌血症	Weber-Christian 病
鼠咬热	韦格纳肉芽肿
回归热	**肉芽肿性疾病**
沙门菌病	克罗恩病
梅毒	肉芽肿性肝炎
土拉杆菌病	中线肉芽肿
伤寒	肉状瘤病
弧菌病	**其他疾病和原因**
耶尔森菌感染	主动脉夹层动脉瘤
分枝杆菌感染	药物热
鸟型分枝杆菌/胞内分枝杆菌感染	痛风
其他非典型分枝杆菌感染	血肿
肺结核	血红蛋白病
其他细菌感染	Laennec 肝硬化
放射菌病	PFPA 综合征：周期性发热、腺炎、咽炎、口疮
杆菌性血管瘤病	心肌梗死后综合征
诺卡氏菌病	复发性肺栓塞

续表

感染	肿瘤
维普莱氏病	亚急性甲状腺炎（de Quervain 氏）
立克次体感染	组织梗死/坏死
无形体病	**遗传性和代谢性疾病**
埃里希体病	肾上腺皮质功能减退
鼠伤寒	周期性中性粒细胞减少症
Q 热	耳聋、荨麻疹和淀粉样变性
立克次体痘	Fabry 病
落基山斑疹热	家族性寒冷性荨麻疹
支原体感染	家族性地中海热
衣原体感染	高免疫球蛋白 D 综合征和周期性发热
性病淋巴肉芽肿	Muckle-Wells 综合征
鹦鹉热	肿瘤坏死因子受体相关周期性发热综合征
肺炎衣原体感染	V 型高三酰甘油血症
病毒性感染	**体温调节障碍**
科罗拉多蜱传热	**中枢系统**
柯萨奇 B 组病毒感染	脑肿瘤
巨细胞病毒感染	脑卒中
登革热	脑炎
EB 病毒感染	下丘脑功能障碍
甲/乙/丙/丁/戊型肝炎	**外周系统**
人类疱疹病毒 6 型感染	甲状腺功能亢进症
HIV 感染	嗜铬细胞瘤
淋巴细胞性脉络丛脑膜炎	**做作性发热**
细小病毒 B19 感染	**无发热（< 38.3 ℃）**
真菌感染	
曲霉病	
芽生菌病	
念珠菌病	
球孢子菌病	
隐球菌病	
组织胞浆菌病	
毛霉病	
副球孢子菌病	
肺孢子菌感染	
孢子丝菌病	
寄生虫感染	

续表

感染	肿瘤
阿米巴病	
巴贝西虫病	
恰加斯病（南美锥虫病）	
黑热病	
疟疾	
类圆线虫病	
弓蛔虫病	
弓形体病	
旋毛虫病	
假定感染，病原体未确定的川崎病（黏膜皮肤淋巴结综合征）	
菊池病	

（二）医院相关型FUO

患者入院之后出现发热且未得到诊断，被称为"院内不明原因发热"。往往由于医疗操作过程中遇到的风险因素所致，包括外科手术、尿路和呼吸道器械、血管内装置、药物治疗等。肺炎、尿路感染和菌血症等细菌感染是院内不明原因发热的主要原因，其他需要鉴别诊断的疾病包括：局部或播散性念珠菌病、艰难梭菌腹泻或结肠炎、巨细胞病毒感染、肝炎、鼻窦炎（尤其是插管的患者）、血管内导管相关的局部或血流感染以及感染性心内膜炎，以及非感染性炎症疾病（如无结石性胆囊炎、痛风或假性痛风）。有因其他原因在住院期间突然发作的可能性。药物热在老年患者群体中尤其常见，抗菌药（如β-内酰胺类、磺胺类、呋喃妥因和异烟肼）、抗高血压药（如肼屈嗪和甲基多巴）、抗惊厥药（如苯妥英）和别嘌醇是最常见的诱因。发热在重症监护病房（ICU）中很常见，病例在进入ICU后发展较早的发热，往往是非感染性来源，预后良好。通常情况下，ICU中发热的原因多数是由于脓肿、药物热、术后并发症、败血症性血栓性静脉炎、复发性肺栓塞、心肌梗死、癌症、输血和艰难梭菌结肠炎等。

（三）中性粒细胞减少型FUO

中性粒细胞减少症是被认为是免疫缺陷的一个特殊亚类。中性粒细胞减少症患者的发热与经典型FUO有很大不同。中性粒细胞减少型FUO的主要原因是菌血症、肺炎和皮肤/软组织感染。血管内管线和穿刺伤口、皮肤皱褶和肛周区域的局灶性细菌感染均常见，并常伴发菌血症。在中性粒细胞减少的早期阶段，发热通常是由细菌引起，但如果中性粒细胞持续减少，真菌、病毒感染等其他疾病会相对更常见。

（四）HIV相关型FUO

自限性发热常发生在初次HIV感染期间，经过长时间的无症状潜伏后，发热和FUO在HIV感染后期极为常见。在这种情况下，FUO最常见的原因是分枝杆菌感染。除此之外，还必须考虑许多其他诊断，特别是卡氏肺孢子菌感染、巨细胞病毒感染、播散性隐球菌病、中枢神经系统弓形虫病、淋巴瘤和诺卡氏菌病。在某些地理区域，必须考虑播散性利什曼病、组织胞浆菌病、球孢子菌病和马尔尼菲青霉菌感染。最近，巴尔通体也被发现能在AIDS患者中引起发热性菌血症综合征和心内膜炎。

（五）医院内感染的疾病

诊断院内发热时的主要考虑因素是患者的潜在易感性以及住院的潜在并发症。50%以上的院内发热患者受到的感染可能是血管内管路、脓毒性静脉炎。在这种情况下，最好的方法是关注可能的隐匿性感染部位，例如插管患者的鼻窦，或者有导尿管的男性的前列腺脓肿。艰难梭状芽孢杆菌结肠炎可能与腹泻发作前的发热和白细胞增多相关。约 25% 的院内 FUO 患者的发热是非感染性原因。这些原因包括无结石性胆囊炎、深静脉血栓性静脉炎和肺栓塞。需要考虑药物热、输血反应、酒精/药物戒断、肾上腺皮质功能不全、甲状腺炎、胰腺炎、痛风和假性痛风等许多可能的原因。为了确定病因，必须进行多次血液、伤口和液体培养的检查。

二、不明原因传染病的一般诊断

对不明原因传染病患者的常用诊断方法包括体格检查、全面的病史、患者是否有发热症状、发热具体的体温和持续时间等特征、大量的实验室检查、关键的影像学检查和侵入性诊断操作（表 9-8）。

表 9-8 对不明原因患者的一般诊断方法

诊断方法
病历
重复体格检查
全血细胞计数
常规血液化学检测
尿液分析，包括显微镜检查
胸部 X 线片
红细胞沉降率
抗核抗体
类风湿因子
血培养：未进行抗生素治疗的情况下获得的 3 个或更多的标本
巨细胞病毒 IgM 抗体或血液中的病毒检测
儿童和年轻成人的嗜异性抗体测试
结核菌素皮肤试验
腹部、骨盆或其他部位计算机断层扫描
磁共振成像
放射性核素扫描
人类免疫缺陷病毒抗体或病毒检测试验
对上述检查发现的任何异常情况进行进一步评估
双下肢静脉成像

（一）流行病学信息获取

详细的病史采集是诊断不明原因疾病的重要基础，包括基础病、遗传病、手术史、旅行史、职业问题、家庭环境、住房、药物和非法药物的使用、与动物和患者的接触等。有些症状可能被认为不重要，如黄疸、体重减轻、慢性咳嗽、排便改变等，但这些症状也应问询排查。既往疾病的个人和家族史也可以提供特定病因（主要是自身免疫性疾病）的重要指示。在临床调查时也应考虑地方病。患者的旅行史，尤其是在离境后返回原籍的旅行者中，有高达 28% 的人以发热作为医疗咨询的主诉。

（二）体格检查和常规实验室检查

1. 体格检查 检查皮肤病变、口咽部病变、牙齿病变（牙脓肿）、内脏肿大、淋巴结肿大、盆腔和腹部肿块或心脏杂音，尽可能进行检眼镜检查和肛门镜检查。理想情况下，可获得患者的发热温度曲线，以便判断与某些病因（例如疟疾、结核病）的典型模式是否相关。在评估体检结果时，应特别注意可能的不明发热来源，如心血管系统、腹部内脏和泌尿生殖道。不仅要检查淋巴结的正常分布，还要检查上臂外侧和内侧，在皮肤、甲床和黏膜中寻找瘀斑和脉管炎病变，为心内膜炎或胶原血管疾病的诊断提供重要线索。检眼镜检查可发现脉络膜结节或脉管炎或心内膜炎的征象。直肠检查对老弱患者尤其重要，在这些患者中，直肠周围或前列腺脓肿可能会被忽视。

2. 常规实验室检查

（1）血培养：血培养应包括至少 2 周的需氧培养（5%～10%二氧化碳浓度）和厌氧培养。较新的血培养技术有裂解离心法和 BACTEC 放射分枝杆菌培养系统。

（2）血清学检测：常用的血清学试验包括布鲁菌和沙门菌凝集试验、抗链球菌溶血素 O（ASO）滴度、梅毒试验（VDRL），不常见的感染（如鹦鹉热、弓形虫病和 CMV）的血清学试验，类风湿因子试验和抗核抗体试验。在急性期宿主反应期间获得的血清标本可以冷冻，随后用于与晚期或恢复期标本进行比较，以针对性地寻找滴度升高的特定病原体。

（3）红细胞沉降率：在 FUO 的病例中，红细胞沉降率大于 100 mm/h 提示血管炎，但不能将这种疾病与肿瘤、结核或化脓性感染相区分。

（4）血清酶和生化：肝功能检查的结果可能表明肝的原发受累（如肝炎或肝脓肿）或继发性浸润性（如粟粒性结核）。

（5）皮肤试验：如果获得其他阳性结果（例如，结核菌素试验阳性结果提示结核病）或没有结果（发现结节病、Whipple 病和霍奇金病的典型特征），则皮肤试验可能有助于诊断。

（6）脊髓液检查：除非患者有中枢神经系统的症状或体征，如头痛或颈部僵硬，否则对脊髓液的检查通常是没有价值的。

（三）影像学检查

对于不明原因疾病患者，除胸片外，各种放射学检查也有助于诊断。超声检查和 CT 对于检测腹内和盆腔脓肿以及腹膜后腺病是有价值的。CT 的使用减少了患者的组织活检。放射性核素扫描也可能有所帮助。在检测骨转移瘤或骨髓炎病灶时，骨扫描比骨 X 线敏感得多。镓扫描偶尔有助于检测隐匿性脓肿；目前正在研究使用 ^{111} 铟标记白细胞的扫描，以及使用 ^{111} 铟标记的 IgG 和 ^{99} 锝标记的环丙沙星的扫描。在特定的情况下，电子发射断层扫描（PET）也证明是有帮助的。

肾盂静脉造影术可提示肾内或肾周脓肿或肾肿瘤。一些实质性病变只有通过肾血管造影才能显示。上消化道和下消化道 X 线检查可能提示局部肠炎、溃疡性结肠炎或大肠肿瘤。

（四）活检

所有活检材料都应进行细菌、分枝杆菌和真菌培养，并进行组织学检查。可能有助于确定患者诊断的活检有经皮肝活检、骨髓活检、淋巴结活检、皮肤和肌肉活检、颞动脉活检等。

1. 经皮肝活检 与骨髓活检相比，经皮肝活检通常更容易发现肿瘤或肉芽肿性疾病，尤其是在存在肝大、肝功能异常或两者同时存在的情况下。

2. 骨髓活检 可用于检测肉芽肿性疾病或转移性肿瘤，其对于血液学明显异常的患者也可能是有效的。

3. 淋巴结活检 肿大、弥漫或位置异常的淋巴结最适合活检。由于腹股沟淋巴结经常发生慢性炎症，对这些淋巴结进行活检并非一定有效。

4. 皮肤和肌肉活检 皮肤和肌肉的活组织检查有助于诊断胶原性血管疾病（例如多发性大动脉炎或皮肌炎）；活检对结节病也是有效的。

5. 颞动脉活检 对于有发热、红细胞沉降率升高和颞动脉增厚的老年患者，颞动脉活检可能是确定巨细胞动脉炎诊断的唯一方法。

三、不明原因病原体的检测与溯源

引起人类致病的不明原因病原体包括细菌、真菌、病毒等。面对新发、突发疫情，为了有效控制传染病流行，需要根据不同种类病原体的理化与结构特征、生物学特性、蛋白及核酸组成及引起的机体免疫反应等，利用多种鉴定与溯源手段，达到准确鉴定病原体并明确其来源的目的。传统病原微生物检测需要进行微生物培养、染色，并在此基础上进行微生物种类鉴定，检测成本高。传统检测方式主要包括涂片镜检、分离培养与生化反应、组织细胞培养三种。随着分子生物检测技术发展进步，采用病原微生物特有的基因片段序列对其种类进行鉴别不但能快速准确地对病原微生物进行鉴定，还能弥补传统检测方法的一些不足，所以基因检测技术以其自身独特的优势被临床检验等领域广泛应用。

对于病原体的诊断，体液培养和检测仅在大约40%的病例中呈阳性。此外，血液培养的化验结果需要时间较长，这使得临床医生获得病原体信息的时间被延迟。基础PCR检测的敏感性和特异性是基于致病菌已知的基因组序列，所提供的信息有限，不适用于混合感染的检测。利用16S核糖体RNA（rRNA）基因扩增子测序，可对患者的微生物群进行特征分析，确定与感染相关的微生物群特征，以及与呼吸道、肠道症状等相关的微生物群特征。

新型宏基因组下一代测序（metagenomics next-generation sequencing，mNGS）技术直接针对样本中的所有核酸进行无偏性测序，结合病原微生物数据库及特定算法，检测样本中可能含有的病原微生物序列。mNGS技术不依赖于培养，对常见病原微生物检验阴性、经验治疗失败、不明原因的危急重感染的病原学诊断以及新发突发传染病的病原体发现具有独特价值。

不明原因病原体的鉴定流程包括：样本采集、快速检验鉴定、病原体分离培养、高通量测序技术鉴定未知病原体及病原体溯源。

（一）样本采集

用于未知病原体鉴定的待测标本，既包含人感染临床样本、感染者所接触的环境样本，也包括蚊、蜱、鼠等各种媒介生物、植物、动物样本。样本的正确采集及保存对于未知病原体的成功分离与准确鉴定至关重要。对于患者样本的采集，应在感染急性期进行，可根据病原体的感染部位选择样本类别，呼吸道感染相关的可采集咽拭子样本，出血热症状相关的可采集血液样本，脑炎症状相关的可采集脑脊液及血液样本，消化道感染相关的可采集粪便、呕吐物等样本。新发病原体有时会引起不典型症状或多种并发症，需采集多种类型样本进行检测鉴定。为了防止病原体失活，应将采集的样本低温保存并迅速运送至实验室进行检测及分离，如果48小时内无法检测样本，样本应该冻存于-70℃。

（二）快速检验鉴定

可采用快速检验鉴定技术，利用已有的检测试剂，在现场或实验室对不明原因病原体的种类进行初步的快速筛查。目前常用的技术方法以核酸扩增检测和免疫层析方法为主。

1. 核酸扩增检测 核酸扩增以病原体特异的核酸片段为检测靶标，检测技术包括普通PCR、荧光定量PCR、数字PCR、等温扩增、多重PCR扩增/质谱联用技术等。对不明原因病原体的核酸检测，可先用已知常见病原体（表9-9）的检测试剂进行快速排查，若排查结果全为阴性，可进一步采用保守或简并引物进行PCR扩增，用于新病原的发现鉴定。

对于已有特定病原体的快速排查，荧光定量PCR准确性高，已成为病毒检测最主要的技术手段。该技术融合了PCR扩增及荧光探针杂交技术，反应体系中加入针对特定病毒的检测引物和荧光标记探针，实时荧光信号的累积与PCR产物形成完全同步。通过实时观察荧光曲线并分析产生阳性荧光信号的循环次数即Ct值，可实现对样本中靶基因的定性检测，结合阳性标准品的扩增曲线进行分析，还可实现对样本中靶基因起始浓度的定量测定。目前有研究报道利用磁控芯片或微流控芯片技术将核酸提取与 qPCR 技术相整合，建立了全自动一体化的 qPCR 核酸检测技术，操作简便快速，非常适于现场对已知病原体的快速筛查。但 qPCR 技术也有局限性，单个检测反应中仅能检测 1~3 个病原靶标，无法实现对多种靶标的高通量检测。多重 PCR 扩增/质谱联用技术和液相芯片技术是用于检测已知病原体的高通量检测技术，可同时检测数十种靶标，但检测成本高且比较耗时。

对于新发病原体的核酸检测，可采用保守或简并引物进行简并 PCR 扩增。它利用同属病原体的高度保守序列来设计引物，PCR 扩增后进行测序，获得部分核酸片段序列，进而通过序列比对分析初步确定未知病原体的种属类别。

2. 免疫学方法 以病原体自身抗原为检测靶标，利用抗原-抗体特异性反应的原理，多种免疫学方法可实现对靶病原的快速排查，包括酶联免疫分析、化学发光免疫分析、免疫荧光、液相芯片、免疫层析、生物传感器等技术。免疫层析和生物传感检测技术操作简便、反应快速，比较适于现场快速筛查。

免疫层析技术（immunochromatography assay，ICA）运用了色谱层析和抗原-抗体特异性结合的原理。在免疫层析实验过程中，只需将待测样本加入样本孔内，标志物与待测样本形成复合物，通过毛细虹吸作用被相应的配体捕获，在纤维素膜的检测线聚集显色，即可形成肉眼可见的结果，5~15 分钟之内即可完成检测过程。免疫层析技术既可用于检测靶病原，也可检测靶病原的特异性抗体，具有操作简便快捷、无需大型仪器设备、不依赖冷链运输等特点，目前可用的免疫层析试剂包括胶体金免疫层析、荧光免疫层析、磁微粒免疫层析等。但免疫层析检测灵敏度低，存在假阴性的风险，仅可作为现场初筛的技术手段。

生物传感器可将生物反应转化为电化学信号，通过对酶、抗体、DNA 序列、肽段或者微生物的特异性识别，显示可快速读取的检测结果并发出预警。具有灵敏度高、小型便携、适于现场应用的优势，但生物传感器检测的特异性低，目前主要用于病原体的侦察预警和现场初步筛查。

在早期的病原鉴定中，通过检测血清中的特异性抗体进行病原诊断的应用非常广泛。利用抗原-抗体特异性反应的原理，采用已知病原体天然抗原或者重组抗原作为诊断抗原，对感染患者的血清进行检测。相关检测技术有免疫荧光、酶联免疫分析、胶体金免疫层析等，但每个反应仅可进行单病原筛查。近年来出现的蛋白芯片、液相芯片、array-ELISA 等高通量的免疫组学分析技术，可将多种待测病原的诊断抗原组合在同一反应中，可实现多种属病原的并行筛查，若出现某种诊断抗原的 IgM 抗体阳性或者恢复期 IgG 比急性期有 4 倍以上升高，则说明该未知病原与阳性诊断抗原代表的病原体有较高的亲缘关系。但是，由于特异性抗体出现具有窗口期，通常在感染 7 天后才能出现，因此抗体无法作为早期感染的诊断标志。

以上检测技术主要用于对特定种类病原体的检测，面对无法快速确定种类的疑难样本，尚需送至后方实验室进行病毒分离培养及进一步的实验室鉴定。

表 9-9 已知病原体的常见种类

各类综合征及其特征	病原体		参考疾病
1 无特征性皮疹的发热 突然或逐渐发病，伴有发热、头痛、肌肉和关节痛；偶尔有胃肠道症状；无确切定位，偶尔有多处淋巴结肿大；可能再发和复发	1.1 所有气候	病毒	节肢动物传播的病毒热、流行性肌痛
		细菌	布鲁菌病、钩端螺旋体病、非肺炎性军团菌病
		立克次体	战壕热
		寄生虫	旋毛虫病
	1.2 温暖气候或季节	病毒	登革热、裂谷热、白蛉热
		细菌	回归热
		寄生虫	急性血吸虫病、疟疾
		无	中暑

续表

各类综合征及其特征		病原体	参考疾病
2 有特征性皮疹的发热 起病伴有发热和全身症状；全身性皮疹（斑疹、丘疹、疱疹、脓疱疹）或皮疹定位在皮肤和（或）黏膜的某些部位；假如是出血性的，见综合征3	2.1 一般性皮疹（斑疹或紫癜）	病毒	肠道病毒发热疹、传染性红斑、麻疹、幼儿急疹、风疹
		细菌	脑膜炎菌血症、鼠咬伤、猩红热、中毒性休克综合征（由金黄色葡萄球菌引起）
			伤寒、副伤寒
		立克次体	斑疹热群（南欧斑疹热，落基山斑疹热），斑疹伤寒（地方性、流行性），恙虫病
	2.2 一般性皮疹（疱疹或脓疱疹）	病毒	猴痘，天花，水痘
		立克次体	立克次体痘
	2.3 局部性红斑（任何部位）	病毒	肠道病毒泡状胃炎伴有皮疹，疱疹病毒齿龈炎，痘病毒局部皮肤感染
		细菌	皮肤炭疽，慢性游走性红斑（由伯氏疏螺旋体引起）
		寄生虫	麦地那虫病
3 发热伴出血 起病伴有发热和全身症状；3～5天后的第二阶段伴有皮肤出血（瘀斑、瘀点、穿刺有分泌物）、内出血（阴道出血、呕血、柏油样便、血尿）、偶尔有黄疸，有或无末梢休克综合征	3.1 蚊虫传播	病毒	登革热，黄热病，西尼罗河病毒，基孔肯雅出血热
		寄生虫	恶性疟
	3.2 蜱传播	病毒	克里米亚-刚果出血热，基萨那森林热，鄂木斯克出血热
	3.3 啮齿动物传播	病毒	肾综合征出血热，阿根廷玻利维亚出血热，拉沙热
	3.4 病媒不明	病毒	埃博拉病毒病及马尔堡病毒病
4 发热伴淋巴结肿大 起病伴有发热和全身症状；化脓性或非化脓性，局部或全身性腺体肿大	4.1 全身性淋巴结肿大	病毒	获得性免疫缺陷综合征
		寄生虫	丝虫病，内脏利什曼病，弓形虫病
		立克次体	巴尔通体病
	4.2 局部性淋巴结肿大	病毒	γ疱疹病毒性单核细胞增多症
		细菌	腺鼠疫，土拉伦斯菌病
		寄生虫	非洲虫病，美洲虫病
5 发热伴神经系统表现 偶尔发病，伴有发热和全身症状，脑膜炎体征，脑炎，麻痹	5.1 瘫痪	病毒	肠道病毒性脑脊髓炎，脊髓灰质炎
	5.2 脑膜炎	病毒	淋巴细胞性脉络丛脑膜炎，病毒性脑膜炎，腮腺炎
		细菌	流行性脑脊髓膜炎，嗜血杆菌脑膜炎
		寄生虫	血管圆线虫病
	5.3 脑炎	病毒	节肢动物传播的病毒性脑炎，其他脑炎，狂犬病
		细菌	李斯特菌病
		真菌	新型隐球菌病
	5.4 由各种致病因子引起的脑膜脑炎		
6 发热伴呼吸道症状 疲劳，咳嗽，胸痛，呼吸困难；脓痰或血痰	6.1 上呼吸道（喉、气管、支气管）	病毒	急性病毒性咽炎，急性病毒性鼻炎，肠道病毒性淋巴结咽炎，肠道病毒性疱疹性咽峡炎，喉气管支气管炎

续表

各类综合征及其特征		病原体	参考疾病
6 发热伴呼吸道症状 疲劳、咳嗽、胸痛、呼吸困难；脓痰或血痰	6.1 上呼吸道（喉、气管、支气管）	细菌	白喉，百日咳，链球菌性咽炎
		病毒或细菌	支气管炎
	6.2 下呼吸道（细支气管，肺泡）	病毒	流感，病毒性肺炎，Q热（立克次体），SARS，人禽流感
		细菌	肺炭疽，细支气管炎，军团菌病，类鼻疽，饲鸟病，肺鼠疫，细菌性肺炎，霉浆菌属引起的肺炎，肺结核病
		真菌	球孢子菌病，组织胞浆菌病
		支原体、衣原体、真菌或寄生虫等引起的肺炎	
7 发热伴胃肠道症状 伴有神经系统的体征和症状（见综合征5）或伴有皮疹（见综合征2）（注：食物中毒可能无发热）	7.1 腹泻	病毒	急性病毒性胃肠炎（轮状病毒、诺如病毒、星状病毒、杯状病毒等）
		细菌	霍乱弧菌性肠炎，沙门菌病，小肠弯曲菌肠炎，耶尔森菌小肠结肠炎，致泻性大肠埃希菌肠炎
		寄生虫	寄生虫引起的腹泻
	7.2 痢疾	细菌	肠炭疽（罕见），志贺菌痢疾
		寄生虫	阿米巴痢疾
	7.3 其他	寄生虫	异尖线虫病
8 发热伴黄疸 初期伴有全身性症状（见综合征1），但也可能没有黄疸；若是出血性的，见综合征3		病毒	甲型病毒性肝炎，乙型病毒性肝炎，丙、戊型病毒性肝炎，未分型病毒性肝炎
9 非发热性疾病 有以上综合征的一些体征和症状，但不发热	9.1 皮疹		皮肤性利什曼病，孢子丝菌病，游泳者皮炎，游泳池相关皮炎，雅司病
	9.2 神经系统疾病		格林-巴利综合征，瑞夷综合征，破伤风
	9.3 呼吸系统疾病		肺吸虫病
	9.4 胃肠道疾病		结肠袋纤毛虫病，毛细血管炎，霍乱（流行性霍乱弧菌O群），华支睾吸虫病，姜片虫病，贾第鞭毛虫病，肠道血吸虫病
	9.5 由下列原因引起的食物中毒		蜡样芽孢杆菌，肉毒梭菌，产气荚膜梭菌，毒物，副溶血性弧菌
	9.6 黄疸		片吸虫病
	9.7 结合膜炎		急性细菌性结合膜炎，腺病毒结合膜炎，衣原体结合膜炎，肠道病毒出血性结合膜炎
	9.8 泌尿道疾病		泌尿道血吸虫病

(三)病原体的分离培养及鉴定

由于待测样本中的病原体含量低,杂质成分干扰大,直接检测样本不易获得准确、全面的结果。进行病原体分离培养后,可对全基因组序列、病原体的生物特性等进行全面准确的鉴定,进一步确定病原和疾病感染的因果关系,为准确溯源提供有力的证据。

在病原体分离培养过程中,应首先确定未知病原体是何种类的微生物,是细菌、真菌还是病毒(表9-10)。将接种细胞的培养物分装为多份,分别通过传代实验、除菌器滤过实验、无细胞培养基内增殖实验和抗生素耐受性实验4种实验确定新分离物为细菌、立克次体、真菌或病毒。将样本接种细胞后培养获得的原代培养物继续接种敏感细胞进行传代培养实验,若病原体能持续增殖,则可排除微生物毒素;将培养物进行除菌器滤过,取过滤后收集的液体接种进行细胞培养,若病原能增殖,则可排除细菌及立克次体;将分离培养物接种在无细胞培养基内进行培养,若有菌斑生成,则可能为细菌及支原体;取部分分离培养物用抗生素处理后接种敏感细胞,若病原能继续增殖,则可排除衣原体、支原体、立克次体、细菌等病原。以上4种实验可同时进行,根据结果综合判断病原体的类别,判断准则如表9-10所示。若4种实验结果均符合病毒的培养特性,则证明所分离得到的培养物为病毒性病原体。

若分离培养样本来自于感染发病的人员或动物,为了确定该分离培养病毒确实为感染所致发病的病原体,还可以进一步开展动物实验,若实验结果满足科赫法则,则可证明该分离培养病毒为所致感染的病原体。在某些情况下,对于病毒性病原体,由于有些病原体无法分离培养或无合适的敏感动物模型,科赫法则并不完全适用。

表9-10 未知病原体分离物鉴定实验

病原体类别	传代实验	除菌器滤过实验	无细胞培养基增殖实验	抗生素耐受性实验
病毒	能传代	能通过	不能增殖	能耐受
衣原体	能传代	能通过	不能增殖	不耐受
支原体	能传代	能通过	能增殖	不耐受
立克次体	能传代	不能通过	不能增殖	不耐受
细菌	能传代	不能通过	能增殖	不耐受
微生物毒素	不能传代	能通过	不能增殖	能耐受

对于病毒性病原体,在分离培养实验前,需首先进行离心、过滤或抗生素处理等步骤去除过多的杂质及细菌、真菌等微生物,以减少其对宿主细胞的影响,具体的处理过程应根据标本的类型选择的样本处理方法。对于血清、脑脊液样本,抗生素处理后即可直接进行分离培养;对于媒介生物、土壤、粪便等样本,需进行离心以去除杂质,然后进行过滤除菌。将处理后的样本接种敏感细胞或组织,进行孵育、培养及观察细胞病变或动物发病情况。数天后,将原代培养的细胞上清或动物组织继续接种培养,持续接种培养3代,以获得浓度较高的病毒培养物,进而对培养物进行电镜观察、核酸测定或抗原测定,从而准确鉴定病原种类。在分离培养过程中,对第一代、第二代的分离培养物也可进行病原快速检测鉴定。

(四)高通量测序技术鉴定未知病原体

宏基因组学二代测序(Q-mNGS)也被称为"高通量测序"或"大规模并行测序",是一种允许同时和独立测序数千亿个DNA片段的技术。高通量测序技术包括下一代测序(NGS)和纳米孔测序等。对原始样本或病原体分离物进行高通量测序,以获得全基因组序列,通过序列比对分析以确定病原体种类、型别以及遗传变异特征。病原学检测方法(如PCR)要求临床医生在进行相应的检测之前,首先怀疑特定的细菌感染。但NGS技术可用于检测患者样本中的病原菌,灵敏度高，为临床治疗提供建议。Q-mNGS 的应用可以降低 FUO 评估的成本，因为无需进行不必要和昂贵的诊断测试，因此可以尽早实现诊断，辅助临床治疗，缩短住院时间。但 mNGS 需经标本前处理、核酸提取、文库制备、上机测序、数据库比对、报告生成及结果解读等一系列过程，对技术平台及人员素质要求较高。

在高通量测序中，首先要构建 DNA 模板文库。将基因组 DNA 随机打断，获得长度为数十到数百个碱基的片段，在双链片段的两端连上接头并固定在固体表面上。与传统的终止法测序技术完全不同，NGS 采用边合成边测序的技术原理，在 DNA 复制过程中通过捕捉新添加的碱基所携带的特殊标记（一般为荧光分子标记）来确定基因序列。通过生物信息学技术进行序列拼接及分析，可获得宏基因组序列，NGS 既能识别已知病原体，又能在很短时间内识别全新的未知病原。

纳米孔测序技术比 NGS 具有长读长、高通量、低成本和耗时短等优势，更适于对未知病原体的现场快速检测，纳米孔测序技术无需合成反应、荧光标记和电荷耦合器件照相机，DNA 穿过纳米孔时会造成通道内流动的电荷数发生变化，同时得到一个线性的信号图谱，通过贝叶斯算法对信号图谱进行解析即可得到碱基序列。样本核酸无需建库和随机扩增，可直接进行测序分析，获得待测病毒基因组序列。

两种技术方法相比，下一代测序流程复杂，耗时久，但检测灵敏度比纳米孔测序技术高，适于在实验室对复杂样本的分析检测。纳米孔测序技术免去了复杂的基因建库实验过程，可直接从样本中读取基因序列，实验操作比下一代测序技术简单，耗时短，仪器便携，可用于现场检测。运用高通量测序技术，成功鉴定了新冠病毒、猴痘病毒Ⅱb 等多种新发病原体。

高通量测序技术可实现对所有已知病原体及未知病原体的高通量检测，通过宏基因组分析不仅可确定病原种类，还可对人工改造病毒、突变病毒进行位点鉴定，高通量测序技术已成为新突发疫情中病原鉴定的最主要技术手段。但该技术依赖于昂贵的仪器设备，检测成本高，并且需要复杂的测序数据分析。

最近的研究表明，Q-mNGS 可用于诊断各种感染性疾病，包括 2019 冠状病毒病（COVID-19）、鹦鹉热衣原体感染引起的肺炎、埃博拉病毒（EBOV）感染、篮状菌病。一项对 175 例 FUO 患者的回顾性研究比较了 Q-mNGS 与培养和传统方法的差异，包括片、血清学试验和核酸扩增（传统 PCR、Xpert MTB/RIF 和 Xpert MTB/RIF Ultra）等方法。与培养和常规方法相比，血液 Q-mNGS 检测新微生物的总检出率分别提高了 22.9% 和 19.79%，诊断率分别提高 38.0% 和 32.0%。

（五）病原体的溯源

病原体的溯源分析需要进行流行病学调查及基因组序列分析。通过流行病学调查，确定感染者的流行病学感染接触史，包括工作内容（是否从事该种病原体实验）、是否出入相关病原体流行的疫区、是否被媒介生物叮咬或与野生动物接触、之前的密切接触人员是否感染相关病原体等，并采集相应的环境样本和生物样本，通过高通量测序获得未知病原体的全基因组序列。进行序列比对分析，明确其同源或近源毒株。若分离获得的病原体基因组序列与流行疫区的病毒序列高度一致，且感染者有流行病学接触史，传播链清晰，则表明该病原体来自于相关疫区，属于自然感染。

通过基因组序列分析，若病原体基因组序列和已知病毒存在较大差异且有较为明显的人工改造痕迹，则表明该病原体较大可能来自于有目的的生物改造。需进一步调查该种病原体的国内外研究情况，并查找该病原的改造研究及生物安全泄露的相关证据以进行准确溯源。NGS 比常规诊断检测提供了更多的信息。有研究者率先利用基于扩增子和捕获的全基因组测序系统研究了 SARS-CoV-2 的个体间和个体内变异，这也是首个使用多种方法进行的比较研究。研究表明，除了 SARS-CoV-2 外，超高通量 Meta 测序还揭示了临床样本中丰富的基因信息，为临床诊断和治疗提供了参考。2020 年 6 月，美国食品和药物管理局批准了 Illumina 生产的 COVID-19 Q-mNGS 测试的紧急使用授权。

总之，对于不明原因出现的新发及未知病原，病原体的鉴定是一项复杂、系统的工作，通常需要特异性核酸检测、免疫组学分析、病原体分离培养、高通量测序等多种技术手段并行开展，从而对病原体的种类、基因组特性、遗传变异规律进行准确全面的鉴定和分析，并确定病原体与疾病的因果关系。检测到病原通常仅仅反映了样本中病原的存在，或病原体能够在特定疾病状态下增殖，而不能说明病原体直接导致了疾病的发生，因此流行病学、分子检测、分离培养等结果要尽量满足科赫法则，从而充分证明病原体与所致疾病之间的关系。

第三节 不明原因传染病的监测预警

为筛查不明原因传染病病例以及防止聚集性发生的情况，需要常规开展不明原因传染病的监测预警，是指通过长期、连续、系统地收集、整理、分析和解释传染病在人群中的动态分布及其影响因素的资料，将有关信息及时反馈给相关人员或机构，在传染病暴发或流行发生前以及发生早期发出警示信号，以提醒暴发或流行可能发生或其发生的范围可能扩大的风险，并采取相应的防控措施有效控制疫情，防止疫情扩散。因此，传染病的监测预警是发现不明原因传染病、警示新突发传染病的两大核心基础。传染病监测预警主要由监测和预警模块构成：监测为预警提供疾病流行信息，是预警的前提和基础，预警是监测的重要应用。自WHO在第21届世界卫生大会上明确监测在公共卫生领域的内涵和意义以来，越来越多的国家和地区建立了监测预警系统。

一、不明原因传染病的监测策略

（一）传统监测

传统监测是基于病例临床或实验室确诊信息的监测手段，其应用较早、覆盖广泛、技术成熟，多依赖医疗卫生机构被动报告，主要包括法定传染病报告和病原体实验室监测。

1. 传染病信息报告管理系统　我国于2004年建立了传染病信息报告管理系统（national notifiable diseases reporting system，NNDRS），该系统包含40种法定传染病的病例监测，实现了基于医疗卫生机构的法定传染病病例实时、在线、直接报告，对病例个案、诊断及流行病学信息等进行监测，可获得人群传染病发病及死亡数据。NNDRS同时与突发公共卫生事件管理子系统和全国医疗机构医院信息系统之间建立了数据接口，可实现数据自动交换与安全传递。

2. 单病种专项监测　在被动报告的基础上，通过开展病例流行病学调查和病原体实验室监测以掌握病原体耐药情况、人群抗体水平、病原毒株分型、流行危险因素情况。近年来，我国已构建了多种呼吸道传染病的单病种监测系统，如流感监测系统、住院严重急性呼吸道感染监测系统、不明原因肺炎监测系统、结核病管理信息系统和麻疹监测系统等。2003年SARS疫情后，我国建立了覆盖全国的不明原因肺炎监测系统，系统对医院内专家会诊后仍不能明确诊断的肺炎病例进行网络直报，在筛查SARS、人感染高致病性禽流感病例中发挥了重要的作用。美国通过国家法定疾病监测系统（national notifiable diseases surveillance system，NNDSS），对覆盖范围内约3000个卫生机构开展法定疾病病例信息监测，使用电子实验室报告系统监测病例生物样本的检测和结果信息等。

3. 症候群监测　不同于常规的疫情报告，它是从患者刚刚开始出现轻微症状的阶段就收集相关数据。例如在细菌性痢疾暴发的早期，临床医生还没有形成明确的诊断之前，人群中会出现发热、腹痛和腹泻症状的增加，缺勤率的增加，抗感染、抗腹泻药物销售量的升高，这些症候在短期内突然迅速增加，或在某一地理区域内或单位内高度集中时，表现为时间上或空间上的聚集性。当超过了一定阈值（基线水平）时，监测系统就可向有关部门和人员发出疾病流行的预警，从而启动公共卫生应急体系，按疾病诊治的预案及早处置疫情，为应对突发公共卫生事件赢得宝贵的时间。从2009年起实施的国家科技重大专项"传染病监测技术平台项目"涵盖了呼吸道、腹泻、发热伴出诊、发热伴出血、脑炎脑膜炎共五大症候群,是在我国开展的大规模的病原谱研究。随着研究的深入开展,我国具有区域性和人群代表性的病原谱得到了系统性的揭示。

(二)非传统监测

非传统监测是不依赖特定的诊断,而是基于非特异临床症状和传染病相关现象的监测手段。相对于传统监测,更加注重早期多源数据的使用,主要包括症状监测、事件舆情监测等。其中应用最多的是症状监测,指对疾病临床数据和确诊前的健康相关数据进行监测的模式,来源包括病例主诉的医疗症状和一系列与疾病相关的非特异性社会症状如非处方药销量、学校缺课信息、工厂缺勤信息等。症状监测能够揭示疾病早期的暴发"苗头",具备一定的预警属性,有利于提高监测系统的敏感性,避免传染病流行规模进一步扩大。已有在大型活动中应用症状监测系统开展传染病早期探测以保证人员健康的报道。但有关症状监测系统的开发应用仍存在系统数据渠道单一、各部门之间存在数据壁垒、数据收集成本高昂等问题,制约了症状监测系统在传染病防控方面的应用。

二、不明原因传染病的预警策略

传染病预警的基本原理是通过一定的预警技术,从传染病监测数据中发现和识别超出期望常态水平的异常情况,是监测系统的重要产出之一。最初的预警系统多基于法定报告传染病监测建立。随着症状监测以及更广泛的非传统监测不断涌现,预警数据源极大丰富,推动了不明原因传染病预警系统的发展。不明原因传染病预警策略可按照疾病类别、发生场所、严重程度等标准划分为预警主系统与子系统,设置多样化的预警指标,通过应用人工智能、机器学习等新算法,提高模型预警能力,构建智能化预警模型。

1. 构建传染病多维预警主系统 传染病预警主系统对疾病流行过程中的重要时间节点进行研判预警,是多维预警体系的框架和核心。子系统是主系统的分支,多种形式的传染病预警子系统是对主系统的重要补充。例如通过挖掘主系统外具有利用价值的监测数据,构建专项预警子系统,提高预警主系统的及时性与灵敏度,通过针对部分重点防控地区构建区域预警子系统,扩展主系统的预警覆盖范围。主系统与子系统共同形成多维、多重预警机制。

(1)基于疾病潜伏阶段的预警系统:流行病学意义上的潜伏阶段指传染病病原体未侵入人体,各种疾病危险因素不断积聚达到传播阈值的阶段。在该阶段的疾病基本隐匿,但社会和自然环境等因素利于病原体的繁殖扩散,公众处于易感状态。有研究表明,一方面,不同的环境温度和湿度会影响流感病毒的活跃程度,不同型别病毒的反应不同,均会引起人群流感病毒检出率的改变。另一方面,随着城市化的进一步发展,人口进一步向城市集中,部分社会危险因素易导致聚集性疫情出现。一项讨论马来西亚新型冠状病毒感染率影响因素的研究表明,在城市或人口密度高的地区,疾病的传播效应和传播范围更大,病例更多。该时期应主要关注舆情监测数据,掌握传染病流行态势,估计流行风险并向公众发布风险提示。开展回顾性调查,收集传染病历史基线资料并进行统计学分析,掌握高相关性危险因素,提高对新发传染病的实时态势感知能力。

(2)基于疾病前驱阶段的预警系统:系统是对已出现个别病例或病例已就诊但尚未确诊,尚未出现大规模流行的时间节点进行风险评估的预警系统。该阶段疾病已在人群中逐渐传播,例如,一部分病例开始出现呼吸道疾病相关症状,但前往医疗机构就诊病例较少,多数病例未能被病例预警系统识别。在该阶段应用多元异构标准化监测数据(如互联网大数据、病例主诉症状、学校缺勤缺课人数、非处方药销量数据等)构建呼吸道传染病症状监测与预警系统,提取能够揭示疾病流行状态的健康相关信息,组织专家研判,评估呼吸道传染病的未来流行风险,并派遣专员调查、处理存在较大流行风险的事件和地区,推动预警关口提前,避免传染病流行规模进一步扩大。

(3)基于疾病流行阶段的预警系统:该系统指对病例数量明显增多、开始出现聚集性确诊病例的传染病流行阶段进行疾病发展趋势预测、疫苗接种策略分析、医疗物资储备评估的预警系统。由于该阶段医疗机构确诊病例数显著增多，传统病例预警能够及时发现疾病流行动态，因此疾病最终规模、医疗资源需求等问题成为预警系统下一步的预警目标。例如有研究通过构建传染病动力学模型，模拟中国新型冠状病毒感染疫情流行趋势，并估计最终发病人群规模，为公共卫生人员制定合理的防疫政策提供科学依据。还有研究通过动力学模型分析了不同防控策略和流行形势下的未来医疗资源需求，为政府提供了医疗资源的储备建议。

2. 构建传染病多维研判预警子系统

（1）基于互联网大数据的呼吸道传染病态势感知子系统：根据互联网大数据掌握呼吸道传染病的实时动态，评估流行趋势，有助于推动预警关口前移，但混杂严重和信息失真等问题制约了在传染病监测预警领域的应用，提高数据的可信度是推广应用该技术的前提和保障。目前全球已有多个可靠的信息渠道，数据通过专家审查，可信度强，预警结果便于参考，已有过多次成功预警案例。

（2）基于人群移动大数据的呼吸道传染病地区预警子系统：人群流动是导致呼吸道传染病的传播和扩散的重要因素，限制人口流动可减缓疫情扩散速度，对存在感染个体的高风险区人群进行约束和管理十分必要。通过采集人群手机移动定位通行大数据，我国构建了基于地区的传染病预警系统，并开发了相关手机应用软件（如"健康码"）。

（3）基于特殊场所的哨点预警子系统：学校、工厂、临时性大型集会场所人群流量大、密度高，易于传染病的快速传播流行，是传染病尤其是呼吸道传染病流行的高发区域。有研究者总结了学生出勤登记数据和流感的相关性，发现基于特定症状的学生缺勤数据相较传统病例监测能够提前1~2周发现流感的暴发，提示此类数据在症状监测中具有潜在应用价值，对该类场所设立独立的传染病预警系统，能够拓宽监测数据渠道，并减少聚集性传播事件的出现。

（4）基于症候群病原检测数据的传染病预警子系统：病原检测数据是疾病诊断的"金标准"，基于病原检测数据的预警系统对新发传染病的探查具有重要作用，相较于单一疾病病原监测，基于症候群的病原监测网络涵盖的传染病种类更为丰富，对新发传染病的探测能力更强。

第四节 不确定传染病的现场处置和应对

一、工作内容

各级卫生行政部门和各级各类医疗机构、疾病预防控制机构（以下简称"疾控机构"）负责开展不明原因传染病病例的监测、排查和管理工作。

（一）病例的发现与报告

各级各类医疗机构的医务人员发现符合不明原因传染病病例后，应立即报告医疗机构相关部门，由医疗机构在12小时内组织本单位专家组进行会诊和排查，仍不能明确诊断的，应立即填写传染病报告卡，注明"不明原因疾病"并进行网络直报。不具备网络直报条件的医疗机构，应立即向当地县级疾控机构报告，并于24小时内将填写完成的传染病报告卡寄出。县级疾控机构在接到电话报告后，应立即进行网络直报。

县级疾控机构要将发现的不明原因疾病病例情况及时向县级卫生行政部门报告。

不具备相应诊治条件的乡镇、社区等基层医疗机构发现不明原因疾病病例时，应立即将其转至县级及以上医院进行诊治，由接收病例的医院进行不明原因传染病病例的网络直报。

各级疾控机构在日常疫情监测中，要每日主动监视和分析网上报告的不明原因传染病病例的数据，分析是否有同一时间、空间或特定职业的聚集性不明原因疾病病例发生。

（二）流行病学调查和处理

县级疾控机构接到不明原因疾病病例报告后，应于 24 小时内对病例完成初步流行病学调查，并及时进行密切接触者登记。调查时重点了解病例的流行病学史，主要包括：周围有无聚集性发病现象，有无相应的高危职业史（例如从事病原体检测、科研相关工作或可能暴露于动物和人禽流感病毒或潜在感染性材料的实验室人员；饲养、贩卖、屠宰、加工家禽人员及从事禽病防治的人员；未采取严格的个人防护措施，处置动物高致病性禽流感疫情的人员；未采取严格的个人防护措施，诊治、护理人禽流感或 SARS 疑似、临床诊断或实验室确诊病例的医护人员等），以及其他接触禽类或野生动物或暴露于这些动物排泄物及其污染环境的情况等内容。

县级疾控机构接到聚集性不明原因传染病病例报告后，应立即进行流行病学调查，同时组织对病例的密切接触者进行登记、追踪和医学观察。

县级疾控机构应将不明原因传染病病例和聚集性不明原因传染病病例的流行病学调查结果及时向县级卫生行政部门报告，并提出相应的工作建议。

（三）病例的会诊与排查

各级卫生行政部门接到聚集性不明原因传染病病例报告后，要立即组织本级专家组进行会诊。在会诊结束后应提出书面会诊意见。

（四）病例管理

县级以上医院发现不明原因疾病病例时，应立即将病例收治入院，隔离治疗。乡镇、社区医疗机构发现不明原因传染病病例，应立即将患者转至县级及以上医院。

医务人员对不明原因传染病病例进行诊治时，要采取基本个人防护措施（如穿工作服、佩戴工作帽和医用防护口罩等）。发现聚集性不明原因传染病病例后，应立即采取呼吸道传染病隔离措施和相应的院内感染控制措施。

经专家组会诊后，根据诊断结果，须按照卫生部相应的防治工作方案开展处置工作。

（五）标本采集和实验室检测

县级疾控机构和收治病例的医疗机构要密切配合，采集病例的相关临床样本，尽快送至有条件的实验室，进行病原体检测。标本采集人员应做好个人防护，并填写标本登记表。

采集的临床标本包括患者的鼻咽拭子、下呼吸道标本（如气管分泌物、气管吸取物）和血清标本等。如患者死亡，应尽可能说服家属同意尸检，及时进行尸体解剖，采集组织标本。临床标本应尽量采集病例发病早期的标本和发病 7 天内急性期血清以及间隔 2～4 周的恢复期血清。

对于不明原因传染病病例的相关标本的采集、包装、运送和实验室检测应事先进行危害评估。若疑似高致病性病原微生物感染，根据危害评估结果应参照《病原微生物实验室生物安全管理条例》及《可感染人类的高致病性病原微生物菌（毒）种或样本运输管理规定》（卫生部令第 45 号）及《人间传染的病原微生物名录》（卫科教发〔2006〕15 号）的要求，按高致病性病原微生物进行标本的采集、包装、运送和实验室检测工作。

经省级专家组会诊不能明确诊断的不明原因传染病病例，省级疾控机构要将标本送中国疾病预防控制中心进行检测。必要时，省级疾控机构要按照中国疾病预防控制中心的要求，将省级及以下专家组会诊后已做出明确诊断的不明原因传染病病例标本送中国疾病预防控制中心进行复核检测。

二、工作职责

（一）卫生行政部门

各级卫生行政部门负责领导辖区内的不明原因疾病监测、排查和管理工作，保障工作经费，组织督导评估和监督检查。组织专家组对医疗机构报告的不明原因传染病病例进行会诊。发现聚集性不明原因疾病病例，要及时向同级人民政府报告，并提出防控措施建议。

(二)医疗机构

1. 各级医疗机构负责不明原因传染病病例的诊治、排查工作。医务人员在采集不明原因传染病病例病史时,应注意询问患者的流行病学史及其周围是否有聚集性发病现象。

2. 医务人员在做出不明原因传染病病例诊断后,应立即向医疗机构相关部门报告;医院要及时组织专家组,对医务人员报告的不明原因传染病病例进行会诊。

3. 对不明原因传染病患者应采取隔离措施和相应的院内感染控制措施。

4. 负责对聚集性病例所在医院内的密切接触者进行登记、医学观察及资料上报。

5. 为流行病学调查及各级专家组会诊提供相关临床资料。

6. 医疗机构预防保健或院内感染控制部门按相关规定对不明原因传染病病例进行网络直报及后续的订正报告。

7. 协助疾控机构对不明原因传染病病例进行流行病学调查。

8. 负责采集不明原因传染病病例的临床标本,并妥善保存,以备送检。

9. 按照当地卫生行政部门的相关规定,与疾控机构配合进行标本转运。

(三)疾病预防控制机构

1. 县(区)级疾控机构

(1)对报告的不明原因传染病病例进行流行病学调查。

(2)对聚集性不明原因传染病病例的密切接触者进行追踪和医学观察。

(3)指导医疗机构对聚集性不明原因传染病病例采取隔离措施,指导有关单位采取相应的防控措施。

(4)指导医疗机构对不明原因传染病病例进行标本采集。

(5)将采集到的病例标本及时运送到有条件的市(地)级或省级实验室。

(6)及时将不明原因传染病病例的实验室检测结果反馈至报告病例的医疗机构。

(7)定期分析、汇总辖区内的监测数据并报告监测结果。

(8)对已明确诊断病因的病例,将其调查资料进行整理,并报同级卫生行政部门和上级疾控机构备案。

2. 市(地)级疾控机构

(1)定期分析、汇总、上报辖区内的监测数据并反馈监测结果。

(2)指导县级疾控机构对聚集性不明原因传染病病例进行流行病学调查。

(3)定期对辖区内医疗机构和县级疾控机构进行督导、检查和质量控制。

(4)对已明确诊断病因的病例,将其调查资料进行整理,并报同级卫生行政部门和上级疾控机构备案。

3. 省级疾控机构

(1)开展不明原因传染病病例的实验室检测工作并报告、反馈实验室检测结果。

(2)定期分析、汇总、上报、反馈本省的监测结果。

(3)定期对市(地)级和县级疾控中心业务人员进行培训。

(4)对全省监测工作进行督导、检查和质量控制。

(5)对已明确诊断病因的病例,将其调查资料进行整理,并报同级卫生行政部门和上级疾控机构备案。

4. 中国疾病预防控制中心

(1)组织对省级疾控机构专业人员的培训。

(2)指导、参与各省聚集性不明原因传染病病例的调查和处理。

(3)对各省运送的标本或分离物进行相关检测或复核、鉴定。

(4)组织对全国监测系统的督导、检查和评价。

（5）对实验室网络进行考核和质量控制。

（6）建立、管理、维护全国不明原因传染病监测数据库。

（7）定期分析、汇总、反馈全国监测结果。

三、信息收集、分析与反馈

（一）信息收集内容

监测系统收集的信息内容包括不明原因传染病病例报告卡、个案调查表、会诊记录、不明原因传染病病例标本送检表和聚集性不明原因传染病病例密切接触者医学观察表等。

（二）定期报告、反馈

1．不明原因传染病病例的传染病报告卡需及时录入中国疾病监测信息报告管理系统。

2．不明原因传染病病例的个案调查表，根据需要将复印件逐级上报至中国疾病预防控制中心。聚集性不明原因传染病病例的个案调查表及调查处理报告应逐级上报至中国疾病预防控制中心。

3．医院组织的不明原因传染病病例会诊记录原件保存在病历中，并及时报告当地卫生行政部门。卫生行政部门组织的专家会诊记录原件作为部门工作文件归档。聚集性不明原因传染病病例的会诊记录的复印件应逐级上报至省级卫生行政部门和中国疾病预防控制中心。

4．病例标本送检表应由医疗机构或疾控机构填写。实验室检测结果及时反馈给送检单位。

5．聚集性不明原因传染病病例密切接触者医学观察表应由县级疾控机构负责填写、汇总，并及时逐级报告至省级疾控机构。

6．各级疾控机构定期将监测系统的分析结果报同级卫生行政部门和上级疾控机构，并反馈给辖区内的疾控机构及医疗机构。

四、展望

为提高不明原因传染病监测和预警系统能力水平，我国需要整合利用现有资源，改良监测技术，建设高效的传染病信息管理平台，搭建传染病数据共享平台，实现多种监测系统的有效集成，提高数据质量和监测效率；完善监测预警的方法、工具、平台，从上至下培养专门人才和队伍。提高部门间合作能力和协同性，加强医院、疾控机构、高校、相关技术部门之间的交流沟通，各部门合作搭建跨学科、跨部门的呼吸道传染病防控综合性平台。另外，拓宽并改进预警信息发布载体，提高信息效能；向社会各界传达近期疾病流行趋势和潜在风险，普及相关疾病的防护知识，加强公众防范意识。

致病病原体的确认是不明原因传染病处置应对的关键环节。面对种类繁多的人类致病病原体及可能出现的新型或人造的未知病原，现有方法仍然存在许多挑战。目前尚缺乏准确性高、集采样/样本处理/检测于一体的自动化程度高的现场快检技术，传统生物学方法与新型纳米材料技术、仿生技术、新型电化学传感技术的结合有望开发出现场可用的高灵敏度检测技术。探索更准确、快速、具备生物安全防控、便捷、高通量的病原体检测技术，依然是本领域的主要研究方向。

（刘　玮）

主要参考文献

1. 杨维中. 传染病预警理论与实践 [M]. 北京：人民卫生出版社，2012.
2. 李兰娟，任红. 传染病学 [M]. 9版. 北京：人民卫生出版社，2018.
3. Gushulak B D, MacPherson D W. Globalization of infectious diseases：the impact of migration [J]. Clin Infect Dis，2004，38（12）：1742-1748. doi：10.1086/421268.
4. Alirol E, Getaz L, Stoll B, et al. Urbanisation and infectious diseases in a globalised world [J]. Lancet Infect Dis，2011，11（2）：131-141. doi：10.1016/S1473-3099（10）70223-70221.
5. Wilson N, Corbett S, Tovey E. Airborne transmission of covid-19 [J]. BMJ，2020，370：m3206. doi：10.1136/bmj.m3206.
6. Li J, Lai S, Gao G F, et al. The emergence, genomic diversity and global spread of SARS-CoV-2 [J]. Nature，2021，600（7889）：408-418. doi：10.1038/s41586-021-04188-6.
7. Ghosn J, Taiwo B, Seedat S, et al. HIV [J]. Lancet，2018，392（10148）：685-697. doi：10.1016/S0140-6736（18）31311-4.
8. Malvy D, McElroy A K, de Clerck H, et al. Ebola virus disease [J]. Lancet，2019，393（10174）：936-948. doi：10.1016/S0140-6736（18）33132-5.
9. Jeng W J, Papatheodoridis G V, Lok A S F. Hepatitis B [J]. Lancet，2023，401（10381）：1039-1052. doi：10.1016/S0140-6736（22）01468-4.
10. Uyeki T M, Hui D S, Zambon M, et al. Influenza [J]. Lancet，2022，400（10353）：693-706. doi：10.1016/S0140-6736（22）00982-5.
11. Chandra P, Grigsby S J, Philips J A. Immune evasion and provocation by Mycobacterium tuberculosis [J]. Nat Rev Microbiol，2022，20（12）：750-766. doi：10.1038/s41579-022-00763-4.
12. Tiberi S, du Plessis N, Walzl G, et al. Tuberculosis：progress and advances in development of new drugs, treatment regimens, and host-directed therapies [J]. Lancet Infect Dis，2018，18（7）：e183-e198. doi：10.1016/S1473-3099（18）30110-5.
13. Kanungo S, Azman A S, Ramamurthy T, et al. Cholera [J]. Lancet，2022，399（10333）：1429-1440. doi：10.1016/S0140-6736（22）00330-0.
14. Parry C M, Hien T T, Dougan G, et al. Typhoid fever [J]. N Engl J Med，2002，347（22）：1770-1782.

doi：10.1056/NEJMra020201.

15. Cotter C, Sturrock H J, Hsiang M S, et al. The changing epidemiology of malaria elimination: new strategies for new challenges [J]. Lancet, 2013, 382 (9895): 900-911. doi: 10.1016/S0140-6736 (13) 60310-4.

16. Lo N C, Bezerra F S M, Colley D G, et al. Review of 2022 WHO guidelines on the control and elimination of schistosomiasis [J]. Lancet Infect Dis, 2022, 22 (11): e327-e335. doi: 10.1016/S1473-3099 (22) 00221-3.

17. Ross A G, Bartley P B, Sleigh A C, et al. Schistosomiasis [J]. N Engl J Med, 2002, 346 (16): 1212-1220. doi: 10.1056/NEJMra012396.

18. Haldane V, De Foo C, Abdalla S M, et al. Health systems resilience in managing the COVID-19 pandemic: lessons from 28 countries [J]. Nat Med, 2021, 27 (6): 964-980. doi: 10.1038/s41591-021-01381-y.

19. McGowan V J, Bambra C. COVID-19 mortality and deprivation: pandemic, syndemic, and endemic health inequalities [J]. Lancet Public Health, 2022, 7 (11): e966-e975. doi: 10.1016/S2468-2667 (22) 00223-7.

20. 沈洪兵，齐秀英．流行病学 [M]．8 版．北京：人民卫生出版社，2013：15．

21. Mahase E. Covid-19: WHO declares pandemic because of "alarming levels" of spread, severity, and inaction [J]. BMJ, 2020, 368: m1036. doi:10.1136/bmj.m1036.

22. Fauci A S, Morens D M. The Perpetual Challenge of Infectious Diseases REPLY [J]. New Engl J Med, 2012, 367 (1): 90. doi:10.1056/NEJMc1204960.

23. Parada L V. Public health: Life lessons [J]. Nature, 2011, 480 (7376): S11-S13. doi:10.1038/480S11a.

24. World Health Organization. Pandemic Influenza Risk Management: A WHO guide to inform and harmonize national and international pandemic preparedness and response [EB/OL]. https://apps.who.int/iris/handle/10665/259893. 2018-01-22/2024-02-22.

25. Alakija A. Leveraging lessons from the COVID-19 pandemic to strengthen low-income and middle-income country preparedness for future global health threats [J]. Lancet Infect Dis, 2023, 23 (8): e310-e317. doi:10.1016/S1473-3099 (23) 00279-7.

26. Baker R E, Mahmud A S, Miller I F, et al. Infectious disease in an era of global change [J]. Nat Rev Microbiol, 2022, 20 (4): 193-205. doi:10.1038/s41579-021-00639-z.

27. Bedford J, Farrar J, Ihekweazu C, et al. A new twenty-first century science for effective epidemic response [J]. Nature, 2019, 575 (7781): 130-136. doi:10.1038/s41586-019-1717-y.

28. World Health Organization. Health security [EB/OL]. https://www.who.int/health-topics/health-security#tab=tab_1. 2022-11-30/2024-02-22.

29. 杨维中，张婷．高度不确定新发传染病的应对策略和措施 [J]．中华流行病学杂志，2022，43 (5)：627-633. doi:10.3760/cma.j.cn112338-20220210-00106.

30. Mullan Z. The cost of Ebola [J]. Lancet Glob Health, 2015, 3 (8): e423. doi:10.1016/S2214-109X (15) 00092-3.

31. 李立明．流行病学 [M]．8 版．北京：人民卫生出版社，2017．

32. Li Z, Chen Q, Feng L, et al. Active case finding with case management: the key to tackling the COVID-19 pandemic [J]. Lancet, 2020, 396 (10243): 63-70. doi:10.1016/S0140-6736 (20) 31278-2.

33. Menni C, Valdes A M, Polidori L, et al. Symptom prevalence, duration, and risk of hospital admission in individuals infected with SARS-CoV-2 during periods of omicron and delta variant dominance: a prospective observational study from the ZOE COVID study [J]. Lancet, 2022, 399 (10335): 1618-1624. doi:10.1016/S0140-6736 (22) 00327-0.

34. GBD 2019 Diseases and Injuries Collaborators. Global burden of 369 diseases and injuries in 204 countries and territories, 1990-2019: a systematic analysis for the Global Burden of Disease Study 2019 [J]. Lancet, 2020, 396 (10258): 1204-1222. doi:10.1016/S0140-6736 (20) 30925-9.

35. Uyeki T M, Hui D S, Zambon M, et al. Influenza [J]. Lancet, 2022, 400 (10353): 693-706. doi:10.1016/

S0140-6736（22）00982-5.

36. Hubschen J M, Gouandjika-Vasilache I, Dina J. Measles [J]. Lancet, 2022, 399 (10325): 678-690. doi:10.1016/S0140-6736（21）02004-3.

37. Razavi H A, Buti M, Terrault N A, et al. Hepatitis D double reflex testing of all hepatitis B carriers in low-HBV- and high-HBV/HDV-prevalence countries [J]. J Hepatol, 2023, 79(2): 576-580. doi:10.1016/j.jhep.2023.02.041.

38. Hook E R, Bernstein K. Kissing, saliva exchange, and transmission of Neisseria gonorrhoeae [J]. Lancet Infect Dis, 2019, 19 (10): e367-e369. doi:10.1016/S1473-3099（19）30306-8.

39. Girometti N, Byrne R, Bracchi M, et al. Demographic and clinical characteristics of confirmed human monkeypox virus cases in individuals attending a sexual health centre in London, UK: an observational analysis [J]. Lancet Infect Dis, 2022, 22 (9): 1321-1328. doi:10.1016/S1473-3099（22）00411-X.

40. Chiou H, Voegeli C, Wilhelm E, et al. The Future of Infodemic Surveillance as Public Health Surveillance [J]. Emerg Infect Dis, 2022, 28 (13): S121-S128. doi:10.3201/eid2813.220696.

41. 杨维中. 我国传染病监测工作回顾与展望 [J]. 中华预防医学杂志, 2013, 47 (12): 1075-1077. doi: 10.3760/cma.j.issn.0253-9624.2013.12.001.

42. 周海健, 阚飙. 细菌性传染病实验室病原学监测预警技术发展及其应用 [J]. 中华预防医学杂志, 2022, 56 (4): 525-532. doi: 10.3760/cma.j.cnll2150-20220212-00129.

43. World Health Organization. Global Influenza Surveillance and Response System (GISRS) [EB/OL]. https://www.who.int/initiatives/global-influenza-surveillance-and-response-system. 2023-01-31/ 2023-05-04.

44. Croucher N J, Harris S R, Fraser C, et al. Rapid pneumococcal evolution in response to clinical interventions [J]. Science, 2011, 331 (6016): 430-434. doi:10.1126/science.1198545.

45. Holt K E, Parkhill J, Mazzoni C J, et al. High-throughput sequencing provides insights into genome variation and evolution in Salmonella Typhi [J]. Nat Genet, 2008, 40 (8): 987-993. doi:10.1038/ng.195.

46. Mutreja A, Kim D W, Thomson N R, et al. Evidence for several waves of global transmission in the seventh cholera pandemic [J]. Nature, 2011, 477 (7365): 462-465. doi:10.1038/nature10392.

47. Yang C, Li Y, Jiang M, et al. Outbreak dynamics of foodborne pathogen Vibrio parahaemolyticus over a seventeen year period implies hidden reservoirs [J]. Nat Microbiol, 2022, 7 (8): 1221-1229. doi:10.1038/s41564-022-01182-0.

48. Zumla A, Al-Tawfiq J A, Enne V I, et al. Rapid point of care diagnostic tests for viral and bacterial respiratory tract infections—needs, advances, and future prospects [J]. Lancet Infect Dis, 2014, 14 (11): 1123-1135. doi:10.1016/S1473-3099（14）70827-8.

49. 曹务春. 流行病学 [M]. 3 版. 北京: 人民卫生出版社, 2014.

50. World Health Organization. Guidelines on clinical evaluation of vaccines: regulatory expectations [EB/OL]. https://www.who.int/publications/m/item/WHO-TRS-1004-web-annex-9. 2020-10-21/2024-02-22.

51. O'Hagan D T, Valiante N M. Recent advances in the discovery and delivery of vaccine adjuvants [J]. Nat Rev Drug Discov, 2003, 2 (9): 727-735. doi:10.1038/nrd1176.

52. Kasturi S P, Skountzou I, Albrecht R A, et al. Programming the magnitude and persistence of antibody responses with innate immunity [J]. Nature, 2011, 470 (7335): 543-547. doi:10.1038/nature09737.

53. 国家药品监督管理局. 真实世界证据支持药物研发与审评的指导原则（试行）[EB/OL]. https://www.nmpa.gov.cn/xxgk/ggtg/ypggtg/ypqtggtg/20200107151901190.html. 2020-01-03/2024-02-22.

54. Wang C J, Ng C Y, Brook R H. Response to COVID-19 in Taiwan: big data analytics, new technology, and proactive testing [J]. JAMA, 2020, 323 (14): 1341-1342. doi:10.1038/nature09737.

55. Lee P, Bubeck S, Petro J. Benefits, Limits, and Risks of GPT-4 as an AI Chatbot for Medicine [J]. New Engl J Med, 2023, 388 (13): 1233-1239. doi:10.1056/NEJMsr2214184.

56. 周晓农，王显红，杨坤，等．空间流行病学［M］．北京：科学出版社，2009．

57. Fang L Q, Wang L P, de Vlas S J, et al. Distribution and risk factors of 2009 pandemic influenza A (H1N1) in mainland China [J]. Am J Epidemiol, 2012, 175 (9)：890-897. doi:10.1093/aje/kwr411.

58. Enserink M, Kupferschmidt K. With COVID-19, modeling takes on life and death importance [J]. Science, 2020, 367 (6485)：1414-1415. doi:10.1126/science.367.6485.1414-b.

59. Tian H, Liu Y, Li Y, et al. An investigation of transmission control measures during the first 50 days of the COVID-19 epidemic in China [J]. Science, 2020, 368 (6491)：638-642. doi:10.1126/science.abb6105.

60. 杨金水．基因组学［M］．4版．北京：高等教育出版社，2019．

61. 李余动．生物信息学与基因组分析入门［M］．杭州：浙江大学出版社，2021．

62. Li H, Lu Q B, Xing B, et al. Epidemiological and clinical features of laboratory-diagnosed severe fever with thrombocytopenia syndrome in China, 2011-2017: a prospective observational study [J]. Lancet Infect Dis, 2018, 18 (10)：1127-1137. doi:10.1016/S1473-3099 (18) 30293-7.

63. Su Y, Yuan D, Chen D G, et al. Multiple early factors anticipate post-acute COVID-19 sequelae [J]. Cell, 2022, 185 (5)：881-895. doi:10.1016/j.cell.2022.01.014.

64. Li Z J, Zhang H Y, Ren L L, et al. Etiological and epidemiological features of acute respiratory infections in China [J]. Nat Commun, 2021, 12 (1)：5026. doi:10.1038/s41467-021-25120-6.

65. Kotloff K L, Nataro J P, Blackwelder W C, et al. Burden and aetiology of diarrhoeal disease in infants and young children in developing countries (the Global Enteric Multicenter Study, GEMS): a prospective, case-control study [J]. Lancet, 2013, 382 (9888)：209-222. doi:10.1016/S0140-6736 (13) 60844-2.

66. Thapar N, Sanderson I R. Diarrhoea in children: an interface between developing and developed countries [J]. Lancet, 2004, 363 (9409)：641-653. doi:10.1016/S0140-6736 (04) 15599-2

67. Lozano R, Naghavi M, Foreman K, et al. Global and regional mortality from 235 causes of death for 20 age groups in 1990 and 2010: a systematic analysis for the Global Burden of Disease Study 2010 [J]. Lancet, 2012, 380 (9859)：2095-2128. doi:10.1016/S0140-6736 (12) 61728-0.

68. Scallan E, Hoekstra R M, Angulo F J, et al. Foodborne illness acquired in the United States--major pathogens [J]. Emerg Infect Dis, 2011, 17 (1)：7-15. doi:10.3201/eid1701.p11101.

69. Wang L P, Zhou S X, Wang X, et al. Etiological, epidemiological, and clinical features of acute diarrhea in China [J]. Nat Commun, 2021, 12 (1)：2464. doi:10.1038/s41467-021-22551-z.

70. Horowitz H W. Fever of unknown origin or fever of too many origins? [J]. N Engl J Med, 2013, 368 (3)：197-199. doi:10.1056/NEJMp1212725.

71. Haidar G, Singh N. Fever of Unknown Origin [J]. N Engl J Med, 2022, 386 (5)：463-477. doi:10.1056/NEJMra2111003.

72. Corey L, Boeckh M. Persistent fever in patients with neutropenia [J]. N Engl J Med, 2002, 346 (4)：222-224. doi:10.1056/NEJM200201243460402.

73. Freifeld A G, Bow E J, Sepkowitz K A, et al. Clinical practice guideline for the use of antimicrobial agents in neutropenic patients with cancer: 2010 update by the infectious diseases society of America [J]. Clin Infect Dis, 2011, 52 (4)：e56-e93. doi:10.1093/cid/cir073.

74. 杨维中，兰亚佳，吕炜，等．建立我国传染病智慧化预警多点触发机制和多渠道监测预警机制［J］．中华流行病学杂志，2020，41（11）：1753-1757. doi:10.3760/cma.j.cn112338-20200722-00972.

75. Li L, Novillo-Ortiz D, Azzopardi-Muscat N, et al. Digital data sources and their impact on people's health: a systematic review of systematic reviews [J]. Front Public Health, 2021, 9：645260. doi:10.3389/fpubh.2021.645260.

76. Keller M, Blench M, Tolentino H, et al. Use of unstructured event-based reports for global infectious disease surveillance [J]. Emerg Infect Dis, 2009, 15 (5)：689-695. doi:10.3201/eid1505.081114.